Auf der Suche nach dem Leben begegnet dir Gott

Agnes Lanfermann / Heinrich Pompey (Hg.)

Auf der Suche nach dem Leben begegnet dir Gott

Festschrift für Karl Frielingsdorf

Matthias-Grünewald-Verlag · Mainz

verlags gruppe engagement Der Matthias-Grünewald-Verlag ist Mitglied der Verlagsgruppe engagement

Die Deutsche Bibliothek – Bibliografische Information Der Deutschen Bibliothek
Die Deutsche Bibliothek verzeichnet diese Publikation in der Deutschen Nationalbibliografie; detaillierte bibliografische Daten sind im Internet über http://dnb.ddb.de abrufbar.

Umschlag: Kirsch Kommunikationsdesign, Wiesbaden
Druck und Bindung: Drukkerij Wilco, Amersfoort

ISBN 3-7867-2442-3

Inhalt

Vorwort 9

DON'T WORRY
Friedhelm Mennekes SJ 11

Teil I: Weg

Auf der Suche nach dem Leben begegnet Dir Gott
Agnes Lanfermann MMS und Hermann Kügler SJ
im Gespräch mit Karl Frielingsdorf SJ 17

Heinrich Pompey
Die Struktur-Analogie theologischer und psychologischer
„Wirk"-lichkeiten als Grundlage
pastoralpsychologischer Theorie und Praxis. 31

Angelika M. Eckart
Perspektiven der Pastoralpsychologie 46

Teil II: Leben und Tod

Helmut Busch
Das Gespräch als Instrument der
pastoralpsychologischen Beratung 63

Martin Ferel
Die Verwandlung von Krankengeschichten
in Lebensgeschichten
und die Konstruktion von Biographien.
Neue Möglichkeiten
einer systemisch-konstruktivistisch orientierten Seelsorge
bei kranken und alten Menschen. 76

Klemens Schaupp
Geistliche Begleitung psychisch kranker Menschen 87

Jürgen Langer
Schulische Kriseninterventionen nach Schülersuiziden 98

Ulrich Niemann SJ
Wert und Sinnvorgaben als notwendige Bedingungen für wirksame Psychotherapie? Empfehlungen aus der Sicht einer psychosomatischen Anthropologie und einer medizinischen Ethik 112

Teil III: Geheimnis der Liebe

A. Beziehungen

Angelika und Joachim Eckart
Dich dich sein lassen 125

Margarete Hecker
Familienrekonstruktion in Ost- und Westdeutschland 137

Wunibald Müller
Homosexuelle Liebe 141

Hermann Kügler SJ
Sexualität – Gott – Transzendenz - Reflexionen über ein belastetes Verhältnis – 148

B. Kirche – Heimat

Hans Langendörfer SJ
Die kirchenpolitische Dimension der Gottesbeziehung heute 159

Martin Lörsch
Heimatsuche in mobiler Gesellschaft.
Der Beitrag der kirchlichen Organisationsentwicklung
zur Kirchenbildung 169

Joachim Eckart
„... laß kein Leitungsamt dir geben“ 185

Bernhard Plois
Kirchliche Beratungsarbeit
als pastoralpsychologische Praxis 199

C. Gott

Agnes Lanfermann MMS
Wenn Gott im Körper erfahrbar wird... 211

Michael Schneider SJ
Zur Reifungsgeschichte des Glaubens
aus dogmatischer Sicht 228

Christoph Kentrup SJ
Ignatius als Dramaturg 242

Eckhard Frick SJ
Das klassische Psychodrama
im Rahmen der spirituellen Übungen
nach Ignatius von Loyola 252

Erhard Kunz SJ
Essen vom Baum des Lebens.
Hinführung zur Eucharistie 266

Bibliographie Karl Frielingsdorf 277

Verzeichnis der Autoren 283

Danksagung 285

Vorwort

Weggefährten und SchülerInnen des Pastoralpsychologen und Pastoraltheologen Karl Frielingsdorf ist es eine große Freude, aus Anlaß seines 70. Geburtstages mit der Herausgabe dieser Festschrift ihre persönliche Verbundenheit mit dem Jubilar zum Ausdruck zu bringen. Die Artikel der Festschrift entstammen der Feder von Wissenschaftlern und Praktikern verschiedener Disziplinen; sie vertreten den großen Freundes- und Bekanntenkreis, den der Jubilar in Wissenschaft, Kirche und Seelsorge besitzt.
Die Beiträge wenden sich den Reflektions-, Forschungs- und Praxisfeldern zu, die das Wirken Karl Frielingsdorfs markieren. Synchron mit dem Weg der Pastoralpsychologie der letzten 40 Jahre in Deutschland ist sein wissenschaftliches Wirken zu sehen. Das Miteinander und Zueinander von Psychologie und Theologie, von Leben und Spiritualität galt es in Einklang zu bringen und für die Menschen lebensvoll zu erschließen. Karl Frielingsdorf war nicht nur ein Mann der ersten Stunde, sondern ist bis heute einer der gefragtesten Fachleute auf diesem Gebiet. Realitätssinn und Begeisterung prägen sein Engagement. Das Leben des Menschen mit seinen Infragestellungen und seinen physischen, psychischen und sozialen Herausforderungen kennzeichnen sein wissenschaftliches Wirken, insbesondere die unzählbaren universitären und außeruniversitären Aus- und Fortbildungsprojekte. Karl Frielingsdorf fühlt sich als Fachmann der Psychologie und Pädagogik geradezu provoziert, Menschen in ihren konkreten Nöten zu helfen, daß sie aus der Kraft und Weisheit des christlichen Glaubens ihren Lebensweg finden und gehen können. Als praktischer Theologe inkarnierte er die heilende Botschaft des Glaubens in das konkrete Leben von Menschen in Not und verharrte nicht in Metatheorien des helfenden Handelns. Positano wurde zum Synonym, zum Ort und Weg einer neuen pastoralpsychologischen Kultur des Heilens und Lebens.
Das Geheimnis des Lebens ist für ihn das Geheimnis der Liebe, die sich entfaltet in der Beziehung zu Menschen, zu menschlichen Gemeinschaften, zu Lebensräumen, zur natürlichen Lebenswelt und zu Gott, wohlwissend, daß die gelingende Lebensbeziehung des Menschen zu sich selbst die Basis des Lebens ist, die wiederum nur im Verbundensein mit den Mitmenschen, mit der Lebenswelt und mit Gott kultiviert werden kann. In vielen Beiträgen werden diese Aspekte entfaltet und in ihrer je spezifischen Eigenart in dieser Festgabe fortgeführt. In keiner Weise können die Beiträge der Festschrift sein vielfältiges Wirken und Schaffen voll widerspiegeln. Das Engagement von Karl Frielingsdorf reicht weit über seine Tätigkeit als Wissenschaftler und Professor für Pastoralpsychologie und Religionspädagogik hinaus.
Bereits die Titel seiner wichtigsten Opera kennzeichnen sein Anliegen, den Menschen zu helfen, daß sie das Leben haben und es erfüllt haben (vgl. Joh 10,10): Auf dem Weg zu einem neuen Gottesverständnis, Frankfurt 1973, Lernen in Gruppen, Zürich 1974, Seelsorge als Sorge um Menschen, Mainz 1977, Entscheidung aus dem Glauben, Mainz 1978, Befreiende Erfahrungen in Posi-

tano, Mainz 1984, Vom Überleben zum Leben, Mainz 6. Auflage 2001, Ganz und Heil, (herausgegeben mit M. Kehl), Würzburg 1990, Dämonische Gottesbilder, Mainz 4. Auflage 2001, Mein Leben annehmen, Mainz 1993, Glück im Unglück, Mainz 1994, Entfaltung der Persönlichkeit im Glauben, Mainz 1996, Der wahre Gott ist anders, Mainz 1997, Aggression stiftet Beziehung, Mainz 1999, Hier will ich sein. 25 Jahre pastoraltherapeutische Arbeit in Positano, Mainz 2001. Die nationale Resonanz drückt sich in vielfältigen Auflagen seiner Bücher aus und die internationale Resonanz in der Übersetzung seiner Opera in verschiedene Sprachen.
Karl Frielingsdorf wurde am 23. 2. 1933 in Düren/Rheinland geboren. Nach dem Abitur am neusprachlichen Gymnasium in Bernkastel-Kues studierte er Jura an der Universität Köln. 1953 erfolgte der Eintritt in den Jesuitenorden, dem sich das Studium der Philosophie in Pullach bei München anschloß und das er mit dem Lizenziat der Philosophie 1955 abschloß. Nach einer ersten beruflichen Tätigkeit als Präfekt im Internat Büren/Westfalen (1959-1961) setzte er seine Studien in St. Georgen/Frankfurt fort und graduierte 1965 zum Lizenziat der Theologie. Nach seiner Priesterweihe 1964 absolvierte er das Terziat in Paray-le Monial (Frankreich) sowie ein Studium der Pastoralpsychologie und Katechetik in Paris. Nach seiner Promotion 1969 in Praktischer Theologie setzte er sein pastoralpsychologisches Studium in Paris, München und Frankfurt fort. 1972 habilitierte er sich für Religionspädagogik und Pastoralpsychologie an der Philosophisch-Theologischen Hochschule St. Georgen/Frankfurt und dozierte ab 1971 Pastoralpsychologie und Religionspädagogik in St. Georgen. 1973 erfolgte das feierliche Gelübde und damit die volle Aufnahme in die Gemeinschaft der Jesuiten. 1977 wurde er zum ordentlichen Professor für Pastoralpsychologie und Religionspädagogik berufen. 1991 gründete er das Institut für Pastoralpsychologie und Spiritualität, das er bis heute leitet. 8 Jahre lang war er zudem Zweiter Vorsitzender der Deutschen Gesellschaft für Pastoralpsychologie und gründete 1997 die Reihe "Pastoralpsychologie und Spiritualität" beim Peter Lang Verlag in Frankfurt.
Abschließend möchten die Herausgeber all denen danken, die in der einen oder anderen Weise zum Gelingen der Festschrift beigetragen haben.

Herausgeber und Autoren wünschen den Lesern bei der Lektüre der Artikel dieses Buches psychologische und pädagogische sowie theologische und spirituelle Inspirationen und hoffen, daß sie den Geist des Jubilars in den Reflektionen wiederentdecken.

DON'T WORRY!

Freiburg im März 2002

Prof. Dr. H. Pompey

Friedhelm Mennekes SJ

DON'T WORRY

so heißt einer von vier Schriftzügen oben am alten romanischen Kirchturm der Kölner Jesuitenkirche *Sankt Peter*. Er stammt von dem soeben mit dem renommierten *Turner-Preis* ausgezeichneten englischen Künstler *Martin Creed.* Die anderen drei Schriftzüge übersetzen den englischen Ausspruch ins Griechische, Lateinische und Deutsche. Der exakte Titel der viel beachteten Arbeit heißt: *DON'T WORRY (Work No 252)* (2000), Turminstallation für *Sankt Peter* zu Köln, Neonschriftzüge in vier Sprachen, 60-80 x 550-600cm.
Martin Creed wurde im Jahre 1968 in Wakefield, England, geboren. Er gehört zu einer Gruppe von Konzept- und Installationskünstlern, die sich in ihrer Arbeit auf inszenierte Dinge der Alltagswelt beziehen. Durch sprachliche Überlagerungen entzogen sie ihnen ihre Eindeutigkeit. Die Bedeutungen der Worte changieren im Werk von *Martin Creed* ironisch auf anregende Weise zwischen verschiedenen, oft poetischen Ebenen. Auf diese Weise arrangiert und konstruiert dieser Künstler *Schwebezustände*, wie er sagt, zwischen Sinn und Unsinn, Glück und Unglück.
Seine Spruchzüge sind übliche Redewendungen der Alltagssprache, denen er in leichter Transformation eine neue Sinnebene abringt, z. B. *oh no (Work No. 161)* oder *half the air in a given space (Work No. 201)*. Dabei greift er auf die Reklametechnik mit ihren Neonbuchstaben zurück und bringt sie auf die Fassaden von Krankenhäuser, Museen, Einkaufszentren - oder auch nur auf ganz normale, angemietete Plakatwände.
Seine bislang bekannteste Arbeit war an der Stirnseite der alten Londoner *Tate Gallery*, jetzt *Tate Britain*, montiert. Sie lautet: *the whole world + the work = the whole world (Work No. 143)*. Auf eine hintergründige Art reflektierte *Creed* hier sein eigenes Arbeiten in Prozeß und Intention. Über den Eingang eines Museums geschrieben, wirkten diese Worte wie eine Anleitung zum Betrachten der ausgestellten Werke: Kunst als selbstverständlicher Teil der Welt. Kunst als Weltbetrachtung. Kunst als Weltkonstruktion.
Der viersprachige Satz über die Sorge ist oberhalb der Fenster- und Schallöffnungen des romanischen Turms von *Sankt Peter* angebracht. Er sendet damit an die Stadt eine verrätselnde Botschaft in banalem Anglizismus, in feierlichem Lutherdeutsch sowie in humanistischem Latein und Griechisch: *DON'T WORRY - SORGE DICH NICHT - NOLI SOLLICITUS ESSE - MH MERIMNA*. Aus der Mitte dieses für manchen Zeitgenossen ärgerlichen Sprachgewirrs muß sich der Leser sein persönliches Verständnis erarbeiten und mag für sich dabei die *Gute Nachricht* der Bergpredigt herausfiltern. Für *Sankt Peter* und seine *Kunst-Station* verkündigt sie dabei beides: das Unbedachte des Dahingesagten und das Befreiende des Bedachten.
So leicht sich der Satz für den gebildeten und bibelkundigen Leser in der *Bergpredigt* Jesu verorten läßt, so leichtgewichtig wirkt sein englischer Sinngehalt.

Er schmeckt trendgemäß nach *happyness* und *wellness* und ist nicht zufällig vom neuesten, dem Gotteshaus benachbarten Kölner *Agrippa*-Erlebnis-Bad auszumachen: *Don't worry*, so liest er sich - *be happy*, so klingt er nach: die Sorgen verniedlichend, ganz im Klang von *Jürgen von der Lippes* Ohrwurms: *Guten Morgen liebe Sorgen, seid ihr auch schon alle da?*
Doch in den faden Geschmack moderner Verdrängungsmechanismen brechen *Creeds* Doppeldeutigkeit und der Ernst des Evangeliums (Mt 6,25par) ein: *Sorgt euch nicht um euer Leben und darum, daß ihr etwas zu essen habt, noch um euren Leib und darum, daß ihr etwas anzuziehen habt. Ist nicht das Leben wichtiger als die Nahrung und der Leib wichtiger als die Kleidung?*
Das Wort *Sorge* steckt in vielen Sprachen gewichtige Bedeutungsfelder ab. Diese erstrecken sich meist in zwei Richtungen, ins Gefühl und ins Handeln. Zum einen konnotiert es mit *Bange*, *Gram*, *Kummer*, *Zweifel...*; zum anderen mit *Anstrengung*, *Mühe*, *Pflege*, *Streben*, *Ehrgeiz...* Sorge umreißt vielfältige Lebensschatten, aber auch das Bemühen um Abhilfe i.S. von *Vor-* und *Fürsorge*.
Auch in der Heiligen Schrift wird die Sorge auf vielfältige Weise bewegt. Oft sind die Erfahrungen von Unsicherheit und Furcht ein Anlaß, Gott zur Sprache zu bringen. Dem *Herrn* allein soll die Sorge anvertraut werden. *Wirf deine Sorge auf den Herrn, er hält dich aufrecht! Er läßt den Gerechten niemals wanken* (Ps 55,23). Wenn Gott den Mittelpunkt des Lebens einnimmt, dann ist jede Sorge gebrochen, ja unnütz, so heißt der Grundgedanke. Auch für die Botschaft Jesu gilt dieser Grundsatz. Im Neuen Testament gibt es nur eine sinnvolle Sorge, die um das Reich Gottes. Darum dürfen die Bemühungen um die alltäglichen Dinge keine Überhand nehmen und zur Sorge werden. Solche Sorgen würden die Offenheit für das Wort Gottes abschließen und verstopfen (Vgl. Mk 4,19; Lk 8,14 u.a.m).
Was sich aus dem Evangelium nahelegt ist eine Unterscheidung zwischen den vielen unumgänglichen kleinen Sorgen im Alltäglichen und der einen lähmenden Sorge, die in der selbstverkrampften Sorge um sich selbst ruht und so den Menschen lähmt. Darum sind in theologischer Hinsicht die Sorgen ein Aufruf zu Glauben und Vertrauen, ein Anlaß, sich an Gott zu wenden sich von ihm über alle Sorgen hinweg behütet wissen.
Anfang der 90er Jahre gab es eine andere Ausstellung in *Sankt Peter*, die im Grenzbereich zwischen Glaube und Kunst, Therapie und Psychologie angesiedelt war: *Rosemarie Trockels* tritpygonale Altarinstallation *ICH HABE ANGST* (1993), Schilderfarbe auf Mauerwerk, 45x108; 45x174; 45x210cm.
Die Altargestaltung von *Rosemarie Trockel*, 1956 in Schwerte geboren, begriff den alten, von Kriegszerstörung lädierten Kirchenraum von *Sankt Peter* wie ein Objekt, das sie vorfand und mit dem sie sich dann auseinandersetzt und das sie gestaltet. Das Gotteshaus verstand sie als einen Hort des Fragens und der Besinnung, der sich einem Besucher zu öffnen vermag und ihm Anregungen aufgibt.
In die Apsis montierte sie in großen Lettern die drei Wörter *Ich habe Angst*. Mit diesem Satz evozierte sie zugleich den Satzgegenstand als Erfahrung, wie sie zu

jeder Zeit aus allen Verdrängungen zurückzurufen ist, weil sie mit der Existenz des Menschen gegeben ist. Angst hat nur der Mensch, das Tier ist allenfalls ängstlich. Es ist der Schrecken vor dem ungestalteten Nichts und dem alles Leben auslöschenden Tod. Angst überwiegt die Selbstsicherheit. Ist diese stark, schweigt jene - ohne aber zu verschwinden. Angst kann warnen oder dumm machen; sie kann begründet sein oder erschwindelt. Vor allem aber fordert sie den Menschen mit ihren einzelnen Themen heraus: Atomare Bedrohung, Umweltkatastrophen, mafiose Machenschaften, kriminelle Gewalt, kriegerische Explosionen, Mißbrauch wissenschaftlicher Möglichkeiten, Arbeitslosigkeit, Perspektivverlust...

Religion, Kunst, Psychologie und Philosophie sind seit je her Weisen und Wege, mit denen der Mensch den Phänomenen in Sorge und Angst zu begegnen und sich zugleich in der Welt zu behaupten sucht. So kann er dem so oder so gefärbten Bann auf der einen Seite die Kräfte seines Verstehens und Wissens, seines Vertrauens und seiner Kreativität entgegensetzen. Er vermag gleichsam einen Wall sinnträchtiger Muster gegen das bedrohlich Unbekannte aufzubauen: Mythen und Geschichten, aber auch Lebenserfahrungen, eigener wie anderer, wie sie in Wort oder Tat, in Bild oder Ton dem Menschen vertraut werden. Mit ihnen fixiert er seine schwankenden Gefühls- und Bewußtseinslagen. Ängste und Sorgen können dem Menschen Überlebenskräfte erwirken, sobald und soweit er sich auf sie einläßt. Sie setzen in ihm einen Formwillen frei, mit dem er dem Bedrohenden und Schrecklichen zu wehren vermag. Am Ende seien es aber nur zwei Möglichkeiten, welche diese Kräfte erzeugten, schrieb die Psychoanalytikerin *Edeltrud Meistermann* im Katalog zur Altargestaltung: *Zärtlichkeit* und *Offenheit*, in der einfühlend zärtlichen Hand auf der ängstlichen oder sorgenbeladenen Schulter und im mutig offenen Gespräch, das um Klarheit und Genauigkeit in den Unterscheidungen im Umgang mit Sorge und Angst ringt.

Die Worte über die Angst am Altar und über die Sorge am Turm in *Sankt Peter* verstörten jeweils zu ihrer Zeit viele Besucher dieser Kirche in Köln. Sie lösten in beiden Fällen eine Nachdenklichkeit aus. Sie war getragen von tieferen Sinnschichten, wie sie sich dann in die oberflächlichen Expressionen einstifteten.

Jesus wußte, wie viele Sorgen den Menschen plagen, und er kannte aus persönlicher Erfahrung, wie stark die Angst im Menschen im Nacken stecken kann. In beide Richtungen wußte von der Überwindbarkeit zu sprechen: *Euer Herz sei ohne Angst!* (Joh 14,1) und *Sorget euch nicht*! Beide Worte fassen das Evangelium ein einen Impuls zusammen oder heben sich gegenseitig ineinander auf. Beide Worte können darum auch das Lebensmotto eines Christen sein, zumal dann, wenn er sich ein Leben lang dem therapeutischen Dienst verpflichtet weiß und in Praxis wie Lehre stets umgemünzt hat, in *Zärtlichkeit* und *Offenheit*.

Teil I: Weg

Auf der Suche nach dem Leben begegnet Dir Gott

Agnes Lanfermann MMS und Hermann Kügler SJ im Gespräch mit Karl Frielingsdorf SJ

H. K.: *In der Psychotherapie wird ein starkes Schwergewicht auf die frühe Kindheit gelegt. Können Sie von sich sagen, daß es in Ihrer Biographie, in Ihrer Kindheit Anknüpfungspunkte gibt, wie Sie biographisch zu Ihrer Arbeit gekommen sind?*

Frielingsdorf: Ja, die gibt es. Ich habe mich nach einigen Jahren der Ausbildung gefragt, warum das *Thema ,Leben – Tod'* bei mir eine so große Rolle spielt. Daraufhin habe ich meine Mutter gefragt. Sie erzählte mir von einer schweren Gallensteinoperation, die sie hatte, als sie im vierten Monat mit mir schwanger war. Dabei waren meine Lebenschancen – nach Aussagen der Ärzte – eins zu tausend. Weiter sagte mir meine Mutter, sie habe damals eine Art Gelübde gemacht: Für den Fall, daß ich durchkomme, sei ich auf irgendeine Weise Gott besonders geweiht.

A. L.: *Was hat das konkret mit Pastoralpsychologie zu tun?*

Frielingsdorf: Hier kommt schon die eigentliche Thematik der Pastoralpsychologie - so wie ich sie verstehe - mit ins Spiel: „Auf der Suche nach dem Leben begegnet Dir Gott". Mir ist Gott bereits im Mutterschoß begegnet: „im Kampf ums Leben und in der Weihe an Gott". Später mußte ich feststellen, daß diese „Weihe an Gott" durch meine Mutter auch eine Belastung war, als es um die Motivationsklärung für meine Entscheidung ging, als Ordensmann und Priester zu leben.

H. K.: *In ihrer pastoraltherapeutischen Arbeit arbeiten Sie mit den Menschen an ihrer Lebensgeschichte, der frühen Biographie. Sie nehmen diese in den Blick und wollen davon ausgehend Entwicklungsmöglichkeiten aufzeigen. Wie war das denn bei Ihnen? Konkret: Wie war Ihr Ausbildungsgang?*

Frielingsdorf: Meine wichtigsten Ausbildungsjahre in Pastoralpsychologie habe ich in den spannenden sechziger Jahren in Paris verbracht. Dort habe ich mich einer dreijährigen Psychoanalyse unterzogen und an dem neu errichteten pastoralpsychologischen Institut bei den Dominikanern die Gesprächstherapie kennengelernt. Damals hieß sie noch die „Rogers-Methode". Nach heutigem Standard war das eine intensive dreijährige klinische Seelsorgeausbildung mit Theorie, Praxis und Praxisreflexion. Parallel dazu habe ich am ‚Institute Catechetique' studiert und mich im Fach Religionspädagogik qualifiziert, denn ich war von meinem Orden für die Lehre im Fach Religionspädagogik vorgesehen. Weitere Studien waren in München, Innsbruck und in Trier, wo ich meine Promotionsarbeit „Über das Gottesbild in den katechetischen Schriften in der Aufklärungszeit im Vergleich mit der Tübinger Schule“ geschrieben habe. Später wurde ich dann in Frankfurt u.a. von Prof. Tobias Brocher in Gruppendynamik ausgebildet, ebenso am Sigmund-Freud-Institut in weiteren Fortbildungskursen. In dieser Zeit lernte ich ganzheitlich orientierte Therapieformen kennen, vor allem solche, die die Körperarbeit mit einbeziehen. Dieser Weg führte mich letztlich auch zur „Schlüsselmethode“, die eine grundlegende analytische Ausrichtung hat.

A. L.: *Was hat Sie letztlich bewogen, Psychologie im Dialog mit der Theologie zu studieren bzw. Theologie im Dialog mit der Psychologie?*

Frielingsdorf: Ursprünglich galt mein Interesse der pädagogischen Frage: ‚Wie bring‘ ich es rüber?‘ Aber im letzten interessierte mich doch der Mensch: der Mensch in seiner Ganzheitlichkeit - mit Leib, Geist und Seele -, der Mensch als Geschöpf Gottes. Mich interessierten die tiefsten Beweggründe, die das Leben des Menschen bestimmen. So habe ich mich immer gefragt: Wie können Menschen ihr Verhalten mit ihrem freien Willen ändern? In wie weit bin ich eingewoben in ein System, in Familie und Gesellschaft und in wie weit bin ich dadurch festgelegt oder bestimmt? Habe ich überhaupt noch die Freiheit, mich als Individuum, als Persönlichkeit zu entwickeln, auch als Persönlichkeit? Diese Fragen haben mich stark bewegt.

H. K.: *In einem der Standardwerke der Psychologie, der Psychologie des 20. Jahrhunderts, werden Sie als einer der führenden Vertreter in der Versöhnung zwischen Psychologie und Theologie auf katholischer Seite bezeichnet. Wie würden Sie selber Ihren Beitrag zur Pastoralpsychologie, zur Versöhnung zwischen Theologie und Psychologie bezeichnen?*

Frielingsdorf: Mein Beitrag wurzelt in meiner Begeisterung für das Zweite Vatikanum. Hier wurde u.a. gesagt, es gibt keine Widersprüche zwischen der irdischen Wirklichkeit und der Wirklichkeit des Glaubens, weil beide Wirklichkeiten ihren Ursprung in demselben Gott haben. Auch fordert das Zweite Vatikanum die Theologie eindringlich auf, die Humanwissenschaften in den Diskurs mit einzubeziehen und sich mit ihnen auseinander zu setzen. Denn die Menschen können nur dort abgeholt werden, wo sie stehen, im sogenannten „natürlichen Bereich“. Das gilt auch für jede theologische Reflexion und die daraus fließende Praxis. Diese Herausforderung entsprach ganz und gar meinem Anliegen. Hier wollte ich dabei sein und mitmachen, ganz konkret, in Theorie und Praxis.
Heute verstehe ich Pastoralpsychologie als eine ‚elementare Theologie‘, wie Werbick sagt. Wir können mit ihrer Hilfe die Wahrheit des christlichen Glaubens ganz elementar, z.B. im Kontext konkreter Lebensprozesse, wiederfinden. Und gleichzeitig hilft uns die Pastoralpsychologie, z.B. lebensgeschichtliche Prozesse und Probleme zu sehen und verstehen zu lernen. Aus der Sicht des

Glaubenswissens kann sie Elemente beitragen, die sowohl den humanwissenschaftlichen Horizont erweitern als auch den Glaubenshorizont vertiefen. Sie geht davon aus, daß Gnade und Natur eng miteinander verknüpft sind. In meiner Arbeit habe ich immer wieder erlebt, wie sehr die Gnade in dieser menschlichen Natur, in diesem natürlichen Werden verwurzelt ist, wie Thomas von Aquin sagt: „Gratia supponit et perficit naturam“: „Die Gnade baut auf die Natur auf und vollendet sie“. Diese Grunderkenntnis wurde für meine gesamte Arbeit entscheidend.

***A. L.:** Können Sie ein konkretes Beispiel dafür nennen?*

Frielingsdorf: Ein Beispiel sind die Werte oder Prinzipien, die ein Mensch schon in der Kindheit übernimmt. Nehmen wir an, in einer Familie gilt der Leitsatz über Generationen „Leiste was, dann bist Du was“ oder „Arbeit ist das ganze Leben“. Meine Erfahrung ist, daß diese Leitsätze alle Bereiche menschlichen Lebens, so auch das religiöse Leben beeinflussen bis in unbewußte Gottesvorstellungen hinein. Dann werden auf der psychischen Ebene das Prinzip „Leiste was, dann bist Du was“ oder „Arbeit ist das ganze Leben“ meist auch Gott zugeschrieben. Auf dieser Grundlage kann sich z.B. unbewußt ein Bild des „Leistungsgottes“ entwickeln, der zunächst nichts mit dem „wahren Gott“ der christlichen Botschaft zu tun hat, sondern der psychischen Dimension der Gottesvorstellung entspringt. Eine Folge für den Alltag ist, daß dieser unbewußte „Leistungsgott“ eine übersteigerte Nächstenliebe fordert, die das Gleichgewicht von Gottes-, Nächstenliebe und Selbstliebe aus der Balance bringt und die geordnete Selbstliebe vergißt. Am Ende kommt heraus: Ich liebe meinen Nächsten über alles, nur nicht mich selbst, ein häufiges Phänomen in sozialen und pastoralen Berufen. Oft ist es nicht deutlich, daß hinter diesem Prinzip „Leiste was, dann bist Du was“ nicht die Vorstellung des jüdisch-christlichen Gottesbildes“ steckt, sondern die hausgemachte Wahrheit: „Ich bin nur etwas wert, wenn ich etwas leiste.“ Mit den Augen des christlichen Glaubens gesehen, werden hier natürliche Botschaften ins Religiöse übernommen, die sich letztlich auf den Menschen lebenshindernd auswirken können.

***H. K.:** Früher standen Psychologie und Theologie in einem dualistischen Verhältnis zueinander, zum Teil sogar auf Kriegsfuß miteinander. Wie ist das in Ihrem Verständnis von Pastoralpsychologie heute zu verstehen?*

Frielingsdorf: Hier liegen eine Reihe Mißverständnisse zugrunde. Der große Psychologe des 20. Jahrhunderts, Sigmund Freud, ist sicher auch als Reaktion auf das 19. Jahrhundert mit seinem Puritanismus zu verstehen. Er hat die Religion m.E. sehr einseitig verstanden und ist u.a. deshalb zu ihr auf Distanz gegangen. Freud meint, Religion schade dem Menschen mehr, als daß sie ihm nutze. Dieses Verständnis hat sich fortgesetzt bei vielen Nachfolgern von Freud. So konnten sie z. B. Psychologie und Glaube oder gar katholische Kirche nicht zusammen bringen, da sie den gesamten Bereich des Religiösen fast

automatisch unter negativen Vorzeichen gesehen haben. Einige bekannten sich aufgrund ihrer Erkenntnisse aus der Psychologie zum Atheismus. Religion und Psychologie paßten einfach nicht zusammen. Umgekehrt stellte die Katholische Kirche die Psychologie als nicht vereinbar mit dem Glauben dar.
Auch im streng protestantischen Raum wurde Psychologie oft als antireligiös oder nicht kompatibel mit Religion oder Theologie gesehen. Hintergrund ist die Vorstellung, daß das Natürliche, der Mensch in sich sündhaft und schlecht ist. So sind diejenigen, die sich ‚nur' mit dem Menschen befassen, im Grunde gegen Theologie. Diese Haltung hat sich sogar in Büchern niedergeschlagen, die Psychologie als „Satanswerk" bezeichneten. Diese Antihaltung habe ich in den 60- und 70iger Jahren am eigenen Leibe erfahren müssen.
Wichtig ist, das Miteinander von Gnade und Natur immer wieder neu zu erforschen. Das geht nur, wenn die Theologie in einen guten Dialog mit den Humanwissenschaften, hier der Psychologie in ihren vielen verschiedenen Einzeldisziplinen, wie z.B. der Individual-, Sozial- oder Religionspsychologie tritt und sich ernsthaft mit ihnen auseinandersetzt.

A. L.: *Die Pastoralpsychologie spricht von einer Korrelation zwischen Theologie und Psychologie. Wie verstehen Sie das konkret?*

Frielingsdorf: Die christliche Anthropologie stützt sich auf die Ergebnisse der Humanwissenschaften, wenn es um das Verstehen der menschlichen Person und ihrer Beziehungen geht. Sie deutet die human- und naturwissenschaftlichen Erkenntnisse im Licht einer glaubenswissenschaftlichen Sicht. Dabei zeigt die christliche Anthropologie die Grenzen der Psychologie auf.

Da die Psychologie den Menschen im immanenten Bereich zu verstehen sucht, läßt sie die religiöse Dimension des Menschen unberücksichtigt. So vermag sie weder in ihrer natur- noch in ihrer geisteswissenschaftlichen Ausrichtung das Ganze des menschlichen Daseins zu erfassen und zu deuten.Gleichzeitig lernt die Pastoralpsychologie von den Humanwissenschaften im allgemeinen und von der Psychologie im besonderen, die Menschen besser zu verstehen, einzeln, in ihrem Umfeld und von ihrer Vergangenheit her. In Anerkennung dieser Unterschiede vermögen beide, im kritischen Dialog miteinander Partner zu sein in der Sorge um das Wohl des Menschen.

H. K.: *Welchen Einfluß hatte diese ganze Entwicklung auf die Deutsche Gesellschaft für Pastoralpsychologie (DGfP), wo Sie lange Jahre Mitglied im Vorstand waren?*

Frielingsdorf:: Die evangelischen und katholischen Bischofskonferenzen haben uns - den Vorstand der Deutschen Gesellschaft für Pastoralpsychologie – unmittelbar nach der Gründung gebeten, ein Dokument zu verfassen, das das Verhältnis von Theologie und Psychologie bestimmt. Dieses haben wir dann auch im Sinne des Zweiten Vatikanums geschrieben. Hierin forderten wir vor allem den Dialog und die Auseinandersetzung mit den Humanwissenschaften.

Allerdings würde ich heute, 30 Jahre nach der Veröffentlichung dieses Dokumentes sagen: Zwar hat sich das Verhältnis von Psychologie und Theologie etwas gelöst und vielfach kommt es zu einer guten Zusammenarbeit. Doch gleichzeitig gibt es sowohl in der Psychologie als auch in der Theologie immer noch Vorurteile und Vorbehalte mit entsprechenden Konsequenzen.

***A. L.:** Was ist heute anders in der Kirche als zur Konzilszeit und kurz danach, als Sie mit Ihrer Lehrtätigkeit begannen?*

Frielingsdorf: Die Aufbruchstimmung nach dem Zweiten Vatikanum war zu Beginn meiner Tätigkeit enorm und hat uns beflügelt. Auch ich habe davon sehr profitiert. So wurde ich im Fach Pastoralpsychologie habilitiert. Doch später verebbte die Euphorie im Verhältnis von Theologie und Psychologie.
Als die Bischöfe zunächst betonten, wie wichtig es sei, die Theologiestudenten und Studentinnen, die Priester und pastoralen Mitarbeiterinnen und Mitarbeiter mit psychologischen Grundkenntnissen in Berührung zu bringen oder sie gar auszubilden, hatte ich mir erhofft, daß Grundelemente der Psychologie in die theologische Grundausbildung integriert würden. Doch so weit kam es nicht.
Das führte zunächst dazu, daß Seelsorgerinnen und Seelsorger meist nur ungenügend psychologisch oder therapeutisch weitergebildet wurden. Das fand ich verhängnisvoll. Heute hat sich das - Gott sei Dank - positiv verändert, z. B. in der klinischen Seelsorgeausbildung. Damals hatten die Gegner der Psychologie ein leichtes Spiel, indem sie sagten, es ist keine Verbindung zwischen Theologie und Psychologie möglich, also beschränken wir uns auf die Theologie.
Natürlich ist die Theologie mit ganz anderen Fragen befaßt als die Psychologie, und Therapie ist zunächst etwas anderes als Seelsorge. Und doch geht es um die eine Wirklichkeit mit ihren vielen verschiedenen Dimensionen, die gut und klar abgrenzbar sind. So sind in einem Dialog der beiden ihre Beziehungen zueinander, die Gemeinsamkeiten und Abgrenzungen klar und deutlich aufzuzeigen. Gleichzeitig bereichert eine ernsthafte Auseinandersetzung beide Partner, wenn sie unter Beibehaltung ihrer Eigenarten bereit und offen sind für ein gegenseitiges Geben und Nehmen. Zusammenarbeit ist im wahrsten Sinne des Wortes notwendig. Die Praxis zeigt es uns täglich, daß z.B. hinter vielen psychologischen Schwierigkeiten spirituelle Probleme lauern und daß sich hinter so mancher „Glaubenskrise" ein handfestes psychologisches Problem verbirgt.

***H. K.:** Sehen Sie Versäumnisse?*

Frielingsdorf: Das Versäumnis liegt darin, daß die Auseinandersetzung zwischen Theologie und Psychologie nach dem Vatikanum II nicht gezielt wissenschaftlich angegangen wurde. Im deutschsprachigen Raum gibt es im Hochschulbereich - meines Wissens - in den letzten 20 – 25 Jahren keinen eigenständigen Lehrstuhl für Pastoralpsychologie - weder im evangelischen noch im katholischen Bereich -. Alle Pastoralpsychologen haben einen anderen Lehrstuhl inne, so wie ich den Lehrstuhl für Religionspädagogik innehatte. Wir ‚dürfen' neben unserem Hauptfach dann auch noch freie Angebote in Pastoralpsychologie machen. In den achtziger Jahren wurde die Pastoralpsychologie als prüfungsrelevantes Studienfach aus dem Diplomstudiengang in Theologie herausgenommen

A. L.: Wie sind Sie mit dieser Situation umgegangen?

Frielingsdorf: Ich habe zunächst in den achtziger Jahren an unserer Philosophisch-Theologischen Hochschule in Frankfurt/Sankt Georgen versucht, ein Angebot von Aufbaustudien in Pastoralpsychologie zu entwickeln. Ich sah dies für mich als eine konkrete Antwort auf die „Not" vieler Frauen und Männer vor Ort in Gemeinden oder in anderen pastoralen Feldern, die in ihrem Alltag im Umgang mit den Menschen und ihren Fragen und Problemen, weitere Kenntnisse und Hilfen suchten.
Als die Nachfrage größer wurde, habe ich 1991 das „Institut für Pastoralpsychologie und Spiritualität" gegründet. Für diese Möglichkeit bin ich sehr dankbar. Immerhin haben bisher über 40 Frauen und Männer dieses Aufbaustudium in Pastoralpsychologie mit dem Lizentiat oder Doktorat abgeschlossen. Darüber hinaus ist die Nachfrage nach pastoralpsychologischen Fortbildungen nach wie vor gefragt. Ansonsten gebe ich seit 1998 die Reihe „Pastoralpsychologie und Spiritualität" im Peter-Lang-Verlag heraus, ein Versuch, im Rahmen der pastoralpsychologischen wissenschaftlichen Auseinandersetzung mit Psychologie und Theologie, entsprechende Themen zu bearbeiten und zu veröffentlichen.

H. K.: Wie kann es aus Ihrer Sicht weitergehen mit der Pastoralpsychologie?

Frielingsdorf: Aus heutiger Sicht bleibt für mich der Eindruck, daß die Kirche eine Chance verspielt, wenn sie nicht stärker in den Dialog zwischen Theologie und Psychologie eintritt. Dann bleibt die gegenseitige Bereicherung und Herausforderung aus, in relevanten Fragen unserer Zeit, Rede und Antwort zu geben. So hätte die Theologie viel zu sagen, wenn sie in Dialog treten würde mit der Psychologie und anderen Disziplinen, die die Lebenssituationen der Menschen heute in ihren komplexen Zusammenhängen beschreiben. Sie könnte ihr Wissen, ihre Erfahrung und Tradition fruchtbar werden lassen und Neues gewinnen an Einsichten in „Gott und Mensch" , Natur und Gnade". Sie wäre herausgefordert, auf aktuelle Zeitfragen mit ihrem Spezifikum zu antworten und sich gleichzeitig durch die Auseinandersetzung mit neuen Fragestellungen konstruktiv hinterfragen zu lassen, um Neues zu gewinnen.

A. L.: Haben Sie konkrete Fragen der Zeit vor Augen?

Frielingsdorf: Ich denke etwa an die Auswirkungen der Spaß- und Erlebnisgesellschaft, die Auswirkungen des Individualismus und die Frage der Selbstverwirklichung, an die Möglichkeiten und Grenzen der Kommunikationsgesellschaft und ihre Folgen für die Beziehungsgestaltung, an die Erkenntnisse und Erfahrungen der Psychologie und Humanwissenschaften mit dem Phänomen von Religiösität heutiger Menschen. Hier könnte ich mir wichtige Beiträge von Seiten der Theologie in der Auseinandersetzung mit den Erkenntnissen der Humanwissenschaften vorstellen, seien sie unterstützend, ergänzend oder auch mahnend, warnend oder korrigierend.

H. K.: *Sie haben erst vor kurzem ihr Institut umbenannt in ,Institut für Pastoralpsychologie und Spiritualität'. Welchen Hintergrund hat das an einer theologischen Hochschule?*

Frielingsdorf: ,Spiritualität' ist ein Begriff, der heute sehr geläufig, aber auch sehr verschwommen ist. ,Spiritualität' betont mehr die Komponente der Gnade, die Pastoralpsychologie mehr die natürliche Wirklichkeit des Menschen. Wenn wir an die ganz unterschiedlichen Spiritualitäten eines Benedikt, Dominikus oder Ignatius, einer Teresa von Avila oder der Mystiker und Mystikerinnen denken, so waren diese gläubigen Menschen „gute Pastoralpsychologen". Sie haben es verstanden, ihren Glauben, der durch sie „hindurchgegangen" ist, in ihrer Spiritualität mit einer entsprechenden Menschenkenntnis weiterzugeben. So ist ,Spiritualität' für mich eine wichtige Ergänzung von Pastoralpsychologie, weil in der Spiritualität gelungene Weisen menschlichen Lebens gipfeln, worauf auch die Psychologie z.B. mit ihren Therapien hinzielt.
Außerdem gibt es einen pragmatischen Grund. Ich gehe davon aus, daß in der augenblicklichen Situation von Kirche, Theologie und theologischen Fakultäten über den Begriff ,Spiritualität' auch pastoralpsychologisch mehr zu erreichen ist als über den Begriff ,Pastoralpsychologie'.

A.L.: *Was macht aus Ihrer Sicht ein gelungenes Leben aus?*

Frielingsdorf. Auf diese komplexe Frage ist eine kurze Antwort nicht leicht. Jeder Mensch strebt danach, glücklich zu sein. Wir nennen es in der Sprache der Spiritualität, ,selig' zu werden. Das kann der Mensch in diesem Leben sicher nicht erreichen. Ich kenne keinen absolut glücklichen Menschen. Unsere Sehnsüchte werden hier auf Erden nur bruchstückhaft, nicht endgültig erfüllt: unsere Urwünsche nach Geborgenheit, nach Angenommensein, nach Selbständigkeit usw. Das ist die eine These. Die zweite These besagt, daß der Mensch diese Sehnsucht hat und glücklich werden kann. Nach meiner Erfahrung gelingt das, wenn der Mensch sein Leben bewußt anschaut, und entdeckt, wo und wie er in der Vergangenheit geprägt wurde. Erst wenn er das erkannt hat und sich damit auseinandersetzt, kann er sich entscheiden. Er ist nicht fatalistisch dazu bestimmt, seine Eltern zu imitieren oder gegenabhängig das Gegenteil zu machen. Aufgrund seiner Freiheit kann er eigenverantwortlich aus diesem „Erbe" sein eigenes Leben gestalten und selbstbestimmt eigene Prioritäten setzen. Wenn wir Menschen also unser Leben annehmen, so wie es uns zugefallen ist, wenn wir uns damit versöhnen, dann kann unser Leben fruchtbar werden. Wir werden dann nicht mehr gelebt oder überleben nur, sondern dann finden wir unser Leben, das dann - nach meinem christlichen Glauben - von Gott vollendet wird in einem ewigen Leben. Glücklich ist nicht derjenige, der alles hat, was er will, sondern der will, was er hat.

H. K.: *Wenn Sie in Ihrer Arbeit davon ausgehen, daß in jeder Realität menschlichen Lebens auch Hoffnungs- und Lebenspotential vorhanden ist, das von Gott geschenkt ist: Was sind die wichtigsten Grundlagen Ihrer Arbeit und Ihres Vorgehens?*

Frielingsdorf: Die wichtigste Grundlage ist mein christlicher Glaube und in der konkreten Arbeit die Unterscheidung der Geister. Mein christlicher Glaube besagt, daß der Mensch gut geschaffen ist und, daß in jedem Menschen ein positiver Kern lebt, eine Lebensquelle, mag sie auch noch so verschüttet sein. Dieser göttliche Kern ist unzerstörbar. Deshalb gibt es für mich keine hoffnungslosen Fälle. Weiter gibt es für mich keine Zufälle. Deshalb ist für mich eine grundlegend für die jeweilige Unterscheidung der Geister der Glaube, daß mir Gott alle Dinge zufallen läßt, auch die unangenehmen, und die, die ich im Moment nicht verstehe. In jedem Ereignis ist Gott gegenwärtig und am Werke. Alles liegt in Gottes Hand. Ja, diese Überzeugung ist der Boden, auf dem ich stehe, ohne den ich nicht so arbeiten könnte, wie ich arbeite.

A. L.: *Nun gehören zur menschlichen Wirklichkeit auch Unheilssituationen, alle Arten von Ungerechtigkeiten, Katastrophen oder gar Kriegen, die oft „im Namen Gottes" geführt werden. Wie paßt das in Ihr Verständnis?*

Frielingsdorf: Unheilssituationen sind in jedem persönlichen Leben und überall, weltweit zu finden. Von meinem christlichen Standpunkt aus ist diese Erfahrung die Folge dessen, was ich „Erbschuld" nenne. Eine ‚Schuld' aufgrund von Entscheidungen, die oft schon lange zurückliegen, die Leben hindern, verletzen, ausbeuten, mißbrauchen etc. Vielfach können die Entscheidungsträger der Lebenshinderung schon gar nicht mehr benannt werden, weil sie Generationen zurückliegen oder die Spirale der ‚Sünde' - der Entscheidung gegen das von Gott gewollte Leben - sich so weit gedreht hat, daß die unmittelbaren „Schuldigen" nicht eindeutig kenntlich sind. In diese Grundsituation irdischen Lebens wird jeder Mensch hineingeboren. Doch immer waren und sind die Menschen frei, sich „für Gott und das Leben" oder „gegen Gott und das Leben" zu entscheiden. In diese Wirklichkeit sagt der Glaube: Alles, grundsätzlich alles, auch diese Unheilssituationen sind durch Jesus Christus schon erlöst, ein für alle Mal. Das ist für mich entscheidend.

H. K.: *Was bedeutet das konkret für den Menschen?*

Frielingsdorf: Gleich wie die Unheilssituationen im Leben eines Menschen aussehen, z.B. ob er oder sie ein gewolltes Kind ist oder nicht, ob er oder sie nur unter einer bestimmten Bedingung gewollt ist, z.B. als ‚Vorzeigekind' oder ‚Elternersatz' oder ‚der letzte Traum im Leben der Frau', keine Situation kann dem „göttlichen Leben" in einem Menschen letztlich etwas anhaben. Dieser gute Kern ist und bleibt unzerstörbar und ist immer da, auch in den schlimmsten und abscheulichsten Situationen. Diesen Kern gilt es zu entdecken. Konkret bedeutet das in meiner pastoraltherapeutischen Arbeit, den Menschen zu helfen, ihre Möglichkeiten und Grenzen zu entdecken.

A. L.: *Wenn Sie sagen, daß in allem was Gutes ist, so können einige sagen, ‚das ist naiv', andere, ‚das ist weltfremd' und dritte ‚das verkennt Gott'. Wie ist Ihre Antwort ?*

Frielingsdorf: Noch einmal: die lebensbejahende christliche Grundeinstellung zur Schöpfung und zum Menschen beruht auf dem Glauben, daß bei aller Zerstörung und Disharmonie der ursprünglich heilen Schöpfung, die Schöpfung im allgemeinen und menschliches Leben im besonderen grundsätzlich erlöst sind. Dies hat zur Folge, daß wir es uns „leisten" können, in die Abgründe der Unheilssituationen hinabzusteigen und gerade auch dort den Boden des „Erlöstseins" zu spüren. Denn aus tiefen Wunden können große Flügel wachsen. Konkret bedeutet dies für den Menschen, daß auch aus lebenshindernden Grundsituationen gutes und heiles Leben wachsen kann. Wer allerdings solche Prozesse begleitet, sollte dies selbst ‚am eigenen Leib' erfahren haben, um die ganz eigene Dynamik der Heilung von Lebenswunden begleiten zu können.

H. K.: *Was bedeutet das für das „Eigene" christlicher Pastoralpsychologie und ihren Dialog mit den Glückstheorien heute?*

Frielingsdorf: Ich habe immer wieder erfahren, daß angesichts von Leiden und Sterben die Selbsterlösungstheorien unserer Zeit fragwürdig werden. Denn angesichts von Leid und Tod bin ich oft hilflos. Ich kann nichts mehr machen. Ich fühle mich ohnmächtig. Was soll ich dann einem Menschen sagen, der sehr leidet und im tiefsten seine Situation nicht ändern kann? Ich kann ihm zusagen, daß ich glaube und darauf vertraue, daß gerade auch hier Gott zugegen ist, ob ich es spüre oder nicht, ob ich darauf baue oder nicht. Aus schwierigen Situationen kann Gutes erwachsen, kann Leben fruchtbar werden. Das ist aber für mich nur möglich im Lichte des christlichen Glauben, in dem Bewußtsein, daß Jesus durch sein Leiden und Kreuz hindurch diese Welt erlöst und neu ins Leben gerufen hat. Das ist eine wichtige Grundlage meiner ganzen Arbeit. Ohne diesen Glauben käme ich mir vor wie ein Scharlatan.

A. L.: *Wie kommt Jesus Christus in ihrer Arbeit vor?*

Frielingsdorf: Er ist die Grundlage - soweit man das so sagen kann - , ja er ist das Entscheidende in meiner theoretischen und praktischen Arbeit. In Jesus Christus, in dem Gott die menschliche Natur angenommen hat, wird auch wieder der Grundsatz „Gnade setzt die Natur voraus und vollendet sie" auf eine einzigartige Weise Wirklichkeit. Er ist uns in allem gleich, außer der Sünde. Er hat alle Not und jedes Leid durchlitten und erlöst. Dieses „am eigenen Leibe gespürt zu haben", ist eine wesentliche Dimension seiner Glaubwürdigkeit.

Deshalb habe ich auch immer wieder gestalterische Übungen entwickelt, die Glaubenssätze am „eigenen Leib" erfahrbar werden lassen. So z.B.: In Jesus ist Gott uns nah in jeder Not. In der Übung wird zuerst die Erfahrung des Menschen in Not dargestellt. Nehmen wir an, dies ist eine Gestalt unten am Boden, gekrümmt zur Seite liegend. Dann legt sich „Jesus", - dargestellt durch eine zweite Person - in gleicher Position unten am Boden neben diese erste Person in Not. Im Erleben dieser Übung wird neben der Erkenntnis ‚In Jesus ist Gott uns nah in jeder Not' auch die gefühlsmäßige Dimension dieser Aussage im Körper spürbar, eine ganzheitliche Erfahrung von Erlösung, die Gott uns in Jesus Christus geschenkt hat.

H. K.: *Wo wird Jesus Christus für Sie persönlich wichtig?*

Frielingsdorf: Persönlich wichtig ist Jesus Christus für mich vor allem in der Feier der Eucharistie, wo deutlich wird, was Sinn und Zweck des Lebensweges Jesu ist. Er offenbart uns die Liebe Gottes, des Vaters. Diesen Weg gehen wir als geliebte Schwestern und Brüder Jesu, als Söhne und Töchter Gottes, der uns in die Liebe Gottes führt.

A. L.: *Was ist Ziel und Inhalt Ihres Verständnisses von religiöser Persönlichkeitsbildung?*

Frielingsdorf: Ziel und Inhalt religiöser Persönlichkeitsbildung sind für mich, daß die Menschen ihre Lebens-Talente, die Gott in sie hineingelegt hat, entdecken und entwickeln, daß sie Verantwortung dafür übernehmen, daß diese sich vermehren und Frucht bringen. Das bedeutet auch, daß sie ihre ganz persönlichen Möglichkeiten und Grenzen kennenlernen und diese ernst nehmen, ebenso die Hindernisse, die eine Entfaltung der Talente behindern. Kurz: es geht darum, das eigene „Persönlichkeitsprofil" vor und mit Gott zu entdecken.

A. L.: *Talente - gemeint im spirituellen Sinne - sind Anteile am göttlichen Leben!*

Frielingsdorf: Ja, unsere ‚Talente' sind Anteile am göttlichen Leben, die Gott in uns als Frauen und Männer hineingelegt hat, also mehr noch als Fähigkeiten. Diese ‚Talente' sind persönlich sehr verschieden und entziehen sich jeder Wertung, ob sie gut, besser oder weniger wert sind.

H. K.: *Viele ihrer Weggefährten und Weggefährtinnen, die einen ähnlichen Weg beschritten haben wie Sie, haben das priesterliche Amt aufgegeben und auch die Kirche verlassen. Warum sind Sie in der Kirche geblieben?*

Frielingsdorf: Diese Frage habe auch ich mir auf meinem Weg immer wieder neu gestellt und so oft ich sie mir stellte, so oft habe ich sie für mich immer wieder positiv entschieden. Sie sehen, ich bin in meinem Beruf als Jesuit und

Priester geblieben, weil ich darin meine Berufung sehe. Aber es war nicht immer leicht.

***A. L.:** Wo konkret sahen oder sehen Sie Schwierigkeiten?*

Frielingsdorf: Zunächst gilt es zu unterscheiden, Kirche als „Raum", in dem ich mein Leben als Christ lebe, und Kirche als Institution. Die Kirche als Institution hat mir oft Schwierigkeiten gemacht mit ihren Entscheidungen, Erkenntnisse aus den Humanwissenschaften nicht mit einzubeziehen. Besonders schwierig wurde es für mich zuweilen, wenn Entscheidungen von den Menschen in ihren konkreten Lebenssituationen nicht mehr verstanden und angenommen werden konnten, weil ihre persönlichen Erfahrungen ganz andere waren, als sie von der Institution gedeutet wurden. Nicht alles lief so, wie ich mir dies im Geiste des Zweiten Vatikanums vorgestellt habe. Doch das Entscheidende, warum ich in der Kirche geblieben bin, war eine Empfehlung meines Mitbruders Karl Rahner, der mir in einer Krise empfohlen hat: „Solange du nichts besseres hast, gebe das nicht auf, was du hast." Ich habe bisher nichts besseres für mich und meinen Lebensweg gefunden und deshalb bleibe ich.

***H. K.:** Worauf bauen Sie, wenn Sie in der Kirche bleiben?*

Frielingsdorf: Entscheidend ist für mich der Glaube daran, daß diese Kirche eine Kirche Jesu Christi ist. Darauf besinne ich mich immer wieder. Und es sind eben Menschen, die diese Kirche bilden und leiten, Menschen wie Du und ich. Wichtig war für mich ferner, daß ich innerhalb der Kirche meine eigene Meinung vertreten kann und entsprechend meiner Einsicht lebe und gehandelt habe. Hier ist für mich die Unterscheidung der Geister unverzichtbar und erste und letzte Instanz in Entscheidungsprozessen, ob ich etwas annehme oder ablehne und wie ich es tue. In diesem Punkt bin ich ganz Ignatius und der Tradition meiner Gemeinschaft verbunden, gerade auch wenn dies nicht mit amtlichen oder offiziellen Meinungen der Kirche übereinstimmt. Ignatius, der massive Schwierigkeiten mit der Institution Kirche hatte, sagte einmal: ‚Du kannst die Kirche nur kritisieren, wenn du sie liebst'. Daran orientiere ich mich, wenn immer ich Kirche kritisiere. Gleichwohl muß ich bekennen, daß mir dies sicherlich nicht immer gelungen ist.

***A. L.:** Heute sind immer weniger Menschen kirchlich sozialisiert und noch weniger bekennen sich zu Jesus Christus oder kennen ihn erst gar nicht. Gleichzeitig nimmt die Psychologie verstärkt religiöse Momente auf - meist mehr allgemein und offen für jede Richtung. Was bedeutet das für Sie in Ihrer Arbeit?*

Frielingsdorf: In meiner Arbeit ist es nicht mein Bestreben, zu ‚missionieren' und den Menschen Jesus überzustülpen. Ich sehe es als ein Angebot für die Menschen, wenn der Glaube an Gott in Jesus durch mein Leben sichtbar wird. Und wenn es Zeit ist, von Jesus zu sprechen, so verschweige ich dies auch nicht. Wichtig ist für mich, daß ich in jeder Art von Religiosität und in jeder

Religion zunächst verschiedene Wege sehe, die alle zum ‚Geheimnis Gottes' führen können, der sich für mich in Jesus Christus offenbart hat. Sie sind für mich nicht ‚richtiger oder falscher', sondern Ansätze, wo der Mensch versucht, letztlich seinen Sinn zu finden oder zu begreifen, was Leben ist oder was ‚glückliches Leben' bedeutet. Ich sehe die Zukunft eindeutig im Dialog mit den verschiedenen Religionen und in der Auseinandersetzung mit anderen religiösen Bewegungen, Ausdrucksweisen etc. Dies ist eine große und spannende Herausforderung an uns und unsere christlichen Kirchen.

H. K.: Frage: *In Ihrer pastoralpsychologischen Arbeit spielt der Gedanke der Inkarnation eine wichtige Rolle. Wie ist das zu verstehen?*

Frielingsdorf: Inkarnation - Fleischwerdung - Menschwerdung bedeutet für mich, daß Gott selbst - zunächst in Jesus - ganz konkret einen menschlichen Leib angenommen hat. Und dieses gilt nicht nur für Jesus, den menschgewordenen Gottessohn, sondern für alle Menschen. Ja, im Leib eines jeden Mannes, einer jeden Frau ist Gott zu finden. Ein ungeheuerlicher Gedanke. In diesem Verständnis erhält der Leib einen Wert als „Tempel Gottes" wie Paulus sagt. Und wenn wir vom Leib, dem konkreten Körper sprechen, dann gehören dazu auch die Gefühle, die im Körper sich den Weg bahnen. Auch kann die Erfahrung im Körper, das Erspüren der Gefühle ins Wort gehoben und reflektiert werden, eine Ganzheit von Körper-Geist-Seele, in der Gott Wohnung genommen hat. „Der Mensch ist eben eine Sprache, in die Gott übersetzt und aus der Gott herausgelesen kann", wie Romano Guardini sinngemäß sagt.

H. K.: *Wie wirkt sich das konkret in Ihrer Arbeit aus?*

Frielingsdorf: In meiner Arbeit habe ich vielfältig erfahren, daß gerade der Körper das ausdrückt, was im Menschen im Tiefsten verborgen ist, auch das Unbewußte. In Gesten, Mimik und seiner Gestalt wird dies oft unbewußt und spontan deutlich. Wenn ich diese „Information" durch meinen Körper ernst nehme und mich darauf einlasse, dann kann ich auch gefühlsmäßig wahrnehmen, was diese „Erfahrung, Erkenntnis mit mir macht, wohin sie führt: zu „mehr" Leben oder ob sie eher ein Hindernis in Richtung „Leben" ist. Ich kann dann dieses Erleben in der Körpergestalt nach-denken und ins Wort bringen. So kann ich z.B. ein Schlüsselwort dafür finden, das mir diese Erfahrungen immer wieder neu aufschließt und Hilfe ist, bei der „Unterscheidung der Geister" in Situationen, in denen ähnliche Gefühle auftauchen.

A. L.: *Wie sehen Sie die Rolle von Körper und Leib innerhalb der Theologie?*

Frielingsdorf: Im Laufe der Geschichte - von der Antike an - ist eine dualistische Welt- und Menschensicht gewachsen, die bis heute tiefe Spuren hinterlassen hat, auch in der Theologie. In diesem Verständnis gelten Leiblichkeit und Gefühle als minderwertig gegenüber den Qualitäten eines ‚geistigen Menschen'. Nur der ‚geistige Mensch', der seinen Körper allen geistigen Vorgängen unterordnet, kann in dieser Vorstellung zur Vollendung kommen oder vollkommen werden. Die Rolle des Körpers, des Leibes ist in der Theologie nur anfänglich erforscht. Hier sehe ich einen weiteren dringenden Bedarf, denn der Körper gibt uns auch Informationen über Gott, über unsere Beziehung zu Gott und seine zu uns. Wenn wir diese Dimension vernachlässigen, so nehmen wir m.E. die Menschwerdung Gottes nicht ernst genug.

***A. L.:** Die Frage von Körper und Leib als ‚Erkenntnisorte für Gott' ist in der neueren Theologie bisher meist aus der Perspektive von Frauen näher erforscht worden. Sie sind dabei von konkreten Körpererfahrungen ausgegangen.*

Frielingsdorf: Bisher ist es in der Theologie für den Mann gewohnter, eher „verstandesmäßig" vorzugehen und die Körpererfahrung ‚außen vor' zu lassen. Doch sowohl Mann als auch Frau wohnen in ihrem Leib und in beiden wohnt Gott. Ein Dialog über diese Erfahrungen könnte für alle fruchtbar sein, auch für die Theologie, wenn sie sich darauf einläßt.

***H. K.:** Ein Blick nach vorn: Wenn Sie heute noch einmal anfangen würden zu forschen, welche Akzente würden Sie persönlich setzen?*

Frielingsdorf: Wenn ich heute noch einmal anfangen würde, wissenschaftlich zu arbeiten, würde ich mich mehr im Horizont des Evangelisierungsparadigmas aufhalten, das nicht nur innerhalb von Kirche und offenbarungsorientierter Theologie arbeitet. Und ich würde mich dem Dialog im breiten Feld von Religiösität widmen. Sonst sehe ich die Gefahr, daß das alte dualistische Denken weiter wirkt. Dann wird - wie Steinkamp in seinem Säkularisierungsparadigma beschreibt - die Kirche immer mehr zur Ghettokirche. Denn sie erreicht die Menschen immer weniger und holt sie nicht dort ab, wo sie mit ihren aktuellen Fragen sind, eben nicht mehr als kirchlich gebundene wohl aber als religiös suchende Menschen.

***A. L.:** Was sind Ihrer Meinung nach konkrete Aufgaben künftiger Pastoralpsychologen und Pastoraltherapeuten?*

Frielingsdorf: Viele Menschen suchen mit ihren Lebensfragen und -schwierigkeiten Hilfe in der Psychologie und Therapie, aber nicht mehr bei den Theologen. Ein Beispiel dafür sind die leeren Beichtstühle in den Kirchen. Offensichtlich treffen wir mit unserer theologischen Sprache und unserer theologischen Denkweise nicht mehr den Nerv des Lebens vieler Menschen. Dabei ist soviel „los" im Bereich der religiösen Sehnsucht. Es gibt viele religiöse Bewegungen, Initiativen und hoffnungsvolle Gruppierungen. Deshalb sehe ich als eine Aufgabe der Pastoralpsychologie dieses „religiöse" Feld psychologisch aufzuschlüsseln und gleichsam einen Dialog mit der Offenbarungstheologie vorzubereiten.
Weiterhin sehe eine Aufgabe der Pastoralpsychologie darin, daß sie das, was z.B. in Asien oder in Afrika und in den verschiedenen Kulturen geschieht, kul-

tur-, sozial- und religionspsychologisch verstehen lernt und ins weltweite Gespräch der Theologie einbringt. Dann könnte einerseits das eigene Profil einer afrikanischen oder asiatischen Religiosität gestärkt werden und andererseits die Weltkirche eine Bereicherung erfahren. Hier wünsche ich mir mehr Offenheit und Flexibilität von der katholischen Theologie und von Rom.
In meinem Berufsleben habe ich viele Frauen und Männer innerhalb der katholischen Kirche aus- und weitergebildet. Leider habe ich weniger Erfahrung mit Menschen außerhalb der Kirche. Das erlebe ich als ein Manko in meinem Wirken. Doch es war mein Weg. Nun höre ich auf, es ist nicht meine Aufgabe, Neues zu beginnen. Aber ich hoffe, daß meine Schülerinnen und Schüler den notwendigen Dialog fortsetzen, auch den interreligiösen Dialog.
In den katholischen Gemeinden würde ich mir Brücken und mehr Kontakte zu sogenannten „Außenstehenden" wünschen. Ich erlebe immer noch, daß wir auf der einen Seite des Ufers stehen und die anderen auf der andern, und wir rufen uns Dinge zu, die irgendwo in der Mitte zusammenkommen und uns erreichen - aber wir besteigen nicht die Brücke zum andern Ufer sondern bleiben an unserem Ufer. Ich wünsche mir, daß wir auf dieser Brücke aufeinander zugehen und über dem „Glaubensfluß" ins Gespräch kommen, den beide Ufer säumen und der beide gleich weite Ufer verbindet und einmal ins uferlose Meer mündet.

***H. K.:** Was wollen Sie uns zum Schluß sagen?*

Frielingsdorf: Ich wünsche der Theologie, daß sie verstärkt den gleichberechtigten Dialog mit den Humanwissenschaften sucht und sich aus diesem Dialog heraus zum Heil der Menschen erneuert. In diesem Zusammenhang wird man auch über eine neue Gewichtung der einzelnen theologischen Fächer und entsprechende neu zu errichtende Lehrstühle nachdenken müssen.
Denn der Mensch, der in unserer konkreten Welt heute lebt, ist die Sprache, in die Gott übersetzt werden kann. Darin liegt die Aufgabe der heutigen Theologie und der spezielle Beitrag der Pastoralpsychologie.

Heinrich Pompey

Die Struktur-Analogie theologischer und psychologischer "Wirk"- lichkeiten als Grundlage pastoralpsychologischer Theorie und Praxis.[1]

Pastoralpsychologie wie caritative Diakonie stehen vor der Grundfrage, inwiefern ihre psychologisch wie sozialwissenschaftlich qualifizierte Praxis mit der erlösenden Praxis des christlichen Glaubens verbunden ist und ob praktisch-theologisch reflektierter Glaube zur Gestaltung einer helfenden Beziehung beitragen kann, die primär auf humanwissenschaftlichen Erkenntnissen und Erfahrungen basiert. Ebenso läßt sich fragen, ob Humanwissenschaften und Theologie, die Bezugswissenschaften einer Pastoralpsychologie bzw. einer caritativen Diakonie zwei unterschiedlichen und nicht zu vereinbarenden Welten zuzuordnen sind? Das Zueinander von Psychologie bzw. Sozialwissenschaften auf der einen und der Theologie auf der anderen stellt nicht nur eine grundlegende Frage der Handlungswissenschaften Pastoralpsychologie und caritative Diakonie dar, sondern berührt auch das persönliche Selbstverständnis, d. h. die Identität der christlich motivierten MitarbeiterInnen seelsorglicher bzw. caritativer Dienste der Kirche. Forschung und Lehre von Karl Frielingsdorf sind ein Beispiel für ein gelungenes Miteinander im Rahmen der pastoralen wie der sozial-caritativen Diakonie der Kirche für leidende und suchende Menschen und ein Beleg für die Kompatibilität von Schöpfungs-wirk-lichkeit (Bio-logik, Psycho-logik, Sozio-logik, Physio-logik etc.) und Erlösungs-"wirk-"lichkeit des gelingenden Lebens (Theo Logik, Soterio-Logik).
Praktisch-theologisch geht es um das Faktum des Zusammenwirkens a) der in der Schöpfung gründenden Lebens-Daten *(lateinisch datum = Gegebenes)* bzw. Lebens-Logiken *(Oiko-logik),* wie sie von Physio-logie, Bio-logie, Psychologie, Sozio-logie usw. aus den vorgegebenen Lebensrealitäten erkannt werden, die - theologisch gesprochen - "data", d. h. Gaben Gottes sind und b) des helfenden, befreienden und erlösenden Heilshandelns Gottes (Theo-logie), wie Gott es in der Begleitung Israels und in der Erlösungstat Jesu Christi (Soterio-logie) realisierte.

[1] Vgl. Pompey, H., Beziehungstheologie, in: LThK3, Bd.2, Freiburg 1994, 358-359 und die systematischtheologische Weiterentwicklung dieses Ansatzes von Sattler, D., Beziehungs-Denken in der Erlösungslehre. Bedeutung und Grenzen, Freiburg 1997, 19f

1. Darlegung und Beschreibung des Zueinanders von psychischen und religiösen "Wirk"-lichkeiten

Der pastoralpsychologischen wie caritaswissenschaftlichen Theoriebildung und Praxis liegt die Annahme zugrunde, daß zwischen der psycho-sozialen Biologik bzw. Anthropo-logik einerseits und der Theo-logik bzw. Soterio-logik andererseits eine **Ana-logik** besteht, d. h. daß die Logik der Schöpfung der Logik der Erlösung ähnlich ist. Der hier verwendete Begriff der Ana-logik geht dabei[2] bewußt von der schlichten Wortbedeutung " ana-log" aus. Sie besagt: entsprechend, gleichartig, übertragbar, sinngemäß anwendbar oder schlicht ähnlich, Zwei unterschiedliche "Wirk"-lichkeiten ereignen sich in analoger Weise, besitzen eine ähnliche Reaktions- und Ziellogik. Hervorzuheben ist dabei, daß sie nicht analog **sind** sondern analog **geschehen.**[3] Es soll die kontroverstheologische Frage "Analogia fidei" bzw. "Analogia entis" hier nicht aufgegriffen werden, weil hier nicht zwischen dem Endlichen und Unendlichen eine Analogie aufgezeigt wird, sondern zwischen den geschichtlichen Ereignissen der Schöpfung und dem geschichtlichen Ereignis der Erlösung. Es geht auch nicht um die Analogie zwischen einem Seienden und dem Begriff zur Beschreibung dieses Seienden. Mit dem Begriff Analogie wird hier ausgesagt, daß weder eine Identität noch eine Beziehungslosigkeit zwischen zwei "Wirk"-lichkeiten besteht. Es handelt sich also nicht um substanz-ontologische Analogiken, sondern um strukturontologische Ana-logiken.[4] Struktur-analogie besagt: die Funktionslogik einer Struktur ist einer anderen Strukturlogik ähnlich, sie entsprechen sich. In der Art und Weise ihres Geschehens gibt es eine funk-

---

[2] Sie greift nicht auf die tradierte philosophisch-theologische Begriffsreflektion zurück.

[3] Sein Bezug zur philosophischen Tradition dieses Begriffes besteht am ehesten zum Begriff der Proportionalitäts-Analogik, d. h. die Beziehung zwischen zwei oder mehreren "Wirk"-lichkeiten besitzt zugleich eine Ähnlichkeit wie Unähnlichkeit, Gemeinsames wie Verschiedenes, wobei diese Ana-logik nicht substanz-ontologisch, sondern funktions-ontologisch zu verstehen ist; vgl. Rombach, H., Substanz, System, Struktur, Die Ontologie des Funktionalismus und der philosophische Hintergrund der modernen Wissenschaft, Bd. 1 u. Bd. 2. Freiburg 1965.

[4] Nicht eine ontologisch-substantielle oder systemische Analogik zwischen den sozio- und psycho-logischen Fakten einerseits und der theologischen Lebenswissensüberlieferung andererseits wird behauptet, sondern eine Struktur-Analogik. Der Begriff Struktur wird im Sinne von Dilthey, W. und Rombach, H., a.a.O., 15ff , verstanden. Rombach setzt diesen Begriff vom Begriff Substanz ab: Struktur "wird gerne an denjenigen Stellen eines Gedankenganges, eines Arbeitsprogramms verwendet, an dem man früher den Begriff Wesen eingesetzt hätte", ebd. 15. "Struktur ist der Wesensbegriff der modernen Wissenschaften", ebd. 16. Dilthey hebt in seiner Strukturlehre hervor: "Der ganze Lebenslauf ist ein Strukturzusammenhang zeitlich beliebig weit abstehender Erlebnisse, von innen gegliedert und zur Einheit verbunden", zitiert nach Rombach, a.a.0. 16. Diese "Seins-Verfassung der Struktur findet sich nicht nur in psychologischen Phänomenen, im 'Erleben', sondern auch in der geschichtlichen Wirklichkeit und deren Gegebenheiten", ebd. 17. Immer wird eine Ganzheit angesetzt die sich nicht durch Summation ergibt, sondern 'vor' ihren Teilen besteht und sich als organisierende Macht in jeder Wirklichkeitsphase behauptet. Sie bringt die Einzelmomente entelechial in Beziehung und versetzt sie in eine wechselseitige funktionale Abhängigkeit" ebd. 17. Dabei ist die Struktur funktions--ontologisch zu verstehen, vgl. die Ontologie der Funktion bei Rombach, a.a.0. 11-49 und 140-236.

tions-ontologische bzw. struktur-analogische Ähnlichkeit[5], so daß eine Analogie zwischen den beiden Geschehensstrukturen besteht. Dabei ereignet sich das Funktionieren nicht mechanisch wie in einem maschinellen System - ohne Freiheit, sondern organismisch, d.h. spontan, geschichtlich , dynamisch.
Beispiel: Die erlösende Inkarnation Jesu (mit Ausnahme der Sünde) und die Empathie des Seelsorgers, Therapeuten und Helfers (mit Ausnahme der Identifizierung) besitzen eine Struktur-Analogik, aber keine substanz-ontologische Entsprechung. Jesus inkarnierte in die menschliche Leidens- und Lebensexistenz, um die Menschen zu erlösen und zu befreien. Analog versucht der Seelsorger, Therapeut oder Sozialarbeiter seinen Klienten von innen her zu verstehen, d. h. empathisch zu sein. Er kann dem Leidenden nicht helfen, wenn er sich voll mit ihm identifiziert, z.B. mit einem Depressiven depressiv wird und Nähe und Distanz nicht wahrt. Struktur-analog hätte Jesus die Menschen nicht erlösen und befreien können, wenn er in der Wurzel von Leid und Krankheit, d.h. in der Sünde, mit den Menschen identisch geworden wäre. So wurde er ganz Mensch mit Ausnahme der Sünder und damit zum Erlöser. Radikale Solidarität ja, aber volle Identifikation nein - so lautet theologisch wie psychologisch analog die Antwort. Wendet sich ein haupt- oder ehrenamtlicher Mitarbeiter der Seelsorge, der Caritas oder Diakonie als praktisch und reflektiert glaubender Christ einem leidenden und suchenden Menschen zu, wird er diese fundamentale Struktur-Analogik einer helfenden Beziehung entdecken können.[6] Wissenschaftsmethodisch ist die Vorgehensweise der pastoralpsychologischen Theoriebildung und des pastoralpsychologischen Handelns in diesem Sinne **struktur-analog** zu verstehen.
Das hat seinen heilsgeschichtlichen Grund im Zueinander und in der göttlichen **Gleichursprünglichkeit von Schöpfungsordnung und Erlösungsordnung.** Der Logos gestaltete das Urchaos: "Die Erde aber war wüst und wirr, Finsternis lag über der Urflut, und Gottes Geist schwebte über dem Wasser" (Gen 1,2) bzw. "Durch das Wort (Logos) des Herrn wurden die Himmel geschaffen" (Ps 33,6). Dieser Logos der Schöpfung ist derselbe Logos, wie der, der in die leidende Welt inkarnierte: "Und das Wort (Logos) ist Fleisch geworden und hat unter uns gewohnt"(Joh 1, 14).
Neben dem Begriff der *Struktur-analogie* ließe sich für das Zueinander von Leben und Erlösung, von Psychologie und Theologie auch der Begriff der **Korrelation** zur Beschreibung der Beziehung von theologischen und sozio- bzw. psychologischen "Wirk"-lichkeiten verwenden. Eine Korrelation bezeichnet in den Sozial- und Humanwissenschaften den empirische Zusammenhang zwischen zwei Merkmalen,[7] d. h. gleichzeitig ereignen sich unterschiedliche

---

[5] Vgl. Rombach, H., Strukturontologie - eine Phänomenologie der Freiheit, München 1971, 29 ff.
[6] Der vom Glauben inspirierte Helfer kann die Schöpfungswirklichkeit, zu der auch die psychisch-sozialen Lebenswirklichkeiten gehören, nicht mißachten. Er wird entsprechende psycho-soziale Kompetenzen durch Ausbildung eigens erwerben und durch Fortbildung pflegen müssen.
[7] Vgl. Statistiklehrbücher.

psychische oder andere "Wirk"-lichkeiten, ohne daß eine Kausalität zwischen diesen beiden nachgewiesen werden kann. [8]Der empirische Begriff Korrelation macht deutlich, daß sich gleichzeitig Verschiedenes ereignet und daß bestimmte Merkmale gemeinsam auftreten. Der Begriff der Korrelation erhellt oder erklärt die Basis"wirk"-lichkeiten christlicher Sozialarbeit und pastoralpsychologischen Helfens, i.S. der Zeitgleichheit des humanwissen-schaftlich qualifiziertes Handeln mit der Wirkkraft des Glaubens. Er erweitert gegenüber dem Wort der *Struktur-analogie* die Beschreibungs-möglichkeiten des Zueinanders von theologischen und psychologischen "Wirk"-lichkeiten.
Auch der Begriff der **Kompatibilität** kann in gewisser Weise das Zueinander von Sozial/Humanwissenschaften und Glaubenswissenschaften im Blick auf Helfen, Pflegen und Begleiten beschreiben. Kompatibilität sagt, daß zwei "Wirk"-lichkeiten vereinbar sind, zusammenpassen und vernetzt werden können.
Das Zueinander und Miteinander von Schöpfung und Erlösung bleibt trotz der gewählten Beschreibung ein Mysterium. Der Rückgriff auf diese wissenschaftlich gebrauchten Begrifflichkeiten will für die diakonische und für die seelsorgliche Praxis das Zueinander von Schöpfungs-Wirklichkeit und Erlösungs-Wirklichkeit plausibler und verstehbarer machen. Die Begriffe Strukturanalogie, Korrelation und Kompatibilität können das Gespräch mit Vertretern nichttheologischer Disziplinen erleichtern, um die Gleichzeitigkeit und Vernetzung von psychischen und religiösen "Wirk"-lichkeiten als struktur-analog zu beschreiben.

2. Die soteriologische Legitimität und Notwendigkeit des Zueinanders von Natur und Erlösung

Um Einzelanalogien zwischen Daten der Sozial- bzw. Humanwissenschaften und den Aussagen der Glaubenswissenschaften oder anders gesagt einzelne Korrelationen und Kompatibilitäten (d.h. Vernetzungen) von psycho-sozialen und geistig-religiösen "Wirk"-lichkeiten zu beschreiben, ist die **Legitimität derartiger Analogien** (d.h. Ähnlichkeiten) bzw. **Korrelationen** (d.h. Gleichzeitig-keiten) **aus theologischer Sicht** zu belegen: Aus psychologischer bzw. soziologischer oder biologischer Sicht besteht dazu keine Notwendigkeit. Für nicht auf Religion oder Glauben ausgerichtete Wissenschaften gibt es keinen Bedarf, die Beziehung und Verknüpfung von psychosozialen Vorgängen und Glaubens-"wirk"-lichkeiten zu erklären, zu beschreiben und zu belegen, um

[8] Korrelation wird hier also nicht im dialektischen Sinne Tillichs verstanden, vgl. Kriegsstein, M. v., Paul Tillichs Methode der Korrelation und Symbolbegriffe, Hildesheim 1975. Das dialektische Korrelationsverständnis von Tillich möchte dagegen den Zusammenhang von Endlichem und Unendlichem als dialektisch einander entsprechend bzw. gegenüberstehend beschreiben. Es besagt, daß das Endliche zu seiner lebensvollen Entfaltung der Heilsmacht des Unendlichen bedarf.

ihre Theorien und Erklärungen entsprechend zu verantworten. Sie stellen lediglich statistisch signifikante Korrelationen, z. B. zwischen religiösen Einstellungen und psycho-sozialem Verhalten fest.[9] Klärungsbedarf bzw. Legitimitätsdruck besteht dagegen für die praktischen Glaubenswissenschaften, insbesondere Pastoralpsychologie, Pastoralsoziologie, Pastoralmedizin, Caritaswissenschaft bzw. Religionspädagogik, wollen sie ihre Praxis theologisch verantworten.

Neben den wissenschaftlich allgemein anerkannten Bezeichnungen: Strukturanalogik, Korrelation und Kompatibilität liefert die Geschichte christlich-abendländischen Denkens zur Erklärung der Interaktion von Schöpfung und Erlösung bzw. zur Kommunizierbarkeit von humanwissen-schaftlichen Erkenntnissen und Glaubenserfahrungen verschiedene Modelle, Begriffe und Theorien. Unterschiedliche Aussageaspekte zum Zusammen-wirken von Glauben und Leben, von Gott und Welt wurden im Laufe der Zeit formuliert. Eine fundamentaltheologische Gewichtung oder Zurückweisung einer dieser Vorstellungen wird nicht vorgenommen. Alle nachfolgenden Begriffe, Modelle und Theorien erhellen auf je eigene Weise das Geheimnis des Zusammenwirkens von Natur und Erlösung.[10] Zu diesem Zweck seien einige genannt bzw. erinnert:

- Eine **Struktur-Analogik der** innertrinitarischen Beziehung zur Communio: Gott Mensch ist bereits im Johannes-Evangelium deutlich zu erkennen: "Wie du, Vater, in mir bist und ich in dir bin, sollen auch sie in uns sein" (Joh 17,21).[11] Die lehramtlichen Aussagen des Zweiten Vatikanischen Konzils heben dementsprechend hervor: Es gibt "eine gewisse Ähnlichkeit' zwischen dem Handeln Gottes und dem der Menschen "in der Wahrheit und der Liebe". [12]
- Um die Einheit in Verschiedenheit, z.B. die Durchdringung von Leib und Seele, von Feuer und Eisen, von Wein und Wasser, zu beschreiben wurde bereits im vorchristlichen griechischen Altertum der Begriff **Perichorese**[13]

---

[9] 'Vgl. Grom, B., Soziales Engagement und Konfessionsverbundenheit, in: Pompey, H. (Hg.), Caritas - Das menschliche Gesicht des Glaubens: ökumenische und internationale Anstöße einer Diakonietheologie, Reihe "Studien zur Theologie und Praxis der Caritas und Sozialen Pastoral" Bd. 10, Würzburg 1997, 62-71; Pompey, H., Religiosität - ein Element der Lebens und Leidbewältigung bei TumorpatientInnen. Empirische Befunde und ihre Bedeutung für die psychosoziale Patientenbegleitung, in: Günther, H., / Ehninger, G. (Hg.), Krankheitsbewältigung und Lebensqualität - Herausforderung für Patienten, medizinische Helfer und Gesellschaft, Regensburg 1998, 100-126.

[10] Die "Wirk"-lichkeit der Beziehung von leidender Schöpfung und befreiender Erlösung ist durch verschiedene interkonfessionelle und interkulturelle Lebens- und Leidenshermeneutiken beschrieben, vgl. Pompey, H. (Hg), Caritas - Das menschliche Gesicht des Glaubens: ökumenische und internationale Anstöße einer Diakonietheologie, Reihe "Studien zur Theologie und Praxis der Caritas und Sozialen Pastoral" Bd. 10, Echter, Würzburg 1997.

[11] Ebs. Joh 17,11: Damit sie eins sind wie wir"; Joh 17,22 "Sie sollen eins sein wie wir eins sind".

[12] Vgl. II. Vatikanum, Pastoralkonstitution "Gaudium et Spes" Nr. 24.

[13] Vgl. Stemmer, P., Perichorese, in: Ritter, J: und Gründer, K. (Hg), Historisches Wörterbuch der Philosophie,Bd. 7, Darmstadt 1989, 255 - 259.

(...griech. einfügen: prechoresis) gewählt. Gregor von Nazianz (329/30 - 390) führt das Verb **....griech. einfügen: periochorein..** in die theologische Sprache ein. Der Begriff beschreibt in der Christologie den Zusammenhang von Gott und Mensch als vollständige gegenseitige Durchdringung. Auch in der Philosophie der Neuzeit wird dieser Begriff benutzt, um z.B. das Zueinander von Form und Materie, von Geist und Körper zu beschreiben)[14] Leibniz verwendet diesen Begriff in seiner "Dissertatio de arte combinatoria" von 1666.[15] Stärker als die Begriffe strukturelle Ana-logie und Korrelation beschreibt dieser Begriff das Durchdringen und Durchdrungenwerden des Göttlichen und des Menschlichen in Jesus Christus. Er erhellt somit in einer spezifischen Weise das Zueinander der Schöpfungswirklichkeiten und der Erlösungswirklichkeiten.

- Das Konzil von **Chalkedon** (451 n.Chr.) hat im Blick auf die Erlösung, Befreiung und das Heil der Menschen das Zusammenwirken der natürlichen wie der göttlichen Dimensionen der Heils-"Wirk"-lichkeiten dargelegt.[16] Das Zueinander der psychischen wie sozialen "Wirk"-lichkeiten und der göttlichen "Wirk"-lichkeit in Jesus Christus und in seinem Handeln wird als ungetrennt und unvermischt definiert. Struktur-analog lassen sich die heilvollen **psychischen "Wirk"-lichkeiten und Glaubens-"Wirk"-lichkeiten als ungetrennte** (d.h. nicht getrennte, nicht separierbare) "Wirk"-lichkeiten, ebenso **aber auch als unvermischte** (d h. nicht vermischte, eigenständige) **"Wirk"-lichkeiten** verstehen. Psychologik und Soteriologik verhalten sich - so läßt sich strukturanalog sagen -, wie sich Gottheit und Menschheit in Jesus Christus ereignen.[17] Jesu Heilen, Helfen und Beraten zeichnet sich durch ein Zusammenwirken von göttlicher und menschlicher "Wirk"-lichkeit aus.
- In der Hochscholastik - insbesondere bei Bonaventura (1217/18 - 1274) und Thomas von Aquin (1225 - 1274) - findet sich das Axiom bzw. Theologumenon ***gratia supponit naturam et perficet.***[18] Es wird verwendet, um die Vollendung der Natur durch die Gnade zu verdeutlichen.[19] Es kann ebenso den Zusammenhang beschreiben, den die Gnade mit der Natur eingeht: "gratia non destruit, sed supponit naturam et perficit illam".[20] Das Heilswirken Gottes mit dem Menschen schließt die von Gott der Schöpfung eingeschaffenen natürlichen Gesetze nicht aus, sondern schließt die Psychologik etc. ein und bringt sie durch Jesus Christus zur heil-vollen Entfaltung. Der Mensch, obschon in seinen Heilsmöglichkeiten bzw. in seiner Lebensfülle

[14] Vgl. ebd.

[15] Vgl. ebd.

[16] Vgl. zum Hintergrund und Inhalt dieses ökumenischen Dogmas: K.H. Ohlig, Fundamental Christologie, München 1986.

[17] Vgl. Denzinger 1976, 106 f.

[18] Vgl. Thomas v. Aquin, S.Th. I.1,8 und I.2,2,.

[19] Vgl. Raffelt, A., Gratia (prae) supponit naturam. in: LThK 3, Bd. 4, Freiburg 1995, 986 - 988.

[20] Vgl. Faber, E.-M., Gnade VI Systematisch-Theologisch in: LThK 3, Bd 4, Freiburg 1995, 779 - 783, 781.

gebrochen, kommt durch den gnadenhaft geschenkten Glauben an Jesus Christus wieder zu seiner heilvollen Gestalt. Gnade und Heil setzen also natürliche Bedingungen voraus: **Die Gnade baut auf der Natur auf.** Die Gnade einer gelingenden, lebensvollen Beziehung des Menschen zu sich, zu den Nächsten, zur Schöpfung und zu Gott besitzt eine natürliche Basis. Das natürliche Geschehen wird durch die Gnade überhöht.[21] So kann die gebrochene "Wirk"-lichkeit der Natur durch die "Wirk"-lichkeit der Gnade optimiert und verstärkt werden. Die Theologie der Reformation setzt sich zunächst mit dem Prinzip "Sola gratia" von diesem Verständnis ab, während sich in der heutigen Diskussion eine Annäherung abzeichnet - mit der wichtigen Betonung, daß die Gnade Gottes ihren zentralen Ort im "extra nos"[22] der Christus-Wirklichkeit hat.[23]

- Auch Nikolaus von Kues (1401-1464) versuchte das Zueinander von Natur und Erlösung als Einheit zu beschreiben, in der das an sich Widersprüchliche zusammenfällt: als **"Coincidentia oppositorum".** Koinzidenz meint dabei nicht das Zusammenfallen von allem mit Gott, sondern das Zusammenfallen von allem in Gott. "Alle diese (Geschöpfe) sind eingefalteterweise in 'Gott', wie sie ausgefalteterweise in der Schöpfung der Welt' sind."[24] Auch dieser Begriff stellt eine Möglichkeit dar, wiederum einen Aspekt der Vernetzung von Natur und Glaubens-"Wirk"-Lichkeit zu beschreiben.[25]
- Die neuzeitliche Entwicklung von Natur- und Humanwissenschaften und ihre scheinbare Widersprüchlichkeit zur tradierten Theologie machten eine neuere **katholisch-theologische Beschreibung und Verdeutlichung** des Zueinanders erforderlich. Es wurde herausgestellt, daß eine Bio-, Sozio- oder Psycho-Logik zumindest grundsätzlich nicht im Widerstreit zu einer Theo-, Christo- oder Soterio-Logik stehen. Der Logos, der sich im Alten Bund offenbarte, und der Logos, der Fleisch geworden ist (Joh 1, 14), ist der gleiche Logos, der bei der Schöpfung alle Wirklichkeiten gestaltete und ihnen ihre Energie, Gesetzmäßigkeiten und Formen gab.[26] Die von Gott in die psycho-soziale "Wirk"-lichkeit hineingeschaffene Logik steht darum nicht im Gegensatz zu der in der Offenbarung Jesu Christi deutlich gewordenen Logik, also auch nicht zur Logik eines gelingenden Lebens "trotz al-

---

[21] Vgl. Mausbach, J., Katholische Moraltheologie, Bd. I., Münster 1959, 259.
[22] Vgl. Kühn, U., Gnade VII Reformatorisches Verständnis, in: LThK3Bd. 4, Freiburg 1995, 785 -787,786.
[23] Vgl. Seibert, H., Evangelische Grundlegung der Diakonie - Schuld und Rechtfertigung als Herausforderung für eine sozial - diakonische Praxis der Kirche, in: Pompey, H. (Hg.), Caritas - Das menschliche Gesicht des Glaubens: ökumenische und internationale Anstöße einer Diakonietheologie, Reihe "Studien zur Theologie und Praxis der Caritas und Sozialen Pastoral", Bd. 10, Echter, Würzburg 1997, 129-140.
[24] Vgl. Bredow, G.v., Coincidentia oppositorum, in Ritter, J. (Hg.), Historisches Wörterbuch der Philosophie Bd. 1, Darmstadt 1971, 1022-1023.
[25] So ist die Natur eingefalteterweise in die Erlösung Gottes wie ausgefalteterweise die Erlösung in der Welt.
[26] Vgl. den Geist-Logos, der über dem Chaos schwebte und bei der Erschaffung dem Menschen eingehaucht wurde, Gen 1,2; Gen 2,7.

lem", sie ist struktur-analog. Darum sagt bereits das Erste Vatikanische Konzil von 1870 mit Recht, daß es **keinen Widerspruch zwischen der Wahrheit des Glaubens und** den wissenschaftlich erkannten **Wahrheiten der Natur** geben kann. Das hat das Zweite Vatikanische Konzil wiederholt.[27]

- Papst Johannes Paul II hebt in ähnlicher Weise bei seiner Ansprache[28] an die Wissenschaftler im Kölner Dom (1980) hervor: "Denn zwischen einer Vernunft, welche durch ihre gottgegebene Natur auf Wahrheit angelegt und zur Erkenntnis der Wahrheit befähigt ist, und dem Glauben, der sich der gleichen göttlichen Quelle aller Wahrheit verdankt, kann es keinen grundsätzlichen Konflikt geben. Der Glaube bestätigt gerade das Eigenrecht der natürlichen Vernunft. Er setzt es voraus. .... Damit zeigt sich zugleich, daß Glaube und Wissenschaft verschiedenen Erkenntnisordnungen zugehören, die nicht ineinander überführbar sind".[29] Somit stehen die beiden Erkenntnisordnungen trotz ihrer Andersartigkeit nicht in einem grundsätzlichen Konflikt sondern in einer kreativen Wechselbeziehung zueinander. "Wir fürchten nicht, ja wir halten es für ausgeschlossen, daß eine Wissenschaft, die sich auf Vernunftgründe stützt und methodisch gesichert fortschreitet, zu Erkenntnissen gelangt, die in Konflikt mit der Glaubenswahrheit kommen. Dies kann nur dort der Fall sein, wo die Unterschiedlichkeit der Erkenntnisordnungen übersehen oder verleugnet wird".[30]
- Paul VI legt in einer Ansprache an das Konzil dar, daß sich die **Kirche nicht gegen den Humanismus** richtet, sondern ihn optimieren will?[31] "All dieser Reichtum an Lehre hat sich in einer einzigen Richtung bewegt: Dem Menschen zu dienen. Wir meinen den Menschen in jeder Lage, in jeder Schwäche, in jeder Not. Die Kirche hat sich gewissermaßen zur Dienerin der Menschheit erklärt"?[32] "Um Gott zu kennen, muß man den Menschen kennen".[33] Dies macht beispielhaft deutlich, wie sehr die Praxis von Glaube und Liebe Kenntnisse der menschlichen Natur voraussetzt.
- Im Sinne der durch die Theologie Karl **Rahners** vollzogene anthropologische Wende lassen sich **theologische Aussagen** über den Menschen auch als eine **Radikalisierung anthropologischer Aussagen verstehen.** Theo-Logik und Soterio-logik stellen in diesem Sinne Radikalisierungen von Psycho- und Sozio-Logik dar ("radikal" ist hier verstanden im Sinne von extremer, verschärfter Aussage). Aussagen der Psychologie lassen sich

---

[27] Vaticanum II, Kirche und Welt, Nr.60.

[28] Johannes Paul II., Predigten und Ansprachen in Deutschland. Sekretariat der Deutschen Bischofskonferenz (Hg.), Verlautbarung des Apostolischen Stuhls 25, Bonn 1980, 27.

[29] Ebd. 27.

[30] Ebd. 28.

[31] Paul VI., Konzil der Liebe und des Vertrauens - Ansprache in der öffentlichen Sitzung am 07.12.65, in: Deutsche Tagespost, Beilage: Die römische Warte, Folge VI/48 vom 28.12.65, 3 - 7, 6 f.

[32] Ebd. 6.

[33] Ebd. 7.

durch Erkenntnissen der Theologie und der christlichen Anthropologik vertiefen (radikalisieren im Sinne von Radix = Wurzel meint: etwas tiefer verwurzeln).[34]

- Eine internationale Theologenkommission beschreibt das Verhältnis von menschlichem Wohl und christlichem Heil.[35] Sie machte dabei den Stellenwert der christlichen Heilsbotschaft im Blick auf Armut und Ungerechtigkeit in der Welt deutlich. Insbesondere wird das Verhältnis von Profangeschichte mit ihren lebensfeindlichen Auswirkungen und Heilsgeschichte beschrieben. Dabei wird herausgestellt, daß Profan- und Heilsgeschichte nicht einfach identifiziert werden *können, obwohl* sie eine Einheit darstellen, andererseits auch nicht zu trennen sind: "Die Unterscheidung zwischen beiden darf auf keinen Fall zu einem 'Dualismus' werden, in dem Geschichte und Heil indifferent einander gegenüberstehen würden. .... Die *Schaffung einer* gerechten Gesellschaft ist in gewisser Weise eine antizipative Verwirklichung des Reiches Gottes. Es besteht auch kein Zweifel, daß der Glaube in biblischem Sinne sich erst voll in der Tat bewährt und so Frucht bringen wird".[36] Im Sinne der Tradition von Chalkedon (451 n.Chr.) und der scholastischen Reflexionen des Verhältnisses von Natur und Gnade wird hier das Zusammenwirken der sozialen und psychischen "Wirk"-lichkeiten mit den Heils-"Wirk"-lichkeiten beschrieben. Sie sind strukturanalog, sie korrelieren und sind kompatibel. Darum ist es möglich, den Dienst am menschlichen Wohl und am christlichen Heil integrativ zu vollziehen bzw. überhaupt zu vollziehen. Diese Zusammenhänge begründen den Auftrag der Kirche und des einzelnen Christen, zum Wohl und zum Heil der Menschen einen eigenständigen Beitrag zu leisten.
- Herausgestellt wird aber auch, daß dabei die Unterscheidung der Geister, die *Discretio spirituum* notwendig ist. [37] "Die Theologie kann ja allein aus theologischen Prinzipien keine konkreten politischen Maximen ableiten. ... Die theologischen Entwürfe, welche sich um den Aufbau einer menschlichen Gesellschaft mühen, müssen sich beim Gebrauch sozialwissenschaftlicher Theorien der damit verbundenen Gefahren bewußt bleiben. Diese müssen jeweils auf ihren Gewißheitsgrad überprüft werden. Oft sind es nämlich nur Hypothesen; nicht selten enthalten sie explizite und implizite ideologische Elemente, die auf umstrittenen philosophischen Voraussetzungen oder auch auf einem falschen Menschenbild beruhen. Ja, die Theologie muß ihrerseits einen Pluralismus wissenschaftlicher Interpretationen

[34] Vgl. Rahner, K., Die theologische Dimension der Frage nach dem Menschen. Schriften zur Theologie, Bd. XII, Einsiedeln 1975, 387-406, 399.

[35] Vgl. Stimme der Weltkirche Nr. 3, Zum Verhältnis zwischen menschlichem Wohl und christlichem Heil Dokument der internationalen Theologenkommission, August 1977, Bonn 1977.

[36] Ebd. 7f.

[37] Vgl. Pompey, H., Handlungsperspektiven kirchlicher Beratung. Studientag "Kirchliche Beratungsdienste" der Herbstvollversammlung der Deutschen Bischofskonferenz 1986, in: Sekretariat der Deutschen Bischofskonferenz (Hg.), Arbeitshilfen (1987).

der Gesellschaft anerkennen und darf sich keiner konkreten soziologischen Analyse aus irgendeiner 'Notwendigkeit' heraus verpflichten".[38] Die sozial und psychisch relevante caritative bzw. seelsorgliche Handlungswahrheit bedarf also der rechten Ergänzung bzw. Unterstützung durch Glaubenswissenschaften.[39] Damit wird den Human- und Sozialwissenschaften ihre Autonomie nicht abgesprochen. Handeln aus Glauben und Liebe greift auf ihre genuinen Kenntnisse zurück, erfährt jedoch durch die Glaubenswissenschaften eine wesentliche Ergänzung. Synduktiv und kritisch sind in diesem Sinne die induktiven Daten der Humanwissenschaften und die Daten der deduktiven Offenbarungs-wissenschaften zu einer handlungsrelevanten pastoral-psychologischen wie caritativ-diakonischen Theorie zusammenzuführen.[40]

Auch aus **evangelisch-theologischer Sicht** ist das Verhältnis von Human-/Sozialwissenschaften und Glaube ähnlich - wenn auch mit anderen Akzenten und Nuancierungen - einschätzbar. Zwar wird die Analogie zwischen Schöpfungswirklichkeit und Offenbarung des Heils in Jesus Christus nicht so real bzw. nicht so essentiell gedacht, [41] doch besteht ebenfalls eine Analogie zwischen diesen "Wirk"-lichkeiten im Glauben. "Das Weltgeschehen ist im Großen und Kleinen Spiegel und Gleichnis des Heilsgeschehens" wie K. Barth hervorhebt.[42] Der **Mensch und seine Welt** erscheinen in dieser Weise als eine Analogie der Welt Gottes. Die Welt des Glaubens, der Offenbarung hat dabei eine Priorität wegen der radikalen Verdorbenheit der Schöpfung. W. Pannenberg[43] formuliert: "In theologischer Perspektive stellt sich das Weltgeschehen als eine einmalige und unumkehrbare Geschichte dar, die als solche Ausdruck göttlichen Handelns ist. Im Ablauf dieser Geschichte treten ... Gleichförmigkeiten und Ordnungen des Gescheiterte auf, die mit dem naturwissenschaftlichen Gesetzesbegriff korrespondieren".[44] Dabei gehen Sozial- und Humanwissenschaften (ebs. Natur) und Theologie (ebs. Offenbarung) nicht einfach ineinan-

[38] Ebd. 9.

[39] Was dies für die caritativ-diakonische Beratung bedeutet dazu vgl. Pompey, H., Handlungsperspektiven kirchlicher Beratung, in: Studientag der Deutschen Bischofskonferenz 1986, Sekretariat der DBK (Hg.), Arbeitshilfen 1987, 44 - 64; ders., Das Seelsorgegespräch nach der Methode der Gesprächstherapie, in: Lebendige Seelsorge 26 (1975) 201-211.

[40] Vgl. Pompey, H., Von der Pastoralmedizin zur Pastoralanthropologie, in: Von der Pastoraltheologie zur Praktischen Theologie, 15. Forschungsgespräch des IFZ Salzburg, Weinzierl, E. und Griesl, G. (Hg.), Salzburg 1976, 159 - 197, 173 f.

[41] Es besteht keine Analogie im Sein (analogia entis) wie in der scholastisch-katholischen Tradition, weil das Sein durch die Sünde so radikal verändert ist, dass keine Analogie mehr mit der göttlichen Heils- und Gnadenwirklichkeit besteht. Es gibt zwischen beiden ein dialektisches Gegenübersein.

[42] Barth, K., Die Kirchliche Dogmatik, Bd. III 3, Zürich '1979, 59.

[43] Pannenberg, W., Schöpfung und Naturwissenschaft, in: Zur Debatte, Juli/August 1994, 7.

[44] Ebd.

der auf.[45] Es bleibt dem Un-Heil der Welt das Heil der Offenbarung gegenübergestellt .[46]
Für **Brunner** gibt es eine **reale Doppeloffenbarung** des Heils-Gottes in der Schöpfung und in der **Offenbarung Christi.**[47] Beides wird zur Offenbarung mit unterschiedlicher Qualität. **Althaus** differenziert dies noch stärker, indem er von zwei Gestalten der Offenbarung ausgeht: der Offenbarung im eigentlichen Sinne und der sog. Ur-Offenbarung, der "Selbstbezeugung Gottes in der Wirklichkeit des Menschen und der Welt".[48] Selbstverständlich gibt es eine Reihe von protestantischen Theologen, die eine so stark analoge Sichtweise zwischen Schöpfungswirklichkeit und Heilsgeschehen in Jesus Christus nicht mittragen können, sondern dieses Verhältnis stärker dialektisch sehen, z. B. dialektisch korrelativ, wie Tillich.[49] Die **dialektische Theologie** (K. Barth, E. Thurneysen, R. Bultmann) nimmt sehr ernst, daß der Mensch zugleich Sünder und Gerechter ist, "simul iustus et peccator". Diese Dialektik im Menschen wird auch im Verhältnis Gott und Mensch wie Glaube und Leben gesehen. Offenbarung und Geschichte stehen sich dialektisch gegenüber. Zwar berührt das Göttliche in der Inkarnation das Menschliche, bleibt zugleich aber immer auch ein Gegenüber. Die dialektische Beschreibung des Verhältnisses von Gnade und Natur, von Schöpfung und Offenbarung charakterisiert in einer anderen Weise das Zueinander von Gott und Welt, von Heilsangebot Gottes und Lebenswirklichkeit des Menschen. Es wird die Widerständigkeit dieser beiden Bereiche hervorgehoben. Sie sind aufeinander verwiesen, stehen sich aber auch gegenüber. Die Lebenswelt der Menschen und der Mensch selbst bedürfen der pro-vokanten Heilsbotschaft, die den Menschen herausruft, ihn über sich hinausführt, transzendiert, d. h. überschreitet.[50]
So beschreiben eine Vielzahl von begrifflichen Metaphern und theologischen Theorien das Mysterium des Zueinanders von Gott und Welt, von Schöpfung und Erlösung von menschlicher und göttlicher Natur in Jesus Christus und damit auch die Lebens-"wirk"lichkeit seines mystischen Leibes der Kirche und des einzelnen Christen. Das Zueinander im Sinne von Miteinander und Ineinander infolge der Inkarnation ist typisch für christliche Theologie. Die angeführten Begriffe und Verständnisse besagen zum Teil mehr als eine strukturelle Ana-logik zwischen den funktionalen, teleologischen "Wirk"-lichkeiten der Natur- sowie Humanwissenschaften und den Glaubenswissenschaften bzw. zwischen Natur und Heil, zwischen Schöpfung und Erlösung. Sie können darum die Begriffe Struktur-Analogie, Korrelation, Kompatibilität vertiefen und er-

[45] Vgl. ebd.
[46] Vgl. Pannenberg, W., Anthropologie in theologischer Perspektive, Göttingen 1983.
[47] Vgl. Brunner, E., Natur und Gnade, in: Fürst W. (Hrsg.), "Dialektische Theologie" in Scheidung und Bewährung 1933-1936. Aufsätze, Gutachten und Erklärungen, Theologische Bücherei Bd. 34, München 1966, 178.
[48] Vgl. Althaus, P., Grundriß der Dogmatik, Göttingen '1947, 111, 16.
[49] Vgl. Kriegstein, a.a.0.
[50] Vgl. Hubbeling, H. G., Dialektik, in: EKL, Bd. 1, Göttingen 1986, 862-865.

gänzen, die ihrerseits auch nur eine Beschreibungsmöglichkeit darstellen, das Mysterium des Zueinanders von Schöpfung und Erlösung zu verdeutlichen. Die so dargelegte Beziehungs-"wirk"-lichkeit bildet die methodische Grundlage jeder pastoralen Psychologie und caritativen Diakonie.

3. Das Zusammenwirken von Lebensrealitäten und Glaubenswirklichkeiten in der pastoralpsychologischen und sozial-caritativen Praxis.

Auch wenn das Zusammenwirken von Leben und Glaube auf der Seite der Klienten wie des Helfers bzw. der Helferin ein Mysterium darstellen, ist es hilfreich, entsprechende Beschreibungen ihrer Wirkweisen zu entwickeln. Geht man zu diesen Zweck davon aus, daß der Glaube - insbesondere der in der Liebe zum Ausdruck kommende Glaube praktisch-theologisch eine religiöse Interaktion und Kommunikationsweise des Menschen mit Gott und auch der Menschen untereinander darstellt, dann läßt er sich als eine Beziehungs-"wirk"-lichkeit verstehen. Glaube und Liebe sind Wirk-lichkeit, die sich in den Beziehungen zu Gott und zu den Menschen ereignen. Ebenso bilden kommunikative und interaktive Beziehungen die Basis des Lebens. So gibt es eine strukturelle wie eine funktionale Analogie zwischen Leben und Glauben. Pastoralpsychologisches wie caritaswissenschaftliches Helfen will mißlingendes Leben, d. h. mißlingende Kommunikation und Interaktion des Menschen mit sich, mit den Mitmenschen, mit der Lebenswelt und mit Gott heilen. Die Struktur- und Funktionsanalogie von Glaube und Leben läßt sich darum mit Hilfe der Grundaxiome der Kommunikation und analoger grundlegender Aspekte des Glaubens verdeutlichen.
Die Kommunikationswissenschaft insbesondere von Watzlawick u.a. [51] macht deutlich, daß jede Interaktion und jede Kommunikation einen **Inhalts- und einen Beziehungsaspekt** kennt. "Der Inhaltsaspekt vermittelt die 'Daten', der Beziehungsaspekt weist an, wie diese Daten aufzufassen sind.“[52] Dabei kommt dem Beziehungsaspekt eine besondere Bedeutung zu: "Jede Kommunikation hat ein Inhalts- und ein Beziehungsaspekt, derart, daß letzterer den ersteren bestimmt und daher eine Metakommunikation ist".[53] Auch der Glaube besitzt zwei **Kommunikations- und Interaktions-Aspekte:** Der eine wird als **"fides quae creditur"**[54] (Akkusativ des Glaubens) bezeichnet. Er bezieht sich auf die **Glaubensinhalte**, wie sie von den Konzilien z. B. in den Glaubensbekenntnissen, von Verantwortlichen der Kirche (Bischöfe) und Theologen formuliert

---

[51] Watzlawick, P.,u.a., Menschliche Kommunikation - Formen, Störungen, Paradoxien, Bern [3]1972.
[52] Watzlawick, P., a.a.0. 55.
[53] Watzlawick, P., a.a.0. 56.
[54] Vgl. zu den Begriffen "Fides quae creditur" und „Fides qua creditur": Kolping, A., Einführung in die katholische Theologie - Geschichtsbezogenheit, Begriff und Studium, Münster 1960, 91-104. 55.

werden. Der andere Aspekt des Glaubens wird **"fides qua creditur"** (Dativ des Glaubens) **genannt**. Hier geht es um die Art und Weise des Glaubens, um die Qualität der **praktischen Beziehung** des Menschen zu Gott wie die praktische Beziehung des Menschen zum Mitmenschen, auf die der inhaltliche Glaube gründet. "Wer mit dem Herzen glaubt (fides qua creditur) und mit dem Mund bekennt (fides quae creditur), wird Gerechtigkeit (gelingende Lebens-Beziehungen) und Heil (Leben in Fülle) erlangen" (Röm 10,10), und zwar anfanghaft wie eschatologisch. Diese Inhalts- wie Beziehungs-Dimension des Glaubens gilt es in einer bewusst christlichen, diakonisch ausgerichteten, medizinischen, psycho- bzw. sozial-therapeutischen Praxis lebensvoll zu sensibilisieren. Will pastoralpsychologische wie sozial-caritative Diakonie für Leidende und Suchende ein Heilsdienst auf der Basis des Glaubens sein, dann muss den beiden Dimensionen der natürlichen Kommunikation und Interaktion wie den beiden Dimensionen des Glaubens Raum gegeben werden. Sie bilden also eine struktur- bzw. funktions-analoge "Wirk"-lichkeit.
Inwieweit werden nun "fides quae creditur" (Glaubensinhalte) und "fides qua creditur" (Art und Weise des gelebten Glaubens) für die helfende Beziehung bzw. für das helfende Verstehen und Handeln fruchtbar? Bezüglich der "fides quae creditur" ist auf die inhaltlichen Angebote und die christlichen Lebenssinnkonzepte, auf das soziale und moralische Lebenswissen hinzuweisen. Insofern stellt der Glaube ein konkretes Angebot dar: Leben, das aus der Balance geraten ist, neu zu orientieren, z. B. durch Lebens-, Wert- und Sinnkonzepte (z. B. zur Deutung der Angst vor dem Tod). Der Glaube besitzt eine lebensorientierende Funktion. Die Kognitions-Psychologie wie die Rational-emotive Therapie können deutlich machen, wie sehr Kognitionen Emotionen bestimmen.[55] Lebenssinn ist eine Grundvoraussetzung, um schwierige Lebenssituationen zu bestehen. Die Psychosomatik belegt darüber hinaus, daß Kognitionen und Emotionen Krankwerden und Gesundsein beeinflussen. Christliche Sinn- und Wertkonzepte können in dieser Weise zum erfüllten psychischen wie somatischen Leben beitragen.[56] Das Lebenswissen des Glaubens verstanden als Weisheit - kann in diesem Sinne eine Lebenshilfe sein.[57]
Für eine helfende Beratung, insbesondere bei großer emotionaler Betroffenheit, d.h. schwerem Leid, reichen die konkreten inhaltlichen Sinn- und Wert-Angebote allein nicht aus. Es muss mehr geschehen, etwas, was die gestörte Beziehung des Menschen zu sich, zu den Nächsten und zur Welt grundlegender berührt, etwas, was die Beziehungswirklichkeit des Menschen nicht nur kogni-

[55] Vgl. Ellis, A., Grieger, R., Praxis der rational-emotiven Therapie, München 1979.

[56] Vgl. Pompey, H., Krankheit und Leid als Botschaft erkennen, in: Krankendienst 67 (1994), 373-378.

[57] Struktur-analoge Inhalte einer beziehungstheologischen Hermeneutik von Leben und Leiden werden im folgenden beschrieben. Für den christlichen Pflegedienst wurde die Bedeutung des Inhaltsaspektes im Sinne von "fides quae creditur" beschrieben, vgl. ebd.

tiv, sondern affektiv und seelisch erreicht, d.h. Beziehungskommunikation bzw. "fides qua creditur"-Aspekte.[58]
In dieser Weise helfende, verändernde und befreiende Beziehungsfaktoren einer pastoralpsychologischen Praxis sind die sogenannten Basisbedingungen gelingender und helfender Kommunikation, wie sie von der Vergleichenden Psychotherapieforschung herausgestellt wurden.[59] Sie werden beschrieben als *Realitätsbezogenheit* bzw. als Selbstkongruenz und Transparenz - dem strukturanalog der theologische Begriff der Wahrheit[60] entspricht -, sodann als *Bedingungsfreiheit* bzw. als wertschätzende Akzeptanz und Freiheit - dem strukturanalog Glaube, Hoffnung und Liebe[61] Seh- und Erkenntnisbedingungen gleichkommen - sowie als *Personbezogenheit* bzw. eine Empathie und Selbstexploration - die strukturanalog mit dem "Inkarnieren" [62] in die Lebenswelt des Klienten und das Selbsterkennen[63] auf Seiten des Klienten übereinstimmen. Sie ermöglichen einem Klienten basal die Heilung der Beziehungen zu sich, zu Mitmenschen und zur weiteren Lebenswelt. Es geht - theologisch gesehen - also nicht nur um Glaubensinhalte, d.h. die **Wahrheiten** des Lebensglaubens, sondern auch um **Liebe**, die den Beziehungsaspekt des Glaubens im Sinne von "fides qua creditur" in besonderer Weise beschreibt.[64] Dabei ist "die Wahrheit in Liebe zu sagen"(vgl. Eph 4,15). Der Beziehungsaspekt definiert dabei den Inhaltsaspekt[65] der Kommunikation[66]. Der Inhaltsaspekt i.S. von Lebenswissen und Lebensimpulsen und der Beziehungsaspekt als psycho- bzw. soziotherapeutisches Interaktions-geschehen, finden so eine Entsprechung bzw. eine Er-

[58] Vgl. Pompey, H., Krankheit bewältigen und Krankheit begleiten, in: Krankendienst 68 (1995), 278-283.

[59] Vgl. Tscheulin, D., Gemeinsame Grundelemente in verschiedenen Psychotherapieformen, in: Aktuelle Psychiatrie, Bd.2: Klinische Psychologie, hg. v. E. R. Rey, Stuttgart New York 1981, 15-127.

[60] Durchaus verstanden als "Adaequatio intellectus et rei".

[61] Strukturanalogien bestehen auch zu den Begriffen Philanthropia und Misericordia.

[62] Eine Struktuanalogie findet sich zu der von Gregor d. Gr. dargelegten "Compasssio per pietatis viscera", vgl. Gregor d. Gr., Liber regulae pastoralis, in: Patrologicae Cursus completus. Series Latina ed. J.P. Migne, Paris 1878ff., sowie zur Maieutik des Sokrates.

[63] Im Sinne von Ent-decken, d. h. aufdecken, von Ein-Sicht, d. h. hineinsehen, von Er-innern, Er-kennen, Erlösen, d. h. die Vorsilbe "Er" verstanden im Sinne des lateinischen "Ex", aus dem Inneren herausholen, des Herauslösens. Aber auch eine Strukturanalogie besteht zur augustinischen "Memoria sui" (Erinnern), "Intellegentia sui" (Einsicht) und der "Voluntas sui" (Wollen) usw.

[64] Auch die biblischen Zentralbegriffe Wahrheit und Liebe bringen struktur-analog diesen Sachverhalt zum Ausdruck. Wahrheit - verstanden als inhaltliches Kennen der Lebensmöglichkeiten - und Liebe - verstanden als eine qualifizierte Weise des Gelingens der Lebensbeziehungen - sind dem Inhalts- und Beziehungsaspekt von Kommunikation und Interaktion struktur-analog. Ebenso struktur-analog sind der Wahrheit und der Liebe das Verständnis von "Fides quae creditur" und "Fides qua creditur".

[65] Vgl. Watzlawick, P., a.a.0.

[66] Der Beziehungsaspekt im Sinne von 'Fides qua creditur" wurde für den christlichen Pflegedienst beschrieben, in: Pompey, a.a.0. 1995

gänzung oder Verstärkung durch Aspekte von "fides quae creditur"[67] bzw. durch Aspekte von "fides qua creditur". Leben und Glauben lassen sich auch kommunikationspsychologisch als strukturanaloge "Wirk"-lichkeiten verstehen. Lebenshilfe und Glaubenshilfe können in der pastoralpsychologischen wie in der sozialcaritativen Praxis sich ergänzen und verbinden, wie dies im Rahmen seiner praxis-leitenden Theoriebildung zur Pastoralpsychologie und damit auch zur christlichen Sozialdiakonie Karl Frielingsdorf in eindrucksvoller Weise in seinen Publikationen belegt.

[67] Vgl. Pompey, H., Krankheit und Leid als Botschaft erkennen, in: Krankendienst 67 (1994), 373-378.

Angelika M. Eckart

Perspektiven der Pastoralpsychologie

Die Pastoralpsychologie hält eine enge Verbindung von Theologie und Psychologie für notwendig, um Menschen heute die Botschaft von der befreienden Liebe Gottes lebensnah erschließen zu können. Diese Absicht, bisherige Grenzen von Disziplinen zu überschreiten, trifft jedoch nicht auf ungeteilte Zustimmung. Noch immer werden auch Stimmen laut, die vor einem Einzug der Psychologie in die Theologie warnen. Dahinter steht die Befürchtung, Seelsorge werde auf Psychotherapie und Glaube auf Humanität verkürzt[1]. Will die Pastoralpsychologie für ihr Anliegen breitere Akzeptanz finden, dann darf sie solche Ängste nicht einfach übergehen. Sofern die Befürchtungen auf Unkenntnis beruhen, sind sie mittels einer sachgerechten Aufklärung zu entkräften. Beruhen sie dagegen auf begründeter Kritik, müssen sie als Anregung zur Weiterentwicklung der Pastoralpsychologie aufgegriffen werden.

Als noch junge theologische Disziplin zeichnet sich die Pastoralpsychologie durch einige paradoxe Phänomene aus: Selbst innerhalb der Pastoralpsychologie besteht keineswegs Konsens darüber, was letztlich Gegenstand der - mitunter durchaus spannungsreichen - Verbindung von Theologie und Psychologie ist; gleichwohl existiert längst eine weltweite pastoralpsychologische Bewegung[2]. Eine andere Paradoxie zeigt sich in der Tatsache, daß die Pastoralpsychologie im regulären Theologiestudium meist nur die Rolle eines "theologischen Appendix" spielt, während sich pastoralpsychologische Aufbaustudiengänge und Curricula großer Nachfrage erfreuen[3]. Ein weites Problemfeld tut sich auf, wenn vom Dialog zwischen *der* Theologie und *der* Psychologie gesprochen wird, denn beide Disziplinen präsentieren sich heute mit recht unterschiedlichen Schwerpunkten. Längst nicht alle Richtungen sind schon miteinander im Gespräch.

Trotz aller Schwierigkeiten wäre es sicher verfehlt, die Pastoralpsychologie heute noch als "Niemandsland zwischen Theologie und Psychologie, Seelsorge und Psychotherapie"[4] zu bezeichnen. Angesichts der offenen Fragen zeigen aber die vorhandenen Landkarten der Pastoralpsychologie manchen weißen

---

[1] Vgl. KNA-ID Nr. 33/12, August 1998, 3.

[2] Vgl. Scharfenberg, J., Einführung in die Pastoralpsychologie, Göttingen² 1994, 13. Der 1996 verstorbene Joachim Scharfenberg war mehr als 20 Jahre Professor für Praktische Theologie an der Christian-Albrechts-Universität und hat in Deutschland die Pastoralpsychologie maßgeblich mit geprägt. (zit.: Scharfenberg, J., Einführung).

[3] Das trifft auch auf das "Institut für Pastoralpsychologie und Spiritualität" zu, das im Jahr 1991 von Prof. Dr. Karl Frielingsdorf SJ gegründet wurde und der Philosophisch-Theologischen Hochschule St. Georgen, Frankfurt angegliedert ist.

[4] Baumgartner, I., Pastoralpsychologie. Einführung in die Praxis heilender Seelsorge, Düsseldorf 1990, 22 (zit. Baumgartner, I., Pastoralpsychologie).

Fleck, der näher zu erkunden ist. Pastoralpsychologie erweist sich in dieser Hinsicht als frag-würdiges Konstrukt.

1. Ein frag-würdiges Konstrukt: Pastoralpsychologie

Die Pastoralpsychologie steht angesichts der offenen Fragen zuerst vor der Aufgabe, ihr eigenes theologisches Selbstverständnis näher zu bestimmen. Doch schon diese Absicht, eine Definition vorzulegen, lehnt der Pastoralpsychologe Joachim Scharfenberg ab, weil dadurch einer Subjekt-Objekt-Spaltung im Denken Vorschub geleistet werde. Diese Spaltung soll mit der pastoralpsychologischen Vorgehensweise aber gerade verhindert werden[5]. Zu recht warnt er vor anthropologischem Reduktionismus, der nie ganz auszuschließen ist, wenn eine Definition gegeben wird. Allgemeine Definitionen sind daher kaum geeignet, jeder konkreten Lebenssituation gerecht zu werden. Statt einer Definition plädiert er daher für ein Verständnis der Pastoralpsychologie als "narrative Wissenschaft"[6], die ihre eigenen Kunstregeln ausprägt. Ganz anders argumentiert Andreas Wittrahm, der eine klare Gegenstandsbestimmung für unabdingbar hält, weil andernfalls ein wissenschaftlicher Diskurs kaum möglich ist. Ebenso verlange die Vergewisserung über die Absicht, die methodologische Grundlage und über das interdisziplinäre Zueinander von Theologie und Psychologie in der Pastoralpsychologie nach einer vorhergehenden definitorischen Klärung ihres Selbstverständnisses[7]. Will die Pastoralpsychologie ihr wissenschaftliches Profil weiter klären, wird sie diesen zuletzt genannten Weg weiter verfolgen müssen, ohne Scharfenbergs Warnung vor anthropologischem Reduktionismus im Verlauf des wissenschaftlichen Diskurses als kritisches Korrektiv aus dem Blick zu verlieren.

1.1 Zum Selbstverständnis der Pastoralpsychologie

Für eine angemessene Definition der Pastoralpsychologie ist das Zweite Vatikanische Konzil ein wichtiger Meilenstein. In dessen Pastoralkonstitution wird ein Perspektivenwechsel im Seelsorgeverständnis vollzogen. Danach zielt der Grundduktus seelsorglichen Handelns auf eine existentielle Konzentration des

[5] Vgl. Scharfenberg, J., Einführung, 44. Ähnlich argumentiert auch Isidor Baumgartner. Vgl. Baumgartner, I., Pastoralpsychologie, 52.
[6] Scharfenberg, J., Einführung, 7.
[7] Vgl. Wittrahm, A., Seelsorge, Pastoralpsychologie und Postmoderne. Eine pastoralpsychologische Grundlegung lebensfördernder Begegnungen angesichts radikaler postmoderner Pluralität, Stuttgart 2001, 116f. (zit. Wittrahm, A., Seelsorge, Pastoralpsychologie und Postmoderne). Vgl. dazu auch die wissenschaftstheoretische Grundlegung der Pastoralpsychologie in Eckart, A. M., Bezogene Individuation in der Ehe. Eine pastoralpsychologische Studie über den Beitrag systemischer Therapiemodelle für die institutionelle katholische Eheberatung, Frankfurt am Main 1999, 9-104.

Glaubens und damit auf die konkreten Menschen samt deren Daseinsfragen ab[8]. Diese Orientierung wird bereits in Artikel 1 der Pastoralkonstitution Gaudium et Spes (GS) als Ausgangspunkt und Denkansatz vorgestellt. Zwei programmatische Aussagen werden hier innerlich miteinander verknüpft: die "Armen und Bedrängten aller Art" von deren Not zugleich die unmittelbare "Mitbetroffenheit" der Jünger Christi ausgesagt wird. Wenn nunmehr, wie die Konzilsväter erklären, "der eine und ganze Mensch" (GS 3) im Mittelpunkt steht, ist im Blick auf die frühere Seelsorgs-Praxis eine Bewußtseins- und auch eine Verhaltensänderung notwendig. Erst dann spiegelt sich die Option für die "Armen und Bedrängten aller Art" auch in einer existentiellen Betroffenheit der "Jünger Christi". Eine solche Betroffenheit geht über eine nur momentane Gefühlsregung hinaus; sie bewegt nachhaltig zu solidarischem Handeln, das sich im Umgang der pastoral Tätigen mit ihren "Adressaten" spiegelt. Pastorale Praxis erweist sich dann als permanente Schöpfung und andauernde Transformation. Damit geben sich zugleich diejenigen, die im Namen der Kirche handeln als Volk Gottes zu erkennen, das selbst noch unterwegs ist. Die Pastoralpsychologie setzt deshalb vorbehaltlos bei den Menschen und ihren Konfliktlagen an. Sie klärt, unter welchen psychologisch-anthropologischen Voraussetzungen Menschen nicht nur *überleben*, sondern wirklich *leben* können[9]. Sie begleitet dann Menschen auf ihrem Prozeß der Selbstwerdung, der gleichzeitig die Entwicklung einer eigenständigen Religiosität ermöglichen will.

1.2 Facetten zum gegenwärtigen "Stand der Kunst"

Die Differenzierung pastoraler Handlungsfelder bringt unterschiedliche Anforderungen an die hier Tätigen mit sich. Pastoralpsychologische Entwürfe haben dem entsprechend oftmals ganz unterschiedliche Handlungsfelder im Blick. Insgesamt zeichnen sich zwei Hauptschwerpunkte und eine Mischform ab, indem die Beiträge entweder (1.) eine gemeindebezogene Perspektive einnehmen oder (2.) die subjektorientierte Perspektive bevorzugen. Als Mischform bezeichne ich (3.) integrative Beiträge, die beide Perspektiven miteinander verbinden wollen[10].

---

8 Vgl. Knobloch, S., Praktische Theologie. Ein Lehrbuch für Studium und Pastoral, Freiburg 1996, 361ff. Vgl. auch Mette, N. / Steinkamp, H., Die Grundprinzipien einer Sozialpastoral, in: PThI 14 (1994) 88. Vgl. Beirat der Konferenz der deutschsprachigen Pastoraltheologen (Hg.), Zur Zukunft der Seelsorge, in: PThI 14 (1994) 264.

9 Vgl. dazu die anthropologisch-theologischen Grunddaten, auf denen der Denkansatz der Schlüsselmethode nach K. Frielingsdorf im Wesentlichen basiert. Vgl. Frielingsdorf, K., Mein Leben annehmen. Der pastoraltherapeutische Impuls der Schlüsselmethode, Mainz 1993, 36ff.

10 In meiner Dissertation habe ich als Ordnungsschema pastoralpsychologischer Entwürfe die Unterscheidung von Säkularisierungs- und Evangelisierungsparadigma zu Grunde gelegt. Mit der dortigen Zuordnung zu den Paradigmen und deren kritischer Reflexion ließ sich aufweisen, inwieweit mit dem jeweiligen Konzept die vom Zweiten Vatikanischen Konzil geforderte Um-

1.2.1 Gemeindebezogene Perspektive

Zu dieser Kategorie zähle ich solche pastoralpsychologischen Ansätze, die eine religiöse Sozialisation und Praxis der Menschen voraussetzen, die Verbindung von Glauben und Leben im gemeindlichen Kontext anstreben, bzw. die pastoralpsychologische Kompetenz der haupt- und ehrenamtlichen Seelsorgerinnen und Seelsorger in den Gemeinden fördern wollen. Ein Großteil pastoralpsychologischer Entwürfe, insbesondere auch älteren Datums, sind dieser Kategorie zuzuordnen. Als Vertreter einer gemeindebezogenen Pastoralpsychologie verstehe ich etwa Josef Schwermer, der "das helfende Gespräch in der Seelsorge"[11] näher erschließen will. Dazu entwickelt er auf dem Hintergrund seiner Erfahrungen mit Trainingskursen für Seelsorger ein Konzept gesprächspsychotherapeutisch orientierter Einzelseelsorge. Ebenso zähle ich zu dieser Perspektive den Beitrag von Hermann Stenger, der sich mit der Eignung für kirchliche Berufe, bzw. mit der Frage nach dem Erwerb der dafür nötigen Kompetenz beschäftigt[12]. Isidor Baumgartner versteht seinen Entwurf einer "heilenden Seelsorge", wie er seine Pastoralpsychologie im Untertitel bezeichnet, primär als Angebot für Gemeindeseelsorger. In zweiter Linie möchte er sich zwar auch an Pastoralpsychologen wenden, die mit der Grundqualifikation Theologie oder Psychologie in Beratungsstellen tätig sind[13]. Deren besonderes Anforderungsprofil reflektiert er jedoch nicht eigens. Deshalb ordne ich auch diesen Entwurf der Kategorie gemeindebezogener Pastoralpsychologie zu. Angesichts der Erosion kirchlicher Bindungen erreichen solche Ansätze jedoch nur die praktizierenden Christinnen und Christen, während Menschen, denen das Glaubenkönnen schwer fällt, außer acht bleiben.

1.2.2 Subjektorientierte Pastoralpsychologie

Zu dieser Kategorie zähle ich Beiträge, die den konkreten Menschen in seinen Beziehungen mit dessen Problemlagen zum Ausgangspunkt nehmen. Auf der Basis des christlichen Menschenbildes bieten sie Hilfe in Form von beraterisch therapeutischen Begegnungen. Als Tätigkeitsfelder kommen die unterschiedli-

---

kehr zum Menschen und dessen Lebenswelt einzulösen ist. Vgl. Eckart, A. M., Bezogene Individuation in der Ehe, 12-48. Auf dieser Grundlage führe ich hier nun die dort begonnene Diskussion weiter.

[11] Schwermer bezieht sich auf den Ansatz von C. Rogers und begründet mit der zentralen Bedeutung von Zuwendung und Wertschätzung, die beide Wege zu Heilung und Heilung darstellen, weshalb er eine Übertragung auf die Seelsorge für gerechtfertigt hält. Vgl. Schwermer, J., Das helfende Gespräch in der Seelsorge, Salzkotten 1980, 6.

[12] Vgl. Stenger, H., Eignung für die Berufe der Kirche, Freiburg 1988; ders., Für eine Kirche, die sich sehen lassen kann, Innsbruck 1995.

[13] Vgl. Baumgartner, I., Pastoralpsychologie, 31.

chen Beratungseinrichtungen, aber auch andere spezialisierte seelsorgerische Dienste wie Klinik-, Schul-, Telefon- oder Gefängnisseelsorge in Betracht. Deren Anliegen zielt darauf ab, Psycho-logik und Theo-logik so miteinander zu verknüpfen, daß menschliche Notlagen gelindert bzw. geheilt werden. Oft geht es in diesen Bereichen darum, überhaupt (wieder) Voraussetzungen für das ‚Glauben-können' zu schaffen[14]. Als Vertreter dieser Kategorie sehe ich Joachim Scharfenberg, der in seinem Ansatz explizit die seelsorgliche Beratung in eigenen Einrichtungen außerhalb der Gemeindepastoral im Blick hat. Für deren Arbeitsauftrag sucht er die Psychoanalyse als Dialogpartnerin der Theologie zu erschließen. Ebenfalls für die pastorale Beratung, insbesondere für Menschen mit religiöser Sozialisation, steht das Konzept der "Schlüsselmethode" von Karl Frielingsdorf. Als Modell der Neuorientierung in der Identitäts- und Glaubensfindung verknüpft er darin die psychischen Voraussetzungen der Persönlichkeitsentwicklung mit dem Angebot des Lebens, wie es der christliche Glaube beinhaltet[15]. In meinem eigenen Entwurf zur Pastoralpsychologie geht es um die Konturierung der institutionellen Eheberatung als seelsorglichem Praxisfeld, sowie um den Aufweis der besonderen Chancen, Paaren in ihrer bezogenen Individuation zu unterstützen, wenn systemische Konzepte die psychologische Grundlage bilden[16]. Als offenes Angebot der Kirche, das unmittelbar an den Fragen der Ratsuchenden ansetzt, sind hier auch konfessionell ungebundene Menschen angesprochen. Verstärkt kommen in diesem Feld die Voraussetzungen sowie Hindernisse beim Glauben-können in den Blick. Kritisch werden solche Konzepte gelegentlich angefragt, inwiefern ihre Lebenshilfe aus dem Glauben zur Ekklesiogenese beiträgt.

1.2.3 Integrative Perspektive

Kennzeichnend für solche Beiträge ist ihr Anspruch, unmittelbar für alle pastoralen Felder Impulse bieten zu wollen, bzw. sich auf deren gemeinsame Grund-

---

14 Heribert Wahl zufolge liegen der Tradierungskrise, die der Kirche heute so sehr zu schaffen macht, mindestens zwei tiefer greifende Krisen zu Grunde, die er als Erfahrungs- und als Plausibilitätskrise bezeichnet. Mit dem Abschmelzen der konfessionellen Milieus geht die Erfahrung lebensweltlicher Kontakte zum Glauben und zu dessen Lebenswert verloren. Daraus verwächst die Plausibilitätskrise, so daß die persönliche Erfahrung fehlt, "Religion »gehöre dazu und tue gut«". Erst wenn diese beiden Krisen bearbeitet sind, ist Wahl zufolge seriös an die Tradierungskrise heranzugehen. Wahl, H., »Glaubenlernen« im Horizont von Pastoraltheologie und Pastoralpsychologie, in: MThZ 49 (1998) 77.

15 Vgl. Frielingsdorf, K., Vom Überleben zum Leben. Wege zur Identitäts- und Glaubensfindung, Mainz 1989.

16 Der an Helm Stierlin anschließende Begriff "bezogene Individuation" schafft eine Synthese der wirklichkeitskonstruktivistischen Verstehensweise mit einem dialektischen Beziehungsmodell. Demnach sind Paare zum beständigen Austausch über ihre Wahrnehmung und Deutung von Wirklichkeit aufgefordert. Sofern beide ihre Position, ihre Sichtweise von Problemen, ihre Ziele, Werte und Regeln der Interaktion zur Basis des Austausches machen, ermöglichen sie sich eine Streitkultur, die der Beziehung förderlich ist. Vgl. Eckart, A. M., Bezogene Individuation in der Ehe, 95ff. und 377ff.

legung zu beziehen. Als einen Versuch, diese integrative Perspektive voranzutreiben verstehe ich den "Reader - Beratung im kirchlichen Kontext"[17]. Darin sind "Bausteine zum Thema Beratung als ... Grundvollzug der Kirche zusammengetragen"[18], um Beratung als eine "Form diakonischer Pastoral" auch wieder für Gemeinden fruchtbar werden zu lassen. Als integrativen Entwurf verstehe ich auch die Dissertation von Andreas Wittrahm "Seelsorge, Pastoralpsychologie und Postmoderne". Darin überschreitet er bewußt das Paradigma einer "heilenden Seelsorge" und reflektiert Perspektiven der Entwicklungspsychologie theologisch, weil "Menschen in unserer komplexen ‚postmodernen' Lebenssituation nicht ausschließlich in Krisensituationen der Orientierung, Beratung und Ermutigung bedürfen. Nicht nur der Mensch, dem etwas *fehlt*, sondern auch derjenige, der sein Leben und seine Welt kompetent gestalten und damit weiterentwickeln will, benötigt Verstehens-, Deutungs- und Entscheidungshilfen von außen"[19]. Auch den Entwurf von Christoph Morgenthaler ordne ich hier ein, der seinen Ansatz explizit sowohl auf gemeindliche Seelsorge wie auf die kirchliche Beratungsarbeit bezieht. Er will mit seiner "Systemischen Seelsorge Impulse der Familien- und Systemtherapie für die kirchliche Praxis"[20] erschließen und damit die - seiner Meinung nach bisher vorherrschende - individualistische Engführung der Pastoralpsychologie, wie auch der gesamten Seelsorge überwinden. Ähnlich konzipiert der evangelische Klinikpfarrer Peter Held seine "Systemische Praxis in der Seelsorge"[21], in der er sich jedoch deutlicher als Morgenthaler auf konstruktivistische Ansätze bezieht. Dazu legt er das "*polykontextuelle Eingebundensein* des Individuums"[22] samt dessen Ambivalenz seinen Überlegungen zugrunde. Solche integrativen Ansätze sind zu begrüßen, wenn sie darauf abzielen, daß Gemeinden ihre diakonische Praxis wieder beleben und Beratungseinrichtungen als notwendiger Bestandteil kirchlicher Praxis klarer wahrgenommen werden[23]. Die integrative Perspektive macht je eigene Entwürfe für die Gemeindeseelsorge bzw. für die Beratungsarbeit nicht überflüssig. Eine völlige Zusammenführung von Gemeinde und Beratung ist allerdings unter den gegenwärtigen Verhältnissen einer ausdifferenzierten Gesellschaft weder zu erwarten noch ohne Schaden für die Lebensorientierung suchenden Menschen und deren vielfältigen Konfliktlagen zu leisten. Zudem sind Fachwissen und Handlungstheorien für die unterschiedlichen Praxisfelder zu vielfältig, als daß eine einzelne Person in der Lage wäre, sich die für alle Berei-

---

[17] Arbeitsgruppe "Pastoral der Beratung" im Auftrag der Pastoralkommission, der Kommission für Ehe und Familie, sowie der Kommission für caritative Fragen der Deutschen Bischofskonferenz (Hg.), Reader Beratung im kirchlichen Kontext, Bonn / Freiburg 2001.

[18] Ebd. 7.

[19] Wittrahm, A., Seelsorge, Pastoralpsychologie und Postmoderne, 11.

[20] Morgenthaler, Ch., Systemische Seelsorge, Stuttgart² 2000.

[21] Held, P,. Systemische Praxis in der Seelsorge, Mainz 1998.

[22] Ebd. 16.

[23] Ich sehe darin auch meine These bestätigt, daß die spezifischen Erkenntnisse aus der institutionellen Beratung, die den Menschen in seinen Bezügen in den Mittelpunkt stellt, bislang zu wenig als Impulse für eine pastoralpsychologisch orientierte Gemeindeseelsorge genutzt werden. Vgl. Eckart, A. M., Bezogene Individuation in der Ehe, 226, 267 und 400ff.

che nötigen Kompetenzen erwerben zu können[24]. Daher wird auch in Zukunft eine eigene Reflexion der Kairologie, der Kriteriologie und der Praxeologie beider Hauptrichtungen notwendig sein. Aufgabe der integrativen Perspektive könnte es insbesondere sein, deren Zusammenhang präsent zu halten, damit eine prinzipielle Konsensfähigkeit bezüglich der Handlungsfelder erhalten bleibt[25].

2. Zeichen unserer Zeit

Eine zeitgemäße Pastoralpsychologie braucht solche Orientierungspunkte als kritisches Korrektiv für die je eigene Deutung der "Zeichen der Zeit"[26], von denen ich im Folgenden die drei Aspekte Biographie, Glückssuche und Beziehungen mit ihren neuen Herausforderungen für die Pastoralpsychologie näher beleuchte. Die Pastoralpsychologie kann vermuten, daß ihr Handeln christlicher Verantwortung entspricht, sofern sie folgende drei Merkmale erfüllt: 1. sie ist *responsorisch.* Dieses Merkmal erfüllt sie, wenn sie dem Handeln Gottes *entspricht*; 2. sie ist *diakonisch* und *therapeutisch.* Das erfüllt sie, wenn sie dem Nächsten und seiner Not *entspricht*; 3. sie ist *geschichtlich.* Das bedeutet, daß sie den drei Dimensionen der Zeit *entspricht.* In dieses Merkmal ist sowohl die Schicksalsgemeinschaft der Völker eingeschlossen, aber auch die ganz persönliche Lebensgeschichte, die heute jedem Menschen zur Gestaltung aufgetragen ist[27].

2.1 Biographie als Aufgabe

Die Pastoralpsychologie ist heute mit Konfliktlagen in Biographien konfrontiert, die sowohl die bewußte Annahme des eigenes Lebens wie auch die Entwicklung einer reifen Religiosität erschweren. Dafür sind maßgeblich gesellschaftliche Umbrüche verantwortlich, die mit massiven Bewußtseinsänderungen einher gehen. Waren für die meisten Menschen in der Zeit nach 1945 noch die ,Sicherung des Überlebens' und die ,Suche nach normativer Orientierung' die beiden Hauptprobleme, hat sich inzwischen das Bild grundlegend

---

[24] Mein pastoralpsychologisches Grundkonzept habe ich andernorts ausführlich beschrieben. Vgl. ebd. 9ff.

[25] Vgl. dazu meine Ausführungen über die Differenzierung pastoraler Felder, sowie die Notwendigkeit einer relationalen Sichtweise, um Identität, Legitimität, Autorität und Konsens zu wahren, bzw. herzustellen. Vgl. ebd. 51ff.

[26] Zum Begriff "Zeichen der Zeit" siehe die Konzilsdokumente Unitatis redintegratio 4; Apostolicam actuositatem 14; Gaudium et spes 4, 11 und Optatam totius 9. Vgl. Rahner, K. / Vorgrimler, H. (Hg.), Kleines Konzilskompendium, Freiburg i. Br. 1966, 763.

[27] Vgl. Schockenhoff, E. Lebensführung und Verantwortung in der Risikogesellschaft, in: Bundesverband Katholischer Ehe-, Familien- und Lebensberaterinnen und -berater (Hg.), Verantwortung zwischen Lust und Last. Dokumentation der Jahrestagung 1998, 24.

gewandelt[28]. Pflicht- und Akzeptanzwerte verlieren zusehends an Bedeutung, während Selbstentfaltungswerte, die sich an Genuß und Selbstverwirklichung orientieren, zunehmen[29]. "*Pessimisten* sehen in diesem Prozeß die Gefahr der Auflösung der Ordnung der Gesellschaft und ihrer sozialen Verbindlichkeit, *Optimisten* das Wachstum eines menschlichen, kreativen und kommunikativen Potentials"[30]. Was die Menschen heute von ihrem Leben erwarten, wird daher für sie nicht mehr von einem vorgegebenen Schicksal, von kirchlichen Normen oder vom Herkunftsmilieu bestimmt. Vielmehr zeichnet sich im Bewußtsein vieler Menschen ein Vorrang individueller Vorstellungen gegenüber verbindlichen Traditionen und Institutionen ab[31]. Ein neuerlicher Individualisierungsschub, der mit dem Schlüsseljahr "1968" verbunden ist, hat diesen Prozeß nochmals verstärkt. Der generelle Trend geht demnach vom Schicksal zur Wahl; von der *Normal*biographie zur *Wahl*biographie[32]. Da Biographien aus vorgegebenen Fixierungen heraus gelöst sind, werden sie offen, entscheidungsabhängig und Aufgabe, die der einzelne Mensch zu bewältigen hat[33]. Individualisierung von Lebensläufen bedeutet daher eine Transformation von sozial vorgegebener Biographie zu selbst hergestellter und herzustellender, selbstreflexiver Biographie.
Gesellschaftliche Verhältnisse werden nunmehr als "Umweltvariablen"[34] begriffen, die für die individuelle Gestaltung des Lebenslaufes handhabbar gemacht werden müssen. Im gleichen Zuge entsteht allerdings ebenfalls eine Tendenz, gesellschaftliche Konflikte und Widersprüche zu subjektivieren und zu individualisieren. Sie verlangen eine unmittelbare individuelle und psychische

---

28 Vgl. Schulze, G., Der Weg in die Erlebnisgesellschaft. Metamorphosen der Sozialwelt seit den fünfziger Jahren, in: Winkler, U. (Hg.), Das schöne Leben. Eine interdisziplinäre Diskussion von Gerhard Schulzes "Erlebnisgesellschaft", Thaur 1994, 9.

29 Vgl. Ebertz, M. N., Erosion der Gnadenanstalt. Zum Wandel der Sozialgestalt von Kirche, Frankfurt a. M. 1998, 79.

30 Gensicke, T., Deutschland am Ausgang der neunziger Jahre: Lebensgefühl und Werte, in: Klages, H. / Gensicke, T. (Hg.), Wertewandel und bürgerschaftliches Engagement an der Schwelle zum 21. Jahrhundert, Speyer 1999, 32 (zit. Gensicke, T., Lebensgefühl und Werte).

31 Vgl. Kehl, M., Wohin geht die Kirche? Eine Zeitdiagnose, Freiburg i. Br. 1996, 26. Vgl. auch Klages, H., Werteverfall oder Wertewandel?, in: Institut für Wissenschaftliche Weiterbildung der Phil.-Theol. Hochschule Vallendar (Hg.), Akademiereferate 46 (1998) 14ff. Vgl. auch Ebertz, M. N., Erosion der Gnadenanstalt, 79. Thomas Gensicke merkt dazu an, daß Pflicht- und Akzeptanzwerte einerseits und Selbstentfaltungswerte andererseits einen Gegensatz darstellen *können*, aber nicht *müssen*. Ihm zufolge erweist sich eine Kombination beider Momente in Form einer "Werte-Synthese" als das "ideale Muster der produktiven Persönlichkeit". Gensicke, T., Lebensgefühl und Werte, 34.

32 Vgl. Beck, U., Eigenes Leben. Ausflüge in die unbekannte Gesellschaft, in der wir leben, München 1997, 12. Vgl. ebenso Kochanek, H., Kirche und Gemeinde in der Erlebnisgesellschaft, in: Pastoralblatt für die Diözesen Aachen, Berlin, Essen, Hildesheim, Köln, Osnabrück 48 (1996) 14.

33 Vgl. Beck, U., Jenseits von Stand und Klasse? Soziale Ungleichheit, gesellschaftliche Individualisierungsprozesse und die Entstehung neuer sozialer Formationen und Identitäten, in: Kreckel, R. (Hg.), Soziale Ungleichheiten (= Soziale Welt, Sonderband 2), Göttingen 1983, 58.

34 Ebd. 59.

Verarbeitung, während sie "nur noch sehr vermittelt in ihrer Gesellschaftlichkeit wahrgenommen und bearbeitet werden können"[35]. Ohne die Rückbindung an den gesellschaftlichen Zusammenhang psychischer Konflikte gibt der Individualisierungsprozeß aber Prämissen vor, die das Denken und Handeln verzerren und verfälschen. Der Hebel zur Veränderung wird deshalb nicht an den Entstehungsbedingungen angesetzt, sondern an deren Produkt, an der "kleinfamilialen Privatexistenz"[36]. Gesellschaftliche Ereignisse, mit denen Menschen konfrontiert sind, erscheinen nun als Folge eigener Wahl und Entscheidung.
Diese Befunde haben auch für die Pastoralpsychologie erhebliche Bedeutung. Zunächst erklärt sich daraus der heute anzutreffende "Psychoboom", der eine steigende Nachfrage auch nach pastoralpsychologischer Hilfe erwarten läßt. Zunehmend wird es wichtig, sich selbst wie auch ratsuchende Menschen in den Wechselwirkungen mit dem jeweiligen sozialen Umfeld, im Kontext gesellschaftlicher und kirchlicher Rahmenbedingungen, sowie unter der Perspektive der historischen Bedingtheit von derzeitigen Orientierungsmustern wahrzunehmen. Verstärkt werden Hilfen zum Finden eigenverantwortlicher Entscheidungen notwendig. Ebenso brauchen Menschen Formen der Unterstützung, um die Konsequenzen eigener Entscheidungen akzeptieren und verarbeiten zu können, bzw. die gesellschaftliche Bedingtheit der individuell zu verarbeitenden Einschränkungen zu erkennen. Auf diese Anforderungen muß sich die Pastoralpsychologie einstellen und ihre eigenen Konzepte entsprechend weiter entwickeln.

2.2 Riskante Glückssuche

Folgt man der Kultursoziologie von Gerhard Schulze, dann ist die "unmittelbarste Form der Suche nach Glück"[37] in unserer Gesellschaft eine zunehmende "Erlebnisorientierung". Deren zentrale Botschaft lautet: "Das Leben ist dazu da, um erlebt zu werden"[38]. Erlebnisorientiertes Handeln zeichnet sich durch einen Anspruch auf Glückserfüllung ohne Zeitverzögerung aus. Es bezieht sich nicht nur auf den Freizeitbereich, sondern auf die gesamte Art zu leben. Erlebnisorientierung meint Innenorientierung und "ist wie schwanger sein: ein bißchen geht nicht"[39]. Sie beansprucht einen wachsenden Anteil am persönlichen Zeitbudget. Da das physische Überleben weitgehend abgesichert scheint, soll die Lebensführung das Gefühl vermittelt, daß sich das Leben lohnt. Damit hat innerhalb einer relativ kurzen Zeitspanne ein Wandel der zentralen Lebensauffassung stattgefunden: die Sorge ums *Überleben* ist von der Basis-Orientierung am

[35] Ebd. Beck sieht darin die Wurzel der gegenwärtigen "Psychowelle", die er daher als Gradmesser für das Ausmaß einer schon erfolgten Individualisierung versteht.
[36]. Ebd. 60
[37] Schulze, G., Die Erlebnisgesellschaft. Kultursoziologie der Gegenwart, Frankfurt a. M. 1993, 14.
[38] Schulze, G., Das Projekt des schönen Lebens (Interview Gerhard Schulze mit Thomas Leif), in: BDKJ-Journal (1993) Nr. 2, 16.
[39] Lechner, G., Der Erfolg der "Erlebnisgesellschaft" und ihre Rezeption, in: Concilium 35 (1999) 504.

Erleben abgelöst worden[40]. Durch die Zunahme erlebnisorientierten Handelns entsteht ein expandierendes Feld von Professionalisierung, in dem unterschiedliche "berufsmäßige Erlebnishelfer"[41] und -helferinnen angesiedelt sind.
Um ein schönes Leben führen zu können, genügt es nicht, äußere Situationen zu verändern, da sie nur das Material liefern, das ein Subjekt für selbstbestimmte, reflexive Konstruktionen verwendet[42]. Das Grundmuster des modernen Subjekts auf der Suche nach seinem Glück ist der Modus des Wählen-Könnens, das vom sozialästhetischen Schema "schön-häßlich" geleitet ist. Das bedeutet für die einzelne Person aber auch, herausfinden zu müssen, was sie *eigentlich* will. Und jedes *eigentliche* Wollen steht unter dem Anspruch, sich ein Ursprungserlebnis selbstreflexiv als schön anzueignen. Anders ausgedrückt lautet heute die zentrale Frage: "*Wie* will ich *sein*?"[43]. Selbst die eigene Psyche, Beziehungen, die Biographie und der eigene Körper werden als machbar, reparierbar und veränderbar erlebt. Wer nichts aus sich macht, ist selbst schuld. Das passende "Credo" dazu lautet: "Wer schön ist, hat es leichter im Leben"[44]. Aber solche Schönheit hat - nicht nur im übertragenen Sinne - ihren Preis: Lippenmodellierung kostet rund EURO 400; für eine Bauchdeckenstraffung sind mindestens EURO 2500 zu zahlen und Fett absaugen am Oberschenkel schlägt mit EURO 4000 zu Buche. Rund 15 % der bundesdeutschen Bevölkerung spielen mit dem Gedanken, den Weg der ästhetischen Chirurgie zu wählen, um ihren Körper dem (eigenen?) Schönheitsideal näher zu bringen[45].
Probleme wie Krankheit, Behinderung, Tod, Armut oder Arbeitslosigkeit erfahren eine Umdeutung. Dafür stehen zwei Muster zur Verfügung. Die Ästhetisierung, als eines der Muster, komprimiert Unglück zur erträglichen Erlebniseinheit und läßt es gerade noch als Nachricht im Fernsehprogramm auftauchen. Unglück rückt so in die "Sphäre des Unwirklichen"[46]. Emotionslos kommentiert erreicht das ästhetisierte "Horror-Briefing"[47] die Fernsehgemeinde, geschützt durch den dazwischen liegenden Bildschirm. Persönliche Betroffenheit bleibt aus. Statt dessen folgt auf Schreckensbilder von Naturkatastrophen oder Terrorakten übergangslos die Ansage: "Und nun weitere Meldungen im Überblick!" Markantes Beispiel für Marginalisierung, dem zweiten Muster der Um-

---

[40] Vgl. Ebertz, M. N., Erosion der Gnadenanstalt?, 262. Michael Ebertz bezieht sich hier auf Gerhard Schulze.
[41] Schulze, G., Die Erlebnisgesellschaft, 60.
[42] Versuche, äußere Situationen zu manipulieren sind etwa die Aneignung von Waren, Besuche von Veranstaltungen, die Inanspruchnahme von Dienstleistungen oder die Aufnahme bzw. der Abbruch von Kontakten. Vgl. ebd.
[43] Ebd. 28. Diese Frage zielt auf psychophysische Prozesse ab, durch die das Leben als schön empfunden wird.
[44] Der Preis der Schönheit, in: Apotheken-Umschau vom 02.04.2001, 39.
[45] Nur 2 % antworten bei der repräsentativen Umfrage der GfK Marktforschung zum Thema Schönheitsoperation, daß sie eine solche Operation aus religiösen Gründen ablehnen. Annähernd eine halbe Million Menschen in der BRD unterzog sich im Jahr 2000 allein aus ästhetischen Gründen einer Schönheitsoperation. Vgl. ebd. 36-42.
[46] Schulze, G., Die Erlebnisgesellschaft, 58.
[47] Ebd. 69.

deutung, ist der Umgang mit dem Problem Armut. Die Vorstellung, daß heute eigentlich alle alles haben können, wird selbst von denen geteilt, denen vieles fehlt. Arme versuchen zu verbergen, wie schlecht ihre "Lebenslage"[48] tatsächlich ist. Armut wird dadurch unsichtbar. Läßt sie sich nicht mehr verbergen, wird sie selbst von denjenigen Betroffenen als Ausnahmezustand definiert, für die sie längst Dauerzustand ist: Arbeitslose, chronisch physisch oder psychisch Kranke, verwitwete ältere Frauen mit minimalen Rentenansprüchen, Geschiedene mit mehreren kleinen Kindern, Obdachlose, also ein Großteil derer, die pastoralpsychologische Hilfe in Anspruch nehmen. Auch unsere Gemeinden und kirchlichen Einrichtungen sind vor Tendenzen zur Ästhetisierung und Marginalisierung nicht gefeit. Deshalb ist eine selbstkritische Prüfung angezeigt, ob durch die eigene Sichtweise unbeabsichtigt Verhältnisse stabilisiert werden, die letztlich der Würde der Menschen entgegen stehen und deshalb gerade nicht christlicher Verantwortung entspricht.

2.3 Fragile Beziehungen

Entgegen der naheliegenden Erwartung erweist es sich als äußerst schwierig, ein erlebnisorientiertes Leben zu führen. Freizeitgestaltung, Beruf, aber auch Beziehungen geraten in der Erlebnisorientierung unter enormen Erwartungsdruck. Sieht sich schon ein einzelner Mensch diesen Schwierigkeiten ausgesetzt, so verstärken sie sich noch in zwischenmenschlichen Beziehungen, da heute die Gemeinsamkeit von Menschen darin liegt, daß alle verschiedenartig sind[49]. In dem Maß aber, wie sich Menschen in ihrer vorgängigen Lebensgeschichte unterschiedliche implizite Regeln der Lebensgestaltung, der Kommunikation und der Entscheidungsfindung angeeignet haben, sind sie in diesem Sinn Fremde füreinander. Deshalb sind mehr Anstrengungen nötig, damit die Verständigung auf ein gemeinsames Projekt gelingt[50]. Diese Ausgangslage betrifft auch die Begegnung im Kontext pastoralpsychologischer Gespräche.
Mit der heute üblichen Innenorientierung hält ein nicht unerheblicher Teil der Menschen schon den Glauben an so etwas wie eine höhere Macht für fragwürdig[51]. Die Beziehung zwischen dem einzelnen Menschen und dem personalen Gott des christlichen Glaubens wird - zumindest seitens des Menschen - brüchig. Wenn nichts als gegeben und alles als gestaltbar gilt, droht unter der Hand

---

[48] Der Begriff "Lebenslage" soll die komplexer gewordene Realität in feineren Abstufungen erfassen, als es mit den Begriffen "Klasse" oder "Schicht" möglich war. Vgl. Haslinger, H., Diakonie zwischen Mensch, Kirche und Gesellschaft. Eine praktisch-theologische Untersuchung der diakonischen Praxis unter dem Kriterium des Subjektseins des Menschen, Würzburg 1996, 128f.

[49] Vgl. Schulze, G., Die Erlebnisgesellschaft, 35.

[50] Vgl. Beck, U. / Beck-Gernsheim, E., Das ganz normale Chaos der Liebe, Frankfurt 1990, 111.

[51] Vgl. Höhn, H.-J., Zerstreuungen, Religion zwischen Sinnsuche und Erlebnismarkt, Düsseldorf 1998, 68.

der "Gotteskomplex"[52] zum neuen Zwangskorsett des erlebnisorientierten Menschen zu werden. Darin entpuppt sich aber die *Möglichkeit* zu gestalten als *Zwang*, und das *Leben* wird zur "letzten Gelegenheit"[53], aus der es alles heraus zu holen gilt, koste es, was es wolle. Das Individuum in der "postmodernen Ich-Religion"[54] steht damit in der fortwährenden Versuchung, sich selbst "letzter Gott"[55] zu sein. So jagt der Mensch, der sich allein auf sich selbst zurück geworfen glaubt, unentwegt hinter sich her. Er sucht, sich selbst überfordernd, allein in sich Sinn, Selbstverwirklichung und Selbsterlösung.

3. Perspektiven der Pastoralpsychologie

Im Unterschied zu Tendenzen, die eine Erlebnisorientierung als absolutes Maß setzen, ist für die Pastoralpsychologie ein Menschenbild leitend, das keinem Machbarkeitswahn unterliegt. Nach christlicher Überzeugung kann die Welt aus sich heraus die "Sehnsucht nach dem totalen Erlebnis von Glück und Liebe, Geborgenheit und Harmonie"[56], die sich als enormer Druck auf die Menschen in der Erlebnisgesellschaft gelegt hat, nicht erfüllen. Das "totale Erlebnis", die endgültige Erfüllung aller Wünsche nach Glückseligkeit liegt nach christlicher Überzeugung in der Zukunft, im "endgültigen Kommen des Reiches Gottes"[57]. Dessen Spuren sind jedoch schon hier im alltäglichen Leben zu finden[58]. In der Gewißheit, daß die menschliche Erfahrung von Glück stets vorläufig und begrenzt ist, zielt die Pastoralpsychologie darauf ab, Menschen in der Entfaltung ihrer Beziehungsfähigkeit zu unterstützen. Darin handelt sie aus Achtung vor deren Entscheidungsfreiheit und in Respekt vor der Würde der einzelnen Person. In Anwaltschaft für befreites Leben will sie zur Überwindung von Lebensarmut beitragen und Menschen wie auch deren Beziehungen vor jedem Funktionalisierungsdruck schützen. Darin übt sie auch eine kritische Funktion gegenüber dem derzeitigen "Alltagscredo" aus, das unsere Welt und das Leben als letzte Gelegenheit interpretiert. Diese Grundoption gilt gleichermaßen für den gemeindlichen Kontext wie für den Beratungsbereich. Pastoralpsychologisch Tätige brauchen für diese Aufgabe jedoch zeitgemäße tragfähige Konzepte, die den Erfordernissen ihres jeweiligen Praxisfeldes entsprechen.

---

52 Ebd. 58.

53 Gronemeyer, M., Das Leben als letzte Gelegenheit. Sicherheitsbedürfnisse und Zeitknappheit. Darmstadt² 1996.

54 Gross ,P., Körperkult. Die Anbetung des Fleisches, in: Psychologie heute 27 (2000) H.12, 28.

55 Gross, P., Das Individuum als letzter Gott, in: Weltwoche 12/1999 vom 25.3.1999.

56 Kochanek, H., Spurwechsel. Die Erlebnisgesellschaft als Herausforderung für Christentum und Kirche, Frankfurt a. M. 1998, 108.

57 Ebd.

58 Vgl. Frielingsdorf, K., Glück im Unglück. Anstiftung zum Leben, Mainz 1994, 16.

3.1 *Pastoralpsychologie an der Seite der Menschen*

Der Lebensweg von Menschen ist immer wieder geprägt von "Aufbruch und Heimatlosigkeit"[59]. Darin drückt sich die religiöse Einsicht aus, daß unsere Welt und wir mit ihr unfertig und erlösungsbedürftig sind. Die Pastoralpsychologie vertröstet aber weder auf das Jenseits, noch gibt sie vor, diese eschatologische Differenz überbrücken zu können. Vielmehr unterstützt sie Menschen in solidarischer Weggenossenschaft in deren Suchprozessen, wie sie unter dem liebenden Auge Gottes ihre Identität in der Einheit von Leben und Glauben entfalten können. Pastoralpsychologisch Tätige und ihre Klientel teilen in diesem Prozeß die selbe Basis: "Beide verdanken sich dem selben Gott. Vor aller therapeutischen Leistung und Sinngebung steht das Ja Gottes und seine Ermächtigung zum Leben. Aus der Sicht des Glaubens haben Therapeut und Klient letztlich auch das gleiche *Lebensziel*, und sie befinden sich auf einem gemeinsamen, je eigenen Weg zu Gott"[60].

3.2 Zum Leben anstiften

Die Pastoralpsychologie braucht sich deshalb nicht zu scheuen, mit Menschen auch bis in die tiefsten Tiefen des Lebens vorzudringen, wo scheinbar nur noch Gottlosigkeit herrscht, weil es für Gott keine hoffnungslosen Fälle gibt. Vermutlich werden wir uns darauf einstellen müssen, daß die Zahl der religiös Sozialisierten und der Kirchentreuen weiter schrumpft. Zunehmend werden wir es dann mit Menschen zu tun haben, die ihre Fragen nach dem Sinn ihres Lebens anders formulieren, als wir Kirchenleute es bislang gewohnt sind[61]. Die Zukunft der Pastoralpsychologie wird davon abhängen, inwieweit es ihr gelingt, in den Suchbewegungen der Menschen die darin verborgene religiöse Dimension zu erspüren und diese in Worte zu fassen. Sofern sich Menschen dafür ansprechen lassen, wird sie dann explizit mit dem christlichen Glauben in Verbindung zu bringen sein. Dazu müssen sich pastoralpsychologisch Tätige unvoreingenommen für die inneren und äußeren Lebensbedingungen interessieren, und die Erkenntnisse unterschiedlicher Humanwissenschaften, die diese Bedingungen intensiv erforschen, berücksichtigen.

3.3 „Hier darf ich sein"

Karl Frielingsdorf stiftet mit seinem Lebenswerk als Pastoraltherapeut, als Buchautor, als Hochschullehrer und Leiter des Instituts für Pastoralpsychologie und Spiritualität unermüdlich zu befreitem Leben an. In einer Predigt, die er im

---

[59] Held, P., Systemische Praxis in der Seelsorge, Mainz 1998, 219.

[60] Frielingsdorf, K., Vom Überleben zum Leben. Wege der Identitäts- und Glaubensfindung, Mainz 1989, 46f.

[61] Vgl. "Wir werden eine kleinere Kirche werden". Interview mit dem neuen Erzbischof von Fulda, Heinz Josef Algermissen, in: "Die Welt" vom 10.08.2001.

Oktober 1998 im Dom zu Positano gehalten hat, faßt er, wie ich meine, seine dahinter stehende Motivation in einen Schlüsselsatz zusammen: "Ich wünsche uns, daß wir immer mehr glauben können, daß Gott uns auffängt, wenn wir fallen, daß er uns immer wieder aufrichtet. Weil er uns liebt, wie wir sind, mit unseren Schwächen und Stärken, sind wir liebenswert. Ich bin kostbar in seinen Augen, und er hat immer Verständnis für mich. Auch wenn ich schuldig werde, ist er bereit zu vergeben"[62]. Wenn Menschen in der Begegnung mit uns, die wir als Pastoralpsychologinnen und -psychologen in unterschiedlichsten Praxisfeldern der Kirche tätig sind, etwas von dieser Menschenfreundlichkeit Gottes erfahren, und wir gemeinsam auf dem Weg zu diesem Geheimnis der Liebe bleiben, dann lohnt es sich auch in Zukunft, pastoralpsychologisch tätig zu sein.

[62] Frielingsdorf, K., Der Pharisäer und der Zöllner. Predigt von Prof. Dr. Karl Frielingsdorf SJ im Dom zu Positano (Oktober 1998), in: Frielingsdorf, K.(Hg.), Hier will ich sein. 25 Jahre pastoraltherapeutische Arbeit in Positano, Mainz 2001, 126.

Teil II: Leben – Tod

Helmut Busch

Das Gespräch als Instrument der pastoralpsychologischen Beratung

I. Einleitung

Das Thema meines Beitrags orientiert sich inhaltlich an den zentralen Sachverhalten meines früheren Lehrauftrags für das von Karl Frielingsdorf aufgebaute und geleitete Pastoralpsychologische Institut an der Philosophisch-Theologischen Hochschule St. Georgen, nämlich der Psychopathologie und der Psychosomatik. Die Psychopathologie und die Psychosomatik sind Basisdisziplinen für mein Fachgebiet, die Psychiatrie und Psychotherapie. Wenn ich auch seinerzeit Theologen vermittelt habe, wann sie aufgrund festgestellter psychopathologischer Symptome oder erheblicher neurosenpsychologischer Sachverhalte an einen Psychiater und Psychotherapeuten weiterleiten sollten, so will ich hier das Schwergewicht auf die Methodik und solche psychologischen und gegebenenfalls psychopathologischen Aspekte des Gesprächs legen, wie sie auch für den Pastoralpsychologen von Bedeutung sind. Die Gesprächsführung hat nämlich grundsätzlich einen hohen Stellenwert nicht nur für das Ergebnis, d.h. die Fakten, die in Erfahrung gebracht werden. Sie entscheidet auch darüber, ob eine tragfähige Beziehung für eine weitere Zusammenarbeit im Sinne einer Beratung oder gar Therapie möglich sein wird.
Es ist davon auszugehen, daß die Erfahrungen und wissenschaftlichen Ergebnisse der experimentalpsychologischen und tiefenpsychologischen Interviewforschung auch für das Gespräch in der Pastoralpsychologie wichtig sind. Ihre Anwendung ist nämlich eine Voraussetzung dafür, daß die Rezeption psychologischer Sachverhalte in die moderne Seelsorge den positiven Effekt bringen kann, der mit der Institutionalisierung eines Faches wie der Pastoralpsychologie intendiert worden ist. In diesem Zusammenhang ist es legitim, daran zu erinnern, daß es auch in der Theologie ebenso wie in anderen nichtpsychologischen Disziplinen nicht leicht gewesen ist, psychologischem Denken den Stellenwert zu geben, den es ohne Frage beanspruchen muß. Denn sowohl die Experimentalpsychologie wie die hermeneutisch orientierte Tiefenpsychologie haben außerordentlich wichtige, unverzichtbare Erkenntnisse für unser individualpsychologisches und sozialpsychologisches Weltverständnis bereit gestellt. Dies gilt, obwohl ein so differenziertes Instrument wie die Psychologie immer wieder dazu verführen kann, durch eloquente Betriebsamkeit Teilaspekte eines bestimmten Problems zu verabsolutieren oder durch die "Illusion, alles verstanden" zu haben[1] wahrnehmungspsychologisch in die Irre zu führen.

[1] Vgl. Jaspers, K., Allgemeine Psychopathologie, Berlin, Heidelberg, New York 7/1959

II. Formen des Gesprächs

1. Das Interview

Der Gesprächsablauf weist hier dem Ratsuchenden ein großes Ausmaß an Aktivität zu, damit er sich selbst darstellen, bzw. seine Ansichten über seine Probleme mitteilen kann. Ein solches Interview ist unstrukturiert. Lenkt der Untersucher das Gespräch auf bestimmte Fragenkomplexe, so strukturiert er das Interview. Wird ein standardisierter Fragebogen eingesetzt, so wird der höchste Grad der Strukturierung erreicht, wie dies z.B. in der Soziologie und in der Psychiatrie, speziell auch der Psychopathologie, von Bedeutung ist. Wenn aber, wie in der Pastoralpsychologie die Abklärung der lebensgeschichtlichen Situation eines Menschen - insbesondere auch hinsichtlich seiner psychologischen und religiösen Identität - von Interesse ist, so dominiert meist ein wenig strukturiertes, tiefenpsychologisch orientiertes Interview.

2. Die Exploration

Bei der Exploration liegt die größere Aktivität bei dem Gesprächspartner, der um Rat angegangen wurde. Hier sind die Fragen mehr auf bestimmte Symptome und Themen zentriert, wie dies in der psychopathologischen Befunderhebung üblich ist, wenn psychische Veränderungen sowohl auf der isolierten Symptom- als auch auf der komplexeren Verhaltensebene abgeklärt werden sollen.

3. Die Anamnese

Bei der Anamnese müssen die normalerweise vom Ratsuchenden angebotenen Fakten im allgemeinen durch gezielte Fragen ergänzt werden. Diese betreffen einmal die allgemeine Lebensgeschichte, aber auch die spezifische Entwicklung hin zum jetzt dominierenden Problemkreis, der Anlaß für das Gespräch ist. Hier interessieren dann Sachverhalte, welche für die psychologische Entwicklung des Individuums von besonderer Bedeutung sein können: Hinsichtlich der Familie sind dies das soziale Bedingungsgefüge und evtl. besondere Wertmaßstäbe des sozialen Verhaltens. Bei der frühen Kindheit interessieren der Schwangerschaftsverlauf, Geburtskomplikationen und der Ablauf der Säuglings- und Kleinkinderperiode. Aufschlußreiche Fragenkomplexe hinsichtlich der Zeit der späteren Kindheit sind die Stellung in der Geschwisterreihe, Aussagen über evtl. Konkurrenzsituationen zu den Geschwistern, im Umgang mit den Schul- und Spielkameraden, Änderungen der Familienkonstellation, wie z.B. Trennung der Eltern oder Tod einer wichtigen Bezugsperson und sogenannte frühneurotische Symptome wie Bettnässen, Angstzustände und Wutanfälle. Hinsichtlich

der Schul- und Berufsausbildung wird der Blick nicht nur auf den Ablauf der Ausbildung selbst sondern auch das Ausmaß der Freiwilligkeit bei der Wahl des späteren Berufs und evtl. Diskrepanzen zwischen Wunschbild und erreichter Position im Beruf gelenkt. Bei der Sexualität ist aufschlußreich, ob und auf welche Art sexuelle Aufklärung stattgefunden hat und welche Erlebnisqualitäten die ersten sexuellen Erfahrungen hatten. Bei den sozialen und kulturellen Interessen einschließlich der Freizeitgestaltung kann z.B. von Bedeutung sein, inwieweit diese Tätigkeiten auf gemeinsamen Vorstellungen in der Familie oder einer Partnerschaft basieren.
Der Pastoralpsychologe ist schließlich besonders daran interessiert, ob und unter welchen Bedingungen der Ratsuchende eine religiöse Entwicklung durchlaufen konnte. Dabei sind das entsprechende "Klima" in der Herkunftsfamilie aber auch das Vorbild wichtiger Bezugspersonen im Laufe der Entwicklung von großer Bedeutung.
In der Psychosomatik findet der Begriff Anamnese mit erweitertem Bedeutungsinhalt Anwendung. So nannte von W. Weizsäcker[2] sein Verfahren, die Bedeutung der Lebensgeschichte eines Menschen für seine psychogenen und funktionellen, aber auch für seine somatogenen Erkrankungen sichtbar zu machen, biographische Anamnese. Die Psychoanalytikerin A. Dürhssen verstand unter biographischer Anamnese jene Aufgabe, vor die sich ein Psychotherapeut im ersten diagnostischen Interview mit einem Psychotherapiekandidaten gestellt sieht[3]. Hier sollen "biographisch wichtige Daten, psychodynamisch bedeutungsvolle pathogene Gefühlskonstellationen und charakteristische Widerstands- und Übertragungsreaktionen, die voraussichtlich für die geplante Therapie von Bedeutung sein werden", zur Abklärung kommen. Dies ist der typische Inhalt des psychoanalytischen Interviews. Da ein Ratsuchender im pastoralpsychologischen Gespräch gar nicht so selten nur unter Einschluß seiner neurosenpsychologischen Konstellation beurteilt und beraten werden kann, soll hierauf später detailliert eingegangen werden.

III. Leitlinien für die Gesprächführung

Hofstätter hat von einer "handlungsartigen Auseinandersetzung im Medium des Gesprächs" gesprochen.[4] Der Berater muß wissen, daß sein Bild vom Ratsuchenden durch eine Projektion seiner eigenen Einstellung, Motivationen und Konflikte verzerrt werden kann, was die Psychoanalyse Gegenübertragung nennt. Er muß sich auch darüber klar sein, daß er der Übertragung des Ratsuchenden ausgesetzt ist, der Gefühle und Strebungen, die ursprünglich einer anderen Bezugsperson galten, unbewußt in die Beziehung zum Berater einbringt. Eine wichtige Rolle im Verhältnis Ratsuchenden/Berater spielen auch Sympa-

---

[2] Vgl. Weizsäcker von, W., Studien zur Pathogenese, Stuttgart 1935.
3 vgl. Dürhssen, A., Analytische Psychotherapie in Theorie, Praxis und Ergebnissen, Göttingen 1972.
[4] Hofstätter, P.R., Psychologie, Frankfurt 1957.

thie und Antipathie, wodurch z.B. die Gewichtung konfliktauslösender Faktoren beeinflußt werden kann. Der Berater muß sich auch darüber Gedanken machen, welches Ausmaß und welche Bedeutung seine eigene Aktivität im Gespräch mit dem Ratsuchenden hat.
Über das Ergebnis eines Gespräches entscheiden häufig die ersten Minuten. Wichtiger als Sympathie ist Empathie, d.h. die Fähigkeit, den anderen durch Einfühlung zu verstehen und dies ihm auch im Verhalten signalisieren zu können. Große Behutsamkeit ist auch deshalb zu Beginn angezeigt, weil hier bereits häufig der Hauptkonflikt mehr oder weniger deutlich formuliert wird. Deshalb soll ein Ratsuchender in der Einleitungsphase nach Möglichkeit nicht unterbrochen werden, um ihn nicht abzulenken. Hinter einer Zwischenfrage an dieser Stelle kann nämlich auch eine vorgefaßte Meinung stehen, die durch Divergenzen im äußeren Erscheinungsbild des Ratsuchenden induziert wurde. Andererseits können gehemmte, unsichere Menschen, denen das Sprechen schwer fällt, dadurch zum Sprechen ermuntert werden, indem man sie fragt, welche Ursachen nach ihrer Überzeugung für ihre Probleme verantwortlich zu machen sind, oder auch welche Vorstellungen sie selbst haben, um mit ihren Problemen fertig zu werden. Menschen, die auf Betreiben von Angehörigen, d.h. nicht allein aus Eigeninitiative kommen, irritiert anfängliches Schweigen besonders leicht. Hier ist es angezeigt, sie auf dieses Problem hin anzusprechen. Der Psychoanalytiker Menninger [5] hat für den ärztlichen Bereich ausgeführt, daß ein gutes Gespräch den Charakter einer bedeutsamen Erfahrung gewinnen soll, was auch für die pastoralpsychologische Konstellation gelten dürfte. Danach soll der Berater weder zu viel noch zu wenig reden, aber auch nicht zu "nett" sein, und etwa unangenehmen Fragenkomplexen aus dem Weg gehen. Größte Vorsicht ist hinsichtlich des Versuchs geboten, durch eine "witzige" Bemerkung die Atmosphäre auflockern zu wollen. Allzu leicht wird ein solcher "Witz" als Sarkasmus und irritierend erlebt.
Wenn Fragen gestellt werden, so sollte immer der Suggestivcharakter einer bestimmten Formulierung reflektiert sein. Offene, allgemeine Fragen, welche zur Schilderung anregen oder alternative Fragen, die zwei oder mehr Möglichkeiten der Beantwortung zulassen, sind für ein gutes Gespräch in jedem Falle hilfreicher wie sogenannte passive oder gar aktive Suggestivfragen, welche eine bestimmte Antwort bereits anklingen lassen oder voraussetzen.
Einengend und belastend für den Ratsuchenden sind nicht selten aber auch besorgte Angehörige, die einen Ratsuchenden mit guter Absicht zum Gespräch begleitet oder gar gedrängt haben. Es ist in solchen Fällen nicht leicht, überbesorgte Mütter z.B. oder agierende Partner von dem Vorrecht des Ratsuchenden zu überzeugen. Angehörige sollten grundsätzlich nur nach Zustimmung des Ratsuchenden und am besten in seiner Gegenwart befragt werden. Dabei kann man meist auch wichtige Einsichten in den Interaktionsstil gewinnen.[6]

---

[5] Vgl. Menninger, K.A., A manual for psychiatric case study, New York 1952.
[6] Vgl.Busch, H., Das diagnostische Gespräch mit dem psychisch Kranken. Med. Klin. 71, 1976, 433.

Hinsichtlich des zeitlichen Ablaufs erscheint es nützlich, dem Ratsuchenden möglichst viel Zeit für eine freie Schilderung seiner Probleme und Sorgen zukommen zu lassen. Der Berater sollte dann nur eingreifen, um den stockenden Redefluß des Ratsuchenden in Gang zu halten und um Aussagen zu verdeutlichen. Die Gesprächspsychotherapie hat gezeigt, daß ein Berater durch Verbalisierung des emotionalen Gehalts einer Aussage und der damit für den Ratsuchenden erkennbar werdenden Verdeutlichung, dessen Selbstexploration in Gang bringen kann.[7] Dagegen kann die freie Äußerung durch unvermittelte Zwischenfragen des Beraters gestört werden. Der Berater muß unbedingt vermeiden, daß der Ratsuchende sich durch sein Verhalten in eine Art "Test"-Situation gedrängt sieht. Schließlich sollte man auch die Zeitdauer für ein Gespräch wegen des unausweichlichen Ermüdungsfaktors nicht außer acht lassen und am besten vorab eine bestimmte Zeitspanne - in der Regel nicht mehr als 60 Minuten - festlegen. Am Ende eines Gesprächs sollte der Ratsuchende noch einmal aufgefordert werden, ein bislang nicht erwähntes Problem evtl. nachzutragen, und der Berater sollte durch eine Zusammenfassung des Gesprächs seinem Gegenüber die Möglichkeit geben zu überprüfen, ob er richtig verstanden worden ist.

IV. Ein beispielhaftes tiefenpsychologisches Befundmuster zur Persönlichkeitserfassung

Da sich tiefenpsychologisch orientierte Psychotherapieverfahren unterschiedlicher Art als sehr hilfreich für die therapeutische Beeinflussung erwiesen haben[8] macht es Sinn, hier ein in der Praxis besonders bewährtes Vorgehen zur Abgrenzung von Beratungsschwerpunkten vorzuschlagen.[9]

1. Neurotische Reaktionsmuster

Wir verstehen hierunter die verfestigten sekundären Folgen der Gefühls- und Triebverdrängungen. Neben jenen, die Freud 1915 unter dem Konzept "Triebe und Triebschicksale"[10] herausgestellt hat, sind dies wichtige Ergänzungen durch Schultz-Hencke.[11] Es sind dies einmal die kognitiven Schädigungen, zum anderen die sekundären Folgen der primären Schädigungen, die sich in Lern- und

---

[7] Vgl. Rogers, C.R., Entwicklung der Persönlichkeit, Stuttgart 1973.

[8] Z.B. Dürhssen, A., Analytische Psychotherapie in Theorie, Praxis und Ergebnissen, Göttingen 1972 und Dynamische Psychotherapie. Berlin Heidelberg New York London Tokyo 1988; Greenson, R., Technik und Praxis der Psychoanalyse, Stuttgart ^{6}1992; Frielingsdorf, K Glück und Unglück, Anstiftung zum Leben, Mainz 1994.

[9] Vgl. Dürhssen, A., Dynamische Psychotherapie, a.a.O.

[10] Freud, S., Triebe und Triebschicksale. G.W. X, 1915, 210.

[11] Vgl. Schultz-Hencke, H., Einführung in die Psychoanalyse, Jena 1927, (unveränderter Nachdruck), Göttingen 1972.

Wissensdefiziten, in selbstkonstelliertem Unglück und in neurotischen Beziehungsmustern manifestieren.

- Wahrnehmungslücken,
- Wahrnehmungsverformungen,
- Lern- und Wissensdefizite;

- Affektverschiebungen,
- Projektionen,
- neurotische Haltungen,
- Rationalisieren,
- Externalisieren,
- Übertragungsreaktionen,
- neurotische Beziehungsmuster;

- Wiederholungssituationen,
- selbstkonstelliertes Lebensunglück,
- selbstschädigende Reaktionen (Wendung gegen die eigene Person),
- Kampf mit dem eigenen "Über-Ich",
- Verdrängen,
- Verleugnen,
- Ungeschehenmachen.

Dürhssen weist aber ausdrücklich darauf hin, daß die o.g. geschädigte Trieb- und Antriebswelt mit ihren schicksalhaften Folgen allein keine repräsentative neurosenpsychologische Beschreibung einer Persönlichkeit ermöglicht. Diese neurotischen Reaktionsmuster bedürfen einer unverzichtbaren Ergänzung durch Aussagen über die innere Identität, über die Schwerpunkte des individuellen Lebens und ihre oft in Stereotypien fixierte Selbsteinschätzung.

2. Die Identität

Sowohl die zugehörige soziale Gruppe wie das eigene Selbstverständnis konstituieren die Identität eines Menschen. Wesentliche Kategorien der Identität sind durch die Zugehörigkeit gegeben:

- zu einer Nation oder Landsmannschaft,
- zu einer bestimmten Religion,
- zu einer Familie,
- zu einem Beruf,
- zu einem Geschlecht und
- zu einer bestimmten Altersgruppe.

Die nationale Identität

In unserer Zeit mit starker Migration können sich leicht massive Identitätsprobleme in diesem Bereich ergeben. Ein streng gläubiger Moslem will z.B. in Deutschland arbeiten, lehnt aber die deutsche Nationalität und damit auch die Integration entschieden ab, weil er sich durch das Leben in der nicht nur religiös andersartigen Umwelt, speziell durch die Schattenseiten des extrem liberalisierten Lebens in einem kaum ertragbaren religiösen Zwiespalt erlebt, ja abgestoßen wird. Auf der anderen Seite kann die nationale Identität bei einem Leben unter kosmopolitischen Bedingungen wenig Bedeutung besitzen.

Die religiöse Identität

Die religiöse Identität kann sehr ausgeprägt sein und dann einen großen Halt geben, sie kann aber auch sehr konflikthaft erlebt werden, dies z.B. bei Konvertiten. Sie kann aber auch bedeutungslos sein, wie dies nach einer Erziehung ohne Religion beobachtet werden kann.

Die familiäre Identität

Die familiäre Identität sieht eine Zäsur zwischen Herkunfts- und eigener neu gegründeter Familie. Die Zugehörigkeit zu einer sogenannten angesehenen Familie stabilisiert im allgemeinen, jene zu einer sozial randständigen stellt eine Verunsicherung dar. Das Identitätsgefühl einer jungen verheirateten Frau mit zwei Kindern und einer Frau, die in Scheidung lebt und heranwachsende Kinder allein erziehen muß, sind aus naheliegenden Gründen unterschiedlich.

Die berufliche Identität

Normalerweise spielt die berufliche Identität für den Mann eine eher große Rolle. Er wird in diesem Bereich aber heutzutage häufiger durch Arbeitslosigkeit beeinträchtigt, besonders, wenn er in diesen Zustand trotz anspruchsvoller Ausbildung gerät. Bei der Frau ist die berufliche Identität nicht zuletzt auch davon abhängig, wo sie ihren persönlichen Schwerpunkt setzt, ob sie eine leitende Funktion anstrebt und erreicht, aber auch ob sie z.B. in einem anspruchsvollen Beruf wie dem einer Grundschullehrerin durch die Verhältnisse (z.B. zu große Klassen) resigniert und dadurch ihre ursprünglich starke Identität einbüßt oder zumindest sehr zwiespältig erlebt.

Die geschlechtliche Identität

Die geschlechtliche Identität ist einmal durch den Chromosomensatz vorgegeben. Aber auch die wenig festgelegten und vom modischen Zeitgeist bestimmten Lebensformen bedingen Unsicherheit und Konflikthaftigkeit. Für eine Frau stellen sich z.B. auch Identitätsfragen wie: "Bin ich familiär? Bin ich mütterlich? Bin ich eine Karrierefrau? Bin ich attraktiv oder wenig ansehnlich?"

Die Altersidentität

Die Altersidentität kann durch zahlreiche Variablen bestimmt sein. Formulierungen wie "Ich bin jung, ich bin in den besten Jahren, trau keinem über 30, jetzt bin ich Großvater" markieren das Feld. Aber auch die "Angst vor dem Älterwerden" oder das schlechte Gewissen, das manche Politiker und Teile der Medien den heutigen Rentnern wegen ihrer angeblich zu hohen Rente zu machen versuchen, bestimmen das Klima, in dem die Altersidentität sich behaupten muß. Insgesamt aber ist das Älterwerden ein mehr oder weniger beunruhigender Faktor.

3. Die Schwerpunkte des Lebens

Nicht nur beim alten Menschen profitiert das Identitätsgefühl positiv von sinngebenden Schwerpunkten des Lebens. Gemeint sind hier Aktivitäten, die im Alltag einen hohen Stellenwert haben. Ist dies nicht der Fall, liegt darin ein großes Konfliktpotential. Eine Frau, die bewußt Mutter und Hausfrau war, kann sich stabilisieren, wenn sie später ihren Schwerpunkt in der Betreuung der Enkel, oder in sozialen oder konfessionellen Gruppenaktivitäten sucht. Ein Mann sieht oft seinen Lebensschwerpunkt im Beruf. In einer Zeit drohender Arbeitslosigkeit oder erst recht nach dem Ausscheiden aus dem Beruf stellt sich die Frage, was statt des Berufs den Lebensschwerpunkt darstellen kann. Vereinsaktivitäten unterschiedlicher Art, handwerkliche Tätigkeit oder künstlerische und wissenschaftliche Ambitionen können einen neuen Schwerpunkt markieren. Dürhssen hat zu recht darauf hingewiesen, daß der Begriff Hobby hier zu leichtgewichtig ist, denn der Schwerpunkt des Lebens ist eine zutiefst ernste Angelegenheit.

4. Die inneren Formeln

Dieses Konzept[12] grenzt "jene Innenbefindlichkeiten der Patienten" ab, "die in oft erstarrter und stereotyper Form zum Ausdruck von Selbstgefühl und Selbsteinschätzung werden". Es geht dabei über das Stereotyp der irrationalen Gedanken[13] im Selbstverständnis des Betroffenen hinaus. Das Konzept der inneren Formeln umfaßt nämlich auch "die Erwartungen an die Zukunft oder den Umgangsstil, den diese Patienten von anderen Menschen erwarten". Sind diese Er-

---

[12] Vgl. Dürhssen, A., Analytische Psychotherapie in Theorie, Praxis und Ergebnissen, a.a. O.

[13] Vgl. Ellis, A., Reason and emotion in psychotherapy, New Jersey 1962.

wartungen sehr neurotisch, so führen sie oft in eine "sich selbst erfüllende Prophezeiung".
Charakteristisch ist, daß ein Teil dieser Selbsteinschätzungen gleichzeitig entgegengesetzte Inhalte hat, ohne daß auf der rationalen Ebene ein Ausgleich geleistet werden kann. So treten neben narzißtische Größenideen ("Ich bin etwas Besonderes") Gedanken tiefer Verunsicherung ("Ich bin nichts"). Dabei haben negative Selbstbewertungen meist die eigene Tüchtigkeit, die eigene Klugheit, die eigene Schönheit und beim Mann auch die Körpergröße und die Körperkraft zum Thema. Solche Negativformeln nehmen dabei oft ihren Ausgang vom Vergleich mit anderen, speziell Geschwistern oder anderen wichtigen Personen im entwicklungspsychologischen Sozialfeld (z.B.: "Andere machen alles sowieso immer besser").
Es sind aber auch neurotisch fixierte Selbsteinschätzungen mit positivem Charakter möglich (z.B.: "Ohne mich geht es nicht" oder "Wenn es darauf ankommt, kann man sich nur auf mich verlassen"). Im Bereich der negativen Selbstbewertung die eigene Schönheit betreffend sind quälende Vergleiche häufig (z.B.: "Jede Frau, die in den Raum kommt, ist schöner wie ich" oder "Man lacht über mich, weil ich zu klein geraten bin").
Von besonderer neurosenpsychologischer Qualität sind jene Inhalte, durch die ein Mensch das Gefühl und die Meinung entwickelt, daß "andere es immer besser haben". Hier ist durch die differenzierte Analyse der Lebensgeschichte auf der gesamten Zeitachse gemeinsam mit dem Betroffenen abzugrenzen, ob tatsächlich die frühere Entwicklung im Vergleich zu anderen ungünstiger gewesen ist, oder ob nur die aktuellen Lebensumstände eine solche Einschätzung nahe legen. Es kann sein, daß das therapeutische Gespräch auf der rationalen Ebene hier den Schluß nahe legt, daß tatsächlich andere früher eine bessere Startkonstellation hatten, daß aber der Betroffene trotz dieser Nachteile durch eigene Anstrengungen inzwischen eine günstigere Lebenssituation erreicht hat.
Ein besonderes Problem sind jene relativ häufigen Einschätzungen, daß ein Mensch denkt, er sei ein Opfer. Dies kann das Opfer der Gesellschaft, das der Eltern oder das des Liebespartners meinen. Von neurotischer Art entstehen derartige Einschätzungen nicht selten unter dem Einfluß von Literatur und entsprechenden, heutzutage in wenig kritischer Weise in den Medien verbreiteten Konzepten. Aber eine solche Opfer-Selbsteinschätzung kann auch einen sehr belastenden, realistischen Hintergrund haben. Es gibt Lebensumstände, in die ein Kind hineingeraten kann, die den Opfereindruck zu recht entstehen lassen. Ein Extremfall: Eine Mutter zieht ihr Einzelkind, einen Jungen alleine auf, und sie hat zudem ein Alkoholproblem. Das Kind wächst nicht nur vaterlos ohne geschlechtstypische Identifikationsfigur auf. Es wird auch in pathologischer Art an die Mutter gebunden und muß zu früh in der Rolle des Erwachsenenhelfers die suchtbedingten Defizite der Mutter immer wieder ausgleichen. Zudem lebt dieses Kind in einer instabilen zwischen Extrempositionen hin- und herschwankenden Gefühlssituation ohne verläßliche, stabile Werthaltungen. Es wird gefühlsmäßig von der intoxikierten Mutter abgestoßen, wird ungerecht in solchen Phasen behandelt und muß dennoch Aufgaben für die Mutter übernehmen.

Wenn die Mutter nicht trinkt, so überschüttet sie das Kind aufgrund ihrer Schuldgefühle mit unangemessenen, überstarken Liebesbeweisen und erlaubt ihm z.B. kompensatorisch Dinge, die im Erziehungsstil sonst keinen Platz haben. Das Kind gerät aber auch sozial in eine sehr nachteilige Position, indem es aus Schamgefühl keine Altersgenossen zu sich ins Haus holt und sich dadurch isoliert.
Auch in diesem Fall, in dem das Kind einen Opferstatus verinnerlicht, ist es von hervorragender Bedeutung, daß es nicht beim Anklagen gegen das schwere eigene Schicksal verharrt, sondern einen Neubeginn für möglich halten kann. Dafür ist es immer günstig, wenn ein Mensch gegen die Belastungen seiner Vergangenheit eine produktive innere Energie im Bewußtsein eigener Aktivität setzen kann. Dieser Ausbruch aus dem "Gefängnis" seiner Vergangenheit aber auch seiner neurotischen inneren Formeln gelingt dann am ehesten, wenn die therapeutische Beziehung gut gestaltet werden kann. Eine Lernmöglichkeit von therapeutischer Qualität profitiert von einer tragfähigen Beziehung zwischen gleichwertig Beteiligten. Sie vollzieht sich im gelingenden Gespräch, das unterschiedliche Ambitionen und Werthaltungen offen legen kann und dennoch in einem gemeinsamen Dialog einmündet. Obwohl der erfolgreiche Berater und Therapeut ein legitimes Ziel als Fachkraft vor Augen hat, müssen die inneren Bedürfnisse und die psychologischen Ressourcen des Ratsuchenden bestimmen, wie dieser gegen seine neurotischen Fixierungen angehen und diese verändern kann. Je sensibler der Therapeut dem Ratsuchenden dabei helfen kann, eine angemessene, d.h. weniger neurotische Sicht seiner Lebenssituation zu erreichen, umso erfolgreicher kann dieser einmal die notwendige Trauerarbeit über reale frühere Benachteiligung leisten und zum anderen das, was sein unveränderbares Schicksal ist, annehmen, und vor allem Lebensmut und Kraft für einen Neubeginn mobilisieren.

5. *Zur Beurteilung des Gesprächsergebnisses*

Abschließend sei noch einmal auf die außerordentlich große Bedeutung der sogenannten untersucherabhängigen Störfaktoren auf die Beurteilung eines Gesprächsergebnisses hingewiesen.[14] Der Berater muß sich bei der Erarbeitung seiner definitiven Urteilsbildung stets vor Augen halten, daß es eine Fülle von Variablen gibt, die intervenieren und damit seine Wahrnehmung verfälschen können. Einerseits ist es unrealistisch zu erwarten, durch ein Gespräch ein objektives Abbild eines Menschen entsprechend dem klassischen naturwissenschaftlichen Postulat der Beschreibung zu erhalten. Auf der anderen Seite aber ist es unerläßlich, dieses Individuum gegenüber hinsichtlich der wesentlichen Belange angemessen zu verstehen. Denn das ist die Voraussetzung für gute Beratung.

---

[14] Vgl. Busch, H., Zur Kontrolle untersucherabhängiger Störfaktoren bei der klinischen Prüfung. Pharmakopsychiat. 10, 1977,152.

Das psychoanalytische Konzept der "Gegenübertragung" hat nicht nur Bedeutung für eine Psychotherapie, sondern bereits für die vorausgehende diagnostische Arbeit. D. Beckmann[15] hat eine empirische Studie vorgelegt, die in ihrer Quintessenz nachweist, daß die Diagnose des psychoanalytischen Untersuchers nur zu 70 Prozent auf Sachverhalten des zu Untersuchenden und auf nicht weniger wie zu 30 Prozent auf solchen Sachverhalten basiert, die ausschließlich mit der Persönlichkeit des Untersuchers selbst zu tun haben. Für den Berater heißt dies, daß er sich immer wieder die Frage stellen muß, ob eine dem Ratsuchenden zugeordnetes Muster Wirklichkeit beanspruchen kann, und ob eine falsch positive Zuerkennung ausgeschlossen werden kann. Auch der vom theoretischen Ausgangsfeld einer angewandten Methode festgelegte Wahrnehmungsraum ist ein potentieller Störfaktor. Er kann nämlich nur bestimmte, das sind modellimmanente, Sachverhalte einer zu beurteilenden Persönlichkeit erfassen, während er andere, u.U. ebenso wichtige Sachverhalte nicht angemessen erfassen kann. Verdeutlichen läßt sich diese Problematik, wenn man die wahrnehmungspsychologischen Strategien der z.T. sehr unterschiedlichen frühen und späteren psychoanalytischen und tiefenpsychologisch orientierten Psychotherapieverfahren Revue passieren läßt. In diesem Zusammenhang ist ein Hinweis auf die wissenschaftlichen Ergebnisse der Interviewforschung hinsichtlich systematischer Beobachtungsfehler wichtig. Der logische Fehler (Newcomb) bedeutet, daß ein Untersucher nur solche Detailbeobachtungen zu seiner Beurteilung heranzieht, die ihm im Rahmen seines vorgegebenen theoretisch-logischen Konzeptes sinnvoll erscheinen. Der Rosenthal-Effekt beeinflußt das Ergebnis einer Untersuchung durch die Erwartung des Untersuchers, der Halo-Effekt (Thorndike) verfälscht ein Urteil dadurch, daß benachbarte Eigenschaften als übermäßig hoch korrelierend gesehen werden.[16].

Eine andere anspruchsvolle Aufgabe bei der Gesprächsauswertung ist der Umgang mit der Erinnerungsarbeit. Freud hat bereits in seiner frühen Abhandlung "Über Deckerinnerungen" wie folgt ausgeführt: "Vielleicht ist es überhaupt zweifelhaft, ob wir bewußte Erinnerungen aus der Kindheit haben, oder nicht vielmehr bloß an die Kindheit. Unsere Kindheitserinnerungen zeigen uns die ersten Lebensjahre, nicht wie sie waren, sondern wie sie späten Erweckungszeiten erschienen sind. Zu diesen Zeiten der Erweckung sind die Kindheitserinnerungen nicht, wie man zu sagen gewohnt ist, aufgetaucht, sondern sie sind damals gebildet worden, und eine Reihe von Motiven, denen die Absicht historischer Treue fern liegt, hat diese Bildung sowie die Auswahl der Erinnerungen beeinflußt.“[17] Daß unsere Vergangenheit keine statische, abgeschlossene Wirk-

---

[15] Vgl. Beckmann, D., Der Analytiker und sein Patient. Untersuchungen zur Übertragung und Gegenübertragung, Bern Stuttgart Wien 1984.

[16] Vgl. Schraml, W.J., Das klinische Gespräch in der Diagnostik, in: Schraml, W.J., (Hrsg.), Klinische Psychologie, Huber, Bern Stuttgart Wien1970.

[17] Freud, S., Über Deckerinnungen. G.W. I, 1899, 528.

lichkeit ist, hat auch die moderne Biographieforschung herausgearbeitet.[18] Die Gesamtheit der selbstbezogenen kognitiven Schemata organisiert unsere autobiographischen Gedächtnisinhalte, wobei aktuelle Einstellungssysteme das Gedächtnis von gestern jeweils anpassen. Wenn neue Erfahrungen assimiliert werden, so kann sich hierdurch das Selbstschema verändern, was dann eine entsprechende Modifikation der kognitiven Strukturen zur Wahrnehmung, Interpretation und Bewertung der eigenen Person einleitet. Zum Beispiel werden gefälschte, aber plausible Lebensereignisse mit zunehmendem zeitlichen Abstand eher als echt akzeptiert.
Ein besonders komplexes Problem stellt die "Mehrdeutigkeit der Sprache" dar. Worte sind nicht ohne weiteres eindeutige Zeichen. Im speziellen Fall ist es sicher günstig, wenn die Sprachkompetenz und das Sprachverständnis von Ratsuchende und Berater in wesentlichen Bereichen deckungsgleich sind. Sprache kann aber bewußt - zum Beispiel aus Scham - und öfter unbewußt ein Instrument zur Verschleierung sein, und sie stellt damit dann ein unsicheres Substrat für eine Beurteilung dar. Hier stellt sich dann u.a. auch die Frage, wie kompetent der Berater in der Analyse der mit der Sprachproduktion einhergehenden Körperhaltung, Mimik, Gestik und Prosodik (Sprechmelodie) ist. Schließlich sei noch auf Gadamer[19] verwiesen, der die "Verweisungsbezüge der Sprache" betont hat und damit kritisiert hat, wenn die "Aussage" allein für die Sprachdeutung herangezogen wird.
Zur Vertiefung der hier beispielhaft angesprochenen Problembereiche für die Gesprächsauswertung und -beurteilung sei auf eine Monographie von W.A. Schelling[20] verwiesen: Lebensgeschichte und Dialog in der Psychotherapie. Tiefenpsychologie, Anthropologie und Hermeneutik im Gespräch.
Ein grundsätzliches Problem ergibt sich für die Beurteilung aller in einem Gespräch festgestellter Symptome und Muster durch die Gefahr einer vorschnellen Festlegung auf eine bestimmte Ursache für einen Sachverhalt. Dies gilt, obwohl die Pastoralpsychologie wissenschaftstheoretisch der geisteswissenschaftlichen und damit einer verstehenden Position verpflichtet ist. Alle sprachlichen und nichtsprachlichen Äußerungen eines Ratsuchenden sind nämlich zuerst nur mehrdeutige Zeichen, die für Unterschiedliches stehen können. Insbesondere ein zu wenig kritischer Umgang mit tiefenpsychologisch orientierten Gesprächstechniken verführt leicht - wie die Erfahrung belegt - zu vorschnellen Kausalverknüpfungen im Sinne einer bestimmten Deutung einer Aussage oder eines Verhaltens. Von der deskriptiven Psychopathologie, die erkenntnistheoretisch dem naturwissenschaftlich-erklärenden Modell verpflichtet ist, wissen wir um die Vieldeutigkeit von Symptomen. So kann ein Mensch z.B. nicht nur depressiv sein, weil er ein entsprechendes psychologisches Verlusttrauma erlitten

[18] Vgl. Strube, G., Weinert, F.E., Autobiographisches Gedächtnis: Mentale Repräsentation der individuellen Biographie, in: Jüttemann, G., Thomae, H., (Hg.), Biographie und Psychologie, Berlin Heidelberg New York 1987.
[19] Vgl. Gadamer, H.-G., Wahrheit und Methode, Tübingen 1975.
[20] Vgl. Schelling, W.A., Lebensgeschichte und Dialog in der Psychotherapie, Göttingen 1985.

hat. Er kann auch depressiv sein, weil er an einer psychotischen, sog. endogenen Depression oder einer Unterfunktion der Schilddrüse oder einer unerwünschten Nebenwirkung eines Medikaments oder einem Stirnhirntumor oder einem Parkinson-Syndrom leidet. Bevor man sich also festlegt, warum ein Ratsuchender ein bestimmtes Verhalten zeigt oder eine bestimmte Äußerung macht, sollte man deshalb alle im Zusammenhang mit diesem Verhalten und mit dieser Äußerung festgehaltenen Symptome und Muster - insbesondere auch in der Zusammenschau und im Kontext - auf ihre mögliche, d.h. wahrscheinliche Bedeutung hin kritisch überprüfen und sich nicht scheuen, aufgrund entsprechender Hinweise eine bereits betroffene Bewertung noch einmal zu revidieren.

Die erwähnten Befunde zur Interviewforschung und die sich daraus ergebenden Schwierigkeiten bei der Auswertung eines Beratungsgespräches stellen zwar eine handfeste Herausforderung an den Berater dar, sind aber nicht dazu angetan, ihn zu entmutigen. Sie sollen ihn aber in die Lage versetzen, behutsam und selbstkritisch als Fachmann agieren zu können, damit sein pastoralpsychologisches Anliegen die besten Chancen zur Umsetzung erhält. Er muß seine Aufgabe nämlich in einer äußerst komplexen, zu wenig transparenten sozialen Situation durchführen, in der zwei Menschen zwei verschiedene, nicht voneinander unabhängige Rollen wahrnehmen, um unterschiedliche Bedürfnisse zu befriedigen.

Meine eigene psychiatrisch-psychotherapeutische Erfahrung hat mich gelehrt, daß ein Gespräch für einen ratsuchenden Menschen dann am hilfreichsten sein kann, wenn er mich nicht nur als Fachmann wahrnehmen kann. Mindestens ebenso wichtig ist, daß ich ihm glaubhaft - gerade auch averbal - signalisieren kann, daß ich eine Begegnung mit ihm suche, die von großem Respekt vor seiner Eigenständigkeit und einem Offensein ohne Vorbehalte für seine individuelle Existenz geprägt ist.

Martin Ferel

Die Verwandlung von Krankengeschichten in Lebensgeschichten und die Konstruktion von Biographien

Neue Möglichkeiten einer systemisch-konstruktivistisch orientierten Seelsorge bei kranken und alten Menschen

Im Altenheim und im Krankenhaus, bei Kranken-, Haus- und Geburtstagsbesuchen werden Seelsorgerinnen und Seelsorgern ständig Geschichten erzählt: oft die Geschichte der Krankheit, nicht selten ganze Leidensgeschichten, gelegentlich Geschichten aus der Vergangenheit oder umfassendere Lebensgeschichten. Wie reagieren wir darauf und wie gehen wir damit um? Die herkömmliche Seelsorgetheorie und die seelsorgerliche Praxis haben dafür wenig Verstehens- und Verhaltensweisen entwickelt. Ich soll zuhören, mir Zeit nehmen, ich soll in annehmender Haltung nondirektiv mein Gegenüber begleiten. Klientenzentriert soll ich auf seine emotionale Befindlichkeit eingehen oder psychoanalytisch soll ich deutend und durcharbeitend dazu verhelfen, Unbewußtes aufzuklären und Unverstandenes zu verstehen. „Durcharbeitung zur Annahme der Krankheit“ lautet ein hergebrachtes psychologisches Konzept. Ich möchte Sie jetzt auf eine Entdeckungsreise mitnehmen, bei der wir Vertrautes und Gewohntes hinter uns lassen und Ausschau halten nach neuen Ufern.[1]

I

Eine erste provozierende These lautet: *Es gibt keine Krankheiten, es gibt nur Krankengeschichten.*
Um diese These verständlich zu machen, muß ich einige systemtheoretische Grundannahmen erläutern: Der Begriff „krank“ ist nicht nur eine Bezeichnung für einen körperlichen oder psychischen Zustand. Er impliziert immer auch eine Bewertung und eine Erklärung für diesen Zustand. Die Systemtheorie unterscheidet bei lebenden Systemen wie z. B. einem Menschen zwischen *einem biologischen System, einem psychischen und einem sozialen System.* Organismus, Psyche und soziale Kommunikation sind je für sich *autonome, operationell geschlossene Systeme.* Auf einen bestimmten Vorgang im System Körper reagiert

[1] Die Grundgedanken dieses Beitrags wurden am 18. Januar 2000 in Hofgeismar bei der Jahrestagung der Krankenhaus- und Altenheimseelsorge der Evangelischen Kirche in Kurhessen-Waldeck vorgetragen. Der Vortragscharakter wurde beibehalten.
Zur gleichen Thematik Ferel, M., “Willst du gesund werden?” – Das systemische Verständnis von Krankheit und Heilung als Orientierung für die Seelsorge, Wege zum Menschen 48 (1996), 359-374. Grundlegend für den Ansatz ist Morgenthaler, Ch., Systemische Seelsorge. Impulse der Familien- und Systemtherapie für die kirchliche Praxis, Stuttgart 1999.

das System Psyche und dieses eingebettet in die soziale Kommunikation z.B. einer Familie oder des herrschenden Medizinsystems. Das System Körper verarbeitet bis in seine kleinsten Bausteine Veränderungen in seiner Umwelt, aber nur innerhalb der ihm verfügbaren Strukturen. In dieser Hinsicht unterscheiden sich die Reaktionen nicht von dem, was wir „Gesundheit“ nennen. Die durch biologische Prozesse vollzogene Unterscheidung ist lebend/nichtlebend. „Entweder es gelingt dem System Körper in der Interaktion mit seiner Umwelt, seine Operationen fortzuführen - dann lebt er weiter-, oder es gelingt ihm nicht - dann ist er tot.“[2] Die Unterscheidung krank versus nicht krank für bestimmte dieser körperlichen Reaktionen und *die Konstruktion von Krankheitseinheiten ist daher nicht biologisch definiert, sondern sozial.*
Wir sagen, Krankheit sei erkennbar an *Symptomen.* Systemtheoretisch betrachtet sind biologisch-körperliche Vorgänge „an sich“ keine Symptome. Sie werden erst zu solchen, wenn sie durch Selbstbeobachtung durch das System Psyche als abweichend, störend oder schmerzhaft unterschieden werden und ihnen eine Bedeutung als Symptom zugeschrieben wird. Die Identifikation eines Symptoms ist immer die interpretierende, Bedeutung und Sinn stiftende Leistung eines (oder mehrerer) Beobachters. „Kein Phänomen *an sich* ist Symptom. Es wird erst durch Kommunikation dazu. Das Erleben von Schmerz, eine gestörte Befindlichkeit oder das Gefühl, krank zu sein, bedarf der kommunikativen Validierung, um als Symptom, als Merkmal der Unterscheidung für Krankheit, anerkannt zu werden. Ob einem Phänomen der Charakter eines Symptoms zugeschrieben wird, ist eine soziale Konvention. Körperliche, psychische oder soziale Ereignisse oder Zustände werden erst dadurch zu Symptomen, daß über sie kommunizierende Beobachter sie als >Symptome< identifizieren und etikettieren.“[3]
Symptome sind Elemente der hier zu betrachtenden (*autopoietischen*) Systeme - des Organismus, der Psyche und des sozialen Systems. Sie sind primär in dem jeweiligen (operationell geschlossenen) System zu verstehen und nicht selbstverständlich als Zeichen für Veränderungen in einem anderen Phänomenbereich - z.B. dem Organismus - zu werten. Selbstverständlich gibt es Wechselwirkungen zwischen den drei Systemen, aber diese sind nicht im Sinne einer gradlinigen Ursache-Wirkungs-Beziehung oder einem einfachen Input-Output-Modell zu interpretieren. Das Phänomen Schlafstörung kann beispielsweise sehr verschieden bewertet werden. Oder: Leidet die Frau unter Depressionen, weil ihr Mann trinkt, oder trinkt er, weil sie depressiv ist?
Der systemische Krankheitsbegriff geht also nicht von einer linearen Sequenz von Krankheitsursache, Krankheit oder Kranksein aus. Krankheitstypische Verhaltens- und Kommunikationsmuster (Kranksein) können aufrechterhalten bleiben, auch wenn die „Krankheitsursache“ nicht mehr existent ist. Bei chroni-

---

[2] Simon, Fritz B., Die andere Seite der Gesundheit. Ansätze einer systemischen Krankheits- und Therapietheorie, Heidelberg 1995, 274.
[3] Ebd., 66.

fizierten Prozessen koppeln sich bestimmte Funktionsmuster von ihren Ursachen ab und gewinnen eine Eigendynamik.

Die Ausgangsthese lautete: Es gibt keine Krankheiten, es gibt nur Krankengeschichten. Das heißt: wir haben es mit komplexen Prozessen zu tun, wenn wir Geschichten darüber hören, wie und wann eine Erkrankung angefangen hat, was - oft mehrere - Ärzte dazu gesagt haben und wie sich die Krankheit ausgewirkt und entwickelt hat. Wenn wir „krank-geschrieben" werden, wird ein körperlicher Zustand von unserer Psyche so eingeschätzt, daß wir nicht arbeitsfähig sind und davon das Medizinsystem in Gestalt des Arztes überzeugen, der die Krankheit dann amtlich bescheinigt. Was bedeutet dieses systemische Verständnis von Krankheit für die *Seelsorge mit Kranken?*

Krankengeschichten werden *„relativiert"*, sie werden zurückbezogen auf die komplexen Prozesse ihrer Definition unter Beteiligung der verschiedenen Systeme. Sie sind nicht einfach für bare Münze zu nehmen, weil in sie immer subjektive Bewertungen, Verdrängungen und Erklärungsmuster eingehen. Hier gilt es, nicht in die Objektivitätsfalle zu gehen. Es fängt damit an, die Krankengeschichten überhaupt wahrzunehmen, sie zu würdigen und hellhörig zu sein für die Zwischentöne, für Klagen und Anklagen, für Ängste und Schuldgefühle, für Verzweiflung und Hoffnungslosigkeit.

Das ganze Hilfesystem eines Krankenhauses, einer Klinik ist bekanntlich um Krankheiten und ihre Pflege, ihre Diagnostik und Therapie organisiert. Wer sich in dieses Haus begibt oder dorthin gebracht wird, wird zur Patientin bzw. zum Patienten. Man bekommt eine Nummer und wird zum Blinddarm in Zimmer 3, zum Hörsturz in Zimmer 6 oder zum Herzinfarkt in Zimmer 10. Allenfalls bei der Anamnese wird nach Vorerkrankungen gefragt, von da an sind die aktuellen Laborwerte, Ultraschall- oder Röntgenbilder im Zentrum der medizinischen Behandlung und Versorgung. Die moderne Medizin hat mit ihren technischen Möglichkeiten diese Entwicklung eher noch verstärkt und Prognosen sprechen davon, daß die Gesetze des Marktes und eine Medizin der computerisierten Expertensysteme die Person des Patienten immer mehr aus dem Auge verlieren. Der frühere Chefarzt am St. Barbara Hospital in Gladbeck, Linus Geisler, schrieb dazu: „Die >Tante-Emma-Praxis<, in der Arzt und Patient über ihre Lebensgeschichten gegenseitig im Bilde waren, ist tot. Organkliniken und vernetzte Ambulatorien breiten sich aus, in denen auf ein Einzelsymptom reduzierte Kranke sich Ärzten zuhauf gegenübersehen, von denen keiner ihr Arzt ist. Samariter und Räuber zu unterscheiden fällt immer schwerer."[4]

In den Krankengeschichten lebt etwas anderes: aus kleinen Anfängen ist eine ganze Leidensgeschichte geworden, vom kaum spürbaren Knoten in der Brust bis zur 3. oder 4. Phase der Chemotherapie. Auf diesem Weg gab es immer wieder Hoffnung und dann wieder Verzweiflung und Angst. Das Leben wird enger, alles dreht sich nur noch um die Krankheit, man „ist" gleichsam nur noch die Krankheit. Und es entstehen Fragen über Fragen, auf die es keine Antwort gibt: Warum gerade ich? Was habe ich getan, daß es mich trifft? Hätte

[4] in: Frankfurter Rundschau vom 8.1.2000, 26.

die Krankheit verhindert werden können? Man gerät in einen stockfinsteren Tunnel, dessen Lichtpunkt am Ende nicht sichtbar ist. Dies ist nur eine Variante von Krankengeschichten. Aus jedem Krankenbett klingt es anders.
Ich nehme den systemisch-konstruktivistischen Ansatz wieder auf, daß es nicht „die" Krankheit als objektiv feststehende und immer gleiche Tatsache gibt, daß vielmehr Menschen *ihre Wirklichkeit sehr unterschiedlich konstruieren*, wenn sie mit Verletzungen, Schmerzen, Über- oder Unterfunktionen des Körpers konfrontiert sind. Zu dieser Wirklichkeitskonstruktion gehören Annahmen und Überzeugungen, wie etwas angefangen und wie es sich ausgewirkt hat. In den Geschichten, die erzählt werden, sind Erfahrungen mit Bedeutungsgebungen versehen. Aus ihnen werden Sinn und Orientierung für die Gegenwart und die Zukunft abgeleitet.
„Das Thema Systemischer Therapien ist die *Neuentwicklung* von Mustern (Lebensstilen, Selbstkonzepten, Kommunikationsstrukturen). Es geht um die *Auflösung von Problemsystemen zugunsten von Neuentwicklungen.*" [5] Ich fasse das in die These, daß *Krankengeschichten in Lebensgeschichten verwandelt werden* können. Systemisches Denken hat hierfür einige nützliche Ideen entwickelt:

1. Die Suche nach *Ausnahmen*: Wann ging oder geht es Ihnen besser? Wie war es vor der Krankheit? Was war anders?
2. Die Aktivierung von persönlichen *Ressourcen*: Wo gibt es - trotz aller Einschränkung - Fähigkeiten und Kraftquellen, die genutzt werden können? Bei fast allen Problemsystemen erweist sich, daß das, was sich auf den ersten Blick als Ausdruck und Folge einer Belastung, einer Pathologie oder eines Problems zeigt, häufig auch *die für eine Heilung bzw. Lösung entscheidende Ressource* enthält.
3. Die Mobilisierung von *Kompetenzen und guten Lebenserfahrungen*: Wie wurden frühere Krisen oder Krankheiten bewältigt? Das sog. *Coping* meint die aktive Auseinandersetzung durch Handeln, durch Kämpfen, durch das Einholen von Informationen, es geht aber auch um den emotional akzeptierenden Umgang mit dem, was nicht verändert werden kann.
4. Der Blick auf das *soziale Netzwerk*: Wie können Angehörige, Freunde und Mitglieder sozialer Unterstützungssysteme einbezogen werden? Wie ist überhaupt der jeweilige *Kontext* eines Menschen bzw. einer Krankheit?
5. Das Gefühl von (zumindest teilweiser) *Gestaltbarkeit und Kontrolle* des Lebens statt von Ohnmacht und Hilflosigkeit: Was können Sie noch oder schon wieder selbst tun oder veranlassen?
6. Das sog. *Reframing*: Wie können bestimmte Umstände oder Erfahrungen in einen anderen Rahmen, in ein anderes Licht gerückt, anders bewertet werden? Hat die Krankheit auch eine positive Seite, einen Gewinn?

---

[5] Schiepek, G., Die Grundlagen der Systemischen Therapie. Theorie-Praxis-Forschung, Göttingen 1999, 276. Vgl. dazu von Schlippe, A. u. Schweitzer, J., Lehrbuch der systemischen Therapie und Beratung, Göttingen 7. A. 2000.

7. Die sog. *Externalisierung*: Eine Krankheit, ein Symptom oder ein Problem wird verdinglicht oder personifiziert oder als Tier vorgestellt. Dann kann man ihn/sie/es vor die Tür stellen, zu Hause lassen, in den Zoo geben usw. In der Geschichte Matthäus 8 fahren die Teufel in eine Schweineherde, die sich ins Meer stürzt. Nach 1. Petrus 5 kann man seine Sorgen „auf Gott werfen".
8. Die Erweiterung des Blicks durch die *Relativierung der Krankheit*. Kein Mensch besteht, solange er lebt, nur aus Krankheit. Wie groß sind die „Reste" von Leben? Was denkt eine Patientin/ein Patient, wieviel Prozent Krankheit und wieviel Prozent Gesundheit in ihr oder in ihm sind? Was macht die Krankheit aus Ihnen? Wer nur noch seine Krankheit bzw. seine Probleme sieht und nur noch davon redet, gerät immer mehr in die sog. *Problemhypnose.* Systemische Therapie sieht als Alternative die sog. *Lösungstrance.*
9. Systemisches Verständnis von Geschichten heißt immer: es geht um das *„Individuum plus Umwelt"*. Zu dieser Umwelt gehören die Angehörigen, die vorigen Generationen: Was würde Ihre Mutter/Ihr Vater zu dieser Geschichte sagen, wie würde sie oder er sie erzählen? (Mehrgenerationenperspektive)
10. Biographien sind eingebunden in die *allgemeine Historie*. In vielen Varianten begegnen in den Biographien älterer Menschen immer noch und immer wieder die Schreckens- und Verlusterfahrungen des Zweiten Weltkriegs und der NS-Zeit. Daran knüpfen sich häufig schwierige Fragen von Schuld und Schicksal.

Mit solchen methodischen Möglichkeiten hat Seelsorge viele Optionen, die Fixierung auf Krankengeschichten zu durchbrechen und eine *neue Sichtweise* zu erschließen. Es geht dabei um einen Prozeß des „gemeinsamen Redigierens von Lebensgeschichten"[6] mit der Möglichkeit, neue Kapitel anzufügen. *Christlicher Glaube* ist so gesehen nichts anderes als eine neue bzw. andere Sichtweise. Alternative Sinnstrukturen und Bedeutungsgebungen können (wieder) verfügbar gemacht werden. Biblische Topoi der Geschöpflichkeit, der Charismen, aber auch Rituale und eine Fülle von hoffnungsstiftenden, mutmachenden und trostvermittelnden Geschichten, Liedern, Gebeten, Symbolen und Bildern stehen der Seelsorge bei dieser Konstruktion von Lebensgeschichten zur Verfügung. Die Schriftstellerin Barbara Frischmuth hat einmal gefragt: „Was tun mit einer Vergangenheit, die sich nicht abschütteln läßt, und wie läßt sie sich in Zukunft verwandeln?" Die Verwandlung von Krankengeschichten in Lebensgeschichten ist eine *Re-Vitalisierung.* Dies bedeutet nicht, (vielleicht schwere) Krankheit, (vielleicht tiefes) Leid oder eine (im Augenblick unlösbare) Konfliktsituation zu bagatellisieren und sog. „positives Denken" zu propagieren. Ziel ist vielmehr, eine andere Problemsicht und damit andere Handlungsoptionen zu gewinnen. *Man muß die Dinge nicht (nur) nehmen wie sie sind, sondern auch so, wie sie (coram Deo) sein könnten.*

---

[6] Welter-Enderlin, R., Wie aus Familiengeschichten Zukunft entsteht, Freiburg 1999, 49.

Eine so verstandene Krankenhausseelsorge und Seelsorge mit Kranken wäre aus der Sicht der medizinischen und pflegerischen Versorgung durchaus ein *„stützendes Verfahren“* bei der Behandlung schwerer und/oder chronischer körperlicher Krankheiten. Es ist ein Mißverständnis, wenn man diesen Ansatz als äußerst zeitaufwendig und langwierig versteht. Die beschriebene Zielsetzung bedeutet zunächst eine *Haltung* der Seelsorgerin und des Seelsorgers. Diese Haltung ist gekennzeichnet von *Wärme* und *Verständnis*, von *Respekt* für die erzählten Geschichten und von *Mut*, Dinge klar zu benennen und alte Zuschreibungen zu verflüssigen. Es ist - und darf sein! - teilnehmende *Neugier* und ein gemeinsames Entdecken und Er-Finden von neuen Möglichkeiten. In der Praxis kann durchaus etwas von dieser Verwandlung bereits in ganz kurzen Begegnungen und Gesprächssequenzen aufleuchten. Auch in dieser Hinsicht kann die Seelsorge von der systemischen Kurztherapie lernen: Konzentration auf kurze Einheiten, Begrenzung auf wenige Gespräche und große Abstände. Diese Tendenz heißt für die Seelsorge, daß in 5 oder 10 oder 20 Minuten, auch in einem Einmalgespräch, etwas sichtbar oder spürbar, jedenfalls erfahrbar werden kann von einer anderen Perspektive. Vielleicht ist es nur eine ungewöhnliche Frage, die wir stellen und die anregt zu neuem Nachdenken.
Die Seelsorgerin oder der Seelsorger hat bei diesem Vorgang eine profilierte Rolle: nicht Zuschauer oder bloß Zuhörer, sondern *Mit-Konstrukteur der Verwandlung* zu sein. Das erfordert ein *aktiv-strukturierendes Verhalten*, das deutlich unterschieden ist von einem rein nondirektiven, klientenzentrierten und empathisch nur mit dem vom Gegenüber Gebotenen arbeitenden Konzept.
Wenn wir aus Krankengeschichten in einem schöpferischen Prozeß gemeinsam mit unserem Gegenüber etwas Neues, Anderes, was ich „Lebensgeschichten“ genannt habe, formen und gestalten, dann wird es unverzichtbar, daß wir unseren Anteil, unsere Person mit all ihren Möglichkeiten und ihren Einschränkungen selbstreflexiv beobachten. Wo stehen wir uns selber im Weg und wo können wir neue Spielräume und neue Verhaltensweisen entdecken und integrieren? Und weil wir hier dem Phänomen des blinden Flecks erliegen, braucht es immer wieder die *Rückmeldung einer Gruppe, die Selbstthematisierung und die Selbstreflexion in der Supervision.* „Wenn im eigenen Leben deutlich wird, daß >alles auch anders sein könnte<, ist das eine Einladung, auch die Sicht- und Handlungsweisen anderer Menschen auf solche Möglichkeiten hin anzugehen.“[7] Wenn wir dagegen in eigenen Ideen und in erlernten Einengungen verhaftet bleiben, sind wir nicht frei für die Geschichten und Lebensthemen anderer Menschen.

II

Für den zweiten Teil unseres Themas gelten ebenso die grundlegenden Annahmen des systemisch-konstruktivistischen Denkens. Ich kann mich daher bei der

[7] Ebd., 179.

komplexen Thematik *„Biographie"* auf einige thesenartige Hinweise beschränken:

Biographie ist von Lebenslauf zu unterscheiden. Während Lebenslauf „eine Gesamtheit von Ereignissen, Erfahrungen, Empfindungen mit unendlicher Zahl von Elementen" (Alois Hahn) ist, macht Biographie den Lebenslauf zum Thema. Lebensgeschichtlich als relevant bewertete Erzählungen werden zu einer Lebensgeschichte verdichtet (bzw. „gedichtet"). Jeder Mensch erfindet sich früher oder später eine Geschichte, die er für sein Leben hält, heißt es in Max Frisch's ‚Mein Name sei Gantenbein'[8]. „Insofern ist Rekonstruktion biographischer Elemente *immer Konstruktion von Biographie.*"[9] Es geht nicht um eine Rekonstruktion von Daten und Fakten, gleichsam um eine Fotografie oder einen Dokumentarfilm, sondern um eine bestimmte, bewußt subjektive Form der Selbstbeobachtung.

In traditionalen Gesellschaften war *Identität* von außen vorgegeben und zugeschrieben. Leben war eingeordnet in überdauernde sinnstiftende und ordnende Strukturen von Geschlecht, Stand, Beruf, Familie, aber auch von religiöser Gesamtdeutung. In der Moderne und Postmoderne differenziert sich Gesellschaft funktional, die traditionellen Ordnungen und Bindungen verlieren ihre allgemeinverbindliche Bedeutung und Geltung.[10] Es gibt immer weniger die sog. „Normalbiographie". Der *Verlust von verbindlichen Lebenslaufmustern* nötigt in früher nicht gekannter Weise dazu, die divergierenden und disparaten Elemente eines Lebenslaufs individuell als „Biographie" zu verarbeiten und in eine subjektiv plausible Ordnung zu bringen. Man ist zunehmend dazu befreit und gezwungen, das eigene Leben zu planen: Jeder seines Glückes Schmied ... Das fängt bei Kindern und Jugendlichen an. Das Stichwort „Jugendbiographie" bringt zum Ausdruck, daß Jugendliche heute schon früh vor der Aufgabe stehen, ihr Leben selbst zu gestalten, von der Schule über die Berufswahl, von der Mode bis zur Lebensform, ständig sind Entscheidungen zu fällen und es ist eine Wahl zu treffen in Angelegenheiten, die früher von der Tradition, von den Eltern, von der Gesellschaft vorgegeben waren. Der Weg von der Wiege bis zur Bahre ist offener, vielgestaltiger und in hohem Maß entscheidungs-befrachtet.[11] Die Kehrseite der dadurch gewonnenen Freiheit ist die Tyrannei vom gelingenden Leben.

Für ältere bzw. alte Menschen stellt sich die Frage nach ihrer Biographie in besonderer Weise. Verlusterfahrungen und Abschiede lösen *bilanzierende Fragen*

---

[8] Frisch, M., Mein Name sei Gantenbein, 45.

[9] Karle, I., Seelsorge als Thematisierung von Lebensgeschichte, in: Wohlrab-Sahr, M., (Hg.), Biographie und Religion, Frankfurt a.M. 1995, 198-217, 206. Vgl. dazu Grözinger, A., Seelsorge als Rekonstruktion von Lebensgeschichte, Wege zum Menschen 38 (1986), 178-188.

[10] Vgl. dazu Keupp, H. u.a., Identitätskonstruktionen. Das Patchwork der Identitäten in der Spätmoderne, Hamburg 1999.

[11] Auf die sozialwissenschaftliche Analyse der Postmoderne (durch Ulrich Beck, Zygmunt Bauman u.a.) und die Konzepte der soziologischen Biographieforschung kann hier nur verwiesen werden. Vgl. dazu Beck, U.; Ziegler, U. E.; Rautert, T., eigenes Leben. Ausflüge in die unbekannte Gesellschaft, in der wir leben., München 1997.

aus und verweisen auf ein Nachdenken über das *eigene Leben in seiner gesamten Erinnerung und Erfahrung*, also auf eine *umfassende Selbstthematisierung*. Ältere Menschen haben oft stärker das Bedürfnis, Ordnung zu schaffen hinsichtlich der eigenen Lebensgeschichte. Im erinnernden Erzählen werden tragfähige Geschichten lebendig, die der Selbstvergewisserung und der Geborgenheit im eigenen Lebenslauf dienen. Dazu gehört auch die Geborgenheit in der Zeitgeschichte. Schlüsselereignisse oder Schlüsselworte verweisen auf Muster und Lebensthemen, die im Erzählen Vergangenes mit Gegenwärtigem und Zukünftigem verknüpfen. Mosaiksteinchen werden zu einem Gesamtbild zusammengefügt. Geschichtenerzählen besänftigt die Welt, heißt es bei Peter Bichsel. Aber es gibt auch die unabgeschlossenen, nicht erzählten Geschichten, die manchmal über Generationen oder über Jahrzehnte hinweg wie schwere Steine am Hals hängen.
Karl Heinz Bierlein schreibt in seinem Buch „Lebensbilanz“: „Den sozialen Tod stirbt, wer keinen Menschen hat, der seiner Lebensgeschichte einen Raum gibt. Ein älterer Mensch vereinsamt, wenn seine Biographie nicht mehr interessiert und dadurch abgewertet wird.“[12] Wenn Seelsorge in der Arbeit mit alten Menschen die Aufgabe hat, ihren *Lebensgeschichten einen Raum zu geben*, dann erfordert dies eine dafür förderliche Haltung und ein bestimmtes Gesprächsverhalten. Es geht darum, „wie Individuen bei der Konstruktion ihrer Biographie in einer funktional differenzierten Welt unterstützt werden können“[13], nicht darum, sich nur etwas „aus dem Leben erzählen“ zu lassen. Die Seelsorgerin oder der Seelsorger ist *Mit-Konstrukteur* bei der Konstruktion von Biographie. Eine sozialwissenschaftlich reflektierte Seelsorge hätte heute Menschen bei der „Erfindung des eigenen Lebens“ zu begleiten. „Er-Findung“ heißt, daß die unter der Oberfläche liegenden Bedeutungen gesucht und gefunden werden müssen, daß Sinndefizite benannt werden und möglicherweise neuer Sinn kreiert wird. Seelsorge also als methodisch geführte Selbstreflexion. Menschen neigen nicht von Natur aus dazu, sich über ihr Leben Rechenschaft abzulegen. Der Soziologe Alois Hahn macht darauf aufmerksam, daß es deshalb Institutionen geben muß, die Individuen gestatten, ihre Vergangenheit zum Thema zu machen. Solch ein Rückblick auf die eigene Vita sei nie ohne Anleitung der Aufmerksamkeit möglich.
Eine wohl nicht ganz abseitige Aufgabe der Seelsorge wäre es also, diesen Raum zu schaffen und die erforderliche Anleitung zu geben.[14] Der Raum heißt:

---

[12] Bierlein, K.- H., Lebensbilanz, München 1994, 73.

[13] Karle, I., Seelsorge als Thematisierung von Lebensgeschichte, in: Wohlrab-Sahr, M. (Hg.), Biographie und Religion. Zwischen Ritual und Selbstsuche. Frankfurt a.M. 1995, 198-217, 212.

[14] Viele hilfreiche Werkzeuge für die Biographiearbeit in Seniorengruppen, Gemeindeseminaren oder mit einzelnen bietet: Ruhe, H.-G., Methoden der Biografiearbeit. Lebensgeschichte und Lebensbilanz in Therapie, Altenhilfe und Erwachsenenbildung, Weinheim und Basel 1998. Eine Fülle weiterführender Aspekte und methodischer Anregungen bei Lucius-Hoene, G. u. Deppermann, A., Rekonstruktion narrativer Identität. Ein Arbeitsbuch zur Analyse narrativer Interviews, Opladen 2002. Vgl. auch Schenk, H., Lebensläufe, München 1992 und Rosenthal, G., Erlebte und erzählte Lebensgeschichte. Gestalt und Struktur biographischer Selbstbeschreibungen, Frankfurt/M., New York 1995.

eine akzeptierende, Halt gebende und kommunikationsförderliche Atmosphäre schaffen. Das Gesprächsverhalten pendelt zwischen nondirektiven und direktiv-strukturierenden Interventionen und arbeitet eher mit offenen, auf die Hintergründe verweisenden und neue Perspektiven eröffnenden Fragen. In der systemischen Therapie und Beratung wurde hierfür eine breite Palette von konkretisierenden, hypothetischen, lösungs- und ressourcen-orientierten Fragen entwickelt. Die Haltung darf durchaus die der Neugier sein, Neugier als elementares Interesse an Menschen und ihren Geschichten bzw. ihrer Lebensgeschichte. Vielfältige Erkenntnisse und Methoden des Narrativen insgesamt und der narrativen Therapie im besonderen lassen sich ebenso für diese Aufgabe nutzbar machen.[15] Als Seelsorgerinnen und Seelsorger sind wir bei diesem Prozeß „privilegierte Zeugen“, die „sich mit der Nase am Boden in das Territorium einer einmaligen Lebensgeschichte“ begeben. [16]. Wir sind so etwas wie Biographinnen und Biographen, wenn Menschen ihre Autobiographie konstruieren.

Bei der Konstruktion von Biographien stellt sich immer die Frage nach den maßgeblichen Bedeutungs- und Sinngebungen in einer Lebensgeschichte und damit die Frage nach dem Zusammenhang von *Biographie und Religion.*[17] Ich beschränke mich hier auf einige Hinweise:

Lebensgeschichten sind nicht geschlechtsneutral. Die Erforschung vieler Biographien und charakteristischen Lebenssituationen von Frauen unter feministisch-theologischen Perspektiven hat gezeigt, daß Religion und Glaube ganz bestimmte Bedeutungen angesichts der für Frauen relevanten gesellschaftlichen Widerspruchserfahrungen haben.[18]

Seelsorge hat sich heute einzustellen auf eine große Bandbreite verschiedener „Religiositäten“. Wir begegnen - gerade in der älteren Generation - (noch) Menschen, die in einem selbstverständlichen christlichen Glaubensverständnis mit seinen traditionellen Formen, Texten, Liedern und Symbolen leben und darauf ansprechbar sind. Aber wir haben es auch und vermehrt mit Menschen zu tun, für die so etwas wie Religion eher diffus und mit Zweifel, Widerstand und Ablehnung verbunden ist. Die Übergänge zwischen den „Gläubigen“ und den „Ungläubigen“ sind fließend. Vom Seelsorger erfordert dies einen Balance-

---

[15] Zu dieser Thematik ist als Neuerscheinung angekündigt: Drechsel, W., Lebensgeschichte und Lebens-Geschichten. Zugänge zur Seelsorge aus biographischer Perspektive, Gütersloh 2002.

[16] Welter-Enderlin, a.a.O., 23.

[17] Auf die Bedeutung des Subjekts, der Biographie, der Lebensgeschichte und der gelebten Religion in der neueren Praktischen Theologie kann ich hier nicht näher eingehen. Mein Interesse besteht darin, jenseits einer Theorie der kirchlichen Amtshandlungen die Arbeit an der eigenen Lebensgeschichte als genuine Aufgabe der Seelsorge zu beschreiben. Grundlegend für die Thematik „Biographie und Religion“ ist immer noch Luther, H., Das unruhige Herz, Über implizite Zusammenhänge zwischen Autobiographie, Subjektivität und Religion, in: Sparn, W., (Hg.), Wer schreibt meine Lebensgeschichte? Biographie, Autobiographie, Hagiographie und ihre Entstehungszusammenhänge, Gütersloh 1990, 360 – 385. Vgl. auch Kuld, L., Glaube in Lebensgeschichten. Ein Beitrag zur theologischen Autobiographieforschung, Stuttgart 1997.

[18] Vgl. dazu Riedel-Pfäfflin, U., Strecker, J., Flügel trotz allem. Feministische Seelsorge und Beratung. Konzeption-Methoden-Biographien, Gütersloh 1998. Sommer, R., Lebensgeschichte und gelebte Religion von Frauen. Stuttgart 1998.

akt zwischen einem selbstverständlichen Gebrauch religiöser Sprache und einem sensiblen Vorbehalt, der die „transzendentale Obdachlosigkeit"[19] respektiert. Wenn Menschen in ihren Erzählungen entweder klagen oder Dankbarkeit zum Ausdruck bringen, dann ist in Klage und Dank eine „religiös-konfessorische" Dimension strukturell nachweisbar. Hier hat Theologie insgesamt und Seelsorge im besonderen noch viel zu lernen, um *religionsfähig* zu werden.

Wer schreibt meine Lebens- (und Glaubens-)geschichte? Es gibt eine Tradition und Praxis, in der die Konstruktion von Biographie in der Form einer kurzen Autobiographie lebendig ist. Die Mitglieder der Herrnhuter Brüdergemeinde schreiben, wenn sie älter werden (wann ist das?), einen Lebenslauf im Umfang von etwa 2-5 Seiten. Dieser Lebenslauf wird bei der Beerdigung verlesen und im Archiv der Brüdergemeinde aufbewahrt. So hat es Zinzendorf 1747 für alle Gemeindemitglieder nahezu verbindlich gemacht.[20]

„Wenn ich auf mein Leben zurückblicke, so erfüllt mich vor allen Dingen ein starkes Gefühl der Dankbarkeit." So beginnt der kurze Lebenslauf von Frau A. K., den sie mit 76 Jahren verfaßte. „Man geht in seinem Leben wie über eine Bühne, zuerst sorglos und fröhlich, dann später beladen, schuldhaft, auch traurig - doch zuletzt im tiefsten Grunde dankbar. Wie anders und schlimm hätte mein Leben verlaufen können." - Der Lebenslauf von Frau U.G., geboren 1906, verstorben 1992, wurde von ihr 1964 geschrieben. Der zunächst etwas mehr als 3 Seiten umfassende, mit Schreibmaschine geschriebene Text wurde 1969 mit handschriftlichen Korrekturen versehen und um eine Seite ergänzt. 1983 schrieb sie unter der Überschrift „Schluß vom Lebenslauf" eine weitere handschriftliche Seite, die mit dem Satz schließt: „Ja, Gott hat mein Leben gefüllt bis zum Rand, und ich kann ihm nur danken." - In den Lebensläufen ist Zeitgeschichte im persönlichen Erleben dokumentiert: Eine Frau verliert im ersten Weltkrieg die zwei ältesten Brüder, im zweiten die zwei jüngsten. Ein Mann erinnert sich an die positiven Erfahrungen im Berliner Gymnasium. „Geblieben ist aber auch die Trauer über das lautlose Verschwinden meiner jüdischen Klassenkameraden." Und dann: „Den Krieg erlebte ich als Fahnenjunker zur Frontbewährung im Kurlandkessel. Ich habe getötet und ich habe noch wenige Tage vor Kriegsende Volkssturmmänner, die meine Väter hätten sein können, in den Tod geführt."

In diesen Lebensläufen konstruieren Menschen eine kurze Autobiographie, von der sie wissen, daß sie bei ihrem Begräbnis verlesen wird. Der Kontext legt nahe, dabei die religiöse Dimension, den Zusammenhang von Glaube und Leben

---

[19] Diese Formulierung von Georg Lukacs hat Friedrich Lutz aufgegriffen in: Lutz, F., Autobiographie und Religion der Spätmoderne. Biographische Suchbewegungen im Zeitalter transzendentaler Obdachlosigkeit, Stuttgart 1999.

[20] Ich verdanke die Information über diese Tradition der Pfarrerin und Supervisorin Elisabeth Langerfeld aus Niesky. Die mir zugänglich gemachten Beispiele stammen von Gemeindegliedern, die bereits verstorben sind und deren Lebenslauf bei der Beerdigung (also öffentlich) verlesen worden ist.

besonders zu thematisieren.[21] Das Verfassen dieser Art von Lebenslauf hat für die Autorinnen und Autoren[22] eine zentrale Bedeutung: Leben wird auf den Punkt gebracht, es erfolgt eine Versöhnung mit der eigenen Lebensgeschichte, Identität und Kohärenz werden gegen alle Fragmentarisierungen gestiftet. Das heißt zugleich, daß Differenzen, Widersprüche und Brüche im Leben zugelassen werden. Hierin liegt eine kathartische Wirkung. Beim Begräbnis kommt die/der Verstorbene durch das Verlesen selbst zu Wort, sie/er wird dadurch auf besondere Weise gewürdigt und die Hinterbliebenen können besser Abschied nehmen. Die Aufbewahrung der Lebensläufe zunächst im Archiv der Gemeinde und dann im großen Unitätsarchiv kann Symbol dafür sein, daß bei Gott kein Leben ausgelöscht und verloren ist.

Zum Abschluß möchte ich Ihre Aufmerksamkeit auf eine in Theologie, Kirche und auch Seelsorge vernachlässigte Dimension lenken: die *Ästhetik.* In unserem Zusammenhang lautet die Frage: Wie kann die Verwandlung von Krankengeschichten in Lebensgeschichten und die Konstruktion von Biographien zu einem *Kunstwerk* werden, das ästhetischen Kategorien standhält? Dann stellt sich die Frage nach der formenden Kraft, mit der die Religion als große Erzählung die kleinen Erzählungen des Lebens stabilisiert und formt oder ihnen in gebrochener und fragmentarisierter Identität Halt gibt. Wir brauchen dafür Beispiele gelungener Seelsorge, die überzeugend und nachahmenswert sind, wohl wissend, daß es um nicht wiederholbare, immer neue schöpferische Prozesse geht, wenn ein Mensch seine Kranken- oder Lebensgeschichte anders erzählt.

---

[21] Auf den theologie- und frömmigkeitsgeschichtlichen Kontext, in dem das Verfassen eines eigenen Lebenslaufs bei Zinzendorf stand, kann hier nicht näher eingegangen werden.

[22] „Gott ist (daher) nicht der *Autor* meiner Lebensgeschichte, sondern ihr *Leser (Hörer).*" Luther; H., in: Sparn, a.a.O., 385.

Klemens Schaupp

Geistliche Begleitung psychisch kranker Menschen

Die Redaktion bat mich, für die vorliegende Festschrift einen Beitrag zum Thema „Pastoralpsychologie und Spiritualität" zu schreiben. Gerne folgte ich dieser Einladung, um meinen Dank an Prof. Frielingsdorf zum Ausdruck zu bringen. Ich überlegte, wie ein so breit gestelltes Thema bearbeitbar wäre. Schließlich kam ich auf folgende Frage: Ist eine geistliche Begleitung psychisch kranker Menschen möglich? Und wenn ja, unter welchen Bedingungen?
Diese Fokussierung hat zwei Gründe: zum einen hoffe ich, mit dieser Fragestellung ein zentrales Anliegen von Prof. Frielingsdorf aufzugreifen das um die Frage „Glaube und seelische Gesundheit" kreist und es in eine andere Richtung weiterzudenken; zum anderen ergibt es sich auf dem Hintergrund meiner momentanen Arbeit mit jungen Erwachsenen, die im Rahmen einer Rehabilitationsmaßnahme für psychisch Kranke eine Wiedereingliederung in die Arbeits- und Lebenswelt Gesunder suchen.
Den Hintergrund bilden die Erfahrungen, die ich bei der Begleitungen von Menschen, die an einer Psychose erkrankt sind und für längere Zeit in einer psychiatrischen Klinik waren, denen es aber nach der Entlassung aus der Klinik ein Anliegen war, eine Neuorientierung ihres Lebens aus dem Glauben an Jesus Christus zu suchen.

1. Annäherungen

Lawrence[1]

Während meiner Ausbildung verbrachte ich auch ein knappes Jahr in einer kleinen Jesuitenkommunität in Nordirland. Immer wieder läutete ein Mann an der Türe unserer Wohngemeinschaft, der von der Sozialhilfe mehr recht als schlecht lebte und um Geld bettelte. Wir hatten die Regelung „Essen ja - Geld nein". So lud ich ihn immer wieder zum Tee ein und bot ihm Brot mit Schinken und Käse an. Der Kontakt war lose - er kam meist jede zweite Woche. Im Lauf des Jahres erzählte er immer wieder Bruchstücke seiner Lebensgeschichte. Manchmal hatte er so viel getrunken, daß kaum ein Gespräch möglich war. Aus den verschiedenen Gesprächen ergab sich folgendes Bild: ursprünglich verheiratet, erkrankt, längerer Aufenthalt in der Psychiatrie, die Frau trennte sich von ihm, ihr wurde das Sorgerecht für die Kinder zugesprochen, kaum mehr Kontakt zu seinen beiden Kindern. Nach Entlassung fand er keine Arbeit mehr und

[1] Sowohl die Namen der Personen, als auch Angaben, die zur Identifizierung der Personen führen könnten, wurden geändert.

begann mehr und mehr zu trinken. Als ich ihn kennen lernte, hatte er vor kurzer Zeit die Wohnung verloren. Im Sommer schlief er im Freien, im Winter meist in einer Notschlafstelle. Immer wieder äußerte er Fragen und Zweifel, die deutlich machten, daß er ein gläubiger Mensch war, der aber seinen Glauben und die Erfahrung seiner Krankheit und den später einsetzenden Alkoholismus nicht zusammenbrachte. Zunächst waren es Fragen nach seiner Schuld: ob er schuld sei, daß er krank geworden ist, oder ob es so kommen mußte? Hätte er es verhindern können, daß sich seine Frau von ihm getrennt hat? Später waren es Fragen nach seinem „Platz" in der Welt. Und die Frage: Ob sein Leben noch einen Sinn habe oder ob ohnedies schon alles zu spät sei. Einmal kam er in der Adventszeit - das Wetter war an diesem Tag sehr kalt und regnerisch gewesen. Offensichtlich hatte er wieder getrunken. Er wollte sich einfach etwas wärmen, sagte er. Er erzählte, wie schwierig der Winter für ihn sei. Dann entstand eine Pause, er war still und offensichtlich in sich gekehrt. Auf einmal sagte er: „Auch für Christus war kein Platz." Ich fragte: „Wie meinen Sie das?" „Als er geboren wurde, war kein Platz für ihn in der Herberge. Und für mich ist auch kein Platz." Als er dies sagte, standen ihm Tränen in den Augen. Ab diesem Abend hatten die Besuche einen anderen Charakter bekommen: es gelang ihm zwar nicht ganz, vom Alkohol wegzukommen, aber er zeigte ein deutliches Bemühen das zu tun, was Ignatius von Loyola „sein Leben ordnen" bezeichnen würde. Er begann ein größeres Augenmerk auf seine Kleidung zu legen, er erzählte mir von seinem - nicht immer sehr erfolgreichen Bemühungen - weniger zu trinken. Im Sommer half er einem alten Bekannten tageweise in der Landwirtschaft, um wieder etwas zu tun. Da ich nach neun Monaten nach Deutschland zurückkehrte, weiß ich nicht mehr, wie es mit ihm weitergegangen ist - er konnte nicht schreiben, weil er es nie richtig gelernt hatte.

Sr. Lucia

Sr. Lucia ist eine Ordensfrau, Ende vierzig, war lange Zeit in der Psychiatrie; die Diagnose war nicht eindeutig - es scheint sich aber um eine schizo-affektive Psychose gehandelt zu haben. Nach ihrer Entlassung war sie weiterhin in psychiatrischer Behandlung. Sie hatte silbernes Ordensjubiläum und wollte unbedingt Exerzitien machen und wandte sich deshalb an ihre Oberin, die sie an mich verwies. Ich bat sie, die Frage mit ihrem behandelnden Arzt zu besprechen; wir vereinbarten ein Gespräch zu dritt und einigten uns dann auf eine modifizierte Form der Exerzitien: nicht wie sie ursprünglich gewünscht hatte: 10 Tage sondern dreimal 3 Tage.
Besonders schwierig war für sie die zweite Einheit der Exerzitien gewesen: ihre Angst wurde fast unerträglich, sie litt wieder - nach längerer Zeit - unter schweren Depressionen. Ich bat sie zu malen und viel in die Natur zu gehen. Die Bilder waren nur schwarz, mit wenigen roten Flecken darin, die an frisches Blut erinnerten. Ich deutete die Bilder nicht, sondern fragte sie nach ihren Empfindungen. Am Ende des zweiten Tages kam sie zum Gespräch und wirkte etwas gelöster. Sie sagte: „Ich habe etwas entdeckt: Es gibt einen Schmerz, der mich

zerstört und einen Schmerz, der mich frei macht." Im Grunde hatte sie die Grundlage für eine geistliche Unterscheidung gelernt.
Sowohl Lawrence als auch Sr. Lucia wurde trotz ihrer Krankheit oder in ihrer Krankheit eine Begegnung mit Christus geschenkt, die ihr Leben ein wenig verändert hat; ich denke, daß diese Erfahrungen ohne die Gespräche so nicht zustande gekommen wären. Ist es aber möglich, solche Gespräche als „geistliche Begleitung" zu bezeichnen?

2. Das Ziel der geistlichen Begleitung

Barry und Conolly[2] bestimmen das Ziel der Geistlichen Begleitung von der Frage her: „Wer ist Gott für mich, und wer bin ich für ihn?" Geistliche Begleitung hat deshalb das Ziel, durch eine Reihe von Gesprächen dem Suchenden zu helfen, das Beziehungsangebot Gottes in seinem Leben wahrzunehmen und darauf zu antworten. Ignatius ist - was die Formulierung des Zieles der Exerzitien angeht sehr nüchtern: es geht darum „alle ungeordneten Neigungen von sich zu entfernen, und nachdem sie abgelegt sind, den göttlichen Willen zu suchen und zu finden in der Ordnung des eigenen Lebens zum Heil der Seele."[3] In der Überschrift zu den „Regeln zur Unterscheidung der Geister" übersetzt er dann dieses Ziel in konkrete Schritte des Übens, die auch konkrete Schritte der Begleitung sind: „Regeln, um auf irgendeine Weise die verschiedenen Bewegungen zu verspüren, zu erkennen, die in der Seele verursacht werden: die guten, um sie aufzunehmen, die schlechten, um sie zu verwerfen." [4] Es geht also darum, zunächst zum Spüren hinzuführen, dann das Wahrgenommene ins Wort zu fassen, es zu „erkennen", um dann zu unterscheiden, was mehr zu Gott hinführt und schließlich eine Entscheidung zu treffen („aufnehmen", „verwerfen"). Zusammenfassend kann gesagt werden, daß geistliche Begleitung ein dreifaches Ziel hat:

- Wecken und Vertiefen für das Gespür des Wirkens Gottes im eigenen Leben (im Französischen gibt es dafür den sehr treffenden Ausdruck „sense de Dieu").
- *Frei werden von* allen Bindungen, die den Menschen daran hindern, dieses Wirken Gottes wahrzunehmen und darauf zu antworten.
- *Frei werden für* alles, was mehr zu Gott hinführt. Nach Ignatius geschieht darin eine Neu-ordnung des Lebens.

Im Folgenden möchte ich der Frage nachgehen, wie weit es möglich ist, Menschen geistlich zu begleiten, die an einer schweren psychischen Krankheit leiden. Konkret würde dies bedeuten: ist es möglich, daß Menschen trotz ihrer psychischen Krankheit Gott in ihrem Leben wahrnehmen können; daß sie frei

---

[2] W. Barry, W. Conolly, The Practice of Spiritual Direction. New York 1983. 5.
[3] Ignatius von Loyola. Geistliche Übungen Nr. 2.
[4] Ebd. Nr. 313.

werden von den Bindungen, die sie daran hindern, Gott in ihrem Leben wahrzunehmen, und daß sie schließlich frei werden, auf seinen Anruf in ihrem Leben zu antworten und aus einer inneren Ausrichtung auf diesen Anruf Gottes ihr Leben neu zu ordnen. Um auf diese Frage zu antworten, ist es zunächst notwendig, sich die Situation zu vergegenwärtigen, in denen psychisch Kranke leben.

3. Eine neue Situation

In der Psychiatrie haben sich in den letzten 50 Jahren zwei entscheidende von der Seelsorge oft wenig beachtete Veränderungen vollzogen. [5]
Erstens: Seit der Einführung der Psyochopharmaka hat sich die durchschnittliche Dauer der Akutbehandlung von durchschnittlich 3-4 Jahren auf ca. 3 Monate reduziert.[6] Weiter ist es dadurch gelungen in vielen Fällen die typischen Symptome der Erkrankung so weit zu drosseln, daß sie wieder in ihr Alltagsleben zurückkehren können. Sehr oft beginnt aber nach dem Abklingen der akuten Symptome die psychische Auseinandersetzung mit der Erkrankung: Warum bin gerade ich krank geworden? Hätte ich den Ausbruch der Erkrankung verhindern können? Wäre ich vielleicht nicht krank geworden wenn ...? - Es stellt sich aber auch die Frage: Was kann ich noch? Typischerweise ist ein Schwanken zwischen einer unrealistisch-optimistischen und einer resignativen Lösung festzustellen. Die unrealistisch-optimistische Lösung besteht darin, so zu tun, als ob die Erkrankung nun ein für alle mal vorbei sei und man nun weitermachen könne wie bisher. Diese Lösung führt nicht selten zu einer Selbstüberforderung und damit zu einem Rückfall. Die resignative Lösung besteht darin zu meinen, nun sei das eigentliche Leben vorbei und man müsse halt schauen, irgendwie weiterzuleben, ohne daß das Leben noch etwas Gutes bringen könne. Bei diesen beiden - zugegebenermaßen etwas vereinfachend dargestellten Lösungsmustern - handelt es sich um Tendenzen, die selten in „Reinform" auftreten, die aber als Tendenzen Ausdruck des extrem stark schwankenden Selbstwertgefühls sind. Mit all diesen Fragen fühlen sich viele Menschen allein gelassen. Werden sie von Gläubigen gestellt, so ist es legitim, wenn sie für diese Fragen einen Seelsorger suchen, den sie allerdings nur in sehr seltenen Fällen finden; sie sind unsicher, ob sie Psychiatrieerfahrenen überhaupt helfen können. Statt dessen bieten sich oft Mitglieder von charismatischen Gruppen oder Freikirchen als Helfer an, denen es jedoch oft an einer entsprechenden fachlichen Kompetenz fehlt.
Zweitens: Vor allem durch die Impulse der Reformpsychiatrie ist eine Bewegung in Gang gekommen, die zumindest zum Teil dazu geführt hat, psychisch

---

[5] Zu den folgenden Überlegungen vgl. den informativen Überblick bei U. Maymann, Die religiöse Welt psychisch Kranker, Freiburg 1984, 37-56.

[6] Eine ausführliche Darstellung über die Entwicklung der Behandlungsmethoden bietet: A.M. Friedmann u.a., Psychiatrie in Praxis und Klinik, Bd 1, Schizophrenie und affektive Erkrankungen, Verlust und Trauer, Stuttgart 1984, Bes. 20-32; 142-174.

Kranke weniger auszugrenzen, als dies bisher der Fall war. Mit dem Stichwort „Gemeindenähe“ wurde auch vom Gesetzgeber der Versuch unternommen, Formen der Betreuung zu finden, die die Kranken weniger ausgrenzen. Paradoxerweise sind aber gerade kirchlicherseits massive Ausgrenzungstendenzen wirksam. Um diese zu verstehen, ist ein kurzer Blick in die Geschichte der Beziehung „Seelsorge-Psychiatrie“ notwendig. Während noch bis in den Anfang dieses Jahrhunderts die Kirchen bzw. die Seelsorger für sich die Alleinzuständigkeit in Sachen „Seele“ reklamiert haben, hat sich spätestens seit dem Ende des Zweiten Weltkrieges ein Wandel vollzogen: hatte sich zuerst die Kirche für alles zuständig erklärt, so hat sie sich dann fast völlig zurückgezogen und das Feld psychischer Krankheit der Medizin (Psychiatrie) und der Psychologie überlassen. Diese Entwicklung ist zwar historisch verständlich, sie widerspricht aber einem Grundanliegen der Botschaft Jesu, der sich in besonderer Weise um jene kümmerte, die aufgrund ihrer sozialen oder seelischen Situation ausgegrenzt waren. Diese faktische Ausgrenzung psychisch kranker Menschen ist sicher kein böser Wille, sondern geht wohl mehr auf das Konto einer allgemeinen Arbeitsüberlastung, aber auch dem Gefühl der Hilflosigkeit angesichts schwerer psychischer Krankheit.
Diese Tendenz spiegelt sich auch in der einschlägigen pastoraltheologischen und pastoralpsychologischen Literatur wider: Während es eine Vielzahl von Veröffentlichungen gibt, die sich mit der - sicher notwendigen und legitimen! – Frage beschäftigen, wie Seelsorge im Allgemeinen und geistliche Begleitung im besonderen von anderen Formen der Begleitung abzugrenzen sind[7], gibt es meines Wissens nur einige wenige Veröffentlichungen, die sich – mehr am Rande – mit der Frage nach der Möglichkeit geistlicher Begleitung psychisch Kranker Menschen beschäftigen.[8]

4. Ist geistliche Begleitung Psychiatrieerfahrener möglich?

Da es im Rahmen dieses Beitrages nicht möglich ist, diese Frage umfassend zu behandeln, möchte ich die Fragestellung eingrenzen: Ist eine geistliche Beglei-

[7] Exemplarisch seien hier einige wichtige Veröffentlichungen genannt: D.L. Fleming (Hg), The Christian Ministry of Spiritual Direction. St. Louis 1988. 123-206; A. Godin, La relation d'aide en psychologie et en pastorale. In: L'accompagnement spirituel (Christus Nr. 153. 1992) 157-170; J.F. Catalan, Expérience spirituelle et psychologie. Paris 1991. K. Schaupp, Geistliche Begleitung – Abgrenzung und Kooperation mit anderen Begleitungsdiensten. In: Da kam Jesus hinzu... Arbeitshilfen der Deutschen Bischofskonferenz Nr. 158.

[8] U. Niemann, Therapeutische Beziehung versus Begegnung im Glauben. In: T. Zeit (Hg) Seelsorge als Therapie – Therapie als Seelsorge., Gelsenkirchen 1998. 24-37; W.J. Smith (Spiritual Care of Persons Living with HIV/Aids, in: R.J. Wicks, Handbook of Spirituality for Ministers. New Jersy 1995. 447-468) beschäftigt sich mit dieser Frage im Kontext der seelsorglichen Begleitung von HIV-Erkankten; U. Maymann (Angaben siehe Fußnote Nr. 5) beschäftigt sich allgemein mit der Frage, welchen seelsorglichen Auftrag die Kirche in der Psychiatrie hat. Eine Internet-Recherche ergab eine interessante Beobachtung: der größte Teil der Veröffentlichungen zu diesem Thema scheint derzeit – wenig wissenschaftlich fundiert – aus dem Bereich fundamentalistisch-evangelikaler Kreise zu stammen.

tung von Menschen möglich, die an einer Psychose erkrankt sind, in den meisten Fällen einen stationären Aufenthalt in einer psychiatrischen Klinik hinter sich haben, die aber zum Zeitpunkt der Begleitung nicht in einem akuten Krankheitsstadium befinden? Wenn ja, wie ist sie möglich?
Um diese Frage zu beantworten, möchte ich zunächst auf einen Beitrag von L. Beirnaert[9] zurückgreifen, der mir die Frage auf den Punkt zu bringen scheint. Beirnaert unterscheidet zunächst zwischen „Heiligung" als Leben in der Verbundenheit mit Gott und „moralischer Vollkommenheit" als Ausdruck des Bemühens, eine angemessene Antwort auf das Wirken Gottes im eigenen Leben zu finden. Während die Heiligung als ein Ausdruck des Wirkens der Gnade Gottes nicht abhängig von der psychischen Struktur, von Gesundheit oder Krankheit des Menschen des Menschen ist, ist das Ausmaß der „moralischen Vollkommenheit" sehr wohl abhängig vom Ausmaß der inneren Freiheit eines Menschen.
Damit nämlich die Gnade Gottes wirksam werden kann, braucht es eine psychische Struktur, die dafür „durchlässig" ist. Der Mensch braucht die psychische Kraft, um der Wirksamkeit zerstörerischer Kräfte in ihm Widerstand zu leisten. Fehlt eine gewisse „psychische Integrität", wird sich die Treue zum Wirken Gottes im Leben nicht in das konkrete Leben übersetzen können, statt dessen ist das Leben ein ständiger Kampf gegen die zerstörerischen Kräfte, der immer andauert, aber nie ganz gewonnen wird. So gibt es „zwei Arten von Heiligen": Menschen mit einer relativen psychischen Gesundheit und solche die trotz ihrer Krankheit heilig wurden. Vor Gott aber sind alle gleich. Die Aufgabe der SeelsorgerInnen ist es, daran mitzuwirken, daß psychisch kranke Menschen von der Last ihrer Krankheit frei werden; wo dies nicht möglich ist, können sie seelisch leidenden Menschen helfen, ihre Last zu tragen.[10] Dadurch kann deutlich werden, daß Heilung und Vollendung nicht nur ein eschatologische Geschehen ist, das am Ende der Geschichte sichtbar wird, sondern daß das Heil Gottes jetzt, schon heute angebrochen ist und die Gnade Gottes den *ganzen Menschen* schon heute in das Bild seines Sohnes verwandeln möchte. Damit aber die Früchte des Geistes schon heute reifen können, muß das Erdreich bereitet werden.
„Auch den psychisch kranken Menschen wird das Ja zur Liebe geschenkt, das sie rettet - wenn es auch in der Nacht einer psychischen Verfassung ist, in der sie von dauernden inneren Revolten geplagt sind. So haben wir die Pflicht, sie von einer Last zu befreien, die ihre innere Welt, die vom Kreuz Christi erlöst und vom Licht der Auferstehung erleuchtet ist, zu einem Bild der Hölle macht."[11]
Während es die primäre Aufgabe psychiatrischer Hilfestellung ist, so weit wie möglich die Menschen von den zerstörerischen Auswirkungen der Krankheit zu befreien bzw. diese zumindest zu dämpfen, ist es die Aufgabe der geistlichen

---

[9] L. Beirnaert, La Sanctification dépend-elle du psychisme? In: Études 1950. 58-65.
10 In der frühen Mönchstradition gehörte es zu den wesentlichen Aufgaben eines geistlichen Begleiters, „einen Teil der (Lebens)last des Begleiteten zu tragen". Vgl. dazu ausführlicher: I. Hausherr, Direction Spirituelle en orient autrefois. Rom 1955. 141-147.
[11] Ebd. 65.

Begleitung durch die Anwesenheit und das Verhalten der Begleiterin oder des Begleiters die Hoffnung lebendig zu halten, daß Christus auch im Dunkel der Krankheit gegenwärtig bleibt.

5. Aufgaben für die geistliche Begleitung von psychisch kranken Menschen

Im folgenden möchte ich einige besondere Aufgaben nennen, die mir für die mir im seelsorglichen Umgang mit psychisch kranken Menschen besonders wichtig scheinen.

5.1 Die Hoffnung lebendig halten

In besonderer Weise sind psychisch kranke Menschen von Zweifeln geplagt, ob sie je wieder gesund werden können. Werden sie wieder eine Arbeit finden? Werden sie einen Partner, eine Partnerin finden? Wenn sie verheiratet sind: wird die Partnerin, der Partner auch in der Krankheit zu ihnen stehen? Auslöser dafür ist meist eine ganz tiefe Verunsicherung, die sich in einem extrem schwachen Selbstwertgefühl niederschlägt. Da der Heilungsprozeß selten konstant ist, sondern von einem häufigen Wechsel zwischen Fortschritten und Rückschlägen geprägt ist, fällt es oft ganz schwer, die Hoffnung auf Heilung lebendig zu halten, weiter an sich zu arbeiten und nicht aufzugeben. Hier kommt dem Begleiter, der Begleiterin eine besondere Bedeutung zu. Begleiten heißt hier: mit dem anderen und oft auch für den Begleiteten zu hoffen und ihn nicht aufzugeben. Dies ist auch Aufgabe des therapeutischen Personals. Der Unterschied zur geistlichen Begleitung besteht darin, daß eine solche Form der Hilfestellung auf einem gemeinsamen Glaubenshintergrund geschieht. Er braucht nicht alles selbst zu leisten, sondern er kann und darf auf den Heil vertrauen, das Gott selbst schenken will. Während jede menschliche Hilfe und jeder menschliche Trost begrenzt ist, darf er auf die bedingungslose Bundestreue Gottes hinweisen.

Die geistliche Begleiterin, der geistliche Begleiter ist dabei verschiedenen Gefährdungen ausgesetzt.

Zum einen besteht die Gefahr, innerlich zu emigrieren und sich auf eine äußerliche Erfüllung seiner Rolle zurückzuziehen. Jeder, der mit psychisch kranken Menschen gearbeitet hat weiß, wie schwer es ist, wirklich beim Gegenüber zu *bleiben*, wenn er ständig neue Krankheitssymptome produziert, sich in seine eigene Welt zurückzieht, sein Verhalten oft schroff wirkt und unverständlich bleibt. Hier ist der „Umweg" über Gott eine große Hilfe: es kann sehr hilfreich sein, auf Gott zu schauen, wie er diesem Menschen zugewandt ist und sich dieser Zuwendung Gottes gleichsam „anzuschließen". So kann die Zuwendung konstant bleiben, ohne vereinnahmend zu werden.

Zum anderen besteht die Gefahr, „billigen Trost" schenken zu wollen. Um billigen Trost handelt es sich, wenn der Begleiter Hoffnung verspricht, die mehr dazu dient, die Erfahrung der Ausweglosigkeit und Angst des Kranken abzuwehren, statt bei ihm zu bleiben, die Not mit ihm auszuhalten. Um billigen Trost handelt es sich immer dann, wenn er Ersatz für etwas anderes ist, wenn er vom Menschen und nicht von Gott kommt.

5.2 Warten lernen

Noch weniger als bei Gesunden ist bei psychisch kranken Menschen vorhersehbar, wann eine Einsicht geschenkt wird, wann sie sich für das Wirken der Gnade öffnen können. Bei der kurzen anfänglichen Erzählung von Lawrence wurde deutlich, daß die Begegnung mit Christus ganz plötzlich möglich wurde, daß er diese Erfahrung auch nicht sehr lange präsent halten konnte. Dem Begleiter bleibt nur die Möglichkeit, in der Beziehung zu bleiben und wieder geduldig zu warten, bis dem Kranken wieder ein Sich-öffnen geschenkt wird. Je schwerer die Krankheit, desto mehr verändert sich auch das Zeiterleben. Oft brauchen ganz kleine Veränderungen sehr viel Zeit; hier braucht es oft viel Geduld, um angesichts dieser für einen gesunden Menschen schwer verständlichen Langsamkeit nicht aufzugeben.

5.3 Die Freude am Leben stärken

Eine schwere psychische Krankheit bedeutet eine massive Bedrohung der Integrität des eigenen Lebens.[12] Durch die Haltung geduldigen Wartens und die Stärkung der Hoffnung werden die Voraussetzungen geschaffen, daß der Begleitete wieder Freude am Leben finden kann. Ein erster Schritt besteht oft in der Entdeckung, daß die Krankheit nicht alles ist, daß sie nicht alles vernichtet hat. Diese Erfahrung wird bei Sr. Lucia deutlich. Sie durfte entdecken, daß es einen Schmerz gibt, der ihr Leben zerstört, aber auch einen Schmerz, der ihr Leben fördert, indem sie freier wird. Ein weiterer Schritt besteht in der Wiederentdeckung der äußeren Welt. Im Akutstadium einer Psychose ist der Kranke meist ganz auf seine innere Welt zurückgeworfen, die meist als chaotisch, gefährlich und zerstörerisch erlebt wird. Durch die Art seiner Präsenz kann der Begleiter zu einer Brücke für sein Gegenüber werden, durch das er wieder einen Weg findet zur äußeren Welt. Er kann Zeuge dafür werden, daß die Welt trotz allen Leides und alles Dunklen doch gut ist: daß es sich lohnt, in ihr zu leben und daß Gott letztlich der Garant dafür ist, daß er in ihr nicht in ein zerstörerisches Chaos stürzen wird - so wie er es oft genug während seiner Krankheit in seiner inneren Welt erlebt hat. Sehr hilfreich kann dabei auch die bewußte Wahrnehmung der Natur sein: des Wachstums der Pflanzen, der Lebendigkeit der Tiere, der Schönheit der Landschaft. Auf der Beziehungsebene darf der

[12] Im Sinne der Dynamik der ignatianischen Exerzitien geht es also vor allem um die Stärkung des „Fundaments", um die persönliche Erfahrung und das Vertrauen darauf, daß das eigene Leben und die Welt gut und vertrauenswürdig sind.

geistliche Begleiter dem andren Zeuge der Zusage Gottes sein: „Es ist gut, daß es Dich gibt."[13]

5.4 Einen geordneten Lebensraum schaffen

Gesund werden bedeutet unter anderem auch, einen Weg aus dem inneren Chaos in eine geordnete, haltende, aber auch Freiheit gewährende Welt zu finden. Das ist es auch, was Ignatius als Ziel der Exerzitien angibt: Ordnung des Lebens in der Ausrichtung auf Gott.[14] Es ist für einen gesunden Menschen kaum vorstellbar, welche innere Verwirrung, Unsicherheit und Angst eine Psychose in einem Menschen auslösen kann. Der Verlust der inneren Ordnung zeigt sich sehr oft auch in einer äußeren Unordnung - des Zimmers, des Kleiderschrankes, der persönlichen Dinge, der Art der Tagesgestaltung. Eine junge Frau, die sehr aktiv in der katholischen Jugend gewesen war und - ausgelöst durch eine übermäßigen Drogenkonsum eine psychotischen Schub hatte - sagte einmal später in einem Gespräch: „In den letzten Tagen habe ich etwas entdeckt." „Was haben Sie denn entdeckt?, fragte ich. „Daß die Schöpfung eigentlich die Überwindung des Chaos bedeutet." Treffender läßt sich das Anliegen des biblischen Schöpfungsberichtes kaum formulieren. Im Buch Genesis heißt es: „Im Anfang schuf Gott Himmel und Erde. Die Erde aber war wüst und leer. Finsternis lag über dem Abgrund, und der Geist Gottes schwebte über den Wassern (der Urflut, dem Chaos). Da sprach Gott: ‚Es werde Licht.' Und es war Licht... und es ward Abend und es ward Morgen: erster Tag." (Gen 1, 1-5). Jeden Tag spricht Gott aufs neue - und wieder gewinnt die Welt ein Stück mehr an Gestalt. In bildhafter Sprache möchte der Verfasser zeigen, wie Gott das Chaos geordnet hat, indem er einen geordneten Lebensraum - den Paradiesesgarten - und eine geordnete Lebenszeit - Tage, Wochen, Monate, Jahre - geschaffen hat. Ein Ansatz zur Ordnung des eigenen Lebens zeigt sich bei Lawrence: ein erster Ordnungspunkt waren die regelmäßigen Besuche; dann die Kontaktaufnahme mit einem früheren Freund, bei dem er - wenn auch nur stunden und tageweise - wieder zu arbeiten begann.

5.5 Ein Gespür der Verbundenheit wecken und stärken

Ira Progoff[15] - ein amerikanischer Psychoanalytiker russischer gläubig-jüdischer Herkunft - ist der Frage nachgegangen, ob es eine religionsübergreifende Definition von Spiritualität gäbe. Seine These lautet: Geistliches Leben bedeutet ein Leben, das in einem „Gespür der Verbundenheit" („sense of unitedness") gründet, von dem niemand und nichts ausgeschlossen ist. Psychisch kranke Menschen erleben sich dagegen oft isoliert, abgeschnitten vom Le-

---

[13] Vgl. U. Niemann (Angaben Fußnote 7) 35.
[14] Angaben vgl. Anm. 2.
[15] Vgl. dazu ausführlicher: I. Progoff, At a Journal Workshop. The basic text and guide for using the Intensive Journal process. New York. 24. Auflage 1989.

ben,getrennt von sich selbst, zurückgeworfen auf eine eigene Welt, von der es keinen sicheren Zugang zur äußeren Welt gibt. Deshalb ist es eine wesentliche Aufgabe der geistlichen Begleitung psychisch Kranker, in ihnen jenes Gespür der Verbundenheit zu wecken und zu stärken, das ihre innere Isolation aufbrechen läßt und Freude weckt an der Begegnung mit der Welt, den Menschen und mit Gott. der sich als ein „beziehungswilliger" und treuer Gott geoffenbart hat.

5.6 Unterscheidung zwischen gesunden und kranken Anteilen des Glaubens

Das Beispiel von Sr. Lucia zeigt, daß ihr im Rahmen von einfachen geistlichen Übungen eine solche Unterscheidung geschenkt wurde. Hier liegt in jedem Fall eine ganz wichtige Aufgabe der Begleiterin, des Begleiters. Sich nicht ablenken oder blenden zu lassen von „interessanten" Symptomen oder außerordentlichen Phänomenen. Hier scheint mir der alte Grundsatz echter Mystik sehr wichtig: außerordentliche Phänomene können ein Geschenk Gottes sein, das Entscheidende sind sie nicht! Entscheidend ist das Maß der Liebe in ihrer dreifachen Gestalt - als Liebe zu Gott, zum nächsten und zu sich selbst. Gerade im Umgang mit psychisch kranken Menschen scheint mir diese Ausrichtung wichtig. Eine solche Unterscheidung setzt allerdings eine Grundkenntnis der Dynamik psychischer Erkrankung und ihrer Auswirkung auf die Weise des Glaubens voraus.[16]

6. Zusammenfassung

Die Eingangsfrage lautete, ob eine geistliche Begleitung psychisch Kranker möglich ist. Im Hinblick auf die Ziele der geistlichen Begleitung ist abschliessend zu sagen, daß ein Gespür für die Gegenwart Gottes in ihrem Leben möglich ist. Dies haben die beiden Situationen von Lawrence und Sr. Lucia zu zeigen versucht. Schwieriger wird die Beantwortung der Frage im Hinblick auf das zweite und dritte Ziel. *Freiheit von* allen unfrei machenden Bindungen ist meist nur bedingt möglich. Konkret bedeutet diese Freiheit, es zu lernen, die Krankheit einerseits ernst zu nehmen als Teil des eigenen Lebens, der eigenen Geschichte, sie aber auch zu relativieren - sie ist nicht das ganze Leben; es bleibt auch noch Heiles und Gesundes, auf das man bauen kann. Was die *Freiheit für* betrifft, so bleibt die Fähigkeit, auf den Anruf Gottes zu antworten oft eingeschränkt. Dies wird besonders bei Lawrence deutlich: er zeigte ein wiederholtes Bemühen, „sein Leben zu ordnen", seine Krankheit - erschwert durch den starken Alkoholkonsum - führte aber dazu, daß dieses Bemühen immer wieder abgebrochen wurde. Doch glaube ich, daß für Psychiatrieerfahrene in besonderer Weise das Gleichnis Jesu von den Arbeitern im Weinberg gilt: Auch diejenigen,

[16] Vgl. dazu die ausführliche und sehr informative Arbeit von B. Grom, Religionspsychologie. Göttingen 1992.

die aufgrund ihres Lebensschicksals nur eine Stunde gearbeitet haben, werden den vollen Lohn erhalten (Mt 20, 1-16).

Jürgen Langer

Schulische Krisenintervention nach Schülersuiziden

Konzeption und Erfahrungen

0. Einleitung

Das hier vorgestellte Konzept ist ein in der Praxis erprobtes und aus Praxiserfahrungen weiterentwickeltes Postventionskonzept zur schulischen Krisenintervention nach Schülersuiziden. Als Gruppe von Seelsorgern, Pastoralpsychologen und Psychologen die sich in der Bonner Region gebildet hat, arbeiten wir in diesem Programm als ein Team von speziell für diese Aufgaben weitergebildetem Personal aus Schule, Notfallseelsorge und Krisenintervention. Eine schulische Krisenintervention wird von einem Team von drei bis vier Personen übernommen, die sich gegenseitig am besten ergänzen und zwischen denen eine gute Kooperation existiert. Ein umfassender Informationsaustausch im Team und eine funktionierende Kooperation sind wichtige Elemente für eine gelingende Krisenintervention.

1. Kriseninterventionskonzepte

Vor Jahren haben bereits amerikanische Veröffentlichungen konkrete Modelle und Vorgehensweisen für den Fall eines Suizides oder gar einer Häufung von suizidalen Verhaltensweisen in einer Schule dargestellt. Aus diesen Veröffentlichungen und den amerikanischen Praxiserfahrungen wird ganz konkret deutlich: die Schule hat im Falle eines Schülersuizides eine besondere Verantwortung, die Ereignisse zu bewältigen, auch wenn der Anlaß des Suizides nicht im direkten Zusammenhang zur Schule liegt, sondern die Handlungsauslösenden Faktoren ausschließlich in den Freizeitbereich gehört. Die Schule ist in der heutigen Gesellschaft und für die Jugendlichen nicht nur ein Lernort, sondern ein wichtiger Lebensort. Das führt dazu, daß die an einer Schule lehrenden und lernenden Personen als Gemeinschaft von einem solchen Ereignis betroffen sind und selbstverständlich auch ihre emotionalen Reaktionen zeigen. Dies gilt für die bundesdeutsche Schulsituation sogar in zunehmendem Maße, da die Tendenz der schulischen Entwicklung immer weiter zur Ganztagsschule geht, Schüler immer mehr Zeit auch im Nachmittagsbereich im schulischen Umfeld zubringen und immer mehr Erziehungsaufgaben von den Elternhäusern an die Schule delegiert werden.
Daher kommen auf die Schule zahlreiche Aufgaben, Fragen und Erwartungen zu, wenn sie vom Suizidtod eines Schülers betroffen wird. Hinzu kommt, daß das Geschehen und die Folgen eines Suizidtodes eine eigene Dynamik innerhalb des Gesamtsystems Schule entwickeln, zu dem neben der oft großen Zahl

an Kindern und Jugendlichen auch viele Lehrer und eine Reihe von Angestellten und die Eltern gehören.
Amerikanischen Vorbildern folgend, wurde in den letzten Jahren im deutschsprachigen Raum ein erstes Konzept entwickelt, das die Schule in die Lage versetzen soll, bei einem Suizidtod richtig zu reagieren.[1] Im Gegensatz zu den amerikanischen Vorbildern blieb dieses Konzept aber recht knapp gehalten und war von den Inhalten her wenig umfassend. Für den Ernstfall stellt es mehr eine erste knappe Richtlinie, als eine echtes Konzept zur schulischen Krisenintervention dar.

2. Krisenplanung

Somit wäre es wünschenswert, wenn es in jeder Schule gewisse Vorüberlegungen gäbe, welche Reaktions- und Vorgehensweisen bei einem solchen oder einem anderen, vergleichbaren kritischen Ereignis notwendig sind. Eine solche Planung, die beim Eintritt des definierten Falles realisiert wird, kann dazu führen, daß auch auf plötzliche Ereignisse und kritische Situationen exakt und in Ruhe reagiert werden kann, indem die Zuständigkeiten und das Prozedere für die Schule geregelt werden.[2]
In solchen Reaktionsplänen wird die Bildung eines „Krisenteams“ empfohlen, das die schulischen Reaktionen und Vorgehensweisen plant und die Hilfen koordiniert. Diese Vorüberlegungen zu einem Krisenteam müssen nicht spezifisch auf den Fall des Suizides eines Schülers zugeschnitten sein, sondern können auch genauso für den plötzlichen Tod (Unfall, Ermordung) eines Schülers oder Lehrers gelten. Da mit solchen Planungen und Vorbereitungen - so wünschenswert sie auch sein mögen - zur Zeit in Deutschland Neuland betreten wird, geht das hier vorliegende Modell von der augenblicklich gegebenen Situation aus, daß beim Suizidtod eines Schülers die betroffene Schule mitten im schulischen Alltag oder in den Ferien durch das Ereignis völlig unvorbereitet überrascht wird.

3. Bedeutung der schulischen Postvention

Bei dem hier vorgestellten Modell handelt es sich um ein klassisches Postventionsmodell. Unter dem Begriff der Postvention werden alle Maßnahmen zusammengefaßt, die nach einem Suizidtod gegenüber den Hinterbliebenen ergriffen werden können, um die Nachwirkungen des psychischen Traumas zu reduzieren. Die Postvention hat das Ziel, die unmittelbare psychische Belastung bei den Betroffenen zu senken, den Betroffenen in ihrer Trauer beizustehen und ih-

[1] Michel, K., Arbeitsgruppe Schulzentrum Längenstein, Spiez, Vorster, D. und Probst, R., Richtlinien für das Verhalten in der Schule nach einem Suizid, Bern, 2001.
[2] Capuzzi, D., Suicide Prevention In The Schools: Guideline for Middle and High School Settings, Alexandria 1994, 49/70.

nen erste Schritte zu einer positiven Gestaltung des weiteren Lebens zu ermöglichen.[3]

Eine suizidale Handlung eines Jugendlichen, die zum Tode führt, hat immer eine ganz unmittelbare und massive Auswirkung auf das Umfeld. Dies gilt besonders für andere Jugendliche[4] und damit auch für eine Schule oder Klassengemeinschaft, wenn sie vom Suizidtod eines Schülers erfahren. Hier ist eine umfangreiche und kompetente schulische Krisenintervention nötig, die sich der Hinterbliebenen annimmt. Eine solche Postvention ermöglicht es, durch gezielte Begleitung und Betreuung der betroffenen Personengruppen die Folgen des Ereignisses zu reduzieren, die das Ereignis hat. Nur durch eine gute Aufarbeitung kann der bestehenden Gefahr begegnet werden, daß andere Schüler suizidales oder selbstdestruktives Verhalten imitieren.[5]

Die Tatsache, daß der Suizidtod eines Jugendlichen für alle Hinterbliebenen - seien es Angehörige, schulisches Umfeld oder Freundeskreis, aber auch und in besonderer Weise die Erwachsenen, die den Jugendlichen in der letzten Zeit begleitet haben, - eine besondere Belastung darstellt. Bei einem Jugendlichen handelt es sich um einen jungen Menschen, der noch nicht als wirklich psychisch mündig gilt und für den seitens der Erwachsenen Verantwortung zu tragen war. Insofern erzeugt ein Suizidversuch oder gar ein Suizidtod immer ein Insuffizienz- oder Schuldgefühl bei den Erwachsenen, besonders bei den Lehrkräften, die für die Klasse des Verstorbenen Verantwortung tragen (Klassenlehrer, Beratungslehrer).

Die alleinige Betreuung der Angehörigen des Verstorbenen (Eltern, Geschwister) ist nicht Ziel diesen Konzeptes und wird als ein wichtiges Element von vielen vorausgesetzt. Das Krisenteam muß eingehend erwägen, ob es auch die sehr zeitaufwendige Betreuung der unmittelbaren Angehörigen übernehmen kann. Gegebenenfalls muß diese Aufgabe an andere Helfer oder Einrichtungen delegiert werden. Wichtig ist, in einer engen Absprache und Kooperation mit den Fachkräften, die die Angehörigen betreuen, zu arbeiten. Dies ist unbedingt notwendig, da immer wieder die Frage mit den Angehörigen zu klären ist, welche Informationen an die Schule weitergegeben werden können und ob und wie die in der Schule aufkommenden Informationen etwas zur Klärung des Suizidtodes beitragen können.

---

[3] Vgl. Misek-Schneider, K. und Schneider, W., Die Problematik des Suizids von Kindern und Jugendlichen für ihre Angehörigen und Therapeuten, in: Freytag, R. und Witte, M. (Hg.), Wohin in der Krise? Orte der Suizidprävention. Göttingen, 1997, 34. Im weiteren zitiert als: „Misek–Schneider, Problematik".

[4] Vgl. Kuklin, S., After a Suicide. Young people speak up, New York, 1994.

[5] Vgl. Berman, A. L. and Jobes, D. A., Adolescent Suicide: assessment and intervention. Washington ^{4}1993, 238, im weiteren zitiert als : „Berman, Adolescent Suicide".

3.1 Sofortmaßnahmen

Das Ereignis eines Schülersuizides trifft, wie eingangs dargestellt, eine Schule meistens unvorbereitet. In der Regel haben Schulen normalerweise auch keine größere Praxiserfahrung im Management eines Schülersuizides. Daher ist es wichtig, der Schule sofort nach Bekannt werden des Ereignisses Unterstützung bei der schulischen Krisenbewältigung anzubieten.
Da wir in unserem regionalen schulischen Kriseninterventionsprogramm für die Stadt Bonn und den Rhein-Sieg-Kreis von der Notfallseelsorge Bonn/Rhein-Sieg her kommen, haben wir in vielen Fällen den Vorteil, daß wir bereits vor der Schule vom Eintritt eines Schülersuizides erfahren. Meist geschehen solche Handlungen außerhalb der Schulzeit, was dazu führt, daß die Institution Schule normalerweise erst verzögert vom Ereignis erfährt. Oft unterlassen es auch die Angehörigen, in der ersten Trauerreaktion, die betroffenen Schüler oder Klassenleitungen unmittelbar zu informieren. Dadurch ergibt sich in vielen Fällen das Problem, daß die Schule erst verzögert von Schülern oder Eltern informiert wird, was überlegte Reaktionen zusätzlich erschwert und fast unmöglich macht. Hinzu kommt die Schwierigkeit, daß in manchen Fällen Suizide direkt in der Schule oder unmittelbar nach einem Weglaufen aus der Schule geschehen. Dadurch wird ein schulischer Zusammenhang besonders deutlich. Hier ist vor allem von einer insgesamt viel heftigeren Reaktion der Eltern und Schüler auszugehen, als wenn die Schüler in der Schule von einem Suizid hören, der nicht im schulischen Umfeld geschehen ist.
Erfahren wir in unserer Modellregion von einem Schülersuizid, so versuchen wir von Seiten der Notfallseelsorge her sofort, die betroffene Schulleitung und den oder die betroffenen Klassenlehrer zu informieren. Ein erstes, sofortiges Treffen mit einem erfahrenen Seelsorger der Notfallseelsorge wird angeboten und organisiert. An diesem ersten Treffen sollten die Schulleitung, der oder die zuständigen Klassenlehrer und evtl. ein oder zwei weitere Kräfte der Schule teilnehmen, die in dieser Situation eine Rolle spielen (z.B. Beratungslehrer, Schulsozialarbeiter) oder Lehrer, die für die betroffene Klasse eine besonderen Bedeutung haben (Religionslehrer, Vertrauenslehrer).
Das erste Treffen sollte zeitnah am Ereignis erfolgen, die Gruppe sollte nicht zu groß sein. Es ist wichtiger, daß die Gruppe in punkto Krisenmanagement gut arbeitet, als daß alle schulischen Gruppen und Belange vertreten sind. Die geeignete Zusammensetzung einer solchen Gruppe für die jeweilige Schule zu finden, gehört zu den wichtigsten Überlegungen, die zu leisten sind. Außerdem ist es sinnvoll, sofort Erkundigungen über die örtlichen Hilfsangebote im psychosozialen Bereich einzuholen und ein auf dem ganz aktuellen Stand gehaltenes Verzeichnis von verfügbaren Helfern zu führen. Bei diesem ersten Treffen sollte noch einmal überlegt werden, ob die Gruppe um wichtige Personen ergänzt werden muß. Ansonsten ist dies der Start für die Arbeit des schulischen Krisenteams.

3.2 Krisenteam

Nachdem die Schule über den Suizidtod informiert wurde, sollte die Arbeitsgruppe so bald wie möglich die bekannten Informationen sammeln und dann in einem zweiten Schritt überlegen, welche Informationen wie weitergegeben werden können. Es muß zusammengestellt werden, was an dem Ereignis sicher bekannt und was noch unklar ist, was die Fakten sind und bei welchen „Informationen" es sich um Vermutungen oder Gerüchte handelt. Als nächstes ist zu überlegen, welche Reaktionen von Seiten der Schule geplant sind und in welcher Form und zu welchen Zeitpunkt Lehrer und Schüler informiert werden sollen. Anschließend ist festzulegen, welche Schritte nötig sind, die Situation insgesamt zu bewältigen und in welcher Form die besonders betroffenen Schüler, Lehrer und Eltern in den kommenden Tagen Informationen und Unterstützung bekommen können. Die Aufgabe der Gruppe ist es dann, sich von Tag zu Tag mit dem aktuellen Krisenmanagement in der Schule zu beschäftigen und in entsprechenden Abständen zu tagen.
Relativ schnell sollte auch überlegt werden, welche Art des Umgangs und welche Hilfen für die erkennbaren oder bekannten Risikoschüler nötig sind. Die angemessene Umgehensweise mit dem Ereignis im Lehrerkollegium und in der Schulöffentlichkeit sowie die mögliche Reaktion der Lehrer, Eltern und Schüler ist zu besprechen. Nach einem ersten Treffen sollte die Arbeitsgruppe häufig zusammenkommen, um den jeweiligen Verlauf und das bisherige Verfahren zu reflektieren und die jeweils anstehenden nächsten Schritte zu planen.[6] Es sollten Kontaktgespräche zu den Eltern aufgenommen werden, die einbezogen werden sollen und wollen; ebenfalls sind die Familie des Verstorbenen und Hochrisikoschüler (wie z.B. die Geschwister) einzubeziehen.[7]
Auf jeden Fall sollte eine zusätzliche Dramatisierung der Ereignisse durch die Schule vermieden werden. Die Lehrer oder das psychosoziale Fachpersonal der Schule (z.B. Schulsozialarbeiter) haben die Pflicht und die Verantwortung, sich den Schülern zu widmen und ihnen beizustehen. Die Grundbotschaft, die in den Gesprächen mit den Schülern zu vermitteln ist, ist
die, daß ein solches Ereignis - bei aller Tragik und all dem Verlust, den es beinhaltet - auf längere Sicht verarbeitet werden kann.[8]
Ziel der Maßnahmen ist es, möglichst allen betroffenen Personen, seien es Lehrer, Eltern, vor allem Mitschülern, in einer angemessenen Form eine erste Hilfestellung zu geben. Das Gleiche gilt für Schüler, die sich in Folge des Ereignisses in einer krisenhaften Entwicklung befinden. In Gesprächen mit den

[6] Vgl. Berman, Adolescent Suicide, 234/44.
[7] Ebd., 241/4.
[8] Der Autor hat in den letzten Jahren mehrfach bei Schulen in Nordrhein-Westfalen Situationen erlebt, in denen die Lehrer den Schülern gegenüber nur ihren eigenen Schock und ihre eigene Hilflosigkeit und Unfähigkeit ausdrückten, mit solch einem Ereignis umzugehen. Sie schickten die Schüler anschließend nach Hause, da sie sich der Situation nicht mehr gewachsen fühlten. Diese Art und Weise des Vorgehens ist zwar menschlich verständlich, aber pädagogisch und psychologisch unverantwortlich.

Schülern muß darauf geachtet werden, daß es zu keiner Glorifizierung des Suizidopfers kommt und keine Sensation aus dem Ereignis gemacht wird. Angemessene Informationen sind weiterzugeben, damit die entstehenden Gerüchte möglichst begrenzt werden und der Eindruck vermieden wird, die Schule versuche, das Vorkommnis zu vertuschen.[9]

Eine weitere, von der Schule in manchen Fällen zu organisierende Maßnahme ist die Pressearbeit. Der Suizid eines Jugendlichen hat heute häufig auch ein kleines Medienecho, manchmal stößt man sogar auf ein ausgesprochen intensives Medieninteresse. Es kann nicht davon ausgegangen werden, daß Journalisten in jedem Falle von sich aus zu einer verantwortungsvollen, seriösen Berichterstattung kommen. Dies gilt in besonderem Masse für eine Bildberichterstattung. Daher soll von Seiten der Schule versucht werden, ein eventuell auftauchendes Medieninteresse zu kanalisieren. Dies kann durch eine Art „Pressesprecher" der Schule geschehen, der beauftragt wird, sich dieser Sache anzunehmen, um einen direkten Kontakt zwischen den Medien und den Schülern nach Möglichkeit zu minimieren, die schulische Störung so gering wie möglich zu halten und die Verbreitung von genauen Informationen zu optimieren.

Es stellt sich die Frage, wie in dieser Situation das schulische Leben weitergehen soll. Wichtig erscheint, daß grundsätzlich wenigstens der schulische Ablauf unverändert bleibt, gegebenenfalls müssen die geplanten Schulaktivitäten angepaßt werden (z.B. Ausflüge, Feiern verschoben werden). Keinesfalls sollte der Unterricht einfach ausfallen und die Schüler nach Erhalt der Nachricht einfach nach Hause geschickt werden. Den Schülern muß vielmehr in der Schule Gelegenheit gegeben werden, innerhalb des normalen Tagesgeschehens über das Ereignis zu sprechen und ihre Reaktion, ihre Fragen, ihre Betroffenheit und ihre Trauer auszudrücken. Der Grundsatz sollte sein, auch in den folgenden Tagen den normalen Tagesablauf des Schullebens weitestgehend durchzuführen. Hinzu kommen die besonderen Angebote (z.B. der offene Elternabend), spezielle Aktivitäten sollten solange nicht vorgesehen werden, wie keine zusammenhängende Planung über die Art und Weise der Reaktion vorliegt (z.B. keine Gedenkgottesdienste ohne Planung).

Alle Gespräche mit den Schülern sollten im normalen Klassenverband oder Kursrahmen geführt werden. Keinesfalls sollte die Nachricht vom Tod eines Schülers durch die Rundspruchanlage oder im Rahmen einer extra einberufenen Versammlung der ganzen Schule mitgeteilt werden.

3.3 Hilfe für die Eltern

Da wir in unserem Programm in erster Linie für die schulische Krisenintervention zuständig sind, erwähne ich die Eltern des Verstorbenen erst jetzt, obwohl sie natürlich die Hauptbetroffenen des Suizidtodes sind. Die Eltern des toten Jugendlichen sind in den ersten Tagen nach dem Todesfall gesondert und inten-

---

[9] Vgl. Berman, Adolescent Suicide, 237/44. Hier werden auch weitere Details der Planung angegeben.

siv zu betreuen. Oft genug existiert schon eine intensive Beziehung zwischen der Schule und diesen Eltern, bevor ein solches Ereignis eintritt. Auch wenn kein bestehender Kontakt als Grundlage vorhanden ist, sind Eltern normalerweise in einer derartigen Situation für jede Hilfe dankbar, die ihnen eine emotionale Unterstützung und ein offenes Gespräch bietet. Jedes Elternpaar, das ein Kind verloren hat, hat mit massiven Problemen zu kämpfen, die hohe Anforderungen an ihre persönlichen und familiären Bewältigungsmöglichkeiten stellen. Der Tod des eigenen Kindes bedeutet für die Eltern ein tiefgreifendes und überwältigendes Verlusterlebnis. Neben dem Gefühl der Trauer, der Verzweiflung und des Schmerzes über den Fortgang bewirkt der Tod ihres Kindes bei den Eltern ein Zerbrechen ihres Lebensgefühls, einen Verlust der eigenen Lebensperspektive. Der Suizid des eigenen Kindes bringt für die Eltern ganz spezifische Belastungen mit sich. Neben der Trauer über den Verlust wird auch Zorn über das absichtliche Verlassen der Eltern empfunden. Es entstehen massive Gefühle von Schuld und Scham. Der Tod des Kindes wird als eigenes Versagen empfunden. Die Eltern müssen erleben, daß es offenbar nicht in ihrer Macht lag, ihrem Kind Lebensfreude und Lebensperspektive zu vermitteln.
Es stellen sich bei vielen Eltern aggressive und autoaggressive Impulse bis hin zu suizidalen Krisen ein. Zu den eigenen Gefühlen der Schuld, die zu gegenseitigen Beschuldigungen der Eheleute führen können, kommt die Auseinandersetzung mit Außenstehenden. In der Zeit nach dem Suizidtod eines Jugendlichen müssen die Eltern immer wieder mit der Problematik leben, daß sie von anderen vereinfachend und pauschalisierend als die „Schuldigen" für den Suizid angesehen werden. Isolierung und Ausgrenzung können die Folge sein oder werden zumindest antizipiert.
„Die Neigung zum sozialen Rückzug wird manchmal durch die Unsicherheit des sozialen Umfeldes der Eltern, mit dem Ereignis umzugehen, verstärkt. Verwandte, Freunde und Bekannte wissen oftmals nicht, wie und worüber sie mit den Eltern reden sollen. Diese Tabuisierung des Suizids verhindert, daß sich die Eltern über ihre Zweifel an der eigenen Schuld oder über ihre Trauer, Wut und Enttäuschung aussprechen können. Andere Eltern wiederum handhaben ihre Trauer offensiv; sie gehen eher aggressiv mit dem Thema um, schreiben vielleicht die Schuld anderen zu (etwa der ‚peer-group' des Jugendlichen, der Schule oder abstrakt den ‚gesellschaftlichen Verhältnissen'). Auch wenn diese Haltung die Eltern zunächst vordergründig vor eigenen Zweifeln und der damit verbundenen Depressivität und Selbstaggressivität schützt, verhindert sie in der Regel jedoch auf längere Sicht einen angemessenen Umgang mit dem Verlust. Erst eine Integration der Trauer stellt die Voraussetzung für eine konstruktive Entwicklung der Familie dar."[10] Für viele betroffene Eltern ist es wichtig, ein ausführliches Gespräch mit den Lehrern ihres verstorbenen Kindes zu führen oder die Schulklasse oder die Freunde noch einmal zu treffen und mit den Schülern zu reden. Alle diese Kontakte sollten nicht nur organisiert, sondern auch begleitet und mit den Betroffenen wenigstens kurz reflektiert werden. Hier

[10] Misek-Schneider, Problematik, 22/9.

ist eine Begleitung durch die Krisenhelfer, auch für die Frage der langfristigen Verarbeitung, wirklich bedeutsam.

3.4 Hilfe für die Geschwister

Die Geschwister von verstorbenen Kindern oder Jugendlichen sind eine Gruppe, die generell leicht übersehen wird. Für sie stellt gerade der Suizidtod eines Bruders oder einer Schwester eine besonders tragische Verlust- und Krisensituation dar. Geschwister erleben ähnliche Gefühle der Trauer und des Schmerzes wie die Eltern, und es zeigen sich ähnliche Reaktionen und Bewältigungsversuche. In manchen Fällen kommt der beste Freund oder die beste Freundin des Verstorbenen in ihrer Reaktion den Geschwistern gleich. Auch die Geschwister machen sich häufig Selbstvorwürfe. Oft genug gab es aggressive Impulse oder Gedanken dem Bruder oder der Schwester gegenüber. Der heimlich gedachte Wunsch, das Geschwister möge nicht mehr da sein, ist auf einmal Wirklichkeit geworden. Besonders junge Kinder, etwa im Grundschulalter, unterliegen dieser Art des sogenannten „magischen Denkens" und glauben, daß ihre bösartigen Gedanken den Tod des Bruders oder der Schwester heraufbeschworen hätten.[11] Bei älteren Geschwistern überwiegen Gefühle des Versagens und der Selbstvorwürfe, weil sie den Eindruck haben, sie hätten möglicherweise wichtige Signale der Krise bei dem Geschwister nicht genügend beachtet oder mögliche Hilfe nicht geleistet. Der Tod des Kindes verändert das bestehende Familiensystem radikal. So müssen die Geschwister eine neue Position in dem sich neu konstituierenden Familiensystem finden. Oft genug kommen vor allem Jugendliche in einer solchen Situation in die Lage, daß sie ihren Eltern über den Verlust hinweghelfen müssen. Dies gilt vor allem dann, wenn die Eltern in ihrer Trauer so gefangen sind, daß sie die „übriggebliebenen" Kinder fast schon vergessen. Diese versuchen, durch Tröstung und Stützung ihrer Eltern eine neue Funktion in der Familie zu bekommen und überfordern sich so selbst.
In vielen Fällen verändert sich auch der Erziehungsstil der Eltern radikal. Überfürsorglichkeit und ängstliche Bemutterung bringen vor allem die Kinder und Jugendlichen in eine schwierige Situation, die bislang selbständig und verantwortungsbewußt waren. Von der Umgebung wird die seelische Belastung, die der Tod eines Geschwisters mit sich bringt, normalerweise unterschätzt.[12] Hier ist eine Unterstützung in der Akutsituation genauso wichtig, wie die gezielte Vermittlung in eine gute, langfristige Begleitung oder Therapie.

---

[11] Vgl. Baßler, M. und Schins, M. Th. (Hg.), „Warum gerade mein Bruder?" Trauer um Geschwister. Erfahrungen, Berichte, Hilfen, Rheinbeck bei Hamburg, 1992,12/33.
[12] Vgl. Misek-Schneider, Problematik, 29/32.

3.5 Angebote für die betroffene Klasse

Wir gehen in unserer Konzeption davon aus, daß es die Aufgabe der pädagogisch handelnden Erwachsenen ist, eine Krisensituation in ihren Klassen und Kursen bei den ihnen anvertrauten Schülern zu bewältigen. Aus dieser Rolle wollen wir sie nach Möglichkeit durch unser Arbeit nicht entlassen. Unser Ansatz ist es vielmehr, die Lehrer zu unterstützen und durch spezielle Informationen so vorzubereiten, daß sie ihrer Aufgabe in der Krisenbewältigung gewachsen sind.

Das Gespräch mit der betroffenen Klasse führt am besten der oder die Lehrer, die für die Klasse zuständig sind. Es können auch gezielt geeignete Lehrer, die die Klasse kennen, oder z.B. ein ständig in der Schule arbeitender Schulpsychologe oder Schulsozialarbeiter hinzugezogen und in die Gespräche, die mit den Schülern im Klassenverband stattfinden, eingebunden werden.

Was den weiteren Verlauf der Postvention angeht, so haben die Klassenlehrer die Erstverantwortung für die jeweilige Klasse. Außer der unmittelbar betroffenen Klasse gibt es noch Klassen und Kurse, die in einer Schule bestürzt reagieren und einen besonderen Gespräch- und Informationsbedarf haben.

Das Krisenteam sollte die Lehrer dabei unterstützen, die richtige Art und Weise des Vorgehens für die jeweilige Klasse zu entwickeln. Alle Lehrer sollten in ihren Gesprächen mit den Schülern versuchen, aufkommende Gerüchte über die „Ursachen des Suizides“ durch Information zu bekämpfen. Gefühle, die aus der Trauer- oder Streßreaktion entstehen, sollten zugelassen werden: Es ist darauf zu achten, daß Schüler den Suizid nicht romantisieren oder „verklären“ und damit auf eine eigene Gefährdung aufmerksam machen („der Stefan, der hatte wenigstens den Mut, Schluß zu machen..“). Die Lehrer sollten hierfür mit Kriterien ausgestattet sein, die es ihnen erlauben, Risikoschüler zu identifizieren. Sie sollten die existierenden Angebote innerhalb und außerhalb der Schule kennen und wissen, wie gezielte Hilfe vermittelt werden kann.[13]

Den Schülern ist ein angemessener Raum zu geben, damit sie sich mit ihren Erlebnissen, Gedanken und Gefühlen den anderen mitteilen können, wenn sie dies wollen. Gerade in der akuten Situation nach einem Schülersuizid sollte kein Schüler gedrängt werden, etwas vor den anderen zu sagen oder seine Gefühle mitzuteilen. Auch ist es von großer Bedeutung, daß auf jede besondere Reaktionen von Schülern geachtet wird, die in diesem Rahmen zutage tritt. So ist es z.B. auffällig, wenn ein Schüler sich die Schuld daran gibt, daß sich der Mitschüler umgebracht hat.

Wir gehen nur in den Fällen mit einem Team ins Gruppengespräch mit der betroffenen Klasse, wenn es uns wirklich sinnvoll erscheint.[14] Gerade nach dem Suizidtod eines Mitschülers haben die Klassen im Normalfall einen starken Wunsch, zusammen zu bleiben und gemeinsam die Ereignisse zu besprechen und auch die Trauer und die aufgebrochenen Gefühle miteinander zu teilen. Wir

[13] Vgl. Berman, Adolescent Suicide, 234/44.

14 Newmann, E., Group Crisis Intervention in a School Setting. Following an Attempted Suicide, in: International Journal of Emergency Mental Health , 2 (2000) 97/100.

gehen mit einem Team in die Klassen, wenn die Klassenleitungen mit der Situation völlig überfordert sind, Klassen und Klassenleiter uns ausdrücklich darum bitten, weil einzelne Schüler im Klassenverband ihnen besonders Sorgen machen und die Notwendigkeit von Einzelbetreuungen abgeklärt werden soll. Ein Angebot, das wir jedoch gerne machen, ist ein „Expertengespräch" mit einem oder mehreren Teammitgliedern zum Thema: „Warum versuchen Jugendliche sich umzubringen und wie können wir bei suizidaler Gefährdung reagieren". Ein solches Gespräch erfolgt erst mit einem größeren zeitlichen Abstand vom Suizidtod und dient der Information und der langfristigen Prävention weiterer Suizidhandlungen und keinesfalls mehr der emotionalen Entlastung oder Bewältigung.

3.6 Lehrerarbeit

In dem hier vorgestellten Konzept stellt die Lehrerarbeit einen zentralen, wenn nicht sogar den zentralen Punkt dar, da wir es für falsch halten, die Lehrer aus ihrer Verantwortung zu entlassen, die Trauersituation mit den ihnen anvertrauten Schülern zu bewältigen. Besonders die für die Klasse verantwortlichen Lehrer brauchen eine engmaschige Beratung und Unterstützung, die einerseits mit ihnen die fachlich nötigen Schritte geht, ihnen zum anderen auch einen Rückhalt und eine emotionale Entlastung in der eigenen Betroffenheit bietet. Wir arbeiten mit den Lehrern im Rahmen von Vor- und Nachbesprechungen zu den Unterrichtsstunden und Gesprächsstunden, die diese in der oder den betroffenen Klassen halten. Außerdem gibt es immer wieder bei Bedarf die Möglichkeit zum Einzelgespräch und zur telefonischen Beratung mit einem der Teammitglieder. Aus diesem Grund ist einer der eingesetzten Helfer auch ständig über Handy erreichbar, wobei die Nummer nur ausgesuchten Personen bekannt ist. Da die Kriseninterventionsmaßnahmen in der Regel über eine Woche dauern (mindestens bis zum Tag nach der Beerdigung) ist eine abwechselnde Dienstbereitschaft unumgänglich. Diese telefonische Bereitschaft ermöglicht es, sich auf die besonders in der Anfangszeit immer wieder ändernden Situationen einzustellen. Eine Arbeit mit dem gesamten Kollegium ist in der Akutsituation unmöglich und unnötig, die im Krisenteam vertretene Schulleitung ist für das Lehrerkollegium verantwortlich und steuert die Informationen und Vorgehensweisen. Nach Abschluß der Krisenintervention kann es sinnvoll und erwünscht sein, im Rahmen einer Lehrerkonferenz einen angemessenen Weiterbildungsteil zum Thema Suizidalität bei Jugendlichen zu halten.

3.7 Elternarbeit im Rahmen der Klasse

Ein weiterer wichtiger Punkt ist unser Angebot einer zeitnah am Ereignis angebundenen Elternarbeit in Form einer Elternpflegschaft. In den von uns durchgeführten Fällen haben wir mindestens die Eltern der betroffenen Klasse zwei oder drei Tage nach dem Bekannt werden des Suizidtodes des Schülers zu einer

Abendveranstaltung eingeladen, die von einem für Krisengespräche mit Gruppen ausgebildeten Team von Seelsorgern, Lehrer und psychosozialen Fachkräften geleitet wird. Das Team besteht normalerweise aus drei oder vier qualifizierten Personen und arbeitet nach den Vorgehensweisen und Arbeitsstandards des „Critical Incident Stress Debriefing" von Mitchell[15], das ein strukturiertes Gespräch und einen definierten Prozeß zum Abbau der emotionalen Belastung ermöglicht.[16] Unsere Praxiserfahrungen mit dieser Methode sind sehr positiv. Die Eltern, die sehr zahlreich kamen, berichteten, daß es für sie wichtig war, über das Ereignis, ihre Gefühle und Reaktionen und Befürchtungen zu berichten ohne sich zu überfordern.
Wir boten den Eltern die Möglichkeit des Telefonkontaktes zum Team bei speziellen Fragen oder Problemen an, wiesen auf die verfügbaren psychosozialen Unterstützungssysteme hin machten sie auf die besonderen Risikofaktoren und Anzeichen für eine jugendliche suizidale Gefährdung aufmerksam.
Die Eltern zeigten in den von uns durchgeführten Gesprächen sehr starke emotionale Reaktionen, einen massiven Schock und eine solche Besorgnis um ihre Kinder und Jugendlichen, daß sie in vielen Fällen kaum in der Lage waren ihre Kinder und Jugendlichen emotional aufzufangen oder zu stützen. An diesem Punkt wurde uns deutlich, wie wichtig die Elternarbeit innerhalb des Gesamtkonzeptes der schulischen Krisenintervention ist. Nur die Eltern, die in die Lage versetzt werden mit ihren eigenen Reaktionen und Fragen halbwegs zurechtzukommen, sind überhaupt fähig, auf ihre betroffenen Kinder einzugehen. Unserer Erfahrung nach gelingt dies, wenn den Eltern Gelegenheit gegeben wurde, ihre Erlebnisse, Belastungen und Sorgen zu schildern und sie kompetente Unterstützung gefunden haben.

3.8 Mitschüler und Klassenkameraden

Über die bereits beschriebene Arbeit mit der betroffenen Klasse hinaus ist es sinnvoll, einige Besonderheiten bei den Mitschülern und Klassenkameraden zu beachten, die dem Toten sehr nahe standen. Innerhalb dieser Personengruppe finden sich immer wieder besonders belastete junge Leute, die eine nachhaltige Unterstützung benötigen. Daher ist die Gruppe der Mitschüler und Klassenkameraden möglichst gründlich nach zwei Kriterien durchzusehen:

- Gibt es Schüler der Schule oder andere Freunde des Verstorbenen, die von den Suizidabsichten des verstorbenen Mitschülers gewußt haben?

---

[15] Vgl. Mitchell, J. und Everly, G., Critical Incident Stress Debriefing (CISD). An operation manual for the prevention of traumatic Stress among emergency services and desaster workers, Ellicott City, 1993; sowie Everly, G. und Mitchell, J.T., CISM. A new Era and Standard of Care in Crisis Intervention, Second Edition, Ellicott City 1999.

[16] Appel-Schumacher, Th., Stressmanagement nach traumatischen Ereignissen, in: Bengel, J. (Hg.), Psychologie in Notfallmedizin und Rettungsdienst. Berlin, Heidelberg, New York, 1997, 255/68.

- Wer unter den Schülern hat eine familiäre oder biographische Vorbelastung in bezug auf Suizid. Dazu gehören sowohl Schüler, die selbst suizidgefährdet sind oder waren und eventuell Suizidversuche hinter sich haben, aber auch Schüler, in deren Familie oder Umgebung Suizide oder Suizidversuche vorgekommen sind.[17] Wer von diesen Schülern hat eine besondere Nähe zum Verstorbenen gehabt.

Dies geschieht im intensiven Austausch zwischen den Kriseninterventionshelfern und den Lehrern, die die Unterrichtsgruppen am besten kennen und die Gespräche mit den Schülern geführt haben. Lassen sich Schüler einer der Risikogruppen zuordnen, so ist mit den Jugendlichen ein Einzelgespräch zu führen. Diese Aufgabe ist von der Person durchzuführen, die dafür geeignet ist und einen möglichst guten Kontakt zum jeweiligen Jugendlichen hat. Ziel des Gespräches ist es, eine Entlastung anzubieten, Informationen zu geben und eine Abschätzung der suizidalen Gefährdung vorzunehmen.
Besonders für die Geschwister des Toten ist der Suizid in der Regel ein dramatisches, ihr persönliches Leben auf Dauer veränderndes Ereignis. In vielen Schulen stößt man auf Geschwister, die die gleiche Schule besuchen wie der Suizident. Nicht selten geraten diese in schwere psychische Krisen, die sie nur mit fremder Hilfe bewältigen können [18]
Schwierig wird die Situation in einer Schule, wenn sich im Umfeld des suizidalen Jugendlichen weitere akut Suizidgefährdete befinden. Für sie gilt, daß sie nach einem frischen Suizid oder Suizidversuch und erst recht nach einer Häufung von Suiziden oder Suizidversuchen in ihrer Umgebung (z.B. in einer Schule) eine Hochrisikogruppe sind.[19]
Nach jedem Suizid eines Kindes oder eines Jugendlichen stellt sich für viele die Frage, wie man mit den Hinterbliebenen, Angehörigen, Freunden, Klassenkameraden und Mitschülern umgehen soll. Oft genug verhindern die verständliche Trauer und die Scheu ein Gespräch über das Ereignis. Berman betont die Bedeutung der Angehörigenbetreuung nach einem Suizid,[20] die ein wichtiger Faktor darstellt, um das bestehende Risiko der Nachahmungssuizide zu senken. Daher sollte die Postvention unmittelbar nach einem Suizid mit der Nachsorge und der Betreuung von Freunden und von Klassenkameraden beginnen, die in ihrer Trauer, in ihrem Schock und Entsetzen Beistand benötigen.[21]

---

[17] Vgl. Langer, J., Auf Leben und Tod. Suizidalität bei Jugendlichen als Herausforderung für die Schülerseelsorge. Reihe Pastoralpsychologie und Spiritualität, Bd. 4, herausgegeben von Frielingsdorf, K., Frankfurt, Berlin, Bern 2001, 293.
[18] Vgl. Misck-Schneider, Problematik, 22/2.
[19] Vgl. Quinnett, P. G., Warum mit dem Leben Schluss machen? Rat und Hilfe für Gefährdete und für die, die sie verstehen und lieben. Freiburg, Basel, Wien, 1990, 15.
[20] Vgl. Berman, Adolescent Suicide, 234/44.
[21] Vgl. Bründel, H., Suizidprävention bei Kindern und Jugendlichen als Aufgabe der Schulpsychologie, in: Freytag, R. und Witte, M. (Hg.), Wohin in der Krise. Orte der Suizidprävention. Göttingen 1997, 115/28.

3.9 Die folgenden Tage

In den Tagen nach dem Suizidtod und nach der ersten Welle der Betroffenheit kommt immer mehr die Frage auf, wie die Schüler, wie die Schule mit dem Tod umgeht, in welcher Form an den Toten erinnert werden soll, ob und wie Gedenkgottesdienste abgehalten werden sollen. Den Schülern und Lehrern sollte die Teilnahme an der Beerdigung ermöglicht werden. Dabei ist zu beachten, daß manche Schüler eine Vorbereitung auf das benötigen, was sie bei der Beisetzungsfeier erwartet. Für viele Jugendliche ist dies die erste Erfahrung mit einen Todesfall und einer Beerdigung, mit der sie aus einer gefühlsmäßigen Nähe heraus umgehen müssen. Da die Seelsorger der Krisenintervention besonders intensiv mit Trauernden in Kontakt kommen, gibt es große Erwartungen an sie. Es wird ein einfühlsamer Umgang mit der Situation erwartet und eine langfristige Begleitung gewünscht. Oft können und sollen sie auch dabei mithelfen, daß der Beerdigungsgottesdienst in für die trauernden Jugendlichen einfühlsamer Weise gestaltet und gefeiert wird.[22] In einer solchen Betreuung liegen viele Möglichkeiten und Chancen, wenn diese qualifiziert und menschlich engagiert durchgeführt wird.
Nach dem Beerdigungstag ist es wichtig, ein angemessenes Ende der Kriseninterventionsbemühungen vorzusehen. Der Ausstieg sollte schnellst-möglich erfolgen, wenn die Schule signalisiert, daß sie mit der Situation wieder alleine zurecht kommt. Im Rahmen des Krisenteams sollte überlegt werden, worauf die Schule und die Lehrer in den kommenden Monaten achten sollen, welche konkreten Maßnahmen zu erledigen sind und wann und wie eine längerfristige Verlaufskontrolle (Normalerweise nach zwei Monaten, sechs Monaten und nach einem Jahr) der Krisenintervention durchzuführen ist.

Schluß

Der Suizidtod eines Kindes oder eines Jugendlichen stellt jede Schule vor eine große Bewährungsprobe, was die Art und Weise der Reaktion angeht. Es ist einleuchtend, daß ein jugendlicher Suizid ein großes Problem für die Hinterbliebenen darstellt, mit dem es schwer ist, weiter zu leben. Auch die Lehrer und Mitschüler, die dem Verstorbenen nahe standen, sind durch den Verlust belastet und benötigen Unterstützung und Beistand. Die ganze Situation stellt extreme Anforderungen an die psychischen Bewältigungsmöglichkeiten von Kindern, Jugendlichen und auch Erwachsenen und kann zu schweren psychischen Krisen führen. Daher sind gezielte Maßnahmen sinnvoll, um die psychische Belastung bei den Zurückgebliebenen zu mildern. Zielgruppen sind sowohl die Eltern als auch die Geschwister, die Freunde und die Mitschüler, die Lehrer und die im Vorfeld des Suizides involvierten Personen. Dabei ist darauf zu achten, daß Postventionsmaßnahmen nicht nur von professioneller Seite angeregt und ein-

---

[22] Vgl. Müller, M., Unwiederbringlich - Vom Sinn der Trauer. Hilfen bei Verlust und Tod. Freiburg, Basel, Wien, 1997, 179/83.

geleitet werden, da diese erfahrungsgemäß nur einen Teil der Bedürftigen erreichen. Auch den Lehrern kommt als psychosozialen „Semiprofessionellen" eine nicht unbedeutende Rolle in diesem Geschehen zu.
Das allen geplanten und durchgeführten Maßnahmen zugrunde liegende Ziel muß es sein, das Suizidtabu zu lösen, um das „Unbesprechbare wieder besprechbar zu machen, den Hinterblieben Raum und Möglichkeit zu schaffen, sich emotional zu entlasten und Hilfen zur Bewältigung sowie zur Integration des Geschehenen in ihr weiteres Lebenskonzept zu erhalten".[23]
Die Anforderungen an die Betreuer, die sich um diese trauernden Angehörigen bemühen, sind hoch, da sich alle Beteiligten in einer „hoch emotionalisierten"[24] Verfassung befinden. So muß jeder, der in der Begleitung der Betroffenen steht, darauf vorbereitet sein, diesen besonderen Anforderungen und Belastungen durch ein gutes Einfühlungsvermögen und eine ausreichende seelische Stabilität zu begegnen. Es geht in der Begleitung zunächst nur darum, den Hinterbliebenen den nächsten Schritt für die nächste Zeit zu ermöglichen.[25]
Eine solche strukturierte und spezialisierte Form der schulische Krisenintervention wurde und wird von den betroffenen Schulen, von den Schülern und ihren Eltern äußerst dankbar angenommen, da sie eine große seelsorgliche Hilfe für Menschen in der akuten Trauer und Not darstellt. So ist das Angebot einer schulischen Krisenintervention ein wichtiges seelsorglich-pastoralpsychologisches Instrument, daß Schulen wesentlich bei der schwierigen Aufgabe der Krisenbewältigung beistehen kann.

[23] Misek-Schneider, Problematik, 34/7.
[24] Misek-Schneider, Problematik, 36.
[25] Vgl. Misek-Schneider, Problematik, 36/7.

Ulrich Niemann SJ

Wert- und Sinnvorgaben als notwendige Bedingungen für wirksame Psychotherapie?

Empfehlungen aus der Sicht einer psychosomatischen Anthropologie und einer medizinischen Ethik

1. Hinführungen

Wer bei Beratung und Psychotherapie nach **meßbaren Erfolgen** sucht, gerät schnell in eine Aporie: Einerseits verlangen nicht nur die Krankenkassen, sondern auch die Betroffenen selbst nach positiven, empirisch faßbaren Wirkungen einer Beratung bzw. einer Psychotherapie. Andererseits sind z. B. emotionale Einstellungsänderungen, atmosphärische Offenheit, Gelassenheit im Umgang mit Ängsten und psychodynamisch-positive Entwicklungen - auch für die Betroffenen - kaum oder gar nicht exakt meßbar . Schon H. Tellenbach, Heidelberger Psychiater und "Anthropologe", hat auf die Begrenztheit und Fragwürdigkeit von bloß regelwissenschaftlichen und statistischen Untersuchungen im Rahmen der Psychiatrie hingewiesen: "Jede psychiatrische Forschungsrichtung ruht auf einem anthropologischen Fundament, wenn sie sich dessen auch meistens nicht bewußt ist.“[1]
Über dieses "anthropologische Fundament" und seine ethischen Implikationen - z. B. auch über "gute Therapieziele" - soll im folgenden nachgedacht werden. Dabei soll Psychotherapie hier allgemein als Behandlung mit Hilfe zwischenmenschlicher Kommunikationen verstanden werden. Die Kommunikationen zwischen ÄrztInnen und PatientInnen, zwischen TherapeutInnen und KlientInnen (z. B. im Erstkontakt oder in der suizidalen Krisensituation) sind immer einmalig und unwiederholbar. Das gilt immer dort, wo menschliche Freiheit im Hier und Jetzt aktuiert wird und wo Menschen miteinander (möglichst) frei in Kommunikation treten.
Dieses „Einmalige und Unaussagbare" (Individuum est ineffabile) hat der Physiker und Naturphilosoph Karl Friedrich von Weizsäcker herausgestellt: „Dem Stein gegenüber, den ich als Mineraloge untersuche, kann ich in der Haltung unbeteiligter, bloß theoretischer Interessiertheit verharren. Ich mache mir auch keine Gedanken, den Stein zu zertrümmern, wenn das meiner Erkenntnis dient. Dem Menschen gegenüber stoße ich sehr rasch auf die Grenzen dieser Art der naturwissenschaftlichen Einstellung, und wo mir diese Grenze nicht bewußt wird, richte ich Unheil an. Für den Mitmenschen offen sein, heißt zwar wirklich auffassen, wie es um ihn steht. Dieses Auffassen aber ist nur möglich im

[1] H. Tellenbach, Zur Bildung geistig-seelischen Gesundseins: Gesundsein und Lebenssinn, in: Struck, G., (Hg.), Reihe „Aufträge“,Regensburg 1979, 27 – 40.

menschlichen Kontakt des Ich mit dem Du. Denke ich in unbeteiligt analysierender Distanz zu ihm, so verwandelt sich unbemerkt das Du in ein Es."[2]
In diesem Zusammenhang entwirft der amerikanische Psychiater H. S. Sullivan das Bild eines guten Psychiaters und Psychotherapeuten, wenn er vom "participant observer", von einem anteilnehmenden Beobachter bzw. einem beobachtenden Partner spricht.[3] Diese Einstellung ist in der therapeutischen Situation kein Widerspruch. Von einigen Vertretern der Wissenschaftstheorie wird sogar - im Zusammenhang mit empirischer Forschung - eine sog. "Sinnvorgabe" postuliert: "Wir sprechen hier von Sinnvorgabe, insofern das, was Aussagen und Termen Sinn gibt, nicht erst und nicht ausschließlich von der Subjektseite hinzugetan wird, sondern in einer Sinnvorgabe des Objekts begründet liegt."[4] Sinn wird hier also nicht durch Besinnung (mit Sinn bedenken) konstatiert, sondern wird beim Objekt - d. h. hier beim Menschen in seiner Einmaligkeit und seiner Würde - als vorgegeben postuliert. Diesen wissenschaftstheoretischen Hintergrund meint wohl auch Tellenbach, wenn er schreibt, daß "Sinn" nur entdeckt, freigelegt und dargestellt werden kann: "Aber er kann nicht 'erfunden' "werden."[5]

2. Methodenfragen

Wer über die methodologischen Fragen in der Psychotherapie nachdenkt, kann sich nicht damit begnügen, nur über "Methodenkombination und Methodenintegration“ (z. B. Psychoanalyse und Verhaltenstherapie) nachzudenken.[6] Es ist vielmehr auch zu fragen, welchen Stellenwert die experimentell-naturwissenschaftlichen und statistischen Methoden im Rahmen der gesamten Wissenschaftstheorie und der Anthropologie hat. Wenn wir jedenfalls auf Tellenbach und v. Weizsäcker hören, so sind starke Zweifel angebracht, ob man mit experimentell-naturwissenschaftlichen, technischen und statistischen Methoden allein über das **Individuum Mensch und** seine zu therapierenden Bereiche "verfügen" darf. Daher soll hier der Methodenbegriff anthropologisch weiter gefaßt werden: Methode und System machen nämlich das Wesen jeder Wissenschaft aus, wobei das System ihre inhaltliche, die Methode ihre formale Seite darstellt. Genauer wird mit System das geordnete Ganze der Erkenntnisse oder der tiefere Gehalt einer Wissenschaft gemeint. Methode dagegen ist - dem Wortsinn "Nach-Weg" entsprechend - der Weg, auf dem dieses Ganze (Mensch) aufgebaut und erworben wird. Methodisch befassen wir uns - allgemein gesprochen - mit dem Wissensgebiet der Psychotherapie, wenn wir es z.B. diagnostisch, the-

---

[2] Weizsäcker v., C. F., Zum Weltbild der Physik, Stuttgart 1954.
[3] Sullivan, H. S., The interpersonal theory of psychiatry, New York-Norton 1952.
[4] Lay, R.,Vor uns die Hoffnung, Olten und Freiburg/br. 1974.
[5] Vgl. Tellenbach, a.a.O.
[6] Senf, W./Broda, M., Methodenkombination und Methodenintegration als Standard der Psychotherapie? in: Psychotherapie, Psychosomatik, Medizinische Psychologie 47 (1997), 92 - 96

rapeutisch' prognostisch und ergebnismäßig planmäßig durchforschen, die einzelnen Gliederungen herausarbeiten, die Teilerkenntnisse sachgemäß anordnen, logisch verknüpfen und - ggf. durch Beweise - einsichtig machen. Schließlich sollten wir möglichst von allem und jedem wissen, nicht nur "daß", sondern auch "warum" es so ist. Es geht also nicht nur um die Tatsache, sondern auch um deren existentielle Grundverfassung. Dies schließt v. a. die Fragen nach Autonomie und Menschenwürde ein.
Die Fragen nach dem "Was" und dem "Warum" des Menschen führen zur Sinn- und Wertfrage, wenn "wirksame Psychotherapie" beurteilt werden soll. Daher wird die These, welche die Methodenfragen abschließt, so formuliert: Alle Therapieziele - auch die der Psychotherapie - sind durch Sinn- und Wertvorstellungen vorgeprägt: z. B. durch den Grundwert 'Leben' (Leben ist besser als Nichtleben), durch menschliche Freiheit und Autonomie und nicht zuletzt durch Menschenwürde. Wertvorstellungen aber können nicht durch empirische Forschung a posteriori allgemein gewonnen werden. Vielmehr sind Wert- und Sinnvorstellungen a priori vorgegeben, z. B. durch "Sinnvorgaben". Diese unterliegen in den jeweiligen Zeiten Veränderungen. Deshalb sollten diese Wert- und Sinnvorstellungen - jeweils neu - in ethischen Diskursen durch Konsensbemühungen gemeinsam "entdeckt und dargestellt"[7] werden. Ferner gehen heute die meisten Medizinethiker davon aus, daß z. B. der Wert "Menschenwürde", der auf der Nichtzweckhaftigkeit der menschlichen Person beruht, den Menschen (Kranken) "zugesprochen" werden muß. In diesem Zusammenhang spricht man auch von einer Sinn- bzw. Wertvorgabe (v. a. der Menschenwürde), welche allen empirischen Forschungen (a posteriori) vorausgeht. Das bedeutet konkret: Zielvorstellungen für wirksame Therapien von Psychosen, Neurosen und Psychosomatosen beruhen auf einem bestimmten Menschenbild, auf das sich die psychotherapeutisch Tätigen a priori einigen sollten.
Gleichwohl ist es sinnvoll, zweckmäßig und sogar notwendig (vgl. Qualitätssicherung), die a priori formulierten Therapieziele empirisch wissenschaftlich a posteriori zu evaluieren. Doch kann es sich wohl stets nur um "Annäherungen" an das angestrebte Ideal von ganzheitlich leib-seelisch-geistiger Grundverfassung (Gesundheit) handeln, denn die Einmaligkeit der individuellen menschlichen Person mit ihrer "Unaussagbarkeit" widerspricht einem endgültigen und vollständigen Konsens über Psychotherapieziele. Dies läßt schon die Diskussion der Methodenfragen erkennen.

3. Psychosomatische Anthropologie (Menschenbild) und Gesundheitsdefinition

Bevor die "conditio humana" genauer umschrieben wird, kann auf die heute üblich gewordene Sichtweise in der Medizin zurückgegriffen werden: Man spricht z. B. von einer bio-psycho-sozialen Betrachtung des kranken Menschen. Doch muß nach dem Psychiater und Philosophen Karl Jaspers noch eine vierte

[7] Vgl. Tellenbach, a.a.O.

Dimension hinzugefügt werden: Jaspers definierte "Grenzsituationen" als "Situationen, über die wir nicht hinaus können, die wir nicht ändern können. Das Bewußtwerden dieser Grenzsituationen ist nach dem Staunen und dem Zweifel der tiefere Ursprung der Philosophie. Im bloßen Dasein weichen wir oft vor ihnen aus, indem wir die Augen schließen und leben, als ob sie nicht wären. Wir vergessen, daß wir sterben müssen, vergessen unser Schuldigsein und unser Preisgegebensein an den Zufall."[8] Wir "vergessen" auch u. a. die Begrenztheit der psychotherapeutischen Möglichkeiten: Die Psychoanalyse kann nur "hysterisches Elend in gemeines Unglück umwandeln."[9] - "Mehr kann sie nicht!"[10] Das gilt - mutatis mutandis - für die Therapie jeder Neurose und jeder Persönlichkeitsstörung.
Der Pathologe F. Büchner unterschied - von einer personal orientierten Krankheitslehre her - vier Typen humaner Erkrankungen:

1. Erkrankungen aus den materiellen Gegebenheiten des menschlichen Organismus: *Somatogenie.*
2. Erkrankungen aufgrund individueller, psychobiographisch bedingter Konflikte (Neurosen und psychosomatische Erkrankungen): *Psychogenie.*
3. Erkrankungen aus der Umwelt (Menschen und Dinge) des Kranken (z. B. frühkindliche Prägung): *Soziogenie.*
4. Erkrankungen aufgrund mangelnder Kommunikation mit dem Absoluten bzw. Defizite in Fragen nach dem Lebenssinn (z. B. existentielle Neurosen, d. h. "Leiden am mangelnden Lebenssinn" nach Viktor Frankl): *Pneumatogenie.*[11]

Anstelle der "Pneumatogenie" scheint es günstiger, von der "finalen Dimension" im Jasperschen Sinne zu sprechen, da der Begriff des "Pneuma" eher der Glaubensdimension und der Theologie zugeordnet werden sollte. "Final" ist im Sinne von lateinisch "finis" = Grenze und Ziel (Sinn) zu verstehen. Das bedeutet: Der Mensch ist ein Grenz- und Mängelwesen, der aber zugleich Sehnsucht nach Erfüllung seiner (unendlichen) Hoffnungen hat: "Homo qua ens finitum, capax infiniti" (Boethius).

---

[8] Jaspers, K., s. Stichwort Grenzsituationen, in: Philosophie Band 11, München-Zürich 1994.
[9] Freud, S., Abriß der Psychoanalyse, Gesammelte Werke, Band 17, Frankfurt 1948.
[10] Görres, A., Kennt die Psychologie den Menschen? Fragen zwischen Psychotherapie, Anthropologie und Christentum, München [2]1986.
[11] Büchner, F., Vom geistigen Standort der Medizin. Definition einer Pastoralmedizin, Freiburg 1957.

Therapeutische Dimensionen

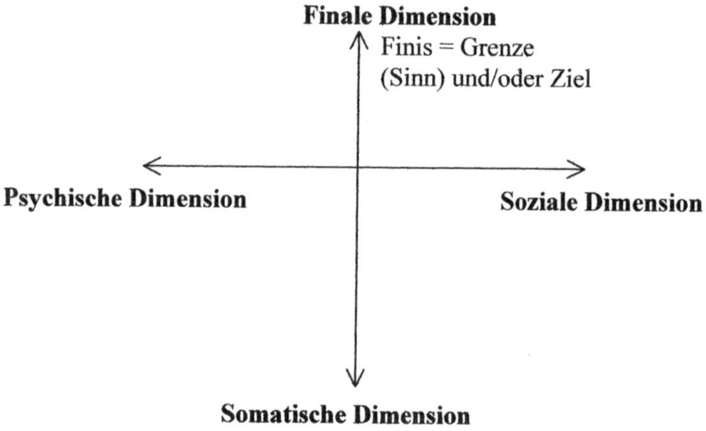

Wenn nun der römische. Philosoph Boethius sagt, daß der Mensch fähig sei, das Unendliche in sich aufzunehmen, so klingt diese "Unendlichkeitsdimension" sogar in der oft kritisierten Definition von Gesundheit der WHO an: Gesundheit ist der "Zustand vollkommenen körperlichen, geistigen und sozialen Wohlbefindens, und nicht allein das Fehlen von Krankheit und Gebrechen". - "Der Zustand vollkommenen ... Wohlbefindens" postuliert eine utopische Zielvorstellung: Im diesseitigen kontingenten Leben ist dieser Zustand für die meisten Menschen sehr selten und dann nur kurz zu erreichen. Dennoch drücken sich in der Utopie der "Vollkommenheit" (engl. complete) Wunschvorstellungen oder eine gewisse Sehnsucht aus, natürliche Grenzen zu überschreiten und ein Leben in Fülle und auf Dauer zu erreichen. Damit würde die Gesundheitsdefinition der WHO offen sein für die Hoffnung auf ein Leben in "perfekter" Lebensqualität.
(Stichworte: "Vor allem die Gesundheit!" - Gesundheit, höchstes Gut des Menschen!?) Das entspricht auch den Glaubensvorstellungen und Hoffnungen in vielen Religionen und Kulturen. Damit entfällt auch der "Ideologieverdacht", der immer dann aufkommt, wenn das einseitige empiristisch-positivistische Menschenbild in Frage gestellt wird, denn von Hoffnungen lebt jeder Mensch. Auch der Wunsch K. Grawes/R. Donati/F. Bernauer, die Psychotherapie möge sich von der Konfession zur Profession wandeln,[12] ist unrealistisch. Abgesehen davon, daß zu jeder "Profession" auch eine Art öffentlichen Bekenntnisses (lat. profiteri, d. h. öffentlich vorlesen, bekennen) gehört, kann die Psychotherapie nicht auf die Reflexion und Konsensbildung über Wert-, Sinn- und Zielvorstellungen verzichten. Außerdem sollten alle PsychotherapeutInnen die Wunsch-, Hoffnungs- und Sehnsuchtsdimension jedes Menschen, der therapiert werden will, in ihre empirischen Analysen einbeziehen. Andernfalls wird man dem

[12] Grawe, K./Donati, R./Bernauer, F., Psychotherapie im Wandel. Von der Konfession zur Profession, Göttingen-Bern-Toronto-Seattle 1995.

Menschen in seinem grundsätzlichen Ausgerichtetsein auf "Hoffnungen" nicht gerecht.

4. Das Prinzip Hoffnung

Wenn bisher von "Sinnvorgabe" die Sprache war, so kann diese durch das "Prinzip Hoffnung"[13] näher erklärt werden. Sogar I. Kant (er gilt als der Begründer einer modernen Wissenschaftstheorie und Ethik) spricht gegen Ende seiner "Kritik der reinen Vernunft" von Hoffnung. I. Kant präzisiert: "Wenn ich nun tue, was ich soll, was darf ich alsdann hoffen?"[14]. E. Ringel benennt im Rahmen seiner Beschreibung des "präsuizidalen Syndroms eingefrorene Perspektiven"[15] eines jeden Suizidalen. Wenn die TherapeutInnen selbst Perspektiven sehen (d. h. Hoffnungen hegen), dann können auch für jeden zu Therapierenden neue Perspektiven für sein Leben überhaupt, für "Lebensqualität" und eine vielleicht etwas "glücklichere" Zukunft eröffnet werden.
Von Max Planck stammt der Satz: "Nichts ist praktischer als eine gute Hypothese"[16]. In jeder Prognosen- und Hypothesenbildung steckt ein Stück "Hoffnung". Andernfalls wird man nicht weiter forschen bzw. eine Therapie überhaupt nicht anfangen (es sei denn, man täte es nur, um Geld zu verdienen). Hoffnung eröffnet Zukunft. Psychotherapie aber zielt auch auf Zukunft, d. h. auf (mehr) Lebensqualität und bessere Lebensbewältigung. Damit gilt auch: Empirisch fundierte Forschung nach der und über die Wirksamkeit von Psychotherapie kann an der Hoffnungsdimension nicht vorbeigehen. Denn die Ab schätzung der Prognose (z. B. Gutachterverfahren) ist ohne das Hinterfragen der Erwartungshaltung des Therapeuten nicht möglich. Wenn S. Freud schreibt, daß die Gegenübertragung zeitlich gewöhnlich vor der Übertragung rangiert, dann ist das doch wohl so zu verstehen, daß die Einstellung (Hoffnung) der TherapeutInnen darauf gerichtet ist, daß die Therapie doch mehr oder weniger gut laufen dürfte.

5. Wirksame Psychotherapie und medizinische Ethik

Nur eine Psychotherapie, die erfolgreich (wirksam) ist, kann eine "gute" Psychotherapie sein. Ethik fragt grundsätzlich: Was ist gut für den (die) Menschen (Kranken)? Daher ist die Frage nach einer wirksamen Psychotherapie auch eine eminent ethische Frage. Was ist hier genauer mit "medizinischer Ethik" gemeint? Medizinische Ethik bzw. Bioethik ist keine Sonderethik, sondern sie folgt den gleichen Gesetzen wie die allgemeine Ethik. In bezug auf die Psychotherapie geht es um die verantwortliche Haltung gegenüber den Grundwerten

---

[13] Bloch,E., Das Prinzip Hoffnung, Suhrkamp 1950.
[14] Kant, 1., Kritik der reinen Vernunft, Riga 1781.
[15] Niemann, U. J., Suizidrisiko und Lebenssinn. Eine psychiatrisch-statistische Untersuchung. Unveröffentlichte Inaugural-Dissertation, Essen 1984.
[16] Planck, M., Zitat aus: Kretzmar, H., Max Planck als Philosoph, 1967.

Leben und Gesundheit und die anthropologische und teleologische (finale) Deutung gegenüber Angst, Not, Konflikt, Leid, Schmerz und Sterblichkeit des/der zu Therapierenden. Grundlage ethischer Kriterien ist vor allem die Würde des Menschen und die Ehrfurcht vor Leben und Integrität der menschlichen Person[17]. Seit Aristoteles ist Ethik durch die gegensätzlichen Fragen charakterisiert: Was ist vernünftig für den (die) Menschen? - Und: Was macht den (die) Menschen glücklich? Wirksame Psychotherapie ist daher zwischen den Polen Vernunft (Verstand, Geist, Ordnung) einerseits und Glück (Emotion, Gemüt, "Sehnsucht") angesiedelt. Konkret: Psychotherapie spielt sich zwischen Arbeitsbündnis (z. B. beidseitige Verläßlichkeit und Gesprächsstruktur) und Erwartungshaltungen bzw. Projektionen (z. B. Übertragungs- und Gegenübertragungsreaktionen bzw. "Hoffnungen") ab. Jede Psychotherapie muß sich daher die oft gestellte Frage gefallen lassen: Darf sie alles, was sie kann? So wird z. B. der therapeutische Koitus bzw. der "sexuelle Mißbrauch auf der Couch" abgelehnt! Warum? Doch wohl vor allem aus ethischen (und therapeutischen?) Gründen, auch wenn evtl. diese "Therapiemethode" zu kurzzeitigen "Besserungen" führen könnte! Das bedeutet allgemein, daß Erwartungen und Projektionen auch durch **ethische Vorgaben** - strukturiert durch das Arbeitsbündnis - abgelehnt werden sollten.

6. Alte und neue Therapieziele

Aus der Diskussion der Methodenfragen, einer psychosomatischen Anthropologie, der Gesundheitsdefinition der WHO, dem "Prinzip Hoffnung" und aus ethischen Überlegungen leitet sich der Vorschlag ab, für vier Therapieziele zu plädieren, von welchen schon S. Freud drei erwähnt hat: *Genußfähigkeit, Arbeitsfähigkeit und Liebesfähigkeit.*

Psychotherapeutische Therapieziele

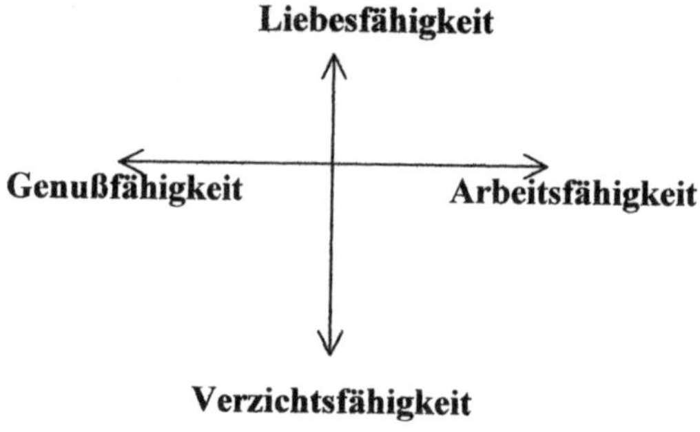

[17] Niemann, U. J., Anspruch - Widerspruch - Hoffnung. Anmerkungen zur Identität und Aufgabe eines Theologen in der Ethikkommission, in: Medizinethisches Jahrbuch des Arbeitskreises medizinischer Ethikkommissionen in der Bundesrepublik Deutschland, Toellner, R., (Hg.), Stuttgart New York 1990.

Außerdem hat sich aus meiner langjährigen psychotherapeutischen Praxis und aus vielen Diskussionen mit KollegInnen herauskristallisiert, daß auf das Therapieziel "Hinführung zur **Verzichtsfähigkeit"** nicht "verzichtet" werden kann: Wer nicht erlebt und "einübt", daß es gut ist - um größerer Güter willen auf unmittelbare Lusterfahrung ("I like Genuß sofort") zu verzichten, ist belastungsunfähig und letztlich lebensuntüchtig. Gleichwohl sollten rein pädagogische Maßhalteappelle und Mahnungen zur Vorsicht und Klugheit die Lust und die Freude am Leben nicht dauerhaft schädigen. Jedenfalls ist Einübung in Frustrationstoleranz bzw. in das Verzichten-Können ein hohes therapeutisches Ziel. Gerade deshalb gilt: Wer seine Lust nicht aufschieben kann, wird auf Dauer kraftlos, lebensuntüchtig und "ungenießbar".

Was die **Genußfähigkeit** angeht, so gilt der Satz: Wer nicht genießen kann, wird ungenießbar. Die Unfähigkeit, menschlich abzuspannen, Ferien zu machen, sich fallen und beschenken zu lassen (ohne sofort an Gegenleistungen zu denken), habe ich gerade bei vielen depressiven und ichgestörten Menschen gefunden. Hier kann weltanschaulich scheinbar geforderter Rigorismus zu letztlich unmenschlichen Einstellungen und Folgen bei Menschen führen, die guten Glaubens vieles zerstören und der "Fülle des Lebens" schaden.

Ein weiteres Therapieziel ist die **Arbeitsfähigkeit:** "Omne ens est operativum', habe ich in der philosophischen Anthropologie gelernt. Das heißt, kein Mensch kann glücklich und von Lebenskraft erfüllt sein, wenn er nicht gern an einer Arbeit gestaltet, die ihn (wenigstens zeitweise) ganz ausfüllt und ihn Freude und Erfolg erleben läßt; so erfährt er, daß er selbst etwas wert ist. Empirische Untersuchungen bei chronisch Arbeitslosen und Kranken - in bezug auf Lebenseinstellung und Sinnerfahrungen - könnten hier (aus sehr verschiedenen weltanschaulichen Lagern) angeführt werden. Schließlich gibt es auch eine Fülle von positiven Äußerungen des kirchlichen Lehramts und der christlichen Gesellschaftslehre zum "Vorrang der Arbeit" und zum Glück und zur Erfüllung von Menschen durch sinngebende Tätigkeiten.

Es bleibt schließlich die Selbsterziehung und die Selbsttherapie zur **Liebesfähigkeit:** Liebe ist nun fast unendlich vielschichtig zu deuten und zu interpretieren. Aus der Sicht einer psychosomatischen Anthropologie kann nur die dreifache Liebe, wie sie auch in der Bibel beschrieben ist, sinnvoll und menschlich erfüllend sein: Die **Selbstliebe** (Annahme meiner selbst mit allen Möglichkeiten und Grenzen), die **Nächstenliebe** (Interesse und Anteilnahme am vielfältigen Leben des "Du" in ständigem Suchen nach jeweils entsprechender Nähe und Distanz) und die **Gottesliebe** (der Weg und die Suche nach dem letzten Geheimnis, das wir Gott nennen, den zu erleben und in den umgewandelt zu werden ich mich sehne). Gefahren, daß diese dreifache Liebe zeitweise zwiespältig, einseitig oder verzerrt wird, sind häufig: Es gibt Menschen, die auch nach langer Psychotherapie auf dem "Egotrip" bleiben und sich wundern, wenn sie einsam, starr und unlebendig werden. Es gibt aber auch Menschen, die vorgeben, Gott allein lieben zu wollen und die dann sich, ihre eigenen Talente und ihre Mitmenschen verkümmern lassen. Es käme darauf an, immer wieder **in den verschiedenen Zeiten des Lebens** die Einheit und die Harmonie in den verschiedenen Objekten und Formen der Liebe zu suchen und zu finden. Diese Harmonie und Einheit in der Liebe wird - menschlich gesehen - immer Stückwerk bleiben (vgl. 1 Kor 13) - jedenfalls solange wir "irdisch" leben. Ähnlich ist auch die Harmonie in den Therapie- und Lebenszielen zu denken und zu verwirklichen:

Es gibt eine Zeit zum ***Genießen**, eine* Zeit zum ***Verzichten,*** eine Zeit zum ***Arbeiten*** und eine Zeit zum ***Lieben**.* Das Bemühen um Unterscheidung und um entsprechende Konzentration in Wachsamkeit, Gerechtigkeit und Tapferkeit, Mäßigung und Klugheit kann helfen, ***die jeweils rechte Zeit*** (meinen ganz persönlichen Kairos hier und jetzt) zu unterscheiden und mich für das jeweils rechte Tun zu entscheiden.

Diese vier Therapieziele können und sollten auch einer empirisch-wissenschaftlichen *Evaluation* zugänglich sein, wenn klinisch arbeitende TherapeutInnen darüber einen Konsens herbeigeführt haben. In diesem Sinn vollzieht M. Bullinger einen wichtigen Schritt zur Evaluation des menschlichen Grundwertes "Leben" bei psychotherapeutischen Prozessen, wenn sie (in ihrem Übersichtsartikel) "Gesundheitsbezogene Lebensqualität ***und*** subjektive Gesundheit zu einem ***Forschungsobjekt*** in der Medizin erhebt“[18]. Allerdings könnte der Begriff "Lebensqualität" allzu subjektivistisch und zu zeitbezogen verstanden werden. Er bedarf der Ergänzung durch das Postulat und das Therapieziel der Lebens***tüchtigkeit,*** d. h. das, was auf Dauer "taugt" und was „Zufriedenheit" (Glück ?) bringt.

Die genannten Therapieziele basieren auf einem allgemein verständlichen und philosophisch gut abgesicherten Menschenbild. Angesichts der Sichtweise des Psychiaters und Philosophen K. Jaspers und der Erklärung des Boethius, daß der Mensch ein Grenz- und Mängelwesen ist, das aber dennoch offen und fähig ist, Unendliches zu denken, zu wünschen und zu hoffen, können daher psychotherapeutische Erfolgsevaluationen nicht zu empirisch und positivistisch ausfallen: eine relative Gewißheit" sollte genügen. Wenn die Psychoanalyse lediglich "hysterisches Elend in gemeines Unglück umwandeln" konnte (s. o.), dann gilt das analog letztlich für jede Psychotherapiemethode. "Gemeines Unglück" meint wohl die existentielle Grundbefindlichkeit des Menschen als eines Wesens, das begrenzt, kontingent, endlich und "preisgegeben an den Zufall“ (K. Jaspers) ist. Diese existentiellen Grundbefindlichkeiten kann keine Psychotherapiemethode beseitigen. Dem entspricht auch der alte und dennoch moderne

[18] Bullinger, M.: Gesundheitsbewußte Lebensqualität und subjektive Gesundheit. Überblick über den Stand der Forschung zu einem neuen Evaluationskriterium in der Medizin. In: Psychotherapie, Psychosomatik, Medizinische Psychologie 47 1997, (S. 76 - 91)

Satz: Therapeutes (medicus) curat, natura - vel Deus - sanat. Die TherapeutInnen machen sich Gedanken, vielleicht auch Sorgen, die Natur - Gott - heilt!
Wie und wann "Glaube" heilt, ist meistens empirisch kaum faßbar. Auch die Heilungen Jesu Christi im Neuen Testament sind (nur) "Zeichen" (vgl. Lk 11, 20), aber keine Beweise.

Teil III: Geheimnis der Liebe

Angelika und Joachim Eckart

Dich dich sein lassen[1]

Ehe in systemischer Perspektive

“Seit Adam und Eva”[2] beschäftigt sich die Menschheit mit der Frage nach dem Zueinander von Frau und Mann. Die katholische Kirche sieht in der partnerschaftlich gelebten Monogamie einen wesentlichen Zug der ursprünglichen Schöpfungsordnung zur Geltung kommen (Mk 10, 4-8) und spricht ihr sakramentale Würde zu.[3] In unserer Zeit büßt allerdings die Ehe als Institution und dauerhafte Lebensform ihre gesellschaftliche Selbstverständlichkeit ein.[4] Vielfältige innere und äußere Belastungen erschweren heute das Leben als Paar.[5] Deshalb ist zu fragen, ob und wie unter postmodernen Bedingungen eine Ehe als erfüllende Daseinsform lebenslang Bestand haben kann. Die Gedichtzeile von Erich Fried “dich dich sein lassen” erscheint uns unter systemischer Perspektive dafür als ein “positives Schlüsselwort”[6].

1. Beziehungswelt kreieren – ein epistemologischer Ansatz

“Wir gingen auseinander, ohne einander verstanden zu haben. Wie denn auf dieser Welt keiner leicht den anderen versteht.” Diese Erfahrung ist so alt wie neu, daß sie nicht nur als Sentenz bei Johann Wolfgang von Goethe in “Die Leiden des jungen Werther” zu finden ist, sondern auch zu unserem Alltag gehört. So läßt Luigi Pirandello in “Sechs Personen suchen einen Autor” den Vater sagen: “Wir tragen alle eine Welt von Dingen in uns; jeder seine eigene Welt! Doch wie sollen wir einander verstehen, Herr Direktor, wenn ich in die

---

[1] Fried, E., Es ist was es ist, Berlin 1995, 121.-133. Tausend, 34.

[2] Schüngel-Straumann, H., »Seit Adam und Eva ...« Wie die Bibel vom Geschlechterverhältnis spricht, in: Hirschberg 7/8 2001, hier zit. nach: www.kath.de/nd/kmf/hirschgb/07_08_/378.htm.

[3] Gemeinsame Synode der Bistümer in der Bundesrepublik Deutschland, Beschlüsse der Vollversammlung. Offizielle Gesamtausgabe 1, Freiburg 1976, Beschluss: Christlich gelebte Ehe und Familie, 01.

[4] Vgl. Buba, H.-P., Neue Beziehungsformen - alte Strategien der Bildungsarbeit?, in: AKF, Aktuelle Entwicklungen im Eheverständnis, 67. Zwar geht auch heute noch ein hoher Prozentsatz der Bevölkerung eine Ehe ein; dieser können aber im Falle einer Scheidung sukzessiv weitere Eheschließungen folgen. Derzeit enden etwa 10 von 1000 bestehenden Ehen in einer Scheidung. Vgl. Statistisches Bundesamt: Neuer Höchststand bei den Ehescheidungen im Jahr 2000, unter: http:// www.destatis.de/press/deutsch/pm2001/p3090023.html.

[5] Vgl. Klann, N., Bestandsaufnahme in der institutionellen Ehe-, Familien- und Lebensberatung, Stuttgart 1994, 43.

[6] Vgl. dazu die Schlüsselmethode nach Karl Frielingsdorf und deren Verständnis des positiven Schlüsselwortes als Leitziel der Identitäts- und Glaubensfindung. Vgl. Frielingsdorf, K., Mein Leben annehmen. Der pastoraltherapeutische Impuls der Schlüsselmethode, Mainz 1993, 25f.

Worte, die ich spreche, den Sinn und die Bedeutung der Dinge lege, die in mir sind, während jener, der sie hört, sie unweigerlich mit dem Sinn und der Bedeutung auffaßt, die sie in seiner inneren Welt haben. Wir glauben einander zu verstehen, doch wir verstehen uns nie!"[7] Das allerdings, so konstatiert der Soziologe Niklas Luhmann, braucht einen nicht zu überraschen, denn daß Kommunikation gelingt, ist höchst unwahrscheinlich. Daß man/frau einander versteht, erscheint unwahrscheinlich, weil die am Gespräch Beteiligten ein voneinander getrenntes Bewußtsein und Gedächtnis haben. Fraglich bleibt dabei ferner, in wie weit die Beteiligten sich gegenseitig ihre ganze Aufmerksamkeit schenken. Der Erfolg einer Kommunikation dürfte darüber hinaus unwahrscheinlich sein, weil - selbst wenn die Adressaten die Mitteilung verstehen - dies noch lange nicht das gewünschte Erleben, Denken und Handeln evoziert.[8]

Diese Einsicht erweckt Widerspruch, wo man Kommunikation als Informationsübertragung versteht. In Anlehnung an das informationstechnische Kommunikationsmodell von Claude E. Shannon und Warren Weaver[9] besteht hierbei oft noch die Vorstellung, die Information könne von einem Sender zu einem Empfänger durch einen Kanal übertragen werden. Die Informationen erscheinen als "Gegenstände", die gleichsam wie Container auf einem Schienennetz verladen und zum jeweiligen Bestimmungsort verschoben werden. Der Empfänger nimmt dann wie bei einer Warensendung die Nachricht des Senders entgegen. Unsere Alltagserfahrungen selbst sind es, die diese gebräuchliche Vorstellung von Kommunikation in Frage stellen, wie uns nicht nur die Sentenz von Johann Wolfgang von Goethe belehrt.

1.1 Nicht-verstehen verstehen

Einen neuen Zugang dazu, unser Nicht-verstehen zu verstehen, verschaffen uns insbesondere die neueren Forschungsergebnisse der Neurobiologie und der Hirnforschung.[10] Danach bildet das Gehirn nicht durch unsere Sinnesorgane die Welt ab, wie die alltäglichen Erfahrungen uns immer wieder den Eindruck vermitteln, sondern die von uns erlebte sinnliche Welt ist "ein Konstrukt des Ge-

---

[7] Pirandello, L., Sechs Personen suchen einen Autor, Stuttgart 1995, 41.

[8] Vgl. Luhmann, N., Was ist Kommunikation?, in: Simon, F. B.(Hg.), Lebende Systeme, Frankfurt a. Main 2. Aufl. 1998, 19-31. Weiterhin Schmidt, S. J., Wir verstehen uns doch?, Von der Unwahrscheinlichkeit gelingender Kommunikation, in: Deutsches Institut für Fernstudien an der Universität Tübingen (Hg.), Funkkolleg. Medien und Kommunikation. Konstruktionen von Wirklichkeit. Studienbrief 1, 50-78, hier: 58.

[9] Es handelt sich hierbei allerdings um ein mathematisch begründetes Kommunikationsmodell, dass sich als eine Theorie der Signalübertragung auf den technisch und naturwissenschaftlichen Bereich bezieht. Vgl. ebd. 59.

[10] Die folgende Ausführungen berufen sich insbesondere auf Maturana, H. R. / Varela, F. J., Der Baum der Erkenntnis, München 1987. Roth ,G., Das Gehirn und seine Wirklichkeit. Kognitive Neurobiologie und ihre philosophischen Konsequenzen, Frankfurt a.M.^{2} 1995. Roth, G., Erkenntnis und Realität: Das reale Gehirn und seine Wirklichkeit, in: Schmidt, S. J., Der Diskurs des Radikalen Konstruktivismus, Frankfurt am Main 1987, 229-255.

hirns, wenn auch keineswegs ein willkürliches Konstrukt"[11]. Das menschliche Gehirn besitzt keinen direkten Zugang zur Außenwelt. Zwar ist es als Bestandteil des Nervensystems energetisch offen und nimmt durch die Sinnesorgane Reize auf; die Weiterverarbeitung - also das Sehen, Hören, Schmecken, Riechen und Verstehen - vollzieht sich aber in einem kognitiv und semantisch geschlossenen System. Als ein funktional und kognitiv abgeschlossenes System ist das menschliche Gehirn dennoch nicht ohne Kontakt zur Außenwelt.[12] Sehr wohl können äußere Einflüsse mittels der Sinnesorgane auf die Zustände des Gehirns einwirken. Allerdings können dabei die Signale der Sinneszellen nur jeweils das bedeuten, was ihnen die Hirnregionen an Bedeutung zuschreiben, denn bei den Nervenimpulsen handelt es sich um sensorisch unspezifische Reize. Das Gehirn ist von daher nicht nur ein signalverarbeitendes, sondern auch ein bedeutungserzeugendes Organ. Auf der Grundlage der Ergebnisse der Hirnforschung läßt sich mit Gerhard Roth die Gleichung aufstellen: Wahrnehmung ist Bedeutungszuweisung. Wahrnehmung kann demnach nicht im Sinne einer passiven Informationsaufnahme als ein rezeptiver Vorgang ("Vorgegebenes abbilden") verstanden werden. Vielmehr geht es bei der Wahrnehmung um einen aktiven und dazu noch kreativen Aneignungsprozeß ("Eigenes gestalten") des handelnden Subjekts.

Daß dem Gehirn ein direkter Zugang zur Außenwelt verschlossen ist, erscheint zunächst wie eine üble Pose der Evolution; doch gerade die operationale Geschlossenheit ist es, die es ermöglicht, bei der Aufnahme von Reizen, gerade nicht einem Reiz-Reaktionsprozeß zu unterliegen. Ein Reflexsystem beispielsweise, das der Umwelt gegenüber ganz offen ist, reagiert zwangsläufig auf einen bestimmten Reiz mit einer ganz bestimmten Reaktion. Der Reflex ist also ganz starr an die Umwelteinflüsse gekoppelt. Im Gegensatz dazu arbeitet das Gehirn bei der Weiterverarbeitung von Reizen kognitiv und semantisch geschlossen. Aber gerade so kann der Reiz-Reaktionsprozeß durchbrochen werden. Es mag zunächst grotesk anmuten, aber es ist in der Tat die Selbstreferentialität[13] des Gehirns, die den Menschen zur bewußten Wahrnehmung, zum planvollen Handeln und schließlich zur erfolgreichen Bewältigung komplexer Umweltanforderungen befähigt. "Externe Komplexität wird durch intern generierte Komplexität reduziert. Wäre das menschliche Gehirn, so wie immer behauptet, wirklich ein »offenes«, d.h. auf genaue Erfassung der Welt ausgerichtetes System, so wäre es häufig von der Flut der Umweltereignisse überwältigt und zur Steuerung sinnvollen Handelns gar nicht fähig."[14]

---

[11] Ebd. 235.

[12] Der "Begriff »kognitive Abgeschlossenheit« kann leicht mit »Isolation von der Welt« verwechselt werden". Ebd. 243.

[13] Selbstreferentialität meint, daß die inneren Zustände eines Systems in operational geschlossener Weise also strukturdeterminiert generiert werden.

[14] Ebd. 247.

1.2 Verstehen als kreativer Zirkel

Angesichts des neurophysiologischen Befundes stellt sich die grundlegende Frage, nämlich wie dann Verstehen überhaupt möglich ist. Auf die Frage, wie operational geschlossene Systeme mit der Umwelt interagieren, lautet die Antwort lapidar: durch strukturelle Koppelung.

Der Begriff der strukturellen Koppelung geht zurück auf die beiden Neurobiologen Humberto R. Maturana und Francisco J. Varela. Die beiden Chilenen verwenden diesen Begriff in Korrespondenz zu ihrem Konzept der Autopoiese[15] und erklären damit wie ein autopoietisches System mit seiner Umwelt interagieren kann. Nach dem Konzept "Autopoiese und strukturelle Koppelung" arrangiert sich die Interaktion zwischen System und Umwelt, gerade nicht so, daß Einflüsse von außen quasi determinierend auf die biotische Einheit einwirken. Diese können allenfalls eine Strukturveränderung insinuieren. Das biotische System empfindet äußere Einflüsse zunächst als Perturbation[16] und verarbeitet diese unter der Vorgabe des eigenen inneren Zustands. Es ist die Struktur des Lebewesens selbst, die vorgibt, zu welchen Veränderungen es durch Perturbationen kommt.

Dieser epistemologische Ansatz beinhaltet weitreichende Konsequenzen. Einerseits: Auch wenn das menschliche Gehirn ein operational in sich abgeschlossenes kognitives System ist, so erzeugt es Wahrnehmung nicht willkürlich. Ein von der Welt isoliertes Gehirn könnte kein überlebensförderliches Verhalten hervorbringen. Andererseits: Es gilt "daß man das Phänomen des Erkennens nicht so auffassen kann, als gäbe es «Tatsachen» und Objekte *da draußen*, die man nur aufzugreifen und in den Kopf hineinzutun habe. [.../E.] Die Erfahrung von jedem Ding «da draußen» wird auf eine spezifische Weise durch die menschliche Struktur konfiguriert, welche «das Ding», das in der Beschreibung entsteht, erst [für mich/E.] möglich macht."[17] Diese Einsicht mündet in den Aphorismus: "*Alles Gesagte ist von jemandem gesagt.* Denn jede Reflexion

---

[15] Bei Autopoiese handelt es sich um eine Wortschöpfung von Maturana und Varela, die besagt, daß Lebewesen sich permanent selbst erzeugen. Danach dient die Selbstorganisation biotischer Systeme dem Überleben und der Fortpflanzung. Ein Beispiel für Autopoiese ist die Mitose (Zellteilung), dabei entstehen zwei Einheiten der selben Klasse. Entsprechend dem Autopoiesiskonzept sind Systeme zirkulär strukturiert. Vgl. Maturana, H. R. / Varela, F. J, Der Baum der Erkenntnis, 50-60. Am Beispiel der zellulären Dynamik erläutern die chilenischen Biologen, dass autopoietische Organisationen ihr biotisches System selbst konstituieren, ihre eigenen Grenzen (*Membran*) bilden und ihre eigenen Elemente erzeugen. Wie Maturana und Varela in ihrem Buch "Der Baum der Erkenntnis" darlegen, ist für das Verstehen der autopoietischen Organisation maßgeblich von Bedeutung, daß die Membran eben nicht vergleichbar etwa eines maschinellen Erzeugnisses ein bloßes Produkt des Zellstoffwechsels ist. Vielmehr nimmt der häutchenartige Rand selbst an dem zellulären Transformationsprozeß teil. Hier besteht für den Bestand der Zelle eine lebensnotwendige Wechselwirkung: Die Membran ist ein konstitutives Element für den Stoffwechsel, aber umgekehrt ist die zelluläre Dynamik eine notwendige Voraussetzung für den häutchenartigen Rand. Ebd. 54.

[16] Das Gemeinte wird hier vage mit "Störungen" übersetzt; positiv konnotiert kann es als "Anregung" verstanden werden.

[17] Ebd. 31.

bringt eine Welt hervor und ist als solche menschliches Tun eines einzelnen an einem besonderen Ort."[18] Es handelt sich hierbei um "eine Epistemologie des Beobachtens. Das heißt, Beobachter und Beobachtetes sind untrennbar verknüpft"[19].
Das Prinzip der strukturellen Koppelung durchbricht sowohl einerseits den Teufelskreis eines von der Umwelt aufoktroyierten Reiz-Reaktionsprozesses - im sozialen Umfeld heißt das Spiel "Heteronomie"[20], indem man für die eigenen Handlungen ständig andere als verantwortlich dafür erklärt - als auch andererseits überwindet es den circulus vitiosus, der uns im Solipsismus begegnet, wonach die Welt nur in den eigenen Vorstellungen existiere. Vielmehr gilt es, Wahrnehmen und Verstehen im Sinne der strukturellen Koppelung als ein kreativer Zirkel zu begreifen. Dieser circulus virtuosus geht hervor aus der Spannung zwischen dem Du und dem Ich und diese Beziehung heißt "bezogene Individuation"[21], die aus der Einsicht lebt: Dich dich sein lassen.

2. Ehebilder gestern und heute

Im "golden age of marriage" der 50er und 60er Jahre im vergangenen Jahrhundert ist es kaum vorstellbar, daß sich irgendwann einmal bezüglich des Grundwertes Ehe ein Bewußtseinswandel vollziehen würde. Es gehört zum selbstverständlichen Männerbild dieser Jahre, als Ehemann und Vater Frau und Kinder allein verantwortlich zu ernähren, während sich Frauen - ganz im Sinne der damaligen Familienpolitik - nahezu fraglos für die Lebensperspektive "Hausfrau" entscheiden.[22] Im Jahr 1957 schreibt das "Gesetz über die Gleichberechtigung von Mann und Frau" diese geschlechtsspezifische Arbeitsteilung als Eheleitbild fest. Verheiratete Frauen sind nur unter der Voraussetzung zur Erwerbsarbeit berechtigt, daß »dies mit ihren Pflichten in Ehe und Familie vereinbar« ist.[23] Diese Rechtsgrundlage hat bis zur Reform des Eherechtes im Jahr 1977 Bestand. Das "Letztentscheidungsrecht des Ehemannes"[24], ebenfalls 1957 noch

---

[18] Ebd. 32.

[19] Heinz von Foerster, Entdecken oder Erfinden. Wie läßt sich Verstehen verstehen, in: Gumin, H., / Meier H. (Hg.), Einführung in den Konstruktivismus, München 1992, 44.

[20] Foerster, H. von, Das Konstruieren einer Wirklichkeit, in: Watzlawick, P. (Hg.), Die erfundene Wirklichkeit, München[3] 1985.

[21] Stierlin, H., Ich und die anderen, Psychotherapie in einer sich wandelnden Gesellschaft, Stuttgart 1994, 111ff.

[22] Sehr entschieden lehnt der erste deutsche Familienminister Franz-Josef Wuermeling die Frauenerwerbstätigkeit ab, weil sie zu sehr den Individualismus betone und damit "gemeinschaftszerstörenden Charakter" habe. Vgl. Cornelissen, W., Traditionelle Rollenmuster - Frauen und Männerbilder in den westdeutschen Medien, in: Helwig, G. / Nickel, H. M.(Hg.), Frauen in Deutschland 1945-1992, Bundeszentrale für politische Bildung, Schriftenreihe Bd. 318, Bonn 1993, 53 (zit. Cornelissen, W., Traditionelle Rollenmuster).

[23] Vgl. Gysi, J. / Meyer, D., Leitbild: berufstätige Mutter - DDR-Frauen in Familie, Partnerschaft und Ehe, in: Helwig, G. / Nickel, H. M. (Hg.), Frauen in Deutschland 1945-1992, Bundeszentrale für politische Bildung, Schriftenreihe Bd. 318, Bonn 1993, 109.

[24] Cornelissen, W., Traditionelle Rollenmuster, 54.

einmal durchgesetzt, wird 1959 durch das Bundesverfassungsgericht aufgehoben.
Eine vehement geführte Diskussion bezüglich der Rechte und Pflichten in der Ehe setzt im Zuge der "1968er Kulturrevolution und mit der Bildung der sozialliberalen Koalition (1969) ein. Es wurde schick, nach neuen Ufern Ausschau zu halten, die geltenden Regelungen als veraltet und steril hinzustellen und selbst Tabus zu ‚hinterfragen'"[25], wie Anton Rauscher die damaligen Aufbrüche kommentiert. Durch fortschreitende Modernisierungs- und Individualisierungsprozesse gerät das traditionelle Ehemodell mit seinen komplementären Geschlechterrollen in den folgenden Jahrzehnten unter Druck.[26] Auf gesetzlicher Ebene verwirklicht die Reform des Ehe- und Familienrechtes im Juli 1977 die längst im Grundgesetz verankerte Gleichberechtigung im Blick auf die persönlichen Ehewirkungen. Das neue Recht schreibt zudem das Partnerschaftsprinzip fest und stellt das Scheidungsrecht um, indem das Schuldprinzip zugunsten des Zerrüttungsprinzips aufgegeben wird.[27] Ehepaaren wird es nun freigestellt, wie sie in gegenseitigem Einvernehmen die Aufgabenverteilung untereinander regeln. Diese Gesetzesänderung bedeutet zwar "keine formale Absage an die Unauflöslichkeit der Ehe, die nach wie vor ‚auf Lebenszeit' eingegangen wird"[28]. Sie erleichtert aber die Ehescheidung und trägt damit zu einer Distanzierung von tradierten christlichen Werthaltungen bei. Auch unter katholischen Eheleuten kommt es vermehrt zu Scheidungen. Scheidung, früher als dramatisches Scheitern gewertet und Auslöser massiver Nachteile, führt kaum mehr zur gesellschaftlichen Stigmatisierung, sondern erfährt eine gewisse Akzeptanz. Auch Zweitehen werden im veränderten Sozialklima toleriert. Diskrepanzen zwischen gesellschaftlichen und kirchlichen Wertsystemen treten dadurch stärker hervor. Sie wirken sich im Krisenfall meist negativ auf die kirchliche Bindung aus.

2.1 Trendumbruch in der Sozialform Ehe

Die These vom Trendumbruch bezüglich der Sozialform Ehe wird soziologisch mit vier Tendenzen belegt[29]: (1) Ehen verlieren an Stabilität. Das belegt die Zunahme der Scheidungsrate; (2) Die Lebensform Ehe wird seltener gewählt; ablesbar am Rückgang der Heiratsziffern und der Verheiratetenquote[30]; (3) Ehen

---

[25] Rauscher, A., Ehe und Familie ins Abseits?, in: Katholischen Sozialwissenschaftlichen Zentralstelle Mönchengladbach (Hg.), Reihe Kirche und Gesellschaft, Nr. 279, Köln 2001, 4.
[26] Vgl. Schulze, H.-J. / Künzler, J.: Familie und Modernisierung: kein Widerspruch, in: Gabriel, K. / Herlth, A. / Strohmeier, K. P. (Hg.), Modernität und Solidarität: Konsequenzen gesellschaftlicher Modernisierung, Freiburg i. Br. 1997, 91-105, hier: 92 (zit. Schulze, H.-J., Familie).
[27] Vgl. Bundesministerium für Jugend, Familie, Frauen und Gesundheit (Hg.), Frauen in der Bundesrepublik Deutschland, Bonn 1989, 107.
[28] Rauscher, A., Ehe und Familie ins Abseits?, 5.
[29] Vgl. Müller, S., Krisenethik der Ehe. Aussöhnung in der Lebensmitte, Würzburg 1997, 18f.
[30] Allerdings ist bei dieser Aussage die Wahl des historischen Vergleichspunktes entscheidend. So sind etwa im Jahr 1890 in Österreich lediglich 47,3 % der über 18jährigen verheiratet, während 1961, also im "golden age of marriage", mehr als 60,1 % in einer Ehe leben. Vgl. Österrei-

sind weniger "produktiv", d. h. pro Ehepaar werden weniger Kinder geboren; (4) Es findet ein Auffassungswandel über die Bedeutung der Ehe statt. Diese Veränderungen vor Augen könnte die Vermutung naheliegen, daß die Ehe nur noch ein Auslaufmodell ist.
Solche "Zerfallsthesen"[31] sind historisch betrachtet keineswegs neu. Und jeweils ist es die Stärkung individueller Rechte und Wahlmöglichkeiten der Frauen, die Prognostiker veranlassen, den Zerfall von Ehe und Familie vorher zu sagen, ohne daß er je eingetreten wäre. Bereits Mitte des 19. Jahrhunderts warnen Familiensoziologen eindringlich, die bürgerliche Familie sei unmittelbar in ihrem Bestand bedroht. Als Indikatoren dafür werden die sich abzeichnende Demokratisierung der Familienstrukturen ebenso angeführt wie der Autoritätsverlust des Hausvaters sowie die gleichberechtigte Teilhabe der Kinder am Erbe. Als Gefährdung der Familie werten die Soziologen außerdem das damals neu aufkommende bürgerliche Familienmodell, wonach der Mann und Vater die Rolle des Ernährers und die Ehefrau die Rolle der Hausfrau und Mutter einnimmt. Es ist der Beginn desjenigen Ehemodells, dessen allmähliche Auflösung wir derzeit erleben.[32]

2.2 Ehe und Geschlechterrollen

Der neuerliche Individualisierungsschub nach 1968 bewirkt, daß zunächst ein Anpassungsprozess der Frauen an Verhaltensweisen der Männer stattfindet. Dieser Wandel ist insbesondere an Veränderungen im Bildungs- und Erwerbsverhalten ablesbar[33]. In dessen Folge beanspruchen Frauen vermehrt "Selbständigkeit, Autonomie, Mobilität [und/A. E.] eine selbstbestimmte Lebensführung"[34]. Modernisierung im Sinne der "Durchsetzung von Gleichheit"[35] bedeutet somit zunächst eine Veränderung zugunsten von Frauen und eine Bedrohung bisheriger Privilegien der Männer. Doch trotz einer veränderten Gesetzesgrund-

---

chischer Familienbericht, hier zit. nach Lange, J., Ehe- und Familienpastoral heute. Situationsanalyse, Impulse und Konzepte, Freiburg i. Br.² 1977, 27.

[31] Schütze, Y., Formen und Lebensstile von Familien, in: Bundesministerium für Familie, Senioren, Frauen und Jugend. Materialien zur Familienpolitik Nr. 5, Familie 1999. Dokumentation einer Fachtagung der Abteilung Familie des Bundesministeriums für Familie, Senioren, Frauen und Jugend am 27. April 1999, 1f.

[32] Neben der klassischen Versorgungsehe bestehen heute als Paarbeziehungsmodelle: die Liebesehe, die Partnerschaftsehe, das Modell individualisierte Partnerschaft, sowie das Modell Liebespaar auf Zeit. Vgl. Eckart, A. M., Bezogene Individuation in der Ehe. Eine pastoralpsychologische Studie über den Beitrag systemischer Therapiemodelle für die katholische institutionelle Eheberatung, Frankfurt a. Main 1999, 131ff.

[33] Vgl. Bundesministerium für Familie, Senioren, Frauen und Jugend (Hg.), Bericht der Regierung der Bundesrepublik Deutschland für die 4. Weltfrauenkonferenz 1995, Bonn² 1994, 31ff. Vgl. Bundesministerium für Arbeit und Sozialordnung: Arbeits- und Sozialstatistik unter http://www. bma.de.

[34] Pohl-Patalong, U., Seelsorge zwischen Individuum und Gesellschaft. Elemente zu einer Neukonzeption der Seelsorgetheorie, Stuttgart 1996, 71.

[35] Schulze, H.-J., Familie, 97.

lage und trotz Wandlungsprozessen im Bewußtsein gilt faktisch weitgehend auch heute noch für die weibliche Sozialisation, daß systematisch geweckte Erwartungen auf eine gleichgewichtige Teilhabe an gesellschaftlichen Möglichkeiten nur teilweise erfüllt werden. Insbesondere mit der Familiengründung wird deutlich, wie wenig der durch das Grundgesetz zugesagte Schutz von Ehe und Familie in der gegenwärtigen Berufs- und Wirtschaftsordnung erfüllt wird. Familienfeindliche Strukturen manifestieren sich in der Trennung von "Erwerbs ort und Familienort - von Arbeitsplatz und Familienwohnung - sowie in der rechtlichen Herabstufung der Familientätigkeit zu einer wirtschaftlich unerheblichen Leistung"[36]. Die zugesicherte "Freiheit zur Familie (Art.6 GG) und Freiheit zum Beruf (Art.12 GG) entspricht nicht den tatsächlichen Verhältnissen, denn junge Paare werden vor die "schroffe Alternative gestellt, sich entweder für die Berufstätigkeit oder das Kind zu entscheiden"[37]. Wer beides gleichzeitig wählt, bringt sich in die Gefahr der permanenten Überforderung. Notgedrungen greift dann bei jungen Familien oft wieder die Formel: "Männer sorgen für das Einkommen; Frauen für das Auskommen. Männer sind Familienerhalter, Frauen Familiengestalterinnen"[38]. Damit entfernen sich Paare aber häufig von ihrem ursprünglichen Lebensentwurf. Die deshalb fast unweigerlich auftretenden Enttäuschungen bezüglich der tatsächlichen Gestaltungsräume der eigenen Lebenswirklichkeit muß jedes Paar individuell verarbeiten, selbst wenn deren Ursachen primär gesellschaftlich begründet sind.[39] Wirkliche "Gleichstellung und Autonomie"[40] wäre heute für beide Geschlechter wohl eher mit einer hälftigen Teilung von "Erwerbsarbeit und Lebensarbeit"[41] zu erreichen: beide erleben dann die Vorteile und Belastungen, die mit der Sorge für Auskommen *und* Einkommen verbunden sind an der eigenen Haut; beide stehen gleichzeitig in der Verantwortung, Familie zu erhalten *und* zu gestalten. Übergänge im Familienzyklus, die heute meist biographische Brüche und völlig veränderte Rollenanforderungen für beide Ehepartner zur Folge haben, werden dann ebenfalls abgemildert. Es gilt als empirisch abgesichert, daß sich bei Männern und Frauen bezüglich ihrer Ehe die größte Zufriedenheit einstellt, wenn sie in ihren Rollen-

---

36 Kirchhoff, P., Ehe und Familie als Grundlage einer freiheitlichen Gesellschaft, in: Stimmen der Zeit 217 (1999) H. 8, 509.

37 Ebd.

38 Zulehner, P. M. / Volz, R., Männer im Aufbruch, Wie Deutschlands Männer sich selbst und wie Frauen sie sehen. Ein Forschungsbericht, Ostfildern 1998, 127.

39 Vgl. dazu Eckart, A. M., Bezogene Individuation in der Ehe, 109ff. Vgl. ebenso Eckart, A. M., Ehe als Projekt des schönen Lebens, in: Blickpunkt EFL-Beratung, April 2000, 32-37.

40 Unter dieser Formel faßt Friedhelm Hengsbach die Leitbilder einer politischen Kooperation, die eine krankmachende Konkurrenz ablösen soll und die das Geschlechterverhältnis neu regelt. Als zukunftsfähiger Gesellschaftsvertrag schließt sie politische wie persönliche Hinsichten in neue Arbeits- und Lebensformen ein. Vgl. Hengsbach, F., Abschied von der Konkurrenzgesellschaft. Für eine neue Ethik in Politik, Wirtschaft und Gesellschaft, München 1995, 135ff. u. 226.

41 Ebd.

bildern den Wandel hin zum neuen egalitären Typus von Beziehungsgestaltung vollziehen.[42] Dieser Wandel braucht aber gesellschaftliche Stützen.

2.3 Emotionale Bindung als Grundlage der Ehe

Heute ist die emotionale Bindung wichtigste Grundlage der Ehe. Damit steigen die Erwartungen an die Partnerschaft, wie auch an den Partner bzw. die Partnerin.[43] Wegen der Auflösung homogener gesellschaftlicher Milieus und einer noch weiter fortschreitenden Individualisierung ist in Zukunft mit einer noch stärkeren Unähnlichkeit der Partner zu rechnen.[44] In dem Maße, wie Menschen in ihrer bisherigen Lebensgeschichte andere Prioritäten und Erwartungen ausgeprägt haben und sich eigene, implizite Regeln der Lebensgestaltung, der Kommunikation und Entscheidungsfindung zu eigen gemacht haben, erleben sie sich gegenseitig als fremd. Je polarer Paare im Lauf ihrer Paargeschichte ihre Aufgabenverteilungen ausprägen (müssen), desto fremder wird ihnen zudem die alltägliche Lebenswirklichkeit des Gegenübers. "Immer mehr Anstrengungen sind dann nötig, damit die Verständigung auf ein gemeinsames Projekt auch gelingt"[45]. Mit dieser Basis wird Ehe zu einem fragilen Konstrukt. Nicht selten kommt es dann zu Entwicklungen die das ‚Dich dich sein zu lassen' unter ein negatives Vorzeichen stellt, in dem Sinne, daß sich das anfängliche Interesse am Gegenüber allmählich in Gleichgültigkeit wandelt bis die Liebe schließlich einen stillen Tod stirbt. Nicht zuletzt entpuppt sich darin die heute erwartete hohe emotionale Qualität der Ehe als Ursache der steigenden Scheidungsrate.[46] Angesichts einer erloschenen Liebe bedeutet die Scheidungsbereitschaft jedoch keine generelle Absage an die Lebensform Ehe, sondern speist sich häufig aus der Hoffnung, womöglich in einer neuen Bindung doch noch die schmerzlich vermißte Liebe zu finden.[47]
Diese Sehnsucht nach gelingender Partnerschaft als Motor wird nochmals bestätigt, wenn man sich den engen Zusammenhang zwischen Eheproblemen und psychischen bzw. physischen Erkrankungen vergegenwärtigt. Es bestehen deutliche Hinweise darauf, daß rund 50 % aller Suizide und Suizidversuche im Zu-

---

[42] Vgl. Zulehner, P. M / Volz, R., Männer im Aufbruch, 117.
[43] Vgl. ebd. 246.
[44] Vgl. Kaufmann, F.-X., Zukunft der Familie. Stabilität, Stabilitätsrisiken und Wandel der familialen Lebensformen sowie ihre gesellschaftlichen und politischen Bedingungen, München 1990, 100.
[45] Beck, U. / Beck-Gernsheim, E., Das ganz normale Chaos der Liebe, Frankfurt 1990, 111.
[46] Vgl. Martin Textor: Familienpolitik. Probleme, Maßnahmen, Forderungen, Bonn 1991, 14. Ähnliche Bewertungen finden sich schon im österreichischen Familienbericht des Jahres 1969. Vgl. Rüberg, R., Ehe und Familie im Wandel, in: Struck, G. / Loeffler, L., Einführung in die Eheberatung, Mainz 1971, 87.
[47] Bundesministerium für Familie und Senioren (Hg.), Familien und Familienpolitik im geeinten Deutschland. Zukunft des Humanvermögens. Fünfter Familienbericht, Bonn 1994, 88 (zit. Fünfter Familienbericht).

sammenhang mit interpersonellen Konflikten begangen werden.[48] Ebenso erbringt die empirische Forschung den Nachweis, daß eine dauerhafte Ehe den Partnern meist einen hohen Grad an Zufriedenheit beschert. Dabei fällt die Bewertung der eigenen Ehe seitens der Männer oft noch etwas positiver aus als seitens ihrer Ehefrauen.[49] Es ist demnach eine vordringliche Aufgabe für Kirche und Gesellschaft, Paare in der Festigung der emotionalen Basis ihrer Ehe zu unterstützen.

3. Ehe als konstruktiver Prozess bezogener Individuation

Der Begriff "bezogene Individuation" dient als Verstehensschlüssel für die Veränderungen der Beziehungen in Partnerschaft, Ehe und Familie im Zuge von Individualisierungsprozessen.[50] Da sich Beziehungsformen zunehmend individualisieren, kann auch immer weniger von "Standardfahrplänen und Gesetzlichkeiten der Individuation"[51] ausgegangen werden. Es lassen sich allenfalls einzelne Merkmale beschreiben, an denen ablesbar ist, inwieweit sich ein Individuum erfolgreich bezogen individuiert.[52] Das systemische Schlüsselwort "bezogene Individuation" umschreibt ein "Welt- und Beziehungsverständnis"[53], das Frauen und Männer als ebenbürtig betrachtet und darin dem christlichen Verständnis der Relation Mann-Frau entspricht. Solange Leben feststellbar ist, kann es keine völlige psychische Trennung eines Individuums von den Anderen geben. Deshalb ist Individuation nicht anders möglich denn als bezogene Individuation. Dabei bringt das "Wort »bezogen« ... das Wir und damit den/die anderen ins Blickfeld"[54]. Gleichzeitig sind im Laufe des Individuationsprozesses stets neue Formen und Ebenen der Bezogenheit zu gestalten. Diesem Prozeß ist wegen der Unterschiedlichkeit individualisierter Lebensläufe und Vorstellungen heute ein hohes Konfliktpotential eigen.

---

[48] Vgl. Klann, N., Beratungsbegleitende Forschung - Evaluation von Vorgehensweisen in der Ehe-, Familien- und Lebensberatung und ihre spezifischen Auswirkungen, Stuttgart 1994, 3.

[49] Vgl. Fünfter Familienbericht, 87. Vgl. Zulehner, P. M. / Volz, R., Männer im Aufbruch, 22 u. 117.

[50] Vgl. Stierlin, H., Ich und die anderen, 36.

[51] Ebd. 130.

[52] Merkmale erfolgreicher bezogener Individuation sind: (1) Jemand erlebt sich als eine Person, die eine innere Organisation einer Identität bewahrt; (2) Jemand kann sich von Anderen abgrenzen und seine Bedürfnisse, Ideen, Überzeugungen und Erwartungen als eigene wahrzunehmen und von denen anderer zu unterscheiden; (3) Jemand erlebt sich als zur Intersubjektivität fähiges und bereites Subjekt; (4) Man kann weiterhin eigene Ziele und Werte definieren und notfalls auch gegen die Ziele und Werte anderer durchsetzen; (5) Jemand erlebt sich als verantwortlich für das eigene Leben; (6) Man kann innere Ambivalenz und Polyvalenz erkennen und ertragen (7) Jemand bleibt sich bewußt, daß stets vielfältige Abhängigkeiten bestehen: vom eigenen Körper, von Beziehungen und von der Umwelt. Vgl. ebd. 113f.

[53] Ebd. 37.

[54] Ebd. 119.

Helm Stierlin führt als Verstehenshorizont zentraler Konfliktkonstellationen eine Leitunterscheidung ein, indem er zwischen »Individuation mit« und »Individuation gegen«[55] unterscheidet. »Individuation mit« besagt dabei, daß jemand seine Individuation im Austausch mit den Menschen vorantreibt, denen er sich verbunden fühlt und deren Werthaltungen er weitgehend teilt. Diese Form der Individuation hilft dazu, eigene Gefühle und innere Konflikte differenzierend zu beschreiben[56]. »Individuation gegen« betont statt dessen den Aspekt der Eigenständigkeit, indem eine rigide Abgrenzung eigener Gefühle, Werte und Zielsetzungen gegen die Angebote von nahestehenden Beziehungspartnern gesucht wird. Bezogene Individuation verlangt eine gute Balance zwischen »Individuation mit« und »Individuation gegen«. Eine solche Balance zeigt sich auch in einem balancierten Verhältnis zwischen innerpsychischer und intersubjektiver Konfliktbewältigung in Form einer "liebenden Streitkultur"[57]. Wenn heute der Wunsch nach Beziehungsklärung, Differenzen im Rollenverständnis und Streitverhalten in der Partnerschaft als Hauptkonfliktpunkte genannt werden, weshalb Paare eine Eheberatungsstelle aufsuchen, läßt sich daran ablesen, wie schwer es ihnen fällt, sich sich sein zu lassen.[58]
Bezogene Individuation schließt notwendig eine Haltung ein, die dem Gegenüber vermittelt: "Ich lasse dich dich sein". Das bedeutet, daß bezogene Individuation Respekt *vor* und Neugier *auf* die Sichtweisen des Gegenübers verlangt. Rollenzuschreibungen, die auf Unterdrückung ausgelegt sind, werden obsolet. Weit mehr als die materielle Realität unterliegt in unserer Zeit die Beziehungsrealität einem historischen Wandel. Je mehr sich heute dieser Wandel beschleunigt, desto mehr erfordert die Realität nicht einfache Anpassung, sondern fortdauernde intersubjektive Bewertung und Bestätigung der jeweiligen Wahrnehmungen und Deutungen. Damit sind gegenwärtig viele Bereiche des alltäglichen Lebens für Paare Sache der Verhandlung, des Dialogs, der "positiven Gegenseitigkeit"[59]. Ein Dialog, in dem die Partner ihre jeweilige Position, ihre Sicht auf Probleme, ihre Ziele, ihre Werte und ihre Lebensregeln zur Basis des Austausches machen, ermöglicht bezogene Individuation. In einer solchen Beziehungsdynamik werden Autonomie und Abhängigkeit nicht als Gegensätze verstanden, sondern vielmehr als Faktoren, die sich wechselseitig bedingen. ‚Dich dich sein lassen' bedeutet dann, den Partner bzw. die Partnerin in aller Konsequenz als ebenso entscheidungsfähiges, selbstverantwortliches Ich anzuerkennen wie sich selbst. Beziehungswahrheiten werden in diesem Dialog im Sinne eines prozeßhaften Verständnisses mit "Zeitindex" formuliert, weil sie in

[55] Vgl. ebd. 126.
[56] Vgl. Stierlin, H., Haltsuche in Haltlosigkeit. Grundfragen der systemischen Therapie, Frankfurt 1997, 51.
[57] Ebd.
[58] Vgl. Klann, N., Bestandsaufnahme in der institutionellen Ehe-, Familien- und Lebensberatung, 113ff.
[59] Stierlin, H., Individuation und Familie. Studien zur Theorie und therapeutischen Praxis, Frankfurt a. M. 1994, 15.

Entsprechung zum Wandel der Lebenskontexte bzw. der persönlicher Erwartungen jeweils weiter zu entwickeln sind. Paare befreien sich unter dieser Perspektive aus einem einengenden Ideal der Konfliktfreiheit und des statischen Verständnisses ihrer Beziehung zueinander. Ihre Ehe wird zum dynamischen Geschehen zwischen zwei entwicklungs- und konfliktfähigen Beziehungspartnern, die sich mit ihrer bisherigen Paargeschichte versöhnen und deren Gegenwart lebendig gestalten. Sie ermöglichen sich gemeinsame Zukunft, wenn sie ihren unterschiedlichen Deutungen der Wirklichkeit Raum geben und diese miteinander ins Gespräch bringen, statt darum zu kämpfen, wer dem anderen die eigene Weltsicht aufzuzwingen vermag. In einem Miteinander, das die Individualität und damit die Andersartigkeit des Gegenübers voraussetzt, respektiert und bejaht, können Ehepaare *auch* und *gerade* unter postmodernen Bedingungen die schöpferische Kraft einer Liebe erfahren, die dich dich sein läßt.

Margarete Hecker

Familienrekonstruktion in Ost- und Westdeutschland

Wir verdanken Virginia Satir, der einzigen Frau und Sozialarbeiterin in der ersten Generation der Pioniere der systemischen Familientherapie, ein Geschenk, nämlich eine Methode der Arbeit an der Herkunftsfamilie, die sogenannte Familienrekonstruktion.[1] Schüler von ihr sagten, es sei ihr letzter großer "Geistesblitz" (stroke of genius) gewesen. In einer Zeit, in der Bert Hellinger mit seiner Arbeit der "Familienaufstellungen" in aller Munde ist, möchte ich, die ich Virginia Satir noch persönlich kennen lernen durfte, in diesem Rahmen meine Erfahrungen mit Familienrekonstruktionen reflektieren. Es handelt sich dabei in Ost- wie in Westdeutschland um die deutsche Nachkriegsfamilie.

1. Was verstehen wir unter Familienrekonstruktion? Und wie wird sie erarbeitet?

Zunächst bitten wir das entsprechende Gruppenmitglied ein möglichst vollständiges Genogramm, das ist eine graphische Darstellung des Familiensystems, zu zeichnen, am besten unter Zuhilfenahme von charakteristischen Photos. Dazu gehören die Geburts-, Hochzeits- und Sterbedaten seiner Geschwister, Eltern und deren Geschwister, seiner Großeltern und deren Geschwister bis hin zu den Urgroßeltern. Scheidungen, nicht legitimierte Partnerschaften, Fehlgeburten, Abtreibungen, Krankheiten, Umzüge, Auswanderungen und andere wichtige Ereignisse bitten wir zu vermerken. In einem zweiten Schritt versuchen wir in Form eines Interviews das System dieser spezifischen Familie zu verstehen. Salvador Minuchin, ein anderer weltbekannter Pionier der Familientherapie, sagt in einem seiner letzten Bücher: "Alle Familien sind gleich!" und "Alle Familien sind verschieden!". Dieses Gespräch kann bis zu eineinhalb Stunden dauern. In einem dritten Schritt versuchen wir, die Schlüsselszenen der Familie, die in Bezug zur Lebenssituation und zur Fragestellung des Betreffenden stehen, im Rollenspiel nachzuerleben. Hier ist die große Einfühlungsaufgabe der übrigen Gruppenteilnehmer gefragt, die für die Rollen ausgewählt werden. Auf diese Weise werden oft sehr dramatische Familienerfahrungen erlebbar. Die Einsicht in Hintergründe von Familienentscheidungen, warum es eben so war, wie es war, kann sehr erleichtern, diese Einsicht kann auch von alten Schuldzuweisungen und Vorwürfen befreien. Oft ist es auch nur die neu erlangte Klarheit, die befreit. Manchmal gehen wir auch über die Anerkennung dessen, was war, hinaus. Wir inszenieren Situationen, in denen man sich noch einmal von bereits Verstorbenen verabschiedet, oder wo man Dinge Familienmitglie-

[1] Satir, V., Family Reconstruction, Long Day's Journey into Light, New York 1986.

dern gegenüber aussprechen kann, wie es in der Realität nicht oder nicht mehr möglich ist. So entstehen sehr versöhnliche Gespräche, Befreiungen von rigiden Vermächtnissen und kindlichen Loyalitäten, die ihre Gültigkeit längst verloren haben.
Sozialarbeiter und Sozialpädagogen haben in fast allen Sparten ihres Berufes mit Familien oder mit Einzelnen zu tun, die Probleme mit ihren Familien haben, und die daher in Beziehungsschwierigkeiten geraten. Es ist inzwischen ein anerkanntes Faktum, daß systemisches Arbeiten bzw. Familientherapie als Interventionsrepertoire im beruflichen Alltag der SA/SP nicht mehr wegzudenken ist. Dies kann man sowohl am Curriculum der Ausbildungsstätten, an Weiterbildungsangeboten wie an der Verbreitung der einschlägigen Literatur auf Fachkongressen beobachten. Ich möchte hier nur auf das Handbuch Sozialpädagogische Familienhilfe[2] verweisen. Um professionell in problematischen Familien oder anderen Systemen intervenieren zu können, muß ich selber meine eigene Familie gut kennen, um nicht immer wieder in die offenen Fallen oder bereitstehenden Fettnäpfchen zu treten. Man könnte denken, dies sei nicht so schwer, es sei eigentlich selbstverständlich. Aber dazu möchte ich fragen: Was wissen viele von uns, was genau in ihren Familien im letzten Jahrhundert geschehen ist? Wie haben die Familienangehörigen den ersten Weltkrieg und seine Folgen, die Zeit der Weimarer Republik und die Inflation, die Etablierung der NS-Herrschaft, den zweiten Weltkrieg, Flucht und Vertreibung, die Nachkriegszeit in Ost und West bis zur Wende und danach erlebt? Was haben die wirtschaftlichen Umbrüche in dieser Zeit der Familie abverlangt? Wie haben sich die Mann-Frau-Paare mit diesen Veränderungen abgefunden, und was hat dies für die Paarfindung und andere Lebensentscheidungen der nächsten Generation bedeutet? Wie erlebt die Familie Geburten von Kindern und wie das Sterben und Abschiednehmen von ihren Mitgliedern? Weiche familiäre Kultur entwickelt sich in den verschiedenen Generationen angesichts sehr unter schiedlicher Herkunft der Partner? Wie wird die eigene Religion bzw. Weltanschauung an die jüngere Generation weitergegeben? Wie werden politische Überzeugungen und menschliche Haltungen vermittelt? Gibt es eine Gesprächskultur auch über Konflikte? Wie werden Männer und Frauen bzw. Jungen und Mädchen sozialisiert, gleich oder in weicher Weise unterschiedlich? Welche Geschichten werden weitergegeben und welche verschwiegen? Konnte man sich über gesellschaftliche Tabus hinwegsetzen? Und wie haben diese Erfahrungen die persönlichen Beziehungen in der Familie geprägt? Wurden Mitglieder als Sündenböcke aus dem System ausgestoßen oder verleugnet? Unsere Erfahrung zeigt, daß ein hohes Maß von Verständnis für das Auf und Ab und die Erkenntnis über Zusammenhänge im Leben einer Familie eine große Hilfe bedeutet bzw. Sicherheit vermittelt, wenn man mit extremen Situationen in Klientenfamilien konfrontiert wird. Es ist sehr wichtig, seine eigene emotionale Belastbarkeit in ganz spezifischen familiären Systemen auszuprobieren, oft

[2] Hrsg. vom Bundesministerium für Familie, Senioren, Frauen und Jugend, Berlin 1997.

stößt man dabei auf verborgene Seiten oder Tabuthemen des eigenen Herkunftssystems. Um in solchen Situationen zu lernen, standhalten zu können, hat Virginia Satir das Instrument Familienrekonstruktion geschaffen. Familienrekonstruktionen sind Teil unserer Weiterbildungsangebote der Kurse Systemisches Arbeiten, sie sind nicht unbedingt mit Therapie vergleichbar, haben aber doch gleichwohl therapeutischheilende, mit der Vergangenheit versöhnende Auswirkungen.

1. Tabus und ihre Folgen

In der Geschichte der deutschen Nachkriegsfamilie in Ost und West hat es zahlreiche Tabus gegeben, geschichtliche Ereignisse, über die in Familien nicht mehr gesprochen wurde, obwohl sie tiefe Traumata und daher Sprachlosigkeit über mehrere Generationen hinweg ausgelöst haben. Alexander und Margarete Mitscherlich definieren das Tabu folgendermaßen: "Wo immer man nichts mehr zu fragen wagt, oder nicht einmal auf den Gedanken kommt, es zu tun, hat man es mit einem Tabu zu tun".[3] Familienrekonstruktionen können helfen, diesen Tabus auf die Spur zu kommen, um sie teilweise oder ganz aufzulösen.

Solche Tabus können zu tun haben mit sexuellen Themen wie Nichtehelichkeit, Abtreibungen, nicht geklärter Abstammung, oder mit Scheidungen, "schwarzen Schafen“, früh verstorbenen Geschwistern, verschollenen Mitgliedern, besonderen Krankheiten, verdeckten Wiedergutmachungsaufträgen und anderes mehr. Aber wir Deutschen haben, wie ich meine, Virginia Satir für das Geschenk der Familienrekonstruktion in besonderer Weise zu danken. In unserer Geschichte des letzten Jahrhunderts stoßen wir in beiden Teilen Deutschlands auf politische und gesellschaftliche Tabus, die oft nur schwer ins Bewußtsein dringen, und die nur schwer aufzulösen sind. Sie tragen bei zu einem unerklärlichen Gefühl der Sprachlosigkeit, der Wurzellosigkeit, zu diffuser Trauer und dem Gefühl, eine unbekannte Last zu tragen.
In der alten Bundesrepublik kann man in Familien vielfach dem Tabu begegnen, daß über Beteiligungen an NS-Verbrechen bzw. schon allein die Unterstützung der NS-Ideologie nicht gesprochen wurde [4], obwohl in der Öffentlichkeit durch Literatur, Filme bis hin zu kontroversen Stellungnahmen Gespräche möglich gewesen wären. Die mit dem Tabu verknüpften Gefühle sind extrem zwiespältig, oft schambesetzt. Man vermeidet jede Berührung. Ungleich stärker hat die Bevölkerung in der früheren DDR unter gesellschaftlichen Tabus gelitten, wie Liselotte Bieback-Diel in ihrem Vortrag auf dem Kongress der Deutschen Gesellschaft für Familientherapie (DAF) am 23.09.2000 in Berlin[5] darstellte. Sie spricht hauptsächlich von folgenden Tabuthemen:

---

[3] Vgl. Mitscherlich, A./ Mitscherlich, M.., Die Unfähigkeit zu trauern, München 1967.

[4] Eckstödt, A., Nationalsozialismus in der zweiten Generation, Frankfurt 1996.

[5] Bieback-Diel, L., Familienwelten in den neuen Bundesländern, Unveröffentlichtes Manuskript, Vortrag gehalten auf dem DAF-Kongress in Berlin am 23.09.2000.

- Das Verhalten der Roten Armee gegenüber der Zivilbevölkerung bei der Eroberung 1945 und danach. (Freya Klier spricht von 2.000.000 deutscher Frauen, die Opfer von Vergewaltigungen sowjetischer Soldaten wurden. Man schätzt, daß es etwa zu 300.000 Schwangerschaften kam, fast 90 % der Frauen ließen abtreiben, ca. 30.000 Säuglinge wurden geboren, von denen viele an Unterernährung und Vernachlässigung starben.) Verschleppung von Männern, Frauen und Kindern nach Sibirien und deren sehr späte Rückkehr.[6]
- Der offizielle Umgang mit den Flüchtlingen und Vertriebenen, die sehr bald in "Neubürger" umbenannt wurden, weil die sozialistischen Bruderländer politisch nicht belastet werden durften.[7]
- Die Leugnung der Beteiligung der Bevölkerung, auch der Arbeiter, an Verbrechen während des NS-Regimes, auch der ideologischen Beteiligung, ganz zu schweigen davon, was für die Bevölkerung später durch die Beteiligung Einzelner am System der Staatssicherheit geschehen ist.
- Die Zeit des Stalinismus während der DDR-Zeit.

Ein Beispiel:

Ein Mitglied einer Rekonstruktionsgruppe sagt, er könne sich nur schwer als Mann im Leben behaupten. Aus seiner Geschichte erfahren wir, daß sein Vater als Kind an der Hand seiner Mutter aus Ostpreußen übers zugefrorene Haff flüchten mußte, auch seine Schwester und der Großvater waren dabei. Der Großvater war den Strapazen der Flucht bei eisigen Temperaturen nicht mehr gewachsen. Er starb unterwegs. Man mußte ihn einfach liegen lassen. Die Mutter entschied, die Rettung der Kinder habe Priorität. Unser in Westdeutschland geborener Kursteilnehmer[8] war noch immer tief betroffen von dieser Erzählung seines Vaters, die gerade zu Weihnachten immer wiederholt wurde. Die Gruppe inszenierte ein Abschiedsritual mit Kerzen, der Großvater wurde gewürdigt, der Enkel konnte seinen Schmerz zeigen, und der Großvater sagte, er sei dankbar, daß die Familie weiter lebt. Es war für den Protagonisten ein sehr befreiendes Erlebnis, er fühlte, daß er dieses Abschiedsritual auch für seinen Vater getan hat. So können sich Blockaden auflösen, so daß die Geschichte der Familie mit anderen, lebensbejahenderen Themen fortgesetzt werden kann.

---

[6] Vgl. Klier, F., Verschleppt ans Ende der Weit. Schicksale deutscher Frauen in sowjetischen Arbeitslagern, München 2000.

[7] Vgl. Plato, A. von / Meinecke, W., Die Last des Schweigens. Flüchtlinge, Vertriebene und Umgesiedelte in der SBZ und in der DDR, Berlin 1991.

[8] Vgl. auch: Lehmann, A., Im Fremden ungewollt zu Hause, Flüchtlinge in Westdeutschland, München 1993.

Wunibald Müller

Homosexuelle Liebe

Einige pastoralpsychologische Aspekte zur Seelsorge für homosexuelle Menschen

1. Welches Bild von homosexuellen Menschen tragen wir in uns?

Eine Geschichte erzählt davon, wie ein kleiner Junge über viele Wochen einem Bildhauer zuschaut, der aus einem riesigen Marmorblock Brocken für Brocken herausmeißelt, bis eines Tages ein wunderschöner Löwe zu erkennen ist. Der erstaunte Junge fragt den Bildhauer: „Woher hast Du gewußt, daß in dem Marmorblock ein Löwe ist?"

Unsere seelsorgliche Begegnung mit homosexuellen Männern und Frauen wird immer auch geprägt sein von dem Bild, das wir als Seelsorger und Seelsorgerin von homosexuellen Menschen in uns tragen. Betrachten wir beispielsweise die homosexuelle Orientierung als *nicht optimal*, wie das für eine lange Zeit die Psychoanalyse tat und zum Teil auch heute noch tut, oder als *objektiv ungeordnet*, wie es in einem Schreiben der vatikanischen Glaubenskongregation heißt, oder als eine *Behinderung*, wie sie einmal ein früherer Primas der anglikanischen Kirche bezeichnete, *kann* das Auswirkungen auf unsere seelsorgliche Begegnung mit homosexuellen Menschen haben. Es kann dazu führen, daß diese Wertungen unser Bild vom homosexuellen Menschen bestimmen und wir möglicherweise den *ganzen* homosexuellen Menschen als defizitär, nicht optimal, eingeschränkt sehen und ihm entsprechend begegnen.

Die seelsorgliche Begegnung mit homosexuellen Menschen sollte bestimmt sein von einer Einstellung, die im homosexuellen Menschen den *ganzen* Mitmenschen sieht, der aus dem gleichen Stoff und Gewebe geschaffen ist wie der heterosexuelle Mitmensch, der die gleichen Gefühle, Sehnsüchte und Wünsche kennt wie er. Homosexuelle und heterosexuelle Menschen sind zu aller erst Söhne und Töchter Gottes.

Solange wir als Seelsorger im homosexuellen Menschen zuerst einen gleichwertigen Partner und eine Person sehen, der wir mit Respekt und Sympathie begegnen, laufen wir am wenigsten Gefahr zum Opfer einer Verzerrung des Bildes vom homosexuellen Menschen zu werden, das ihn möglicherweise zu einem Wesen reduziert, das nur aus Homo*sexualität* oder einem sexuellen Verhalten besteht, das wir als abartig empfinden. Das Wort Respekt läßt sich etymologisch von dem lateinischen Wort *respicere* ableiten und meint, noch einmal hinschauen. Wenn wir als Seelsorger und Seelsorgerinnen homosexuellen Menschen mit Respekt begegnen wollen, verlangt das von uns, immer wieder hinschauen, ob unser Bild über homosexuelle Menschen nicht von irgendwelchen Bewertungen und verzerrten Vorstellungen über Homosexualität geprägt ist, mit dem Ergebnis, daß wir nicht länger den konkreten Menschen sehen, dem wir als Seelsorger begegnen möchten und in seinem Anliegen gerecht werden möchten.

2. Seelsorge als Kampf gegen Vorurteile und Einsatz für die Rechte homosexueller Menschen

Den homosexuellen Menschen als *ganzen* Menschen zu sehen, mit dazu beizutragen, daß andere ihn als *ganzen* Menschen sehen, ist eine wichtige Aufgabe von Seelsorge für homosexuelle Menschen. Dabei ist offensichtlich, daß die Kirchen in ihren eigenen Reihen zuerst damit beginnen müssen, weil dort dieses ganzheitliche Bild vom homosexuellen Menschen oft nicht vorhanden ist, mit der Folge, daß Tür und Tor geöffnet sind für Zerrbilder und Fratzen, die das Ergebnis von Halbwahrheiten, eigener Homophobie und möglicherweise einseitiger und selektiver Erfahrungen und Kenntnisse über Homosexualität sind. Der Einsatz von Seelsorge durch all diese Vorurteile hindurch ist mühselig und wird mühselig bleiben. Offenherzige Stellungnahmen einzelner Bischöfe, etwa in den USA, die Respekt, Freundschaft und Gerechtigkeit für homosexuelle Menschen fordern, konnten zu einer Einstellungsveränderung unter Christen gegenüber homosexuellen Menschen beitragen. Doch, so zeigt sich immer wieder, eine solche Einstellungsveränderung steht auf mitunter schwachen Füßen und ist anfällig für augenblickliche Stimmungen und Zeitströmungen.
Über diesen oft mühseligen Einsatz von Seelsorgern und Seelsorgerinnen mit dazu beizutragen, daß Menschen Homosexuellen vorurteilsfrei begegnen, hinaus, kann es auch Aufgabe von Seelsorge sein, sich für die bürgerlichen Rechte homosexueller Menschen einzusetzen. Eine Gesellschaft und die sie tragenden Kräfte und Einrichtungen, darunter auch die Kirchen, haben das Recht , dafür Sorge zu tragen, daß das, was sie an Werten für wichtig und richtig erachten, nicht zu kurz kommt. So haben sie das Recht die Heterosexualität und einhergehend damit die Familie zu fördern. Zugleich haben sie aber auch die Pflicht, sich für homosexuelle Menschen einzusetzen und mit dazu beizutragen, daß homosexuelle Menschen in der Gesellschaft nicht wie Bürger und Bürgerinnen zweiter Klasse behandelt werden.

3. Sorge um das geistliche Leben homosexueller Menschen

Als Seelsorger und Seelsorgerin sind wir bei allem notwendigen sozialen und politischen Einsatz vor allem auch am geistlichen Leben homosexueller Menschen interessiert. C.G. Jung drückt eine Selbstverständlichkeit aus, wenn er beim homosexuellen Menschen einen „Reichtum religiösen Gefühles, welches eine ecclesia spiritualis zur Wahrheit macht und endlich eine geistige Rezeptivität, die der Offenbarung williges Gefäß ist", feststellt. Natürlich sind homosexuelle Menschen genauso spirituelle Menschen wie andere auch. Die vielen

homosexuellen kirchlichen Mitarbeiter und Mitarbeiterinnen – auch in verantwortlichen Positionen – bezeugen das.
Auf der anderen Seite gibt es offensichtlich viele homosexuelle Menschen, die mit dem, was die Kirche zu ihrer Veranlagung und zu ihrem sexuellen Verhalten zu sagen hat, nicht einverstanden sind. Sie fühlen sich an dieser Stelle nicht verstanden. Manche von ihnen haben deshalb auch ihre Kirche verlassen und damit einhergehend die Entfaltung ihrer Spiritualität vernachlässigt. Andere wieder haben Orte gefunden, an denen es ihnen möglich ist, ihre Spiritualität zu leben, weil sie sich dort auch als homosexueller Mensch verstanden und angenommen fühlen. Es erscheint mir daher auch als pastoral vertretbar, daß homosexuelle Menschen sich selbst immer wieder spirituelle Räume eröffnen, in denen sie - mit mal größerer, dann wieder weniger großen Nähe zur offiziellen Kirche oder Kirchengemeinde -, in denen sie ihren Glauben und ihre Spiritualität entwickeln und leben können. Ein auch seelsorgliches Ideal und Ziel ist, daß heterosexuelle und homosexuelle Menschen das *miteinander* tun können.

4. Die Annahme der homosexuellen Gefühle

Für den homosexuellen Menschen ist die Annahme seiner selbst, einschließlich seiner homosexuellen Orientierung und da auch seiner homosexuellen Gefühle, etwas Zentrales. „Homosexuelle Gefühle berühren wie heterosexuelle Gefühle den Kern des inneren Lebens eines Menschen, und wer vorgibt, sie nicht zu haben, tut so als könne er ohne Herz leben.“[9], meint Henri Nouwen „Christliche Moral sagt nicht, daß man die Gefühle unterdrücken soll. Sie spricht sich dafür aus, verantwortlich damit umzugehen. Moralisch verantwortlich kann aber jemand nur dann sich verhalten, wenn er in der Lage ist, sich seiner wirklichen Situation zu stellen und von daher seine Entscheidung zu treffen.“[10] So ist es für ihn auch gefährlich, so zu tun, als seien homosexuelle Gefühle weniger menschlich, weniger wirklich oder weniger authentisch als heterosexuelle. „Wenn ein Mann eine starke erotische Zuneigung zu einem anderen Mann empfindet, dann erfährt er ein wirklich tiefes Gefühl, das ihm sehr viel über ihn selbst sagt. Wenn er denkt, spricht oder sich verhält, als ob diese Gefühle nicht da wären, verstümmelt er sein eigenes emotionales Leben.“[11]
Aufgabe von Seelsorge kann es sein, dem homosexuellen Menschen zu helfen, zu einer klaren Bejahung seiner homosexuellen Gefühle zu finden. Wo ihm das möglich ist, eröffnen sich ihm, wie Henri Nouwen bemerkt, viele Möglichkeiten: „Es ist möglich, eine tiefe persönliche Freundschaft zu entwickeln, die auf einer starken gegenseitigen Anziehung zwischen zwei Männern oder zwei Frauen gegründet ist. Es ist möglich, in Abstand zu den eigenen Gefühlen zu treten und die eigenen Fragen und Gefühle in ein breiter angelegtes soziales In-

[9] Nouwen, H., The Self – availability of the Homosexual, in: Overholzer, W.D., Is gay good?, Philadelphia 1971, 210ff.
[10] Vgl. ebd., 210ff.
[11] Vgl. ebd., 210ff.

teresse zu investieren. Es ist möglich, die eigenen Gefühle in ein besonders tiefes und kontemplatives Leben zu integrieren. Es ist möglich, in ihnen den Ruf nach einem zölibatären Leben oder nach einem Leben als Single zu entdecken, was persönliche Freundschaften zu mehreren Personen zu unterhalten, einschließt."

„Wenn die sexuellen Gefühle aus der Isolation befreit worden sind", fährt Henri Nouwen fort, „und in die ganze Person integriert worden sind, können sie ihre verrücktmachende Kraft verlieren, die einen in unpersönliches Verhalten treibt, in ein einsames und verzweifeltes Leben oder in ein Verhalten, das von Manipulation und Prostitution dominiert wird. Das gilt für homosexuelles wie heterosexuelles Verhalten, und es spricht nichts dafür, daß homosexuelle Gefühle eher zur Perversion neigen als heterosexuelle."[12]

Für den Seelsorger und die Seelsorgerin heißt das, alles zu vermeiden, was es homosexuellen Menschen erschwert, zu ihren homosexuellen Gefühlen zu stehen. Es verlangt, auch da, wo die Kirche bezogen auf die Sexualität homosexueller Menschen anders denkt als viele homosexuelle Menschen, sensibel zu sein und in dem, was sie sagen, nicht den Eindruck zu erwecken, die ablehnende Einstellung der kirchlichen Lehre zur genitalen Sexualität homosexueller Menschen lasse den Schluß zu, homosexuelles Empfinden und homosexuelle Gefühle seien weniger echt, weniger menschlich und weniger wertvoll als heterosexuelle. Erst die Annahme der Gefühle, und da auch der homosexuellen Gefühle, bahnt den Weg zu echter Liebe.

5. Homosexuelle Liebe

Die Lehre der katholischen Kirche macht unmißverständlich klar, daß sie von homosexuellen Menschen erwartet, sexuell enthaltsam zu leben. Ihnen wird dabei zugestanden, daß das in einem Prozeß geschieht. So heißt es im Weltkatechismus: „Die Homosexuellen sind aufgerufen zur Keuschheit. Mit Hilfe der Tugend der Selbstbeherrschung, die zu innerer Freiheit führt, und gelegentlich mit Hilfe der Unterstützung einer selbstlosen Freundschaft, mit Gebet und sakramentaler Gnade können und müssen sie schrittweise entschlossen sich der christlichen Vollkommenheit annähern".

Es gibt christliche homosexuelle Männer und Frauen, für die das, was die Lehre der Kirche bezogen auf die sexuelle Abstinenz von ihnen erwartet, so wichtig ist und für die auch die Angebote der Kirche, die sie dabei als Hilfe anbietet, eine so große Bedeutung und Wirkkraft haben, daß sie bereit sind, sich auf den von der Kirche geforderten Weg einzulassen. Andere wieder können oder wollen in dieser Frage, dem, was die Kirche von ihnen verlangt, nicht folgen.

Es ist offensichtlich, daß man als Seelsorger und Seelsorgerin hier schnell an eine Grenze kommt, solange gilt - was katholische Lehre ist -, daß Sexualität nur innerhalb der Ehe moralisch gut ist. Es gab und gibt immer wieder seitens der Moraltheologie, aber auch der Pastoraltheologie, Versuche, Wege und Mög-

---

[12] Vgl. ebd., 210ff.

lichkeiten aufzuzeigen, unter welchen Umständen auch gelebte Homo*sexualität* mit der Lehre der Kirche in Einklang zu bringen sei. Die in der Regel sehr prompte Reaktion der vatikanischen Glaubenskongregation auf solche Versuche lassen aber keinen Zweifel daran, daß nach der Lehre der katholischen Kirche jedwedes homosexuelles Verhalten moralisch nicht gut ist.

Den inzwischen verstorbenen englischen Kardinal Basil Hume hat das aber nicht daran gehindert, auch homosexuellen Menschen die Möglichkeit und Fähigkeit zu authentischer Liebe zuzugestehen. So sagt er: „Die Liebe zwischen zwei Menschen, ob sie nun demselben Geschlecht angehören oder verschiedenen Geschlechtes sind, muß geschätzt und respektiert werden... Wenn zwei Menschen einander lieben, dann erfahren sie auf die begrenzte Weise dieser Welt, was ihre nicht endende Freude sein wird, wenn sie mit Gott vereint in der nächsten Welt sein werden."[13]. Und in der Saarbrücker Zeitung vom gleichen Tag[14] heißt es dazu: „Der Kardinal verlangte, daß unsere Kirche homosexuelle Frauen und Männer nicht nur als vollwertige Menschen anerkennen soll, sondern in ihren aufrichtigen Liebesbeziehungen auch eine Liebe zu akzeptieren bereit sein muß, die das göttliche Konzept zwischenmenschlichem Zusammenseins anreichert und zur höchsten Blüte führen kann". Weiter meinte der Kardinal: „Eine Pathologisierung dieser Liebe ist durch keine Hl. Schrift gerechtfertigt."[15]

Liebe und da auch die Liebe zweier homosexueller Menschen kann sich auf ganz unterschiedliche Weise zeigen. Darauf aufmerksam zu machen, ja überhaupt im Rahmen der Seelsorge von homosexueller Liebe zu sprechen, macht eine solche Seelsorge auch in den Augen homosexueller Menschen sinnvoll. Dabei soll nicht verschwiegen werden, daß die kirchliche Position, wonach homosexuellen Menschen das Recht, ihre Liebe auch sexuell auszuleben, nicht zugesprochen wird, für viele schmerzvoll und nicht akzeptabel sein wird

Wenn wir aber als Seelsorger und Seelsorgerinnen von homosexueller Liebe sprechen, heben wir damit die positiven Aspekte einer homosexuellen Freundschaft hervor. Wir können uns dabei auf zahlreiche offizielle und halboffizielle kirchliche Stellungnahmen stützen, nach denen homosexuelle Menschen in gleichgeschlechtlichen festen Beziehungen leben können. Dabei wird davon ausgegangen, daß diese festen homosexuellen Beziehungen frei von genitaler Aktivität sind bzw., wie es im Arbeitspapier der Würzburger Synode heißt, Sexualität in ein umfassendes menschliches Gesamtverhalten eingeordnet wird. In solchen stabilen Beziehungen können viele wesentliche Erfahrungen gemacht werden, die für ein gelingendes und auch psychologisch gesehen gesundes Leben notwendig sind.

Rechtliche Vereinbarungen können solche stabilen homosexuellen Beziehungen fördern. Auch Kardinal Karl Lehmann meint, daß gleichgeschlechtliche Paare gewisser rechtlicher Vereinbarungen bedürfen, wenn sie das wünschen. Seiner

[13] Hume, B., in: Süddeutsche Zeitung, Nr. 5, 09.03.1995.
[14] Hume, B., in: Saarbrücker Zeitung, Nr.58, o.9.0.3.1995.
[15] ebd.

Ansicht nach muß das aber nicht gleich in Form eines Rechtsinstitutes geschehen. In seiner Aussage wird aber deutlich, daß von Seiten der Kirche erkannt wird, daß bei homosexuellen Partnerschaften, wie auch bei anderen – z.B. alleinstehenden Lehrerinnen, die nicht lesbisch sind, sich aber zusammen getan haben -, rechtliche Vereinbarungen angemessen sein können, „um gewisse Dinge zu ordnen, z.B. Sorge für den anderen im Krankheitsfall, das Weiterlaufen von Mietverhältnissen und dergleichen.“ [16]Solche Vereinbarungen sollten u.a. das Ziel haben, angemessen zu würdigen, daß die ersten Bezugspersonen in einer solchen Beziehung die jeweiligen Partner sind.
Die Problematik sogenannter homosexueller Ehen spricht der geistliche Schriftsteller Henri Nouwen in folgendem kurzen Erfahrungsbericht an:
Nach der Feier der Eucharistie mit Jay und Wendy, fuhr ich mit dem Taxi nach Greenwich Village, um der Trauung von Marc und Paul beizuwohnen. Es war das erste Mal, daß ich an der Trauung eines gleichgeschlechtlichen Paares teilgenommen habe. Obwohl ich von der Rabbinerin und ihrem Gatten herzlich begrüßt worden war, kam ich mir bei dem Geschehen irgendwie verloren vor und fühlte mich wie ein Fremder unter Fremden.
Marc und Paul leben seit zwanzig Jahren zusammen. Erst vor kurzem entschieden sie sich, ihre Beziehung sakramental zu ordnen. Die letzte Samstagszeitung enthielt einen Bericht über die Eheschließung von Schwulen, in dem Paul über seinen Entschluß, formell zu heiraten, sagt: „Ich bin das Leben in Sünde überdrüssig.“ Diese schalkhafte Bemerkung bringt meines Erachtens die moralische Situation von Schwulen und Lesben auf einen Nenner. Während überall über Moral und Unmoral des Zusammenlebens Homosexueller diskutiert wird, geht es diesen beiden Männern um die Moral und Unmoral, nicht verheiratet zu sein.[17]

6. Eine Seelsorge, die aus dem Herzen kommt

Für uns Seelsorger und Seelsorgerinnen ist es wichtig, sensibel zu sein und vielleicht auch sensibler dafür zu werden, inwieweit wir durch eine möglicherweise negative Sichtweise von Homosexualität und homosexuellem Verhalten, die Seele homosexueller Menschen verletzen, statt uns, wie es von uns erwartet werden kann, um ihre Seele zu kümmern. Wie muss das auf einen gläubigen homosexuellen Menschen wirken, wenn ihm, wie es der Psychologe Udo Rauchfleisch einmal sagte, gesagt wird, daß er „durch die aus dem Kern seiner Persönlichkeit aufsteigenden Wünsche und die seinem Wesen gleichgeschlechtlichen Liebesbeziehungen furchtbare Schuld auf sich lädt?“[18] In dem, was wir als Seelsorger und Seelsorgerin gegenüber homosexuellen Menschen sagen und tun sollte spürbar sein, daß unser Herz für die homosexuellen Men-

[16] Lehmann, K.,: Es ist Zeit, an Gott zu denken, Freiburg 2000,56f.
[17] Vgl. Nouwen, H., Das letzte Tagebuch, Freiburg 2000, 85.
[18] Rauchfleisch, U., Schwule – Lesben – Bisexuelle. Lebensweisen, Vorurteile, Einsichten, Göttingen 1994, 234.

schen schlägt und in dem, was wir sagen, unser Respekt, unser Gerechtigkeitssinn, unsere Freundschaft ihnen gegenüber zum Ausdruck kommt. Wenn das geschieht, wird ein homosexueller Mann, eine homosexuelle Frau uns als Seelsorger und Seelsorgerin sehr nahe an sich heranlassen und das, was wir sagen, tief in sich hinein wirken lassen.

Eine Seelsorge, die vom Herzen kommt, wird den homosexuellen Menschen auch dann verstehen und annehmen, wenn er nicht entsprechend den Normen seiner Kirche lebt. Sie wird, wo sie es für richtig erachtet, jemanden mit der Norm der kirchlichen Lehre konfrontieren, auch herausfordern, sie wird aber nicht den Stab über ihn brechen. Eine Seelsorge, die von Herzen kommt wird vor allem aber dazu beitragen, daß dieser Mensch, bei seinem Bemühen, sein Leben unter den Augen Gottes zu gestalten und zur Verwirklichung zu bringen dem folgt, was er dabei als Stimme Gottes in sich hört. Sie wird den homosexuellen Menschen begleiten in seinem Bemühen, diese Stimme Gottes zu erkennen. Sie wird ihn begleiten auf dem Weg, der zu jener geborgenen Mitte führt, von der es im II. Vatikanischen Konzil heißt: „Das Gewissen ist die verborgene Mitte und das Heilige im Menschen, wo er allein ist mit Gott, dessen Stimme in diesem seinem Innersten zu hören ist. Im Gewissen erkennt man in ausgezeichneter Weise jenes Gesetz, das in der Liebe zu Gott und dem Menschen seine Erfüllung hat.“[19]

Ich möchte schließen mit einem Wort des Erzbischofs von Milwaukee, Rembert Weakland: „Ich bitte um ein ruhiges und sorgfältiges Studium, Gebet und Reflexion, daß wir allen Mitgliedern unserer Gesellschaft beistehen können in der Ausübung ihrer Rechte, daß niemand behandelt wird wie ein Bürger zweiter Klasse oder irgendwie unrein. Komm, schreib in den Sand mit mir. Wer wird den ersten Stein werfen?“[20]

---

[19] Zweites Vatikanisches Konzil: Pastoral Konstitution über die Kirche in der Welt von heute, in: Rahner, K./Vorgrimmler, H., Kleines Konzilskonpendium, Freibug 1974, 462.

[20] Weitere Literatur: Müller, W., Homosexualität, eine Herausforderung für Theologie und Seelsorge, Mainz 1984; ders., Homosexuelle Menschen, Mainz 1988; ders., Mit Homosexuellen leben, in: Baumgartner, K./Langer, M., Mit Außenseitern leben, Regensburg 1988; ders.; Wer wird den ersten Stein werfen? Wünsche an Kirche und homosexuelle Menschen in: Rauchfleisch, U., Homosexuelle Männer in Kirche und Gesellschaft, Düsseldorf 1993

Hermann Kügler SJ

Sexualität - Gott - Transzendenz - Reflexionen über ein belastetes Verhältnis -

„Drei Dinge sind ein Vorgeschmack der kommenden Welt: Sabbat, Sonne und Sexualität", sagt eine jüdische Lebensweisheit.[1] Die Sonne wird auch von den Christen geschätzt, mit dem Sabbat ist es schon schwieriger, doch daß die Sexualität ein Vorgeschmack des Himmels ist, erscheint für Christen eher ungewohnt. Denn der christliche Himmel, so sehen wir in den vielen Darstellungen der Kunst, ist asexuell, egal ob in seiner katholischen oder protestantischen Variante. Anders geht es dagegen im muslimischen Himmel zu, in dem sich der Muslime, sofern männlich, an der stets sich erneuernden Jungfräulichkeit attraktiver junger Mädchen und Frauen erfreut. Ob die Sexualität wirklich von Gott oder doch eher vom Teufel stammt, ist im Christentum keine mit dem Ende der viktorianisch-wilhelminischen Zeit beantwortete Frage.
Was wir vermutlich nach traditionellem christlichen Verständnis „pervers" finden, waren und sind in anderen Religionen heilige Riten. Menschliche Sexualität wird dagegen in christlichen Kontexten oft dämonisiert.Und wer als SeelsorgerIn oder BeraterIn mit anderen Menschen sexuelle Probleme bespricht, weiß, wie sehr gerade die „dunklen" Aspekte der gelebten Sexualität immer noch mit Angst, Scham, Schuld und Minderwertigkeitsgefühlen verbunden sind. Man spreche z.B. einen Priester, der regelmäßig das Bußsakrament spendet, darauf an und wird hören, welche Vorwürfe und Selbstanklagen ältere Menschen gegen sich selbst richten, weil sie auch als Erwachsene immer noch oder wieder masturbieren und dies als völlig dissonant mit ihrem Selbstbild erfahren.

I. Beginn eines Sichtwandels

Doch langsam, ganz langsam scheint sich auch in den Kirchen ein Wandel zu vollziehen. Sexualität und Religion, Erotik und Spiritualität scheinen nicht mehr nur und nicht mehr vorrangig feindliche Geschwister zu sein, die sich als Rivalen blutig bekämpfen müssen. Die scheint auch in der kirchlichen Pastoral und Verkündigung nicht länger ein Hindernis für den Weg zu Gott und zu den Menschen zu sein.[2] Doch Ältere erinnern sich immer noch aus eigener Erfahrung an die Zeiten, in denen die gelebte Sexualität, bestenfalls in der Ehe erlaubt, als „tierisch" betrachtet wurde, die dem von Gott erlösten Menschen letztlich nicht angemessen war.

---

[1] zit. bei Heuel, U., Mut für jede Woche, Graz Wien Köln 1998, 7.

[2] vgl. dazu: Kügler, H., Gelebte Sexualität als Transzendenzerfahrung. Reflexionen über ein kirchliches Tabu, in: Themenzentrierte Interaktion 13 (2/1999), 48-60 und unter http://www.jesuiten.org/hermann.kuegler.

Zwei Beispiele zur positiven Sicht von Sexualität und Erotik aus jüngerer Zeit: Die evangelische Psychologin und Theologin Christina Bachmann sieht den Zusammenhang von Religion und Sexualität im menschlichen Grundbedürfnis nach Transzendenz.[3] Die Suche nach Transzendenz hat sich in der heutigen Gesellschaft, so ihre These, die sie empirisch durch die Auswertung behutsam geführter Tiefeninterviews untermauert, als Folge eines Subjektivierungs- und Privatisierungsprozesses von der Religion zunehmend auf die Sexualität verschoben.

Dieses Grundbedürfnis des Menschen nach Transzendenz - also nach Überschreiten von Enge und Begrenztheit hin auf das Göttliche, auf Gott - ist nach Bachmann nicht eines unter vielen, sondern das genuine, unverzichtbare Anliegen des Menschen. In der Sehnsucht nach Transzendenz kommt der Wunsch nach einem Erleben zum Ausdruck, das auch individuelle und gesellschaftliche Grenzen überschreitet und in der intensiven Beziehung und Hingabe an den anderen zu einer seelisch-geistig-körperlichen Identität führt. Leider hat die sogenannte sexuelle Befreiung faktisch zu einer Veräußerlichung und Instrumentalisierung der Sexualität und damit zu einer Zerstörung ihrer Innerlichkeit und Sinnlichkeit geführt.

„In der ehemaligen Einheit von 'Eros und Sexus' im kultischen Geschlechtsverkehr, dem hieròs gámos, der Bestandteil und Mittel des Heilsweges zu den Göttern war, hat das Bedürfnis nach Transzendenzerfahrung seinen vom Kollektiv legitimierten Ausdruck gefunden. Erst durch die Ablösung der Mutterreligion von der Vaterreligion wurde die 'Schöpfungswonne' vom 'Erlösungsmotiv' ... abgelöst, verdrängt und später als Ketzerei verfolgt. Dabei wurde auch das ehemals Sinnlich-Körperlich-Lustvolle aus dem Bereich der patriarchalen christlichen Religion verdrängt und schließlich seit dem frühen Mittelalter als 'sündiges Fleisch' verdammt. Insofern haben die christlichen Moralvorstellungen wesentlich dazu beigetragen, das Körperlich-Sinnliche als etwas 'Schlechtes', Scham- und Schuldbeladenes zu erleben.“ [4]

Der katholische Alttestamentler Herbert Haag führt in erfrischend wohltuender Weise den Dialog zwischen Bibel und Gegenwart und eröffnet überraschende und befreiende Perspektiven, wobei er die überkommene kirchliche Sexualmoral ebenso in Frage stellt wie den herrschenden Zeitgeist.[5]

Verbot von vorehelichem Verkehr, Verhütung und Ehescheidung mit Bezug auf Jesus? Nichts von alledem hat Jesus moralisch mißbilligt oder als Ausschluß von der Gemeinschaft mit Gott angesehen, stellt Haag fest und räumt mit vielen vermeintlich sich zwar auf Jesus berufenden, jedoch unhaltbaren Vorstellungen auf. „Die Zeiten sind wohl für immer vorüber, in denen sie (NB: die Bibel) als die normative Interpretation von wie auch immer gearteten Naturgesetzen galt. ... Denn außer Ehebruch kann kein Sexualverhalten unter Berufung auf die Bibel als sündhaft erklärt werden: weder außereheliche Beziehungen noch Selbst-

[3] dies., Religion und Sexualität. Die Sehnsucht nach Transzendenz, Stuttgart Berlin Köln 1994.
[4] ebd., 231.
[5] ders. und Elliger, K., Zur Liebe befreit. Sexualität in der Bibel und heute, Zürich und Düsseldorf 1998.

befriedigung, noch Homosexualität noch Prostitution. Und auch das Prinzip der absoluten Unauflöslichkeit der Ehe findet in der Bibel keine Stütze."[6]
Wie die christliche Sexualfeindlichkeit[7] über Paulus und die Kirchenväter bis hin zur in den Katechismen fixierten Sexualangst entstanden ist, stellt Haag überzeugend dar. Wir sind erwachsen geworden in der Auseinandersetzung mit den Normen der Kirche, und manchmal auch gegen sie. Was uns not tut, ist eine Beziehungsethik, in der es um geprüfte Entscheidungen geht, die die autonome Person selbst trifft.

II. Die Angst vor der Sexualität

So weit, so gut. - Und doch bleibt ein Unbehagen. Das Thema in kirchlichen Kontexten anzusprechen, ist nicht das Problem. Nur: danach geht es meist nicht weiter! Sei es, daß es subtile Denk- und Sprechverbote gibt („du willst dich nur wichtig machen") oder Ängste vor der Notwendigkeit des Sichtbarmachens des Erotischen in kirchlichen Kontexten. Diagnostizieren ja, aber um Gotteswillen doch nicht bearbeiten! Insbesondere reiben sich die Sexualnormen von Kirche und Gesellschaft an der Liebe zwischen Menschen gleichen Geschlechts. Daß es in 19 katholischen Diözesen Deutschlands derzeit 12 Gruppen schwuler Priester gibt, wird kirchlicherseits ebensowenig zur Kenntnis genommen wie die Tatsache, daß etwa 20% der katholischen Priester eine homosexuelle Orientierung aufweisen und etwa die Hälfte von ihnen auch in homosexuelle Aktivitäten verwickelt ist.[8]
Versucht man gar, Formen und Riten zu entwickeln, die Erotik und Spiritualität verbinden und ausdrücken, kommt dazu das Gefühl, abzurutschen auf die Schiene des Perversen. Ich erinnere beispielhaft daran, wie schwer die Kirchen sich damit tun, über Segnungsgesten für den Lebens(abschnitts)bund homosexueller und lesbischer Paare überhaupt nachzudenken, geschweige solche zu entwickeln.
Oder: es werden zwar zahlreich und preisgünstig Ehevorbereitungskurse für heterosexuelle Paare angeboten, doch welche Hilflosigkeit herrscht, wenn ein

---

[6] ebenda 295.
[7] Daß das Christentum generell eine lustfeindliche Religion sei, ist allerdings ein überholtes Vorurteil. Vgl. dazu die gründliche Studie von Otis-Cour, L., Lust und Liebe. Geschichte der Paarbeziehungen im Mittelalter, Frankfurt/M. 2000. Die Autorin weist überzeugend nach, daß es in der Geschichte des Christentums durchaus körperbetonte und sogar lustfreundliche Ansätze und Episoden gab.
[8] dazu Sipe, R., A secret world (orig. am.), dt.: Sexualität und Zölibat, Paderborn 1992, 168. Steinhäuser, M., Homosexualität als Schöpfungserfahrung. Ein Beitrag zur theologischen Urteilsbegründung, Stuttgart 1998, legt von einem schöpfungstheologischen Ansatz her den Grund für eine „Theologie der Homosexualität". Bürger, P., Das Lied der Liebe kennt viele Melodien. Eine befreiende Sicht homosexueller Liebe, Oberursel 2001, diskutiert gründlich und umfassend theologische und humanwissenschaftliche (Schein-)Argumente gegenüber einer homosexuellen Lebensorientierung.

homosexuelles oder lesbisches Paar dieses Angebot in Anspruch nehmen will![9]
Dabei zeigt ein Blick in die Geschichte, daß die Kirchen eine große Erfahrung damit haben, religiöse Riten und Formen zu entwickeln - man denke nur an die Sakramente, Prozessionen und Andachten in der katholischen Kirche und an den überwiegend in katholischen Gegenden gefeierten Karneval, bei dem die geltende Ordnung auf den Kopf gestellt wird.[10]
Was die Kirchen zu anderen Zeiten offensichtlich integrieren konnten, findet heute praktisch nur noch außerhalb statt, z.B. bei der Berliner Love-Parade. Die Spannungsfelder: Intimität und Öffentlichkeit, Sakralisierung und Dämonisierung, Scham und Exhibitionismus, Entsagung und Lust, Rigorismus und Libertinage, notwendiger Verzicht und sexuelle Erlebniskultur, Heiligkeit und Geilheit werden damit einseitig auf einen Pol hin aufgelöst. Doch haben nicht auch die Kirchen den Schatten der Sexualität fast bis ins Dämonische überbetont – und damit unbewußt die vermeintlich vertriebenen Geister geradezu heraufbeschworen?
Obwohl also Schwierigkeiten nicht davon abhalten, Erotik und Sexualität zu thematisieren, ist der Schritt zum konkreten Bearbeiten noch weit. Wahrscheinlich gibt es immer noch eine Angst, sich im Gewirr der Triebe zu verlieren: die Angst, daß das normale Leben aus den Fugen gerät, daß sich Chaos in Beziehungen, im Umgang mit den Menschen breit macht.
Dabei ist genau das Gegenteil der Fall. Bekanntlich holt sich, was nicht mit Gott in Berührung gebracht wird, der Teufel! Das gilt genauso für die Sexualität. Die gelebte Sexualität und Erotik gehört in den Kirchen nicht in Ehevorbereitungskurse o.ä.. verbannt oder einzig auf die Ehe festgelegt und damit unschädlich gemacht sie kann das Leben lebenswerter, die Persönlichkeit vollständiger und eine Gottesbeziehung realistischer machen. Die Sexualität erschiene womöglich leichter als etwas Menschliches und ließe sich leichter menschenwürdig gestalten, wenn es gelänge, sie in die Spiritualität zu integrieren.
Und eine Anerkennung schließlich, daß die menschliche Sexualität auch unintegrierbare, unabhängige und archaisch-chaotische Aspekte hat, könnte zahlreiche Komplikationen allgemein-psychologischer und speziell-neurotischer Art vermeiden. Man müßte dann nicht mehr in Therapien verschiedenster Art versuchen, spezifische Erscheinungsformen der Sexualität auf Entwicklungsstörungen oder Unfälle zurückzuführen.
Die unabhängige, nicht integrierbare Sexualität würde dafür sorgen, „... daß keine Instanz innerhalb der Seele, kein Archetyp, kein Trieb und kein noch so

---

[9] Einen der wenigen gelungenen Versuche einer spezifischen „schwulen" Spiritualität entwickelt der Dominikanerpater Ulrich Engel: „Ja, mein Erbe gefällt mir gut", Skizzen zu einer Gay-Spiritualität, in: Wort und Antwort 2/1998. An der „Basis" wird die aktuelle kirchliche Diskussion geführt im Info der „Ökumenischen Arbeitsgruppe Homosexuelle und Kirche (HuK) e.V.". Geschäftsstelle: Kalkhoferweg 6, 55130 Mainz.
[10] siehe dazu Thiele, J., Verflucht sinnlich. Die erogenen Zonen der Religion, München 2000, 253-263.

edles oder destruktives Bestreben je völlig überhand nimmt. Sie sorgt dafür, ... daß sich in der Seele immer ein fruchtbares Chaos befindet."[11]

III. Gelebte Sexualität als Transzendenzerfahrung

Sexualität und Religion sind Möglichkeiten menschlichen Erlebens und Verhaltens, die ganzheitlich geschehen. Der einzelne Mensch ist jeweils zugleich in leiblichem Verhalten, seelischem Erleben und geistigen Vorstellungen beteiligt. Zwar gibt es unterschiedliche Erlebnisbereiche, was den sozialen Kontext betrifft, aber es bestehen auch deutliche Verbindungslinien. „Wenn Sexualität nicht mehr religiös ausgelegt und wenn Religion nicht mehr libidinös erlebt werden kann, dann droht für beide Bereiche eine elementare Deformation."[12]
Christliche Auffassungen von Sexualität haben lange dazu tendiert, den Menschen von der physischen Welt loszubrechen. „Die Sexualität wurde nicht als kosmische Energie angesehen, die den Menschen mit den fruchtbaren Herden ebenso wie mit den strahlenden Sternen verknüpfte. Nichts ist ausgeprägter als die Strenge, mit der die Bischöfe des lateinischen Westens ... die Anlässe tadelten, bei der das Tierische und das Menschliche miteinander verbunden erscheinen konnten. ... der Verkehr 'von hinten, nach Art der Hunde' war eine Form von sündhaftem Akt unter vielen, für die Verheiratete Buße tun mußten." [13]
Galt nicht lange Zeit, daß die sexuelle Lust ein „Weltvorgang" ist, in sich geschlossen und ohne Perspektive über sich hinaus, wie Gottfried Bachl referiert: „Wenn Frau und Mann sich so vereinigen, sich so gegenüber sind, schließen sie sich gegen die Dimension Gottes ab, sind sie nur füreinander da. Das Ereignis der Mitmenschlichkeit ist religiös minderwertig. ... Die vollkommene liebende Aufmerksamkeit der Existenz auf Gott ist für den Menschen nur zu erreichen, wenn er austritt aus diesem Gegenüber von Mann und Frau, die Kugel der irdischen Lust verläßt."[14]
Wie befreiend dagegen könnte eine Sicht sein, in der die Liebenden, Frau und Mann einander nicht bloß Anlaß und Material für ihr Streben nach Gott sind, „sondern der Ort, wo die Liebe, will sie nicht verzweifeln und ihre Intention verraten, ihren schöpferischen Grund suchen muß. ... Mann und Frau sind füreinander in diesem Moment der Innigkeit das Bild Gottes. So erst wird ihr Verhältnis selbst religiös bedeutsam, wird es zurückgeholt aus der Verbannung in die Gottfremde, die eine asketisch orientierte Theologie über sie verhängt hat."[15]

---

[11] Guggenbühl-Craig, A., Anarchistische Sexualität, in: Guggenbühl A./ Kunz M., (Hg.), Das Schreckliche. Mythologische Betrachtungen zum Abgründigen im Menschen, Zürich 1990, 149-162, hier: 162.

[12] Jossutis, M., Gottesliebe und Lebenslust, Gütersloh 1994, 20.

[13] Brown, P., Die Keuschheit der Engel. Sexuelle Entsagung, Askese und Körperlichkeit am Anfang des Christentums, München und Wien 1991, 441-442.

[14] Bachl, G., Der beschädigte Eros. Frau und Mann im Christentum, Freiburg Basel Wien 1989, 72.

[15] ebd., 82.

Ein Blick in den jüdisch-christlich geprägten Kulturkreis zeigt, daß vor der hellenistischen Zeit offensichtlich das Chtonisch-Dunkle ebenfalls in das Göttliche eingeschlossen war.[16] Das frühe Christentum scheint die dunklen Mächte entgöttlicht und abgespalten und das „helle" Prinzip mit radikaler Ausschließlichkeit vertreten zu haben. Schwer zu ertragen scheint dann für den Menschen ein Selbstbild, zu dem das Dunkle ebenso gehört wie das Helle, und in dem es gilt, auch das Chaotische und Dunkle als Eigenes zu erkennen.
Werden aber bestimmte Teile der Persönlichkeit, z.B. verpönte sexuelle Sehnsüchte nicht akzeptiert und deshalb als etwas Böses und Fremdartiges abgespalten, dann ist die Gefahr nur allzu groß, daß sie als Ich-fremde Dämonen mit enormen Energien immer wieder nachdrängen, weswegen auch heute noch Menschen meinen, regelrecht vom Teufel besessen zu sein. „Die Dämonen sind unsere bösen, verworfenen Wünsche, Abkömmlinge abgewiesener, verdrängter Triebregungen", sagte Freud.
Im Christentum sind Körper und Seele voneinander gespalten und die christliche Sicht von Erotik und Sexualität erscheint faktisch dualistisch - möglicherweise ja entgegen ihrer ursprünglichen Intention und Inspiration.[17] Auf der körperlichen Ebene werden Transzendenzerfahrungen - also Erfahrungen des Überschreitens von Enge und Begrenztheit hin auf das Göttliche, auf Gott - vorrangig im Kontext von Sexualität gemacht. Der Leib ist der „Ort" und die Grenze menschlicher Transzendenzerfahrungen. Die „Meisterdenker" Kant, Hegel und vorab Descardes („cogito, ergo sum" - ich *denke*, also bin ich) dagegen haben Transzendenz(-erfahrungen) in das Denken verlegt. Und es mag die Abwertung der Sinnlichkeit im Christentum auch in der Angst vor Abhängigkeit von den irrationalen Kräften, die der menschlichen Sexualität auch zu eigen sind, begründet sein.
Solche Spaltungen führen zu einer Verdrängung des Abgespaltenen. Wenn es gelänge, den Weg zu einer nicht länger dualistischen Sicht auch in den christlichen Kirchen zu wagen, könnten Erotik und Sexualität über den persönlich-individuellen Bereich hinaus vielleicht auch wieder eine gestaltende Funktion im Sozialleben erhalten und müßten nicht - was ihre dunklen Aspekte betrifft - in Porno-Kinos und Peep-Shows oder in den Talk-Shows der öffentlichen Medien zelebriert werden. Statt dessen führt dort die Vorwegnahme jeglicher Phantasien zu einer Entsinnlichung der Sexualität und gerade *nicht* zu einer intimen Transzendenzerfahrung.

[16] Die folgenden Überlegungen verdanke ich vor allem Gerhard Zacharias, Satanskult und schwarze Messe. Ein Beitrag zur Phänomenologie der Religion, München 1990.
[17] Für diesen Hinweis bin ich Dr. Gerhard Zacharias in Köln dankbar, vgl. Anm. 17. Siehe auch: Kügler, H., Die Nachtseite des Christentums? Ein Beispiel zur „dunklen" Seite der Sexualität und Erotik im frühen Christentum, in: Entschluß 6/1997, 25-29.

IV. Den Dualismus überwinden

So besteht die Herausforderung darin, den vielfach erlebten Antagonismus von gelebter Sexualität und Hingabe an Gott in realitätsbezogenen Formen einer Versöhnung von beiden aufzuheben, ohne die vorhandenen Spannungen aufzulösen und die vielfachen Leidenserfahrungen wegzudeuten. In der Geschichte des Christentums finden sich in den Heiligenviten leider nur wenige Beispiele für eine gelungene Einheit von Sexualität und Gott-Suche.[18] Eines ist das von Teresa von Avila, die im Alter von 44 Jahren offenbar beim Gebet einen Orgasmus erlebt hat und diese Erfahrung so beschreibt, daß die sexuelle und die geistliche Erfahrung in eins fließen.[19]

Wie stehen das Erleben von Leiblichkeit, Erotik und Sexualität im Kontext der jeweils unterschiedlichen Perspektiven z.B. von Männern und Frauen in Beziehung zum Erleben als „Mensch vor Gott"? Wie kann das Erleben und Gestalten von Leiblichkeit, Erotik, Sexualität zu einem Ort der Gottesnähe werden und eine entsprechende Sprache finden? Ich sehe die Notwendigkeit zur Weiterentwicklung in den folgenden vier Bereichen:

IV.1 *Erstens*: Es gilt, erotisch-spirituelle Erfahrungen von Menschen sorgfältig und genau anzuschauen und zu verstehen. Hier könnten die in der kirchlichen Pastoral tätigen Mitarbeiterinnen und Mitarbeiter, was den Zusammenhang von Erotik und Spiritualität angeht, eine Menge aus der Sicht „ganz normaler" Ehepaare lernen, vor allem aber die zölibatären Priester und Bischöfe. Sie würden dann vielleicht ein wenig davon erfahren, was es im Alltag heißt, wenn die katholische Dogmatik lehrt, zur Gültigkeit des Sakramentes der Ehe sei deren Vollzug notwendig.

Weiter ließe sich die Gegenwart Gottes in allen gelingenden Beziehungen entdecken, in Freundschaften, Partnerschaften, Ehen und Lebensgemeinschaften. Und vielleicht mag es sogar gelingen, auch in „ungewohnten" Beziehungen Erotik als Begegnung mit dem Göttlichen, mit Gott zu verstehen:

Eine 35-jährige Frau und Mutter von drei Kindern hat sich nach langen inneren Kämpfen von ihrem Mann, der sie immer wieder geschlagen und betrogen hat, getrennt. Nun lernt sie einen verheirateten Mann kennen, der in einer unglücklichen und innerlich längst zerbrochenen Ehe lebt. Ihretwegen läßt er sich scheiden, um mit ihr zusammenzuleben. Da die Frau katholisch ist, bleibt ihr eine zweite kirchliche Hochzeit verwehrt. Auf der Basis ihrer kirchlichen Sozialisation glaubt die Frau zunächst, deswegen im „Zustand der Sünde" zu leben. Nach einer Reihe von Gesprächen mit einem verständnisvollen Seelsorger kann

---

[18] Sehr lesenswert in diesem Zusammenhang: Beyer, R., Die andere Offenbarung. Mystikerinnen des Mittelalters, Wiesbaden 1996.

[19] Theresa von Jesus, das Leben der Hl. Theresa von Jesus, hrsg. von Alkofer, A., Sämtliche Werke und Schriften der Hl. Theresa von Jesus, Bd. I, München und Kempten ^{2}1952, 29. Hauptstück § 15+16, S. 280-282. Eine immer noch lesenswerte psychoanalytische Deutung dieser und anderer sexuell getönter Visionen der Heiligen gibt Angel Garma, Eine obszöne Gebärde der hl. Teresa, in: Die psychoanalytische Bewegung 11 (Juli/Aug. 1930, Heft 4), 339-347.

sie die neue Beziehung statt dessen als den Ort sehen, „wo Himmel und Erde sich berühren", wie sie es formuliert.
Oder: ein 29 Jahre alter katholischer Priester, der ein begeisternder Jugendseelsorger ist und sich mit ganzer Kraft für die ihm anvertrauten Kinder und Jugendlichen einsetzt, lebt in einer festen und verläßlichen homosexuellen Beziehung mit einem gleichaltrigen Freund, die ihm Kraft und Halt für seinen priesterlichen Dienst gibt.[20]
Nun kann man natürlich sagen, so ungewöhnlich seien diese Beispiele nicht und kommen in der beraterisch-therapeutischen Praxis ja ständig vor - aber immerhin sind sie zumindest bei vielen kirchlich sozialisierten KlientInnen hoch tabuisiert und mit erheblichem Leidensdruck verbunden. Eine seriöse Bearbeitung (eben Bearbeitung und nicht nur Diagnose – und auch nicht Überformung) der spirituellen Qualität dieser Erfahrungen täte innerkirchlich schon not.

IV.2 *Zweitens*: das Gespräch über Erotik und Sexualität, über Lust und Triebhaftigkeit ist sorgfältig und genau - und auch mit „Lust" - in den Kirchen, in der Theologie und Pastoral zu führen. Ziel muß es sein, wieder eine Sprache zu finden, die ausdrückt und bewirkt, daß das Erleben und Gestalten von Leiblichkeit, Erotik, Sexualität zu einem Ort der Gottesnähe werden kann - und daß die Sexualität, wie alles, was Gott geschaffen hat „sehr gut" (vgl. Gen 1) ist.
Man vergleiche hierzu nur die religiös-erotische Sprache des „Liedes der Lieder" im Alten Testament mit dem „Hohenlied" der Liebe im Neuen Testament (1 Kor 13, 1-13). Bei allem Respekt für den hl. Paulus wird man beim Lesen des letzteren feststellen müssen, daß für Paulus, der hier über die Liebe in der christlichen Gemeinde schreibt, die Liebe zwischen Mann und Frau darin offenbar nicht vorkommt. Ist sie für ihn kein „Ort" der Gottesbegegnung.?
Ein Teilaspekt davon wird darin bestehen, das Erleben von Leiblichkeit, Erotik und Sexualität im Kontext der jeweils unterschiedlichen Perspektiven z.B. von Jungen und Mädchen, Jugendlichen und Adoleszenten, Männern und Frauen, von Homo-, Hetero- und Bisexuellen - und auch von zölibatär Lebenden zu thematisieren, den Sprachverlust in der Kirche zu überwinden und Erotik wieder sprachfähig zu machen.
Erotik und Sexualität haben im Erleben und Verhalten Jugendlicher und junger Erwachsener einen zentralen Stellenwert. Wie kann es gelingen, daß die Kirche für sie wieder als freimachender Lebensraum, in dem ihr ganzes Leben Platz hat, und als wertesetzende Institution, in der die Freiheit des Geistes und nicht Verbote herrschen, erfahrbar wird?[21] Daß so wenige Erwachsene in der Kirche zu finden sind, hat das vielleicht auch etwas mit der „Sexualitäts-Losigkeit" der Kirchen zu tun?

---

[20] Natürlich stellt sich auch die Frage, was für ihn das Zölibatsversprechen bedeutet, wenn er sich bewußt und gewollt ganz anders verhält.

[21] Dies ist eine nach dem letzten Konzil noch immer einzulösende Aufgabe. Vgl. Ammicht-Quinn, R., Das Paradigma Sexualität, in: Concilium 35/1 (1999), 47-52

Es liegt mir allerdings fern, anstelle einer Dämonisierung die Sexualität nun zu vergöttlichen, [22] etwa nach dem Motto: So wie alles von Gott Geschaffene gut ist, ist es auch „die Natur“ und folglich „die Sexualität“. Ein Plädoyer für eine „lustvolle“ Religion, in der Körper und Geist versöhnt sind und in der *auch* im Geschlechtlichen die Nähe Gottes erfahren wird, ist sicher richtig. Nur leben wir leider weder im Zustand paradiesischer oder himmlischer Unschuld, sondern in der Gegenwart. In der erfahren Menschen auch die Last mit der Lust, weil Geist und Natur in einem spannungs- und gelegentlich leidvollen Verhältnis zueinander stehen.

IV.3 Ein *drittes* wird sein, auch in kirchlichen Kontexten neue Riten und Rituale zu entwickeln, die leibhaftig, sinnlich und erotisch ansprechend sind. Die Kirchen verfügen ja z.B. in den Sakramenten und Sakramentalien, in ihren Prozessionen und Andachten über eine Jahrtausende alte Erfahrung. So spricht eine gut gestaltete Liturgie alle Sinne des Menschen an: er/sie hört das Wort Gottes, sieht die farbenfrohen Gewänder, Blumen und Bilder, berührt den Nachbarn, die Nachbarin beim Friedensgruß, riecht den Weihrauch und schmeckt Brot und Wein. Oder beim Beerdigungsritus werden am offenen Grab die vier klassischen Elemente Erde, Wasser, Feuer und Luft einbezogen. Der katholische Priester küßt Stola, Altar und Evangelienbuch. Auch verschiedene Liturgieentwürfe, die von Frauen gestaltet wurden, haben hier schon einiges verändert.[23] Ließen sich, was den Zusammenhang von Erotik und Spiritualität angeht, Firmung bzw. Konfirmation als Initiationsritus in das „Erwachsensein vor Gott“ sinnlicher und leibhaftiger gestalten?
Wie ließen sich etwa bei Wallfahrten oder liturgischen Nächten Tanz und „Leibhaftigkeit“ als meditativ-sinnliche Erfahrungskomponenten einbeziehen? Vielleicht könnten die Kirchen mit der Zeit eine erfahrbare Gegenkultur entwickeln gegen die beiden Pervertierungen, denen Erotik und Sexualität heute ausgesetzt sind: ihrer Kommerzialisierung und ihrer Gefährdung durch Gewalt.
Dies alles sind sicher eher „harmlose“ Riten im Vergleich mit „heiligen Hochzeiten“, die zu Unrecht als Tempelprostitution diskriminiert werden. Der evangelische Pastoraltheologe Gert Hartmann geht noch weiter und fragt, welcher Seelsorger, welche Seelsorgerin etwa über eine Frau, die sich prostituiert, sagen würde: „‘Sie gibt ... sich selbst, um der Lust zu dienen. Statt ins Bahnhofsviertel gehörte sie in einen Tempel.‘ Solche Rede hätte keinen Platz in der Kirche. Ich will sie nicht nahelegen. Ich weiß aber auch: weil wir diesen Schritt nicht tun

---

[22] Diesem Irrtum scheint Johannes Thiele, (Anm. 10) gelegentlich zu erliegen.

[23] Beispielhaft seien für kath. Liturgie genannt: Hogenski u.a. (Hg.), Meine Seele sieht das Land der Freiheit. Feministische Liturgien. Modelle für die Praxis, Münster 1990, Radfort Ruether, R., Unsere Wunden heilen, unsere Befreiung feiern. Rituale in der Frauenkirche, Stuttgart 1988, für die ev. Liturgie: Jost R./ Schweiger, U., (Hg.), Feministische Impulse für den Gottesdienst, Stuttgart Berlin Köln 1996. Andere und sicher fragwürdige autobiografische Versuche beschreibt Heide-Marie Emmermann, die zuerst als Theologin und dann als Prostituierte und Domina tätig war: dies., Credo an Gott und sein Fleisch. Erfahrungen mit irdischer und himmlischer Liebe, Hamburg 1991.

werden, wird ein weiter Bereich unseres Lebens aus dem theologischen Denken ausgeklammert und der Seelsorge unzugänglich bleiben. Er bleibt auch verbannt aus der Spiritualität. Deshalb wird sich auch an unserer Praxis nichts ändern: Prostitution wird nicht als heilig gelten mit beglückenden und erschreckenden Zügen. ... Die Prostituierte wird nicht als Priesterin gelten sondern als Hure.“ [24]
Es ist jedoch zu betonen, daß für christlich-westlich sozialisierte Menschen ein kritikloses Übernehmen etwa tantrischer Praktiken und Rituale [25] dazu führen kann, sich regressiv in der „kosmischen Sexualität“ zu verlieren und so statt vermeintlicher Entgrenzungen doch wieder in einer neuen Begrenztheit zu landen.[26]

IV.4 *Viertens*: Auch für viele Menschen, die sich ihrer Kirche noch verbunden fühlen, ist die kirchliche Morallehre so lebensfremd und engherzig, daß sie wenig mit ihr anfangen können. Sie erleben sie als seelenlos, zu sehr von allgemeinen Prinzipien abgeleitet, abstrakt und absolut. Sie vermissen in ihr die „Seele“, die die Sexualität nicht an Ketten legt, sondern vertiefen, vermenschlichen, befreien und heiligen will.[27]
Die katholische Kirche hat in den letzten Jahrzehnten große Schwierigkeiten gehabt, eine anspruchsvolle und zugleich lebbare Sexualmoral zu formulieren. Sie ergeht sich in ihren offiziellen Dokumenten im Wiederholen alter Lehrsätze, die alle kennen und wenige befolgen.[28] Die meisten ChristInnen suchen daher ihren eigenen Weg, der es ihnen ermöglicht, ihre Sexualität als befreiend und lebensdienlich zu leben.
Angesichts dieser Realität besteht die Aufgabe darin, eine Sexualmoral zu entwickeln und zu formulieren, in der die Verbindung von Sexualität, Transzendenz und Gott wieder entdeckt wird und in der Lebensfreude, Lusterfahrung und Ekstase innerhalb statt außerhalb der Kirchen gesucht und gefunden werden können [29].
Wenn die gelebte Sexualität zu einem Ort der Transzendenzerfahrung, für Christinnen und Christen: zu einem Ort der Gottesbegegnung werden kann, dann bedarf es dazu des Mutes zur Überwindung des Dualismus und zur Gestaltung in entsprechenden Formen und Riten. Nach Auskunft der Johannes-

---

[24] Hartmann, G., Lebensdeutung. Theologie für die Seelsorge, Göttingen 1993, 285
[25] Eine Fülle von (...) Darstellungen findet sich in: Douglas, N./ Slinger, P., Das große Buch des Tantra. Sexuelle Geheimnisse und die Alchimie der Ekstase, München 1997.
[26] Vgl. Ashcroft-Nowicki, D., Der Baum der Ekstase. Ein Handbuch der Sexualmagie für Fortgeschrittene, Saarbrücken 1991. Die Autorin warnt ausdrücklich vor der o.a. Gefahr.
[27] Beispielhaft dazu Müller, W., Für eine Beseelung von Sexualität und Spiritualität, in: Anzeiger für die Seelsorge 11/2001, 34- 37.
[28] Im Jugendbereich auch wieder im Brief der Jugendkommission der deutschen Bischofskonferenz vom September 1999, Arbeitshilfe Nr. 148, zu beziehen im Sekretariat der DBK, Kaiserstr. 163, 53113 Bonn, und unter http://www.dbk.de.
[29] Ein positives Beispiel in der katholischen Kirche ist das Arbeitspapier „In Beziehung leben“ von der Arbeitsgemeinschaft für Jugendpastoral der Orden, 1998, zu beziehen bei der AGJPO, Klosterberg 11, 59872 Meschede und unter http://www.agjpo.de.

Apokalyse (Offb. 21,2.3) ist ein Bild für den erwarteten „neuen Himmel und die neue Erde“, daß die neue Stadt aus dem Himmel auf die Erde herabkommt „wie eine Braut, die sich für ihren Mann geschmückt hat“. In der „Wohnung Gottes unter den Menschen“ wird dann die Heilige Hochzeit des Himmels und der Erde begangen.
Abschließend will ich nochmals betonen, daß mir eine ästhetische Verklärung der menschlichen Sexualität ebenso fern liegt wie eine Hoch-Stilisierung als *der* bevorzugte Ort der „Gottesbegegnung“. Bei heftigen Gefühlsbewegungen wie Wollust und Rausch als auch in Verzückung und Trance ist Vorsicht am Platze, will man nicht die Schöpfung mit ihrem Schöpfer verwechseln. Im Christentum galt die Begegnung mit Gott „im geringsten der Brüder / Schwestern“ stets „höherwertiger“ als in Ekstasen und Visionen. Außerdem bleibt grundsätzlich zweifelhaft, ob Sinnes- und Denkerfahrungen gleich welcher Art mehr sein können als nur im Innern der eigenen Personbegrenzheit sich abspielende Ich-Erlebnisse, die niemals mit dem Ich-transzendenten Gott verwechselt werden dürfen.
Die Herausforderung bleibt allerdings, die Kirche wieder als einen „Raum“ zu gestalten, in dem auch sexuelle Transzendenzerfahrungen einen guten Platz haben, an dem Gott anwesend sein kann, von dem Thomas v. Aquin und Bonaventura sagen, daß er über unsere Sinne in unser Leben eintritt.

Hans Langendörfer SJ

Die kirchenpolitische Dimension der Gottesbeziehung heute

In Deutschland wird die Kirche zunehmend bloß als ein Teil der Zivilgesellschaft neben vielen anderen verstanden, wenn sie im öffentlichen Leben agiert. Der Evangelischen Kirche in Deutschland (EKD) geht es genauso. Anfangs betraf diese Perzeption eher die kirchlichen Aktivitäten oder Gruppierungen im Kontext der neuen sozialen Bewegungen - Hilfswerke wie Misereor oder Adveniat oder Lax Christi -, doch im Zuge einer allgemeinen Aufwertung der bürgerschaftlichen Organisationen und einer neuen Bestimmung des Verhältnisses zwischen ihnen und dem Staat wird nun auch die Religionsgemeinschaft insgesamt als interessenbestimmter Akteur wahrgenommen, der wie andere Aktive für seine partikulären Anliegen einsteht, Bündnisse eingeht und Leistungen erbringt, die der Gesellschaft mehr oder weniger nützlich und dem Staat je nachdem Partner oder Gegner sind.
Diese Tendenz zur Egalisierung der Kirche zieht in der Gesellschaft - zugespitzt formuliert - zum einen den Ruf nach Abbau von "Privilegien" nach sich, womit zumeist praktisch alle grundgesetzlichen Verbürgungen gemeint sind, die der rechtlichen und konkreten Ausgestaltung der Religionsfreiheit dienen: die besondere Rechtskörperschaft der Kirche, das Steuerrecht, den Religionsunterricht an öffentlichen Schulen, die Selbstbestimmung in der Regelung der innerkirchlichen Arbeitsbeziehungen usw. Da liegen Äußerungen des Berliner Regierenden Bürgermeisters, die konfessionellen Schulen könnten - als Einrichtungen eines Glaubens neben vielen anderen - nicht wie bisher mit öffentlicher Förderung rechnen, und ver.di-Aktivitäten, die kirchliche Arbeitswelt zu erobern, geistig (und vorab einer dringend erforderlichen Einzelbetrachtung) auf der gleichen Linie.
Zum anderen wird der heilsame Druck stärker, das Eigene der Kirche wieder klarer zu erfassen und auch öffentlich zur Geltung zu bringen: ihre Kirchlichkeit, die alleine begründet, in welchem Sinn und aus welchem Grund ihre Andersbehandlung keine Privilegierung, sondern ein gutes Recht ist, das die Freiheitlichkeit des Staates sichert und deshalb - in welcher konkreten Form im Wandel der Verhältnisse auch immer - bewahrenswert bleibt.
Es ist unter diesen Umständen in der Tat gut, beim Eigenen einzusetzen und die Gottesbeziehung der Christen und der Kirche als Grundlage und Quelle der Politik der Kirche neu in den Blick zu nehmen - oder: die politische Dimension dessen zu prüfen, wie der Christ und die Kirche ihre Beziehung zu Gott zur Darstellung bringen. Dabei sind freilich zwei kurze Bemerkungen vorab nötig: Es geht natürlich nicht ohne eine Ekklesiologie und ein theologisches Institutionenverständnis, wobei es im Verhältnis zu den Kirchen der Reformation manche noch klärungsbedürftige Fragen gibt, weshalb alles Folgende (auch wenn

keine theologische Institutionenkunde eigens dargelegt wird) katholisch gesagt sein soll - obschon im Konkreten die Unterschiede gering sein dürften. Zweitens wäre es nicht hilfreich, verschiedene Typen der Gottesbeziehung - etwa einer pastoralpsychologischen Einteilung folgend - miteinander zu vergleichen und sie auf verschiedene politische Handlungskonsequenzen zu untersuchen oder gar von verschiedenen politischen Aktivitäten der Kirche auf verschiedene Gestalten ihrer Gottesbeziehung zu schließen und daraus ein Kriterium für die Angemessenheit kirchenpolitischer Schritte zu machen; als könne man - was offensichtlicher Unfug wäre - eine kirchliche Vermögenspolitik, die stark auf Ethische Fonds setzt, als eine Politik ansehen, die allein der einer reifen, glaubensgeprägten Weltbeziehung entspricht, oder ein Plädoyer für die Kirchensteuer deutscher Art als Ausdruck einer schiefen, unbiblischen und letztlich glaubenswidrigen Staats- und Sicherheitsfixierung betrachten.

1. "Ihr seid zur Freiheit berufen." (Gal 5, 13)

Besonders ist die Freiheit, im Glauben geschenkt, eine Innenseite der Gottesbeziehung, von der man erwarten darf, daß sie kirchenpolitisch prägend ist. Der Galaterbrief setzt der alten Knechtschaft die Freiheit aus dem Glauben entgegen: "Warum achtet ihr so ängstlich auf Tage, Monate, bestimmte Zeiten und Jahre?" (4, 10) fragt er die Abergläubischen. Und dem Gesetz stellt er entgegen, daß die "erhoffte Gerechtigkeit kraft des Geistes und aufgrund des Glaubens" kommt (5, 5). "Jetzt sind wir frei geworden von dem Gesetz, an das wir gebunden waren", sagt der Römerbrief (Röm 7, 6) und präzisiert, daß Gott den Freigewordenen "das ewige Leben in Christus Jesus" als seine Gabe gibt (6, 23) Freiheit vom Tod, Freiheit zur Kindschaft kennzeichnen die Gottesbeziehung: "Ihr seid alle durch den Glauben Söhne Gottes in Christus Jesus." (Gal 3, 26) Das Johannesevangelium läßt Jesus in der Stunde des Abschieds von den Seinen sagen: "Ich habe euch Freunde genannt; denn ich habe euch alles mitgeteilt, was ich von meinem Vater gehört habe." (Joh 15, 15) Es entsteht eine enge Beziehung zwischen Christus und den Seinen und - kirchlich - der Seinen untereinander.

Vieles weitere kommt hinzu: das Vertrauen, die Geborgenheit und Gelassenheit, die dem Gläubigen geschenkt werden. "Macht euch keine Sorgen." (Mt 6, 31); die Gewißheit, daß Gott alles zu einem guten Ende führen will.; die Bindung an das Lebensgesetz Jesu, der die Seinen dasselbe zu tun heißt wie er - nämlich furchtlos in Wort und Tat vom "Himmelreich" zu zeugen (vgl. Mt 10, 5-16) und sein "Joch" auf sich zu nehmen, das nicht "drückt" (Mt 11, 29).

In der Geschichte der Spiritualität hat Ignatius von Loyola dies dargestellt in der Bildwelt des Gefährten Jesu, der den Dingen der Welt - Gesundheit, Reichtum und Ehre - indifferent gegenübersteht, sie im Maß des Zuträglichen nützt und jeweils auf das orientiert ist, was ihn "mehr" dem Herrn angleicht, der schmählich am Kreuz starb: eine Frömmigkeit, die in der Perspektive der

"maior gloria dei" und der Heiligung größte Freiheit und engste Bindung miteinander verknüpft.
Kann diese Freiheit zum Leitfaden und Korrektiv kirchlich-politischen Handelns werden, also das Tun des einzelnen Gläubigen - zumal des kirchenamtlich Bestellten - wie auch das der Institution (in diesem Kontext konkret: der Ortskirchen und ggf. ihres überdiözesanen und weltkirchlichen Zusammenwirkens) bestimmen und eine politische Dimension der gläubigen Gottesbeziehung ausprägen, die dann das Unterscheidende der Kirche zu erkennen gibt? Das ist die zugleich geistliche wie politische Zentralfrage.
In der neueren Moraltheologie ging man eher der Frage nach dem Einfluß des Glaubens auf das Handeln nach und sprach unter Normierungsgesichtspunkten vom "Proprium" christlicher Ethik, für das man sehr unterschiedliche Modelle anbot. Mal sollte dieses Proprium eher motivierender-stimulierender Art sein, mal (jesuanische) Prioritäten setzen. Das ist bis heute verdienstvoll, weil dabei zugleich das Verhältnis zwischen "natürlicher" Moral und Glaubensbeziehung aufgeworfen wird; und die Frage nach der recht verstandenen "Autonomie" der Kultursachbereiche, von der das Konzil spricht.
Zur Frage nach der politischen Dimension des Glaubens heute (nicht: der glaubensgeprägten Dimension der Politik) gewendet werden die Dinge gleichwohl nicht wesentlich anders: immer soll die im Glauben geschenkte Freiheit eine angemessene Darstellung im Handeln finden, damit dieses "gläubig" wird und der Glaube innerweltlich "politisch" Gestalt annimmt. Eine Antwort ist aber nur im Konkreten interessant, wenn man - was nun geschieht - die "Freiheit" in verschiedene Felder einträgt, die kirchenpolitisch relevant sind, so daß die Kirche in ihnen möglichst eindeutig aus ihrem Glauben schöpft und nicht bloß genauso wie alle möglichen zivilgesellschaftlichen Akteure ein partikuläres (und sei es auch ethisch sehr bedeutsames) Interesse zur Geltung bringt

2. Die Freiheit des Glaubens

Bis zur politischen Systemwende 1990 waren in Mittel- und Osteuropa - in jeweils verschiedener Form und Intensität - die Behinderung oder Unterdrückung der Glaubenspraxis und der Kirchen die Grundbedingung christlichen Lebens. Die Christen lebten in den Katakomben, die Glaubensfreiheit hatte, sofern sie rechtlich zugesichert war, kaum praktische Bedeutung. Das hat sich seither gründlich geändert, auch wenn es in mehreren Transformationsstaaten - nicht nur in der Russischen Föderation - noch manche Verwerfungen gibt, die nur teilweise auch als Reflex einer gesellschaftlichen Verunsicherung verstanden werden können.
In vielen Zeitzeugnissen war indessen eine gewisse Ambivalenz zu spüren, ob denn die Freiheit als politisches und ökonomisches Prinzip unter Gesichtspunkten der Vitalität des Glaubens wirklich den Vorzug verdient oder ob nicht die Freiheit in Staat und Gesellschaft letztlich überfordernd oder gar kontraproduktiv wirken könnte. Es war eine geistliche Herausforderung: sich angstfrei auf

jene Freiheit einzulassen, deren Abwesenheit so viel Protest und Verbitterung provoziert hatte. Gehört aber nicht das Ringen um die Freiheit des Bekenntnisses zu den innersten Antriebskräften von Gläubigen und einer Kirche, die gesandt sind, die Frohe Botschaft als Heil aller bis an die Grenzen der Erde zu verkünden und zu propagieren?
Im Westen und in Deutschland wird - wie letztlich auch im Rest Europas - kaum jemand eine negative Antwort auf diese Frage geben. Die Freiheit, die in Christus gründet, soll frei bezeugt werden können. Einerseits ist es diesbezüglich in Deutschland aufs Beste bestellt: Das Grundgesetz sieht eine Trennung von Kirche und Staat in der Wurzel vor, verweist aber beide aufeinander, indem es auch die korporative Religionsfreiheit im Sinne einer Kirchenfreiheit gewährleistet und somit den Staat in die Pflicht nimmt, aktiv Vorkehrungen dafür zu treffen, daß die Kirchen ihr religiöses Zeugnis ablegen bzw. ihren Glauben leben können. Zahllose Regelungen knüpfen daran an. Auch der Religionsunterricht an öffentlichen Schulen ist letztlich die Anerkenntnis des Staates, in Glaubensfragen an seine eigenen Grenzen zu kommen und den Glauben - den er als menschlich bedeutsam einschätzt - der Kooperation mit anderen zu überlassen.
Und doch steht die Kirche als politisch agierende große Institution vor einer Reihe von Fragen. Sie haben einerseits mit der Europäischen Union zu tun, deren Recht in großen Schritten in die Mitgliedsstaaten vorgedrungen ist und gerade die deutsche Ausprägung des Gedankens der Religionsfreiheit unter Druck bringt. Datenschutz, Nichtdiskriminierung, Dienstleistungsfreiheit (z.B. auch im caritativen Bereich) sind Felder, wo das wirtschaftlich definierte Freiheitsprogramm der Union in Spannung oder Widerspruch zu dem tritt, was in Deutschland üblich und Recht ist. Ein abnehmendes Verständnis für die traditionellen Freiheiten der Kirche im politischen Bereich - quer über Parteigrenzen hinweg - läßt diesbezüglich manche zusätzlichen Auseinandersetzung vorausahnen.
In dieser Situation ist es auch eine geistliche Unterscheidungs- und nicht bloß eine Opportunitätsfrage, welche politischen Ziele sich die Kirche im Bereich der Religionsfreiheit setzt. Tut sie gut daran, das Bestehende als optimal in toto zu verteidigen? Gibt sie manche Freiheitsformen als zeitgebunden und verzichtbar auf, z.B. das eigenständige kirchliche Dienst- und Arbeitsrecht, den sog. Dritten Weg mit eigenem kirchlichen Recht in der Verantwortung paritätisch besetzter Kommissionen und der Bischöfe? Umgekehrt ist zu fragen, welche Essentials eigentlich aus Gründen der Glaubens- und Kirchenfreiheit - in kirchlicher Optik also durch den Glauben selbst - von einer freiheitlichen Ordnung verlangt sind. Zumal diese freiheitliche Ordnung ja in sehr unterschiedlicher Weise realisiert ist, wenn man z.B. die USA, Frankreich, die nordischen Länder und Italien zum Vergleich heranzieht. Hierüber ist noch manche Klarheit erst zu erarbeiten.
Sorge aber bereiten - so wurde eingangs als Problem genannt - manche Schwierigkeiten der Kirche, den Glauben als das für sie Konstitutive zur Geltung zu bringen und sich - bei Strafe der Egalisierung zum zivilgesellschaftlichen Ak-

teur - nicht lediglich als ein Philantrop neben anderen zu präsentieren, andererseits der Gesellschaft einen Sinn und ein Gespür und Verständnis für den kirchlich organisierten Glauben zu vermitteln. Irgendwie sind also das Größere Gottes, die Andersartigkeit seiner befreienden und hoffnunggebenden Zukunft - kurz: die Transzendenz - zur Darstellung zu bringen; die Situation eines Lebens "in" der Welt, das doch nicht "aus" dieser Welt ist. Zwar ist dies eine Angelegenheit des Ureigensten der Kirche und ihrer Pastoral und damit nicht der Kirchenpolitik, die hier das Thema ist. Wohl aber gibt es Sphären, wo politisch auf die Bearbeitung dieser Defizite hingearbeitet werden kann.

3. Die Mediengesellschaft

Hier soll ein besonders einprägsames Beispiel den Weg weisen, das aufgrund der rechtlichen Umstände in Deutschland für das politische Handeln der Kirche hohe Priorität haben muß: die Welt der Medien, besonders der elektronischen Medien.

Strategisch stehen der Kirche folgende Optionen zur Verfügung: Sie kann 1. den elektronischen Medien eine Priorität geben und auf der Grundlage rundfunkstaatsvertraglicher und lizenzrechtlicher Anspruchstitel auf Verkündigungssendungen und zugeordnete Formate im öffentlich-rechtlichen und im privaten Rundfunk (vor allem Fernsehen, aber auch Hörfunk) setzen (u.U. unter Nutzung eigener Produktionsunternehmen wie der TELLUX-Gruppe) oder 2. ein eigenes Angebot schaffen (in eigener Trägerschaft oder in Kooperation oder unter entsprechend bezahlter Nutzung öffentlich-rechtlicher bzw. <vor allem> privater Kanäle) oder 3. einen starken, proaktiven Internetauftritt realisieren. Sie kann sich 4. auf den Printbereich stützen (Rheinischer Merkur, Kirchenpresse, Weltbild-Guppe, kirchliche Verlage, aber auch <in etwa> KNA sowie Borromäusverein, St. Michaelsbund usw.) und 5. auf die Förderung publizistischen Nachwuchses sorgen und dabei vor allem auch den fiktionalen Bereich fördern. In der Realität gibt es einen Mix aller Optionen ohne gegenwärtig klar erkennbare Prioritäten.

Was tun, um in dieser Situation unter geistlichen Gesichtspunkten die richtige Politik zu betreiben - im engeren Sinn des Staatsbezuges wie im weiteren Sinn des richtigen und zielführenden Mitteleinsatzes? Die Frage ist deshalb so schwer zu beantworten, weil die Gesetze der (vor allem: elektronischen) Medienwelt - ökonomischer Druck, der den Unterhaltungswert stark priorisiert; personality-Orientierung, die der Verkündigung eines Anderen (Gottes) im Wege steht usw. - zur Logik des Glaubens und des kirchlichen Handelns oft in Spannung oder gar Widerspruch stehen. Zugleich ist sie von hoher Tragweite, weil sich die Medien zum Motor der öffentlichen Kommunikation, Meinungs- und Wertebildung entwickelt haben, an dem niemand, der eine "Botschaft" loswerden will, vorbeikommt. - und an dem viele stranden.

Wenn man, was das Zeugnis der Apostel vorführt, auch missionarisch Kirche sein will - also die auf jeden Fall immer wichtige Binnenkommunikation kurz

einmal außer Betracht läßt -, dann ist die Gute Botschaft von der menschlichen Freiheit (in Verantwortung vor Gott) als entscheidendes "Angebot" für das je eigene Leben an diejenigen gesellschaftlichen Segmente medial zu vermitteln, von denen man dafür eine gewisse Offenheit vermuten darf. Am besten ist es, zielgruppenorientiert zu denken und davon her den kirchlichen Medienmix zu bestimmen. Unter dieser Voraussetzung führt die Frage nach einem "Kirchenkanal" im Öffentlich-Rechtlichen bzw. Privaten in erster Linie zur Frage nach der Erreichbarkeit welchen Publikums, so daß nicht Resigantion, sondern die Herausforderung durch neue Chancen den Ton angibt. Gewiß sind dabei fiktionale Formate zu wünschen, wichtig ist aber, daß die Kirche eigene Events (von der Gottesdienstübertragung über den Papstbesuch bis hin zum geeigneten Talkformat mit kirchlich Verantwortlichen) schafft, die von ihr selbst bestimmt werden und Gelegenheit geben, sich anders denn als zivilgesellschaftliche Gruppe zu präsentieren.
Letztlich wird aber geistlich viel vom Einzelkontakt und Networking mit denen abhängen, die in der Branche tätig sind, nicht zuletzt mit denen, die im Fiktionalen das Transzendente und den Gottesglauben als befreiend zur Darstellung bringen können und dafür die nötige Sensibilität haben. Dabei wird es immer um das Woher und das Wohin des Menschen gehen, um Schicksale, Biographien und Passionen. Genau die aber sind gerade heute in neuer Weise auch ein Gegenstand der Politik auf staatlicher wie internationaler Ebene.

4. Die Frage nach dem Menschen als Chance geistlich verantworteter Kirchenpolitik

Natürlich ist alle Politik auf den Menschen - sein Leben als Individuum und in Gemeinschaften aller Art - orientiert, worauf ja auch die besondere Affinität von Politik und Kirche gründet, der es immer zuerst um den Menschen als "Kind" Gottes und "Schwester" und "Bruder" Jesu zu gehen hat. Signum der Gegenwart ist aber ein Aufkommen politischer Regelungsbedürfnisse besonders im Blick auf die "schwachen" Abschnitte menschlichen Lebens - an dessen Anfang und Ende. Dafür sind die extrakorporalen Stadien menschlicher Embryonen und damit zusammenhängende Forschungsprojekte und Verfahren ebenso ein Beispiel wie die terminalen Stadien mit oder ohne intensivmedizinischen Einsatz.
Man mag nicht ganz zu Unrecht häufig darauf hinweisen, daß diesbezüglich eine allgemein-rechtliche, vor allem verfassungsrechtliche Argumentation die solideste Grundlage bildet und ein Verzicht auf kirchliches anthropologisches "Eigengut" ("Gotteskindschaft", "Bild Gottes" usw.) durchaus strategische Vorteile in sich bergen könnte. Doch fordert Weniges so nachdrücklich auch das theologische Argument wie gerade die hier betroffenen Entscheidungen um Pränataldiagnostik, aktive Sterbehilfe usw. Das allgemeine, berechtigte Interesse an den Kirchen in dieser Debatte rührt ja nicht daher, daß sie die philosophisch-ethischen Argumente doppeln sollen, sondern aus ihrer speziellen Kom-

petenz für das Ganze von Tod und Leben, das zwar in einer pluralen Gesellschaft von manchen so und anderen anders eingeschätzt wird, im Christentum aber ungebrochen eine Interpretationsvorgabe hat, an der (Gott sei Dank !) nicht vorbeizukommen ist. Wenn überhaupt sich die Gottesbeziehung des einzelnen Gläubigen und der Kirche auch im politischen Handeln auslegen und darstellen soll, dann ganz gewiß im Dialog und Streit über Fragen von Tod und Leben in den schwächsten Phasen des Menschen. Denn gerade dann geht es um des Menschen Bestimmung und um seine Geborgenheit in die Sorge eines Gottes, der - "Ihr seid zur Freiheit berufen!" vom tödlichen Gesetz des eigenmächtigen Gutseinmüssens befreit hat und in eigener Macht alles zu einer Vollendung führen wird.

Ansonsten wird die Frage nach dem Menschen natürlich im Politischen vielerorts zugespitzt behandelt, z.B. im Bereich der Bildung. Wenn Christen aus ihrem Glauben heraus gegen jede Reduzierung des Menschen z.B. auf einen Leistungserbringer sind und ein Gesellschaftsbild befördern wollen, in dem viele Kultursachbereiche und nicht bloß die Wirtschaft als menschengerecht Beachtung finden, dann ist - trotz aller Wichtigkeit von Qualifizierung, Weiterbildung und Arbeitsmarktchancen - eben darauf zu achten, daß nicht einseitig ökonomische Verwertungschancen den Ausschlag geben im Bildungskonzept und in der Bestimmung von Curricula. Und es ist im Blick auf die Religionsfreiheit zumindest darauf abzuheben, daß junge Menschen nicht bloß über Religionsideen und ethische "Traditionen" aufgeklärt bzw. informiert werden (Stichwort LER - das aber eine gesonderte und differenzierte Betrachtung verlangen würde), sondern daß sie auch ihren Glauben leben können. Damit aber wäre man wieder an den Anfang zurückgekehrt: die Religionsfreiheit, die zu postulieren und in einer freiheitlichen Gesellschaft mitzugestalten der Glaube aus sich heraus verlangt.

5. Und die "Kirchenpolitik" im Inneren?

Das Meiste des bisher Gesagten bezieht sich auf das nach außen gewandte politische Handeln der Kirche, die als solche "Zeichen und Instrument der innersten Einheit" (LG) ist und - weit davon entfernt, eine bloß innerweltliche Institution zu sein - durch ihr Leben Gott und Menschen in Verbindung bringen soll und bringt, also Gottesbeziehung ist, darstellt und bewirkt. Es ist schwer, eine eigentliche "innere" Dimension der Kirchenpolitik zu unterscheiden; es sei denn, man meint damit das Ringen verschiedener Kräfte um das richtige und vorzugswürdige Vorangehen in verschiedenen Fragen der innerkirchlichen Ordnung, vor die sich die Bistümer - unter der Leitung des Bischofs in sich vielfach gegliedert - diözesan und überdiözesan und nicht zuletzt im Blick auf die Weltkirche und unter der Prämisse verbindlicher lehramtlicher Vorgaben von Gott gestellt sehen.

Wohl aber ist es leichter möglich, einige innere Herausforderungen zu erkennen, denen sich die Kirche in Bezug auf ihre Verkündigung nach außen wird stellen müssen und die letztlich die Kehrseite bzw. deren Klärung die Voraussetzung der verschiedenen bislang erwähnten kirchenpolitischen Aktivitäten und Programme sind. Zwei Herausforderungen seien beispielhaft genannt.

- Mit der gewandelten Erwartung der Kirchenglieder verantwortungsvoll umgehen: Mit Bedacht ist zunächst einmal nicht von der Erwartung der "Gläubigen" an den Dienst der Kirche die Rede: nicht um Menschen ihre Gläubigkeit abzusprechen (was sowieso eine schwierige Frage ist), sondern um sprachlich jener Form zurückgenommener Beziehung der Getauften zur Kirche Ausdruck zu verleihen, die - wiederum vielfältig differenziert - Gegenstand neuerer religionssoziologischer Untersuchungen war und wiederholt zu der Beobachtung Anlaß gab, es habe sich zunehmend eine kundenförmige Haltung ausgeprägt, bei der die Kirchenglieder religiöse Dienstleistungen erwarten, ohne sich zugleich aufs Ganze ihres Lebens und Sterbens an die Kirche als ihren geistlichen Lebensraum binden zu wollen. In gewisser Weise ist die Eingangsbeobachtung, die Kirche werde heute mehr und mehr bloß als Teil der Zivilgesellschaft angesehen und in ihrem Eigenen, nämlich der göttlich bevollmächtigten Einladung zu einem Lebensprogramm oder einer Lebenshoffnung verkannt, eine Zuspitzung der Konfrontation mit konsumgeprägten Erwartungen an die Kirche. Es hat wohl keinen Sinn und ist geistlich unangemessen, in Larmoyanz den schlechten Gang der Dinge bloß zu beklagen und über die negativen Seiten einer hyperindividualistischen Gesellschaft herzuziehen. Die kirchenpolitische Herausforderung - und sie ist eine Schlüsselherausforderung in der Kirche in Deutschland - besteht darin, wie man mit all diesen Charakteristika umzugehen hat und welche im Sinn der Verkündigung konstruktive Reaktion man zeigt. Gewiß ist es unverzichtbar, den gegenwärtigen Zeittakt und die Gefülltheit und Parzellierung des Lebens vieler Menschen, die sich etwas von der Kirche erwarten, zu beachten und darauf einzugehen - und sei es durch 30sekündige Bibelclips im TV. Aber es bleibt zugleich die Frage nach den Grenzen und der Not-wendigkeit von Gegenläufigem - Langsamen, Fordernden, Ausdauer und Reifung (statt Konsum) Verlangenden, Organischen usw., und zwar weit über die Sakramentenpastoral hinaus. Wie man mit dem heute weithin typischen way of life (seinem technizistischen und ungeduldigen Habitus) bzw. dessen Auswirkungen auf die Kirchen- und Glaubenserwartungen umgeht, ist eine hochpolitische und zutiefst geistliche Frage an die Kirche.
- Mit Reduktion geistlich leben lernen: Daran knüpft eine zweite strategische Herausforderung an. Die Kirche wird auf absehbare Zeit in Deutschland trotz aller hoffnungsvollen Neuaufbrüche und vitalen Initiativen sicher kleiner und mitgliederärmer werden - wie auch immer es sich aus welchen Gründen anderswo verhält. Die demographische Entwicklung kombiniert mit dem statistisch erfaßten (das ist nicht unerlaubt und macht dem Heiligen Geist keine Vorschriften!) Austritts- und Taufverhalten läßt einigermaßen klare Prognosen zu, die freilich schmerzlich sind.

Schon heute ist das Problem der Reduktion allgegenwärtig und es verlangt ein Management weit über die Fragen des Priestermangels und einer entsprechenden Gemeindeplanung hinaus. Sie hat handfeste Komponenten in Form z.B. der Minderung der Kirchensteuereinnahmen (auch jenseits der deutschen oder europäischen Fiskalpolitik) und erwartbarer Engpässe beim kirchlichen Vermögensmanagement (z.B. Immobilien). Hier sind Weitsicht und vorausschauendes Handeln eine - fast könnte man sagen: geistliche - Pflicht, um Schaden von der Kirche abzuhalten. Jüngere Beispiele aus dem caritativen Bereich könnten ohne entsprechende Konsequenzen zu Spitzen eines Eisberges werden.
Es geht in bestimmten Augenblicken leicht von den Lippen, von der Kirche zu verlangen, (wieder) eine kleine Herde zu werden und damit die Hoffnung auf eine geläuterte und von historischem Ballast frei gewordene Form gläubigen Lebens zu verbinden. Die Wirklichkeit dürfte schwieriger sein: Kleiner werden (und im Außenbereich - und das bleibt im Inneren nicht folgenlos - als historischer Verlierer wahrgenommen zu werden) verlangt, so es gelingen soll, viel Freiheit im geistlichen Sinn und einen tiefen Glauben an das Wirken Gottes, der ja die Seinen (eigentlich) ausgesandt hat, bis an die Grenzen der Welt das Evangelium in der Perspektive zu verkünden, daß die Menschen es annehmen (also: "erfolgreich"). Man muß die politische und geistliche Entscheidung treffen, Erfolg den Namen Gottes und nicht des Menschen sein zu lassen (auch wenn Gott gerade durch die Kirche innerweltlich präsent ist und handelt). Unter dieser politischen Herausforderung steht die Kirche in Deutschland.

In früheren Zeiten war einmal die Frage virulent, ob nicht die Moral letztlich im Kontext des geistlichen Lebens ihren systematischen Ort habe. Eine biblische Bestätigung mag die Apostelgeschichte geben: "Als sie das hörten, traf es sie mitten ins Herz, und sie sagten zu Petrus und den übrigen Aposteln: Was sollen wir tun, Brüder?" (Apg 2, 37) Denen da das Herz brennt bei der Pfingstpredigt des Paulus, die sind innerlich ergriffen und vorbereitet auf den Empfang jenes Geistes (in der Taufe), der sie zu "Kindern Gottes" macht. Ihre innerste Beziehung zu Gott drängt auf eine innerweltliche Darstellung, zu dem auch das Tun gehört - auch in der Dimension des Politischen. Dieses Tun ist gebunden an situative Gegebenheiten aller Art, auch heute. Es soll gleichwohl geistliches Tun sein. Dieser Charakter entzieht es nicht der Frage nach seiner Angemessenheit und dem darauf bezogenen Diskurs. Aber es hebt das Tun der Kirche und der Christen aus dem gewöhnlichen Horizont in eine größere Weite: der Transzendenz. Die politischen Herausforderungen, vor denen die Kirche steht - einige wurden beispielhaft genannt -, haben gemeinsam, daß ihre Bearbeitung deren geistlichen Charakter zur Geltung bringen muß, damit sie bei dem Ganzen bleibt, was der Herr ihr aufgetragen hat, und sich nicht in Partikulär-Beliebiges verliert - und sei es unter dem Vorzeichen einer Nächstenliebe (Caritas), die nicht mehr auch über sich hinausweist. Die Freiheitsemphase der westlichen Welt gibt dazu Anknüpfungspunkte, und doch bleibt die kritische Auseinandersetzung mit der Freiheit dieser Welt unerläßlich, wenn man daran festhalten will, was die Kirche tut: "Ihr seid zur Freiheit berufen."

Martin Lörsch

Heimatsuche in mobiler Gesellschaft.

Der Beitrag der kirchlichen Organisationsentwicklung zur Kirchenbildung

1. Zwischen Heimatsuche und Heimatverlust

Die Sehnsucht nach Heimat und Beheimatung, nach einer bergenden Herberge für Leib und Seele, erweist sich als eine herausragende Signatur unserer Zeit oder theologisch ausgedrückt als „Zeichen der Zeit". Was vor Jahren noch obsolet war, entwickelt sich zu einem Leitbegriff und zu einer Umschreibung eines der wichtigsten Phänomene der späten Moderne. Es ist daher nicht verwunderlich, daß Begriffe wie Heimat und Heimatsuche immer mehr als Wegweiser für die Gemeinde- und die kirchliche Organisationsentwicklung[1] in der gegenwärtigen Gesellschaft in den Blick kommen und auch für die Personalentwicklung[2] der MitarbeiterInnen in der Kirche, vor allem in Bezug auf die Entwicklung und Praxis einer tragfähigen Spiritualität und Lebenskultur der SeelsorgerInnen, Hinweise geben können.
Die fast inflationäre Verwendung von Heimat und Heimatsuche scheint nicht zufällig zu sein. Diese Begriffe haben seit Jahren im gesellschaftlichen Diskurs deutlich an Stellenwert gewonnen, prägen die wissenschaftliche Diskussion und nehmen Einfluß auf die Gestaltung der verschiedenen Kulturszenen[3]. Zunehmend halten sie auch Einzug in das pastorale Fachgespräch und in die Debatte um die Zukunft von Gemeinde und Kirche, wie der Blick auf die Veröffentlichungen der zurückliegenden Jahre zeigt: *„Gemeinde als Heimat"*, *„Fremde Heimat Kirche"*, *„Kirche als Wahlheimat"*, *„Der Zukunft Heimat geben"*, *„In fremder Welt zu Hause"*, *„Gemeinde als Herberge"*...[4]. Die Buchtitel sensibili-

---

[1] Vgl. Lörsch, M., Systemische Gemeindeentwicklung. Ein Beitrag zur Erneuerung der Gemeinde im Geist des Zweiten Vatikanischen Konzils, Frankfurt/M. 1999, 15; ders., Kirchen - Bildung in Bad Kreuznach. Gründung und Evaluation eines Seelsorgebezirks nach c. 517 § 1 CIC als Beitrag zur kirchlichen Organisationsentwicklung, Wien (bisher unveröffentlichte Dissertation) 2001; vgl. Heller, A., Organisationsentwicklung, in: LThK[3] Bd. 7, Sp. 1117f.

[2] Prof. Frielingsdorf kommt das Verdienst zu, zu einem frühen Zeitpunkt diese Herausforderung erkannt und mit Hilfe seines Kursangebotes sowie seiner Publikationen wirksame Hilfen für die Personalentwicklung – vor allem für Menschen im pastoralen Dienst – entwickelt zu haben.

[3] Vgl. die erfolgreiche Fernsehreihe „Heimat" von E. Reitz, die sechs Jahrzehnte deutscher Geschichte anhand eines Hunsrückdorfs „Woppenroth" schildert. Hecht, M., Das Verschwinden der Heimat. Zur Gefühlslage der Nation, Leipzig 2000.

[4] Brantzen, H., Gemeinde als Heimat, Freiburg Ch. 1993; Engelhardt, K./ Loewenich von, H./ Steinacker, P. (Hg.), Fremde Heimat Kirche. Die dritte EKD-Erhebung über Kirchenmitgliedschaft, Gütersloh 1999, Wollbold, A., Kirche als Wahlheimat, Würzburg 1998; Vogt, M., Der Zukunft Heimat geben. Pfarrgemeinden im Agenda–21 Prozess, München 1999; Entrich, M./ Wanke, J. (Hg.), In fremder Welt zu Hause, Stuttgart 2001; Hendriks, J., Gemeinde als Herberge, Gütersloh 2001.

sieren für ein zentrales pastoraltheologisches Thema, das zudem wichtige Hinweise für die Leitbild- und Visionsarbeit gibt. Heimat und Heimatsuche[5] scheinen auf eine für die Kirchenbildung und für die zukünftige Kirchengestalt grundlegende Kategorie der Pastoral aufmerksam zu machen.
Als Hinführung zur Thematik möchte ich drei Erfahrungen vorstellen, die ich an einem einzigen Tag sammeln konnte:

- Am Vormittag Besuch beim „Treffpunkt Reling – Verein für Wohnsitzlose und von Armut bedrohte Menschen in der Stadt"[6] und Gespräch mit seiner Leiterin, einer Ordensfrau der Waldbreitbacher Franziskanerinnen. Ein Jahr nach der Gründung des Vereins zieht sie eine erste Bilanz: Sie bewertet diese Vereinsgründung als eine große Herausforderung für sie persönlich wie auch für die christlichen Kirchen in Bad Kreuznach. Bewegt berichtet sie vom zurückliegenden Heilig Abend, den sie im „Treffpunkt Reling" gefeiert hat. An diesem Abend habe sich ihr die Botschaft der Menschwerdung, die Heimatsuche Gottes, neu erschlossen.
- Am Nachmittag der Anruf einer 17-jährigen Jugendlichen. Ihre krebskranke Mutter, die ich über Monate begleitet habe, liege im Sterben. Sie bittet mich, sofort ins Krankenhaus zu kommen, um mit ihrer Familie Abschied von der Mutter zu nehmen. Am Krankenbett wähle ich den Psalm 23, der in den Vers einmündet: „Und im Haus des Herrn darf ich wohnen für lange Zeit" (Ps 23, 8). Verheißung von Heimat im Angesicht des Todes. Nachdem ich die Frau gesegnet habe, stirbt sie wenige Minuten später in den Armen ihrer Tochter.
- Dann breche ich zu einem Beratungsprozeß nach Trier auf. Die fünf Innenstadtgemeinden sind im Dezember 2000 zusammengelegt und als Pfarrei Liebfrauen neu gegründet worden. Mit Hilfe einer externen Beratung will der Pfarrgemeinderat einen Pastoralplan für die Trierer Innenstadt erstellen. Dieser Plan soll den Gemeindemitgliedern, den Kooperationspartnern und der Öffentlichkeit Antwort auf die Frage nach dem Leitbild, dem pastoralen Profil und den Prioritäten der neuen Gemeinde geben. An diesem Abend diskutiert der PGR-Vorstand mit mir über die Frage: Welche Botschaft könnte der Begriff „Kirche als Heimat" bei den unterschiedlichen Mitgliedern, Zielgruppen und Partnern vermitteln? Wie geht die neue Pfarrgemeinde nach der Zusammenlegung mit der Angst vieler älterer Gemeindemitglieder vor Heimatverlust um? Was gibt es Neues zum Projekt „Kir-

[5] Ich verwende in diesem Zusammenhang den Begriff „Heimat" zunächst unspezifisch und nähere mich ihm so an, wie er auch in den Gemeinden als Phänomen mit den unterschiedlichen Aspekten der Wortbedeutung auftritt. Vgl. Wollbold, A., ebd., 17. 458 (Glossar).

[6] Dieses Projekt realisiert in einer bisher ungewohnter Bandbreite eine Kooperation zugunsten konkreter Menschen am Rande unserer Gesellschaft. Beteiligt sind neben den christlichen Kirchen die am Ort ansässigen Orden, die Kreuznacher Diakonie, die Stadt Bad Kreuznach, der Verein „Die Platte" und der Arbeiter-Samariter-Bund (ASB). Sr. Irmgard Schmitt von den Waldbreitbacher Franziskanerinnen hat sich bereit erklärt, für zwei Jahre im Verein als hauptamtliche Mitarbeiterin mitzuwirken.

chenasyl", das die Gemeinde zeitgleich einem afrikanischen Asylbewerber gewährt?

Der Begriff „Heimatsuche" scheint die Sehnsucht vieler Menschen in höchst unterschiedlichen Lebenslagen auf den Punkt zu bringen. Andererseits fällt auf, daß sich die Kirche in einer eigentümlichen Spannung zu dieser Zeitströmung positioniert. Kirche - „ecclesia" versteht sich als die Gemeinschaft der „Herausgerufenen"[7]. Und auch der vertraute Begriff „Pfarrei" verweist in seinem ursprünglichen Wortsinn auf ein „Wohnen ohne Hausrecht"[8]. Die Bibel erzählt in ihren zentralen Ur-Kunden von Zeugnissen, in denen es zunächst um die Erfahrung von Heimatverlust oder um die freiwillige Aufgabe der vertrauten Heimat geht (vgl. Dtn 26, 5-10). Meist wird nachträglich erst erkennbar, daß die Verlusterfahrung zum Segen wurde, da sie einen positiven Entwicklungsprozeß ermöglicht hat: auf der personalen Ebene Identitätsfindung und Glaubensreifung; auf der kollektiven Ebene der Gemeinschaft die Entdeckung von Erwählung und Berufung. Jesus verabschiedet sich mit Beginn des öffentlichen Wirkens von der seßhaften Lebensform und wird ein charismatischer Wanderprediger, um so authentisch den Anbruch des Reiches Gottes zu bezeugen (vgl. Mt 8, 20).
Es finden sich demnach in der Begegnung mit der gegenwärtigen sozialen Wirklichkeit und in Bibel und Theologie höchst gegenläufige Botschaften zu diesem Phänomen unserer Zeit: die Verheißung von Heimat wie auch die Angst vor Heimatlosigkeit, die Beschreibung der Gefahr des Heimatverlustes und nicht zuletzt die freiwillige Aufgabe von Heimat zur Erfüllung eines konkreten Sendungsauftrags. Diese Spannungen gilt es im Auge zu behalten, wenn wir uns dem Thema „Heimatsuche in mobiler Gesellschaft" annähern. Im folgenden Beitrag will ich aufzeigen, wie man theologisch verantwortet und angemessen diese „Zeichen der Zeit" wahrnehmen und welchen Beitrag das Instrument der kirchlichen Organisationsentwicklung als Antwort auf diese Herausforderung leisten kann.

2. Die kirchliche Organisationsentwicklung – ein pastorales Instrument zur Kirchenbildung in mobiler Gesellschaft

Wie reagiert eine kirchliche Organisation, z.B. die Pfarrgemeinde[9], auf eine Anfrage oder eine gesellschaftliche Herausforderung? Allgemein kann man sagen: Wenn ein Thema für ihr Leben und Überleben an Bedeutung gewinnt, wenn sie

[7] Vgl. Werbick, J., Kirche, Freiburg-Basel-Wien 1994, 45ff.
[8] Vgl. Krämer, P., Pfarrei. I. Begriff u. Geschichte, in: LThK^3, Bd. 8, Sp. 162ff.
[9] In diesem Beitrag richte ich den Fokus vor allem auf die Pfarrgemeinde als kirchliche Organisation, auch wenn die kirchliche Organisationsentwicklung einen weiteren Radius umspannt (z.B. Diözesanentwicklung, Ordensentwicklung, Organisationsentwicklung kirchlicher Krankenhäuser...).

ein Signal als wichtig oder gar als bedrohlich wahrnimmt, dann aktiviert sie interne Prozeßabläufe und beobachtbare Reaktionsweisen: Man beschäftigt sich mit dem Thema im Pfarrgemeinderat (PGR), schreibt an das Generalvikariat, bildet eine Projektgruppe, greift den Impuls in der Predigt auf usw. Wie aber kann eine Gemeinde ein aktuelles, aber komplexes und vielschichtiges Thema wie „Heimatsuche in mobiler Gesellschaft" aufgreifen? Allein in der Kategorie von handelnden Personen ist diese Thematik nicht zu bearbeiteten. Vielmehr besteht gerade dann die Gefahr, Personen und Gremien heillos zu überfordern[10]. Denn es könnte ja die Gemeinde selbst mit ihrer spezifischen Identität als kirchliche Organisation sein, d.h. mit den praktizierten Kommunikationsmustern, mit den prägenden Traditionen, mit den verabredeten Leitbildern und nicht zuletzt mit den offen und verdeckt kommunizierten Zielvorstellungen, die darüber entscheidet, ob sie auf das Phänomene der „Heimatsuche" eher funktional oder dysfunktional, eher einladend oder abwehrend reagiert; ob sie sich im Vertrauen auf den Segen Gottes eher vom „Leben in Fülle" leiten läßt oder das eigene Überleben organisiert. Deshalb lautet meine Arbeitshypothese: Als Lösungsweg, wie man mit komplexen Fragestellungen in Kirche und Gemeinde angemessen umgehen kann, empfiehlt sich die kirchliche Organisationsentwicklung, weil sie folgende Leistung erbringen kann:

1. Sie betrachtet die Gemeinde als Organisation mit ihren spezifischen Gesetzlichkeiten und unter Beachtung der ekklesiologischen Doppelgestalt (LG 8), d.h. ihrer immanenten und transzendenten Dimension, und verknüpft diesen Ansatz mit einer subjektorientierten Pastoral.
2. Sie kann die Erwartungen ihrer gegenwärtigen und zukünftigen, der in der Mitte der Gemeinde präsenten wie auch der sich am Rand befindlichen Mitglieder erfassen und diesen ein Mitspracherecht sicher stellen. Sie sorgt dafür, daß die Erwartungen im Austausch von innen und außen, von Gemeindeleitung und Volk Gottes, von Mitgliedern und Kooperationspartnern kommuniziert und bewertet werden können.
3. Sie macht die sich widersprechenden und widersprüchlichen Erwartungen innerhalb und gegenüber der Gemeinde in Form von Spannungsbögen sichtbar und hilft der Gemeinde, diese Spannung – im Sinne von „Einheit in Vielfalt" – besser auszuhalten und auszutragen.
4. Sie befähigt die Gemeindeleitung, die unterschiedlichen und miteinander konkurrierenden Erwartungen zu balancieren und zu prozessieren anstatt die Spannung vorschnell und einseitig aufzulösen oder durch die Konflikte zerrieben zu werden.

[10] P. Watzlawick spricht in diesem Zusammenhang von den versuchten „Lösungen erster Ordnung". Eine Lösung liegt jedoch nicht auf der gleichen Ebene und ist auch nicht durch die Steigerung nach dem Muster „Mehr des selben" zu erzielen. Erst die „Lösung von der Lösung", d.h. die Antwort auf der anderen Ebene weist den Ausweg. Vgl. Watzlawick, P:/ Weakland, J.H./ Fisch, R., Lösungen. Zur Theorie und Praxis menschlichen Wandels, Bern-Stuttgart-Wien ³1984, 51 ff.

5. Sie betreibt Wissensmanagement mit dem Ziel, daß neue Lernerfahrungen von der Gemeinde selbst generiert, kirchlich-organisationales Lernen ermöglicht, ein Umlernen im Sinne von Umkehr und „Metánoia“ eröffnet und als explizites kirchliches Wissen gespeichert wird.

Sinn und Notwendigkeit der Verwendung der kirchlichen Organisationsentwicklung ergeben sich mit Blick auf die gesellschaftliche und kirchliche Realität, mit denen die Kirche am Ort konfrontiert ist: Innerhalb einer Organisationsgesellschaft reicht es nicht aus, den Dienst der Kirche am Ort alleine über Personen und Gremien abzusichern. Es kommt hinzu, daß sich die Kirche am Ort angesichts einer deutlich gestiegenen Binnenkomplexität (Zusammenschluß von mehreren Pfarrgemeinden in einer Seelsorgeeinheit, einem Seelsorgebezirk oder im pastoralen Raum, Zusammenarbeit von Kategorial- und Territorialseelsorge, ökumenische Partnerschaft,...) nicht mehr vorrangig und ausschließlich über unmittelbare Kommunikationsformen organisieren kann. Hier erweist es sich als hilfreich, die Pfarrei als eine kirchliche Organisation mit ihren spezifischen Gesetzmäßigkeiten zu betrachten, zu leiten oder zu beraten. Auf diesem Ansatz baut die Organisationsentwicklung auf. Sie definiert sich als „prozeßorientierte Praxis und Theorie eines geplanten und systematischen Lernens von Organisationen“[11]. Organisationales Lernen richtet den Blick gegenüber dem Lernen von Personen auf das Entwickeln und Implementieren von Beobachtungs- und Kommunikationsinstrumenten, auf die Verbesserung der Informations- und Kommunikationsmuster innerhalb der Organisation und gegenüber ihren Umwelten, auf die Klärung von Leitbildern und Zielen, auf die Verbesserung von organisationalen Strukturen und Abläufen, auf das Fortschreiben von Regeln, die sich im Blick auf die Zukunft als dysfunktional erweisen, und auf den Erwerb von Kompetenzen im Bezug auf anstehende Kooperationen.
Die kirchliche Organisationsentwicklung positioniert sich an der Nahtstelle von System- und Organisationstheorie, Praktischer Theologie und Ekklesiologie. Sie stellt sich dem Anspruch, einen Beitrag zu leisten zur Erneuerung der Kirche, zur Ekklesiogenese“[12], d.h. zur „Kirchen-Bildung“ unter veränderten kirchlichen und gesellschaftlichen Bedingungen. Konzeptionell positioniert sie sich in die Nähe der Volk-Gottes- und Communio-Ekklesiologie. Der institutionell-organisationalen Dimension von Kirche kommt eine durchgängig ekklesiologische Qualität zu[13]: Kirche als Organisation ist demnach kein lästiges Beiwerk einer ekklesiologischen Hypostase, einer idealen Kirche jenseits von Raum und Geschichte. Vielmehr ist in der organisationalen „Inkarnation“ (vgl. LG 8) der Kirche ihre Identität und ihre Entwicklungsfähigkeit sowie das über Jahrhunderte angereicherte Lebenswissen gespeichert und für zukünftige Herausforderungen aufbewahrt. Kirchliche Organisationsentwicklung entwirft, initiiert, be-

---

[11] Heller, A., Organisationsentwicklung, in: LThK^3 Bd. 7, Sp. 1117f.

[12] Vgl. Zulehner, P.M., Ekklesiogenese, in: LThK^3, Bd. 3, Sp. 567f; Lörsch, M., „Kirchen – Bildung“, a.a.O., 292ff.

[13] Vgl. Kehl, M., Kirche als Institution, Frankfurt/M. 1976. 318f; vgl. ders., Die Kirche, Würzburg 1992, 132-159.

obachtet, reflektiert und evaluiert organisationale Lernvorgänge der Kirche vornehmlich unter der Fragestellung, ob Entwicklungsprozesse zur Erhöhung ihrer Erneuerungsfähigkeit beitragen, d.h. ob Innovationsmaßnahmen vorrangig „Lösungen zweiter Ordnung“[14] im Geist des Evangeliums anstreben oder eher den „Mangel verwalten“. Die kirchliche Organisationsentwicklung orientiert sich in Theorie und Praxis an „Lumen Gentium“ und „Gaudium et Spes“, den ekklesiologischen Schlüsseltexten des Zweiten Vatikanischen Konzils.

3. Kirche in mobiler Gesellschaft – Kairologische Aspekte

Die heutige von Mobilität geprägte Gesellschaft bilden den Horizont für ein angemessenes Verstehen der Heimatsuche als ein „Zeichen der Zeit“. Unter kairologischen Gesichtspunkten soll diesem Phänomen nachgegangen werden. Warum lösen Begriffe wie „Heimat“ und „Heimatsuche“, die im gesellschaftlichen Diskurs über lange Zeit suspekt waren, heute so intensive Reaktionen aus? Offensichtlich lassen Phänomene wie Individualisierung[15] und Globalisierung als Weggefährten der Mobilität keine gesellschaftliche Gruppierung unberührt. Die nicht zu leugnenden Leistungen und Errungenschaften einer mobilen Gesellschaft[16] erweisen sich als hochgradig ambivalent: angestrebte und gewonnene Freiheiten offenbaren auf der Rückseite der Medaille Unsicherheit und Angst, die von vielen Menschen als belastend oder bedrohlich empfunden werden. Der erstrebte Zugewinn an Freiheit, Glück und Lebensqualität korrespondiert bei vielen Menschen mit der Erfahrung von Unbehaustsein und Heimatlosigkeit[17]. Ein auf Dauer geschalteter Entscheidungsstreß steht auf der Kostenseite dem Gewinn der Erlebnisgesellschaft[18] gegenüber. Dieses Streßphänomen, das aus dem riskanten Versuch erwächst, das eigene Leben unter sich ständig wandelnden Bedingungen zu organisieren, erweist sich als eine neuartige und für die Mehrzahl der Bevölkerung in den westlichen Gesellschaften grundlegende Lebenserfahrung: „Das eigene Leben ist der Versuch und die Versuchung, in sich selbst Grund, Kraft, Ziel der Selbst- und Weltgestaltung zu finden. Dieser Versuch ist, von seinem Ende her gesehen, vom Scheitern bedroht. Dies gibt dem eigenen Leben seine Konturen: seine Flüchtigkeit, seinen Lebenshunger, seinen Geschmack von Bitternis, Trostlosigkeit, von Ironie und Leichtigkeit.“[19] Die

---

[14] Vgl. Watzlawick, P./ Weakland, J.H./ Fisch, R., Lösungen. Zur Theorie und Praxis menschlichen Wandels, Bern-Stuttgart-Wien ^{3}1984, 51.

[15] Vgl. Beck, U., Risikogesellschaft, Frankfurt/M. 1986; Beck, U. / Beck-Gernsheim, E. (Hg.), Riskante Freiheiten - Individualisierung in modernen Gesellschaften, Frankfurt/M. 1994, Beck, U. (Hg.), Kinder der Freiheit Frankfurt/M. 1997.

[16] Vgl. Tebartz-van Elst, F.P., a.a.O.

[17] Mit dem wachsenden Wohlstand, der diese Mobilität erst ermöglicht hat, kontrastiert auf der südlichen Hemisphäre eine ganz andere Art der Mobilität in Form von Flucht und Migration.

[18] Vgl. Schulze, G., Die Erlebnisgesellschaft, Frankfurt/M., New York ^{7}1997.

[19] Beck, U., „Eigenes leben“. Skizzen zu einer biographischen Gesellschaftsanalyse. In: Bayerische Rückversicherung AG, München (Hg.), Eigenes Leben. Ausflüge in die unbekannte Gesellschaft, in der wir leben, München 1995, 172f.

Ahnung um diese Herausforderung und um die Riskanz der menschlichen E-xistenz in der mobilen Gesellschaft kann eine allgegenwärtige Angst hervorrufen: Angst vor möglichen Fehlentscheidungen und vor dem Scheitern der eigenen Lebenspläne.
Ein erster kairologischer Reflexionsgang, der die Herausforderung von Heimatsuche behandelt, untersucht den Standort der Gemeinde inmitten einer mobilen Gesellschaft: Tebartz-van Elst entfaltet in seiner Studie[20] den Begriff „Mobilität" unter drei Aspekten[21]: vertikale, horizontale und gesellschaftliche Mobilität. Die Konsequenz, die er aufgrund seiner Untersuchung zieht, lautet: „Komplexe Mobilitäten verlangen pastorale Flexibilitäten"[22], zu denen die traditionellen Pfarrgemeinden angesichts der vielen neu entstehenden Schnittmengen von Lebens-, Beziehungs- und Stilwelten nur noch selten in der Lage ist. Dort, wo früher Lebensraum und Glaubensverortung des Individuums praktisch deckungsgleich aufeinander bezogen waren, entstehen heute vielfältige, fragmentarische und zeitlich befristete Schnittmengen der Begegnung von Gemeinde und Individuum. Die Frage nach neuen Formen der Glaubensverortung in mobiler Gesellschaft wird für beide Seiten zur drängenden Herausforderung. F.P. Tebartz-van Elst entfaltet seine Vorstellung für die Gemeinde der Zukunft mit Hilfe des Modells eines par-oikalen Netzwerks[23]: Im Zentrum ist die eucharistische Gemeinde angeordnet als „Sammlung von Christen, die Kirche als Sakrament für die Welt und in mobiler Gesellschaft leben wollen"[24]. Um diese Mitte herum ordnen sich sternförmig Felder der kirchlich-gemeindlichen Sendung an, die in unterschiedlicher Weise Anknüpfungsmöglichkeiten zur Begegnung mit der Kirche bieten.
Der zweite kairologische Reflexionsgang überschreitet den Raum der bestehenden Pfarrgemeinden und untersucht diese mit Hilfe einer externen Beobachterposition. Der Pastoralsoziologe Ebertz nimmt einen Perspektiven-wechsel[25] vor und beobachtet dabei die Tendenz einer bedrohlichen Milieuverengung der traditionellen Gemeinden: „Die Kirchengemeinden drohen zu Segmenten einer partikularen Alters- und Bildungskultur zu werden, die auch in ästhetischer Hinsicht eine Teil- oder Sonderkultur repräsentieren."[26] Die Gefahr der Selbst-

---

[20] Vgl. Tebartz-van-Elst, F.P., Gemeinde in mobiler Gesellschaft. Kontexte – Kriterien – Konkretionen, Würzburg 1999.

[21] Vgl. ebd., 181ff; 208ff; 243ff. Die vertikale (Mobilität als sozialer Aufstieg versus dem sozialen Abstieg), die horizontale (Mobilität in Bezug auf die Bewegungsfreiheit, Beruf, Freizeit, Beziehungen, politisches Verhalten, Familienkultur, Medien, Religion) und die gesellschaftliche (Lebens-, Gesellungs-, Mentalitäts-, Politik- und Religionsstile). Mobilität.

[22] Ebd., 263.

[23] Vgl. ebd., 687ff. Diesen Gedanken hat M. Hochschild weitergeführt und entfaltet: Hochschild, M., Verkündigung in und mit Hilfe von Netzwerken, in: Entrich, M. / Wanke, J., (Hg.), In fremder Welt zu Hause, a.a.O., 83-95.

[24] Vgl. ebd. 708, Abbildung 5: Prospektive Communio-Orte in ‚par-oikaler Verortung'.

[25] Seine Untersuchung knüpft an die bekannte soziologische Studie von Schulze an: Vgl. Schulze, G., a.a.O.

[26] Ebertz, M.N., Kirche im Gegenwind. Zum Umbruch der religiösen Landschaft. Freiburg 1997, 132.

isolation von gemeindlichen Milieus ist dabei nicht von der Hand zu weisen. Als Perspektive für die Kirche der Zukunft präsentiert Ebertz eine Konzeption der „pastoralen Zwischenräume", die er zwischen dem individuellen Lebensraum der Menschen und dem Organisationsraum der Parochie ansiedelt. „Der gesellschaftliche Ort einer solchen Kommunikationspastoral der ‚Zwischenräume' liegt jenseits von Parochie und Familie, also zwischen den – raumfixierten – traditionellen Räumen der Glaubensvermittlung: sozialer Nahraum (Familie/Nachbarschaft) und Pfarrgemeinde."[27]
Die Ausführungen der beiden kairologischen Reflexionsgänge enthalten wichtige Hinweise für die Entwicklung neuer Perspektiven für die Kirche am Ort; wobei die beiden Lösungsangebote von Tebartz-van Elst und Ebertz komplementär, nicht konkurrierend zu denken sind, da beide Modelle für die unterschiedlichen pastoralen Räume einer Diözese konstruktive Anregungen enthalten. Allerdings bleibt in beiden Entwürfen eine zentrale Frage unbeantwortet: Wie kann die Umsetzung der pastoralen Impulse unter Berücksichtigung der in diesen Modellen zum Vorschein kommenden Komplexität umgesetzt werden? Der seit Jahren zu beobachtende Reformstau lässt vermuten, daß die bisher als „Ausweg aus der Sackgasse" präsentierten Lösungsvorschläge die Gemeinden eher an ihre Grenzen geführt und vielleicht auch deshalb den Stillstand als Ausdruck des inneren Widerstands bewirkt haben. Es wird zu überprüfen sein, ob und inwieweit die kirchliche Organisationsentwicklung in der Lage ist, die Impulse der Kairologie als Beitrag zur Kirchenreform und zur Gemeindeerneuerung aufzugreifen.

4. Kirche als Volk Gottes, katholische Kirche, Gemeinde – kriteriologische Aspekte zur Kirchen – Bildung

Bei der Suche nach ekklesiologischen Kriterien, an denen die kirchliche Organisationsentwicklung anknüpfen kann, wird man auf die Konzilsekklesiologie verwiesen. Nach P. Hünermann[28] kann man in den ekklesiologischen Schlüsseltexten des Konzils das Modell einer Triade rekonstruieren, das an der klassischen Ekklesiologie anknüpft und diese für die Erfordernisse der Moderne aktualisiert: Kirche ist demnach zugleich Volk Gottes, katholische Kirche und Gemeinde. Dieser differenzierte Ansatz des Konzils trägt dabei der neueren ekklesiologischen Forschung wie auch den Erkenntnissen der Sozialwissenschaften Rechnung.

- Kirche als Volk Gottes: Das zweite Kapitel von Lumen Gentium bezeichnet die Kirche mit Rückgriff auf das Alte Testament als Volk Gottes. „Als Volk Gottes ist die Kirche die Gemeinschaft jener, die an Jesus Christus, als ih-

[27] Vgl. Ebertz, M.N., Kommunikationspastoral der Zwischenräume - Ein pastoralsoziologischer Zwischenruf, in: Renovatio 55 (1999) 77.
[28] Hünermann, P., Volk Gottes – katholische Kirche – Gemeinde. Dreiheit und Einheit in der Ekklesiologie des Zweiten Vatikanischen Konzils, in: ThQ 175 (1995) 32-45.

ren Herrn und Erlöser, glauben."[29] Diese Berufung weist jedoch über die verfaßte Kirche hinaus: Kirche ist „für das ganze Menschengeschlecht die unzerstörbare Keimzelle der Einheit, der Hoffnung und des Heils" (LG 9), d.h. ihr kommt ein universaler und eschatologischer Auftrag für das Heil der gesamten Menschheit zu. Stellvertretend und repräsentativ übernimmt das Volk Gottes diesen Dienst und es nimmt ihn gemeinsam wahr in den Mitgliedern der katholischen Kirche, aber auch den anderen christlichen Kirchen und kirchlichen Gemeinschaften. Gemeinsam bilden sie über die konfessionellen Grenzen hinweg das Volk Gottes, das auf sein eschatologisches Ziel hin auf dem Weg durch die Zeit aufgebrochen ist[30]. „Das Volk Gottes repräsentiert diese Sinngestalt menschlichen Daseins, spannt sie in der Geschichte auf, indem Kirche als konkrete Sozialgestalt die Sendung Jesu Christi nach allen grundlegenden Aspekten mitvollzieht."[31] Unter Wahrung der bestehenden Differenz der Kirche zu anderen Organisationen kann man eine Konvergenz der ersten Dimension von Kirche als Volk Gottes mit dem soziologischen Begriff von „Gesellschaft" feststellen: Mit Bezug auf das Luhmannsche Gesellschaftskonzept vergleicht Hünermann Kirche als Volk Gottes mit der Gesellschaft als sozialem System, das sich seinerseits in gesellschaftliche Subsysteme und in funktional differente Organisationen entfaltet. „Sie ist hier als menschheitliche Gesellschaft entstanden und umschließt alle denkbaren Modi der Beziehungen, die real eröffnet sind. Sie ermöglicht somit spezielle Sozialsysteme, ermöglicht deren Selektivität, weil sie eine bereits durch Differenzierung markierte Welt bereitstellt."[32] Mit dem Kapitel über das Volk Gottes, welches das Mysterium der Kirche in der Geschichte und für die Völker repräsentiert, wird zugleich die traditionelle Sozialgestalt der Kirche transformiert. Die Kirche als ganze ist Handlungssubjekt, und sie nimmt ihre Sendung für alle Menschen wahr. Von dieser ersten Sozialgestalt der Kirche, die eine eminente Entwicklungs- und Erneuerungsleistung des Konzils darstellt, wird auf die zweite Sozialgestalt verwiesen.

- Kirche als Organisation: Die Kapitel drei und vier von Lumen Gentium nehmen die katholische Kirche in ihrer konkreten Verfasstheit in den Blick. Hünermann sieht in diesem Teil des Dokuments wesentliche Kriterien einer Beschreibung der Kirche als Organisationssystem enthalten. „Es geht folglich in diesen beiden Kapiteln um eine der Kirche als Volk Gottes inhärierende Vermittlungsstruktur. Es ist eine Vermittlungsstruktur, die sie zugleich und im ganzen prägt. Kirche entspricht in dieser Hinsicht einem

[29] Ebd., 35.

[30] Der gegenwärtige Suchprozess ähnelt wohl am ehesten dem Weg in die Diaspora von Babylon. Vgl. Schwerdtfeger, N., Exilische Mystagogie, in: Raffelt, A. (Hg.), Weg und Weite. FS für K. Lehmann, Freiburg-Basel-Wien 2001, 485-503.

[31] Hünermann, P., ebd., 36.

[32] Ebd., 37.

modernen Organisationssystem."[33] Nach Meinung von Hünermann hat sich die Kirche immer stärker zu einem (spezifisch kirchlichen) Organisationssystem entwickelt, seitdem das Konzil die geschlossene Sozialgestalt und Struktur der „societas-perfecta-Kirche" aufgebrochen und durch ein Verfahren der internen Differenzierung in drei aufeinander bezogene Gestalten ersetzt hat.

- Kirche als Gemeinde: Das Konzil hat erstmals in der Kirchengeschichte die Gemeinde in ihrer Eigenwertigkeit und Eigenständigkeit betrachtet. Die Gemeinde bildet nicht mehr nur die unterste Verwaltungseinheit der Kirche, vielmehr wird sie theologisch als eigenständige ekklesiologische Größe gewürdigt (vgl. LG 26). „In jeder Gemeinde ereignet sich in einem vollen und gültigen Sinne die Kirche, ohne daß sie über ihre Öffnung auf eine größere kirchliche Gemeinschaft hinaus der Ergänzung durch etwas anderes bedürfte".[34] Mit der Gemeinde wird das Interaktionssystem als dritter Typos der kirchlichen Sozialgestalten eingeführt. „Interaktionssysteme sind gekennzeichnet durch persönliche Anwesenheit der Teilnehmenden, ihr wechselseitiges Füreinander-Dasein und Sich-Wahrnehmen. Dabei können nicht-anwesende Personen durchaus einbezogen werden, allerdings nur so, daß sie als Abwesende repräsentiert werden."[35] Interaktionssysteme existieren in der Gesellschaft seit den Anfängen der Menschheit, in der Urform als Horde und Sippe, heute primär in Gestalt der Familie, der Gruppe und Großgruppe, soweit grundsätzlich eine „Face-to-face-Kommunikation" möglich ist. In diesen Systemen gelten spezifische Regeln und Gesetzmäßigkeiten; sie können zu beachtlichen altruistischen Leistungen anregen (vgl. die Sorge einer Mutter für ihr Kind oder die langjährige Pflege eines Kranken durch Angehörige und Verwandte, aber auch das Engagement für eine Pfarrgemeinde oder in der Betreuung der Sportjugend,...). „Kennzeichnend für die Interaktion ist ferner, daß sie jeweils nur eine Thematik in den Mittelpunkt stellen, die vom Organisationssystem bereitgehaltenen reichen und komplexen Möglichkeiten nur höchst selektiv aufgreifen und realisieren kann."[36] Mit der Aufwertung der Gemeinde kommt es in der nachkonziliaren Rezeption zu einer intensiven Phase der Neubesinnung, Profilierung und Ausdifferenzierung der Gemeinde als Interaktionssystem (z.B. die Basisgemeinde-Bewegung Lateinamerikas und die Erprobung neuer Gemeindemodelle in Europa).

[33] Ebd., 39. Als wesentliche Kennzeichen einer Organisation gelten folgende Kriterien: (1) – ein geordnetes Verfahren der Mitgliedschaft, und damit zusammenhängend, entsprechende Regelungen für den Ein- und Austritt; (2) – Gestaltbarkeit von Strukturen und Prozessen; (3) – Ausdifferenzierung der Organisation in teilautonome Subsysteme; Vgl. a.a.O., 39ff.

[34] Lehmann, K., Gemeinde, in: Böckle, F. u.a. (Hg.), Christlicher Glaube in moderner Gesellschaft, Teilbd. 29, Freiburg-Basel-Wien 1982, 20. Weitere Ausführungen zur Gemeindetheologie des Konzils finden sich in: Wieh, H., Konzil und Gemeinde, Frankfurt/M. 1978.

[35] Hünermann, P., a.a.O., 42.

[36] Ebd., 42.

Aufgrund der systemtheoretischen Reflexion der Konzilsekklesiologie und mit Hilfe des Modells einer Triade (mit den Dimensionen von Volk Gottes, katholische Kirche und Gemeinde) läßt sich die Kirche in ihrer Sozialgestalt in der Spannung von Einheit und Differenz abbilden: „Alle drei Erscheinungsweisen sind wesentlich und unersetzlich. Sie sind als Sozialsystem nicht auflösbar in ein übergeordnetes System. .[...]. Daß das Mysterium der Kirche in dreifacher Auslegung erscheint, bedeutet nicht nur, daß die in jeder Sozialgestalt waltenden Spielregeln miteinander kompatibel sein müssen. Darüber hinaus gehört dazu – bei aller relativen Eigenständigkeit dieser verschiedenen Sozialgestalten – die ‚Kon-Notation', das Mit-Bezeugen der Erscheinungsweisen und Sozialgestalten durch die jeweils andere."[37] Dieses Modell der Triade enthält folgende Hinweise für eine Kriteriologie der kirchlichen Organisationsentwicklung, die als Orientierung für die Praxistheorie und für den praktischen Einsatz in Entwicklungsprojekten dienen können:

- Die erste Dimension, die Volk-Gottes-Perspektive bildet den Horizont ab, vor dem sich Maßnahmen der kirchlichen Organisationsentwicklung ereignen. Diese Sozialgestalt hält in Erinnerung, daß die Kirche Sakrament ist und daß sie als „Zeichen und Werkzeug" (LG 1) einen universalen und eschatologischen Auftrag für das Heil der ganzen Menschheit zu erfüllen hat. Diese Perspektive ist in der Konzeption und bei der Realisierung von Entwicklungsmaßnahmen daran zu erkennen, daß der gemeindliche Binnenraum auf die Reich-Gottes-Perspektive (vgl. Mt 6, 33) hin überschritten und aus dieser Perspektive reflektiert wird.
- Im zweiten Schritt richtet sich der Blick auf die organisationale Grundgestalt und würdigt ihre Eigengesetzlichkeit. Die Organisationsentwicklung trägt dafür Sorge, daß eine Gemeinde auch unter veränderten gesellschaftlichen und kirchlichen Bedingungen in die Lage versetzt wird, ihren unverzichtbaren Dienst „zu organisieren". Dazu gehört auch die Ausstattung der Gemeinde mit einer der Organisation entsprechenden Leitungsstruktur und -kompetenz[38].
- Die dritte kriteriologische Perspektive erinnert daran, daß die örtlichen „Interaktionssysteme", d.h. die Netzwerke der gemeindlichen und kirchlichen Gruppen das Fundament der Kirche am Ort bilden. Die Organisationsentwicklung achtet darauf, daß diese Subsysteme durch die zuständige kirchliche Organisation angemessen gefördert und entsprechend ausgestattet werden. Diese Perspektive macht darüber hinaus darauf aufmerksam, daß auch die gemeindlichen Gruppen und Gremien (PGR, Verwaltungsrat, Pastoralteam) als Interaktionssysteme zu betrachten und zu pflegen sind. Dieser Hinweis hat weitreichende Konsequenzen: angefangen bei der Zusammen-

[37] Ebd., 45.

[38] An dieser Stelle kann das zentrale Thema einer angemessenen Leitungskompetenz nicht weiter vertiefen. Ausdrücklich möchte ich deshalb auf den folgenden Beitrag von J. Eckart hinweisen, der einige wichtige Hinweise zur Qualifizierung von Pfarrern und Laien in Bezug auf eine systemisch orientierte Leitung gibt.

setzung der Gremien, in denen eine möglichst hohe Repräsentativität des Gesamtsystems in seiner ganzen Vielfalt und Gegensätzlichkeit anzustreben ist, bis hin zur Pflege eines motivierenden geistlichen Klimas[39] in den Gruppen und Gremien, in denen exemplarisch das Leitbild und die Gemeindekultur praktiziert werden.

Die ekklesiologische Triade gibt der Organisationsentwicklung wichtige Kriterien an die Hand. Zudem stellt sie sicher, daß die einzelnen Entwicklungs- und Veränderungsmaßnahmen der Ekklesiologie des Zweiten Vatikanischen Konzils entsprechen und sich in den weltkirchlichen Transformationsprozeß einfügen.

5. „Heimatsuche in mobiler Gesellschaft" – Erstellung eines Pastoralplans als Beispiel zur kirchlichen Organisationsentwicklung im Bistum Trier

Anhand eines Beispiels der kirchlichen Organisationsentwicklung[40] werden in einem weiteren Schritt die bisherigen Überlegungen konkretisiert. Das ausgewählte Praxisbeispiel aus dem Bereich der Organisationsberatung stellt ein Versuch dar, den Begriff der „Heimatsuche in mobiler Gesellschaft" zu operationalisieren und praktisch-theologisch zu reflektieren. Es geht um die Neugründung der Pfarrgemeinde Liebfrauen, die aus der Zusammenlegung (Fusion) von fünf eigenständigen Pfarr- und Kirchengemeinden[41] hervorgegangen ist. Liebfrauen liegt im Zentrum von Trier und in unmittelbarer Umgebung des Domes; ihre geschichtlichen Wurzeln lassen sich bis in die Frühphase des Christentums zurückverfolgen. Die neue Gemeinde zählt 6.664 Mitglieder[42]. Ein wichtiges Motiv für die Zusammenlegung ist zum einen die Sorge um das Ausbluten des gemeindlichen Lebens und die Erkenntnis, daß in der Innenstadt die Aufrechterhaltung des kompletten Pfarrbetriebs in fünf Einzelgemeinden nicht mehr sinnvoll ist. Zum anderen versprechen sich Gemeinde- wie Bistumsleitung von der Zusammenlegung eine Arbeitserleichterung für den Pfarrer und das Pastoralteam sowie Kostenersparnisse.
Mit der Auflösung dieser Pfarrgemeinden hat die Diözese Trier Neuland betreten; die Maßnahme wird von Seiten vieler Pfarrer und Mitglieder des Bistum

[39] Vgl. Hendriks, J., a.a.O., 68ff.

[40] Zum Zeitpunkt der Abfassung dieses Beitrags ist dieses Projekt noch nicht abgeschlossen. Weitere Informationen, die Dokumentation der Etappen und die Ergebnisse des gesamten Beratungsprozesses „Ein Pastoralplan für die Innenstadt von Trier" findet man unter: http://www.fortbildung.bgv-trier.de/ (Stichwort: Projekte: „Ein Pastoralplan für die Innenstadt").

[41] Liebfrauen ist aus dem Zusammenschluß der fünf Innenstadtgemeinden Liebfrauen, St. Agritius, St. Antonius, St. Gangolf und St. Paulus hervorgegangen und wurde am 15.12.2000 durch Bischof Hermann-Josef Spital errichtet.

[42] Aufgrund der Pfarrkartei (31.05.2002) hat Liebfrauen 6.664 Gemeindemitglieder mit Hauptwohnsitz bzw. 7.796 Mitglieder (Haupt- und zweiter Wohnsitz).

kritisch beurteilt. Daher stellt diese Anfrage nach einer Organisationsberatung, die ein halbes Jahr nach der Zusammenlegung durch den Pfarrgemeinderat (PGR) erfolgt ist, eine Herausforderung für das Beraterteam[43] dar. Die Anfrage der Gemeinde zielt darauf, den PGR bei der Erstellung eines Pastoralplans zu beraten. Auftraggeber sind PGR und Verwaltungsrat. Der PGR-Vorstand wird mit der Steuerung des Prozesses beauftragt. Dieser unterzeichnet den Kontrakt mit dem Beraterteam und läßt ihn durch den PGR ratifizieren. Inhaltlich geht es um die Entwicklung eines sozialräumlich orientierten Pastoralplans, der nicht nur die neue Pfarrgemeinde von Liebfrauen, sondern die Innenstadt von Trier in den Blick nimmt. Die Verständigung um das „Kerngeschäft“ und um die Zukunftsfähigkeit der Territorialseelsorge sollen angesichts des sozialen Wandels, der Verknappung von Ressourcen wie auch mit Blick auf die besonderen Chancen, die sich aus der Geschichte und der geographischen Lage dieser Gemeinde ergeben, kommuniziert und entwickelt werden. Ausdrücklich bittet der PGR das Beraterteam darum, den Prozeß als einen geistlichen Weg der Gemeindeerneuerung zu konzipieren.
Das Beraterteam entwirft für den einjährigen Prozeß und unter Berücksichtigung dieser Vorgaben eine soziale Architektur[44], die sich am Dreischritt „Sehen-Urteilen-Handeln“ orientiert und in der folgende Ziele bei der Erstellung des Pastoralplans realisiert werden sollen:

1. Verbesserung der Kommunikationsfähigkeit innerhalb der neuen Pfarrgemeinde und zwischen den fünf Teilgemeinden von Liebfrauen,
2. Aktivierung von Personen und kirchlichen (Teil-)Organisationen in der Innenstadt,
3. Geistliche Erneuerung, um als Gemeinde „Gott und den Menschen“ zu dienen,
4. Befähigung der Gemeinde zu einem kontinuierlichen Lernen und Reflektieren des pastoralen Handelns,
5. Verbesserung der Kooperation mit relevanten Partnerorganisationen zum Wohl der Menschen in der Innenstadt von Trier.

Im November 2001 wird im Rahmen einer PGR-Sitzung das Beratungskonzept mit dem Zeitplan und dem geistlichen Leitmotiv „Du wirst ein Segen sein.“ vorgestellt und verabredet. Als Einstieg wird ein Glaubensgespräch (auf der Grundlage von „Bibel-Teilen“) gewählt, das den Text von Gen 12, 1-4a meditiert. Im geistlichen Austausch nimmt der PGR den sozialen Raum der Innenstadt in den Blick und benennt mit Hilfe der biblischen „Segensperspektive“ Zielgruppen und Kooperationspartner, die bei einem Pastoralplan mitwirken sollen.

---

[43] Dr. Gundo Lames und Pfr. Dr. Martin Lörsch, Mitarbeiter in der Hauptabteilung „Pastorale Dienste“ des Bischöfliches Generalvikariats, bilden das Beraterteam.
[44] Vgl. Königswieser, R.,/ Exner, A., Systemische Interventionen. Architekturen und Designs für Berater und Veränderungsmanager, Stuttgart ^{2}1999, 15ff.

Aufgrund dieser Ergebnisse erfolgt die konkrete Planung des Prozesses[45] durch den PGR-Vorstand in seiner Funktion als Steuerungsgruppe. Insgesamt trifft sich diese im Zeitraum der Beratung zu zehn Sitzungen. Neben der Wahrnehmung der Prozeßsteuerung und der Koordination der Teilprojekte stehen bei diesen Treffen immer auch Trainingselemente zur Qualifizierung des PGR-Vorstands für die Wahrnehmung der Leitung bei der Umsetzung des zukünftigen Pastoralplans auf der Tagesordnung.
Mit einer Eröffnungsveranstaltung, an der 47 Repräsentanten der Gemeinde und geladene Gäste teilnehmen, startet am 25.01.2002 der eigentliche Prozeß. Methodisch orientiert sich dieser Abend an der „Zukunftskonferenz"[46]. In einer Atmosphäre, die von Wohlwollen und Kooperationsbereitschaft geprägt ist, kommt es zu einem Austausch, bei dem zentrale Herausforderungen für die Kirche in der Innenstadt benannt werden. Die Ergebnisse werden dokumentiert und den TeilnehmerInnen einige Wochen später mit der Bitte zugestellt, sich weiter aktiv am Prozeß zu beteiligen. Der PGR wertet die Daten aus und beauftragt das Beraterteam, mit Hilfe einer Gemeindeanalyse[47] den verschiedenen Rückmeldungen und den eigenen Fragen nachzugehen, um so eine fundierte Grundlage für den Pastoralplan zu schaffen. Besonderen Wert wird darauf gelegt, daß dieser Prozeß in den verschiedenen Etappen an die Gemeindemitglieder zurückgemeldet wird. Auf Empfehlung der Steuerungsgruppe beauftragt der PGR sechs Projektgruppen[48] mit folgenden Aufgaben:

1. Analyse der Kinder- und Jugendarbeit (Erstellung eines Sozialatlasses und Befragung von 20 ausgewählten Jugendlichen im Alter von 9 bis 14 Jahren),

---

[45] Die Planungs- und Startphase des Prozesses erhält dadurch eine besondere Dynamik, da sich zum gleichen Zeitraum die Gemeindeleitung und der PGR / VR von Liebfrauen entschließen, Mousanmilou Affo, einem Asylbewerber aus Togo, Kirchenasyl zu gewähren.

[46] Zur Startveranstaltung werden eingeladen: Vertreter der Gemeinde (PGR, VR) und der gemeindlichen Gruppen (Jugend, kfd und Kolping, Alleinerziehende Eltern, Senioren); Delegierte der in der Innenstadt vertretenen kirchlichen Organisationen (Domkapitel, Dompfarrei, Priesterseminar, KHG, Jugendzentrum, Bistumsarchiv, Caritasverband, SKM und SKF); die Kooperationspartner der Gemeinde (Oberbürgermeister und Stadtverwaltung, Evangelische Kirche, Lebenshilfe, Club Aktiv, Kirchenzeitung, Lokalpresse und Rundfunk). Für die Verantwortlichen stellt die Teilnahme von über 90 % der Eingeladenen ein ermutigendes Zeichen dar, das die Erwartungen bei weitem übertrifft.

[47] Die Gemeindeanalyse selbst ist Teil der Organisationsentwicklung und hat daher auch deren Kriterien zu berücksichtigen: d.h. möglichst viele Gruppen beteiligen und aktivieren, relevante Umwelten einbeziehen, Verknüpfung von Fremd- und Selbstuntersuchung, Ergebnisse rückkoppeln...; vgl. Lörsch, M., Kirchen - Bildung in Bad Kreuznach. a.a.O., 406ff; Lörsch, M./ Rüdesheim, C./ Smykalla, J., Die Evaluation von Kirchengemeinden als Instrument der systemischen Organisationsentwicklung, in: ZOE 20 (2001), H. 2, 58-69.

[48] Für die Mehrzahl der Projektgruppen werden Gemeindemitglieder gewonnen; (die Projektgruppe 1 wird vom Regionaljugendpfarrer von Trier und der Pastoralreferentin von Liebfrauen betreut; die Projektgruppe 4 übernehmen Theologiestudenten; die Projektgruppe 6: „Kirchenspaziergang" setzt sich aus Gemeindemitgliedern und Experten (Stadt- und Sozialplaner, Architekt, Jugendforscher, Künstler) zusammen.

2. Information und Präsentation des Prozesses in der Gemeinde (mit Hilfe der Gottesdienstverkündigung und durch Plakatwände, die anläßlich der Pfarrfeste und in den fünf Kirchen aufgestellt werden),
3. Erhebung von statistischen Daten – in Bezug auf die verschiedenen Zielgruppen der Gemeinde (auf der Grundlage des kirchlichen Meldewesens und der Daten des Einwohnermeldeamtes der Stadt Trier),
4. Erhebung der sozialen Netzwerke in der Innenstadt (Erfassung der kirchlichen und außerkirchlichen Gruppen, Vereine und Selbsthilfegruppen sowie Befragung ihrer Leitung im Blick auf Kooperationsverhalten und -erwartungen),
5. Telefoninterviews mit ca. 100 Gemeindemitgliedern über die eigene Kommunikation mit der Kirche und zum Kommunikationsverhalten von Liebfrauen,
6. Kirchenspaziergänge zur Wahrnehmung der fünf Kirchenräume und der sozialen „Zwischenräume" im Bereich der Innenstadt (im Austausch von externer und interner Sicht).

Im Rahmen einer Pfarrversammlung (im November 2002) werden die Daten, die durch die sechs Projektgruppe erhoben wurden, präsentiert. Im Austausch von PGR und den anwesenden Gemeindemitgliedern werden die Ergebnisse diskutiert und unter der Perspektive „Du wirst ein Segen sein." bewertet. Die Rückmeldungen gehen ein in den Pastoralplan, der zunächst von einer Redaktionsgruppe im Rohentwurf erstellt und anschließend im PGR beraten wird. Der Beratungsprozeß mündet ein in eine Abschlußveranstaltung, die am 25.01.2003 statt findet und zu der alle am Prozeß Beteiligten eingeladen sind. In diesem Rahmen wird der Pastoralplan in seiner verbindlichen Form beschlossen. Im Text werden auch die pastoralen Prioritäten benannt, die für einen Zeitraum von fünf Jahren gültig sind. Es ist geplant, auf dieser Verabredungsgrundlage ein bis drei konkrete Pastoralprojekte zu verabreden. Im Rahmen der Abschlußveranstaltung sollen dazu Projektgruppen errichtet und im Rahmen einer Eucharistiefeier beauftragt werden. Anschließend werden der Pastoralplan und die Pastoralprojekte in der Gemeinde veröffentlicht und der Öffentlichkeit präsentiert.
„Heimatsuche in mobiler Gesellschaft: - Mit Hilfe eines konkreten Praxisprojekts habe ich versucht, dieses Thema mit der Präsentation und Reflexion der kirchlichen Organisationsentwicklung zu verknüpfen. Wenn man mit Abstand auf die Neugründung von Liebfrauen und auf den einjährigen Entwicklungs- und Beratungsprozeß zurückschaut, dann läßt sich dort anhand des zurückgelegten Weges und mit Hilfe des Begriffs „Heimatsuche" eine dreifache Suchbewegung ausmachen:

- Eine junge Gemeinde mit einer langen Geschichte macht sich auf den Weg, um ihren Ort als Territorialgemeinde in einer mobilen Gesellschaft neu zu entdecken und sich von der Versuchung der „Mangelverwaltung" zu verabschieden.

- Mit diesem Prozeß kommt auch eine umgekehrte Bewegung in Gang: Menschen, die in diesem sozialen Raum leben, werden auf die Kirche aufmerksam und treten mit ihr bei ihrer Suche nach Beheimatung in Kontakt (wie u.a. die Aktion: „Kirchenasyl für Herrn Affo“ eindrucksvoll belegt).
- Auf der geistlichen Ebene machen die Projekterfahrungen die Gemeinde für die Erkenntnis sensibel, daß bei aller Mühe, die für die Erstellung des Pastoralplans nötig ist, Jesus Christus selbst aufbricht, um die Gemeinde in ihrer Mitte zu suchen und in der Gestalt der Heimatlosen, Armen und Fremden Aufnahme und Herberge zu erbitten (vgl. Mt 25, 31-46).

Ein Prozeß der kirchliche Organisationsentwicklung, wie er hier exemplarisch vorgestellt worden ist, läßt sich dann zutreffend mit dem Begriff der „Heimatsuche“ verknüpfen, wenn die betreffende Gemeinde bereit ist, bei der Erstellung des Pastoralplans die in Kairologie und Kriteriologie vorgestellten Herausforderungen und Spannungsbögen nicht vorschnell aufzulösen, d.h. mit dem Pastoralplan nicht eine Heimat zu versprechen, sondern „die Differenz zwischen weltlichen Heimaten und Gott zur Erscheinung zu bringen“ [49]. Dann wird Gemeinde in ihrem Selbstvollzug (K. Rahner) zu einem Zeichen für die noch ausstehende Erfüllung dieser zentralen Sehnsucht der mobilen Gesellschaft, der Sehnsucht nach Heimat und Beheimatung. Einer Gemeinde, die mit den Menschen dieser Zeit mit ihrer „Freude und Hoffnung, Trauer und Angst“ (GS 1) im Dialog bleibt und mit ihnen auf den Straßen der Welt unterwegs ist, kommt in Zukunft immer mehr die Aufgabe zu, sich als Herberge[50] zu begreifen und sich im Gedenken an die eigenen „Pilgerschaft“ (vgl. LG 1) diesem Dienst zu stellen.

---

[49] Wollbold, A., a.a.O., 283.
[50] Vgl. Hendriks, J., a.a.O.

Joachim Eckart

"... laß kein Leitungsamt dir geben"

Leitung und Führung als synodaler Prozess

"Willst du froh und glücklich leben, laß kein Leitungsamt dir geben!" - In diesem beiden Versen steckt viel an geballter Lebensweisheit, was die leidenden Leitenden[1] sicherlich bestätigen können. Wer dazu den Versuch wagt und beispielsweise einen Dies oder das Gespräch im Seelsorgeteam mit diesem Satz eröffnet, wird bestätigt darin, was dieser Schlüsselsatz insinuiert.
Mit diesem Reimpaar, bei dem Wilhelm Busch (1832-1908) mit seiner spitzen Feder Pate stand,[2] nähern wir uns einerseits einem problembeladenen Thema, nämlich "Leitung und Führung als synodaler Prozeß", andererseits einer weniger problematischen Person als vielmehr einem hoffnungsinduzierenden Menschen, dem diese Festschrift in Dankbarkeit gewidmet ist. Diese direkte Anbindung an Karl Frielingsdorf beabsichtigt, wie es seinem Vorgehen entspricht, gegenüber lebensbehindernden Umständen lebensförderliche Perspektiven aufzuzeigen.
Der Schlüsselsatz "Willst du froh und glücklich leben, laß kein Leitungsamt dir geben!" greift die vielen Leserinnen und Lesern vertraute "Schlüsselmethode"[3] von Karl Frielingsdorf auf. Die pastoralpsychologische Schlüsselmethode hilft lebensgeschichtliche Probleme im Kontext des christlichen Glaubens zu verstehen und zu deuten. Schlüsselsätze enthalten danach eine "emotionale *Grundeinstellung zum Leben*"[4]; von daher bieten sie einen Ansatz dafür, den negativen Schlüsselerfahrungen mit Hilfe des humanwissenschaftlichen Horizonts auf die Spur zu kommen, um im christlichen Glaubenshorizont eine positive Schlüsselbotschaft zu entwickeln.
Der zum Einstieg gewählte Schlüsselsatz erinnert nicht nur an die Schlüssel*methode* von Karl Frielingsdorf, sondern auch an die *inhaltliche* Ausrichtung seiner pastoraltherapeutischen Arbeit, wenn es heißt: "Willst Du froh und glück-

---

[1] Auch etymologisch betrachtet sind die Worte "leiten" und "leiden" eng miteinander verwandt. Das im Sinne von (Schmerz oder Kummer) "dulden" und "ertragen" heute gebräuchliche Wort "leiden" kommt aus dem althochdeutschen "lidan", das ursprünglich "gehen", "fahren", "reisen" bedeutet. Die christentümliche Vorstellung vom Leben des Menschen als eine Reise durch das irdische Jammertal spielte bei der Bedeutungsentwicklung vermutlich eine Rolle. Das mittelhochdeutsche Verb "leiten" geht zurück auf das althochdeutsche "leittan". Es handelt sich dabei um das Veranlassungswort zu dem oben bereits unter "leiden" behandelte Verb und bedeutet in Anlehnung daran eigentlich "gehen machen". Vgl. Bibliographisches Institut, Duden Etymologie, Bd. 7, Mannheim 1963.
[2] Busch, W., Ehrenamtlich: "Willst du froh und glücklich leben, lass kein Ehrenamt dir geben!"
[3] Dazu Frielingsdorf, K., Glück im Unglück. Anstiftungen zum Leben, Mainz 1994, 36-44. Zur Würdigung der Schlüsselmethode siehe Eckart, A. M., Bezogene Individuation in der Ehe. Eine pastoralpsychologische Studie über den Beitrag systemischer Therapiemodelle für die institutionelle katholische Eheberatung, Frankfurt am Main 1999, 86-93.
[4] Frielingsdorf, K., Glück im Unglück, 36.

lich leben". Seine Anstiftungen zum Leben vermitteln "Glück im Unglück" wie ein Buchtitel von ihm verheißt. Demnach sind die Menschen glücklich, die das wollen, was sie haben. Unter dieser paradox anmutenden Lebensmaxime und mit den Seligpreisungen der Bergpredigt als Glücksregeln erschließt Karl Frielingsdorf einen Sinnhorizont, der das Grundvertrauen vermittelt, das auf unseren Lebenswegen Gott uns begleitet. Aus diesem Vertrauen erwächst eine Haltung: "Vom Überleben zum Leben"[5]. Wie das gelingen kann, angesichts der negativen Schlüsselerfahrung "laß kein Leitungsamt Dir geben", gilt es nun in Anlehnung an seinen Beitrag "Wege zur partnerschaftlichen Führung in der Kirche"[6] aufzuspüren.

1. Wege zur partnerschaftlichen Führung

Das hier beschriebene Konzept zur partnerschaftlichen Führung in der Kirche entwickelte Karl Frielingsdorf aus der Absicht heraus, denen zu helfen, die im Bereich der Kirche Führungsaufgaben wahrnehmen. Dabei basiert sein Führungskonzept zum einen auf den Erkenntnissen der Sozialpsychologie[7] und dabei speziell der Gruppendynamik[8] über Leitung und Führung und zum anderen auf konkreten Erfahrungen, die er bei seinen Führungskursen sammelte. Dieser Beitrag zur Führungsproblematik zielt darauf ab aufzuzeigen, "wie der Seelsorger ‚trotz' seiner institutionellen Leiterrolle zum anerkannten Führer in seinem Mitarbeiterteam, in seiner Gemeinde oder in einer anderen Gruppe werden kann"[9].

Führen hat nach Frielingsdorf mit Ausüben von Macht und Einfluß zu tun. Von daher versteht er Führung als ein beobachtbares Verhalten eines Mitgliedes der Gruppe, diese in ihren Handlungen so zu lenken, daß gemeinsame oder übergeordnete Ziele durch das Handeln der Gruppe angestrebt werden. Demnach heißt "führen", eine Gruppe so zu lenken, daß ein gemeinsames Ziel erreicht wird. Dies erfordert zum einen von dem, der führt, entsprechende Qualitäten, um dadurch auf eine Gruppe Einfluß nehmen zu können und zum anderen eine Akzeptanz von Seiten der Gruppe.

[5] Frielingsdorf, K., Vom Überleben zum Leben. Wege zur Identitäts- und Glaubensfindung, Mainz 1989.

[6] Frielingsdorf, K., Wege zur partnerschaftlichen Führung in der Kirche, in: Frielingsdorf, K. / Stöcklin, G., Seelsorge als Sorge um Menschen, Mainz 1976, 147-174, (zit. Frielingsdorf, K., Wege).

[7] Die Sozialpsychologie gilt nach Talcott Parsons als eine "interstitielle Wissenschaft", die sich so als "Grenzwissenschaft" zwischen der Psychologie und Soziologie befindet. Dabei erforscht die Sozialpsychologie vor allem das Verhalten und Erleben der einzelnen Personen in Wechselwirkung mit anderen. Vgl. Anger, H., Die historische Entwicklung der Sozialpsychologie, in: Heigl-Evers, A. (Hg.), Die Psychologie des 20. Jahrhunderts, Bd. VIII, Zürich 1979, 29-50.

[8] Dazu Frielingsdorf, K., Lernen in Gruppen. Gruppendynamische Aspekte der Religionspädagogik und des Theologiestudiums, Köln 1973.

[9] Frielingsdorf, K., Wege 150.

Vor allem für den kirchlichen Bereich zeichnet sich nach Frielingsdorf eine besondere Führungsproblematik ab, die es notwendig erscheinen läßt, zwischen formaler Leitung und informaler Führung zu unterscheiden.[10] Leitung steht demnach im engen Zusammenhang mit einer bestimmten Rolle bzw. Position, die institutionell verankert ist. Der Leiter erhält von einer hierarchisch aufgebauten Organisation und nicht von der Gruppe Einfluß und Macht. Die Amts- bzw. Leitungsautorität wird "von oben" verliehen. Gegenüber der Gruppe ist der Leiter ein "Vor-gesetzter". Dem gegenüber beruht Führung nicht auf einer vorgegebenen, institutionellen Macht-Position, sondern erhält sein Mandat "von unten", eben durch die Zustimmung der Gruppenmitglieder. Die Autorität des Führens muß also überzeugen, was in aller Regel persönliche Fähigkeiten und Qualitäten für das Führen einer Gruppe voraussetzt. Für Personen in Leitungspositionen heißt das, daß sie nur in dem Maße Führung wahrnehmen können, wie es ihnen gelingt, die Zustimmung der Gruppe dafür zu erhalten.
Damit stellt sich für die Kirchen-Gemeinde-Leitung zweifellos ein Problem, das sich immer mehr verschärft, denn sie kann sich nicht länger nur auf die institutionell verankerte Leiterrolle und ihre theologische Begründung berufen, sondern, wer eine Leitungsposition übernimmt, muß gegenüber der Gruppe durch sein Handeln und Verhalten den Nachweis für Führungsqualitäten erbringen. Dies erfordert einen partnerschaftlichen Führungsstil, der sich zur Erreichung der Arbeitsziele an der Gruppe orientiert und so je nach den Erfordernissen Führung wahrnimmt. Für die Entwicklung eines partnerschaftlichen Führungsstils greift Karl Frielingsdorf das von R.R. Blake und J.S. Mouton entwickelte Führungsgitter (Managerial Grid) auf, das unterschiedliche Möglichkeiten der Führung von Gruppenmitgliedern beschreibt.

[10] Wo hingegen "Leitung" und "Führung" synonym verwendet wird, findet die von Karl Frielingsdorf thematisierte Diskrepanz zwischen Leitungsanspruch und tatsächlicher Führungskompetenz keine ausreichende Berücksichtigung. Dies ist folgenschwer, da mit dem wachsenden Priestermangel, wie Ernst Leuninger konstatiert, Gemeindeleitung durch Priester zunehmend "formal ausgeübt" wird, indem die Rolle des Gemeindeleiters immer mehr auf den Vorsitz in der Eucharistiefeier einseitig beschränkt wird. Mit dem drastischen Rückgang der Priesterzahlen wird die tatsächliche Wahrnehmung der zentralen Führungsaufgaben als Gemeindeleiter kaum noch möglich. Dazu: Leuninger, E., Die Entwicklung der Gemeindeleitung, St. Ottilien 1996, 287.

Das Führungsgitter

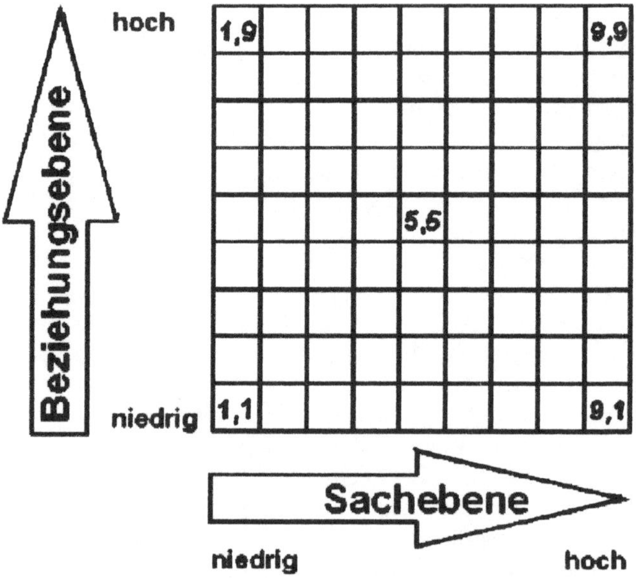

Das Führungsgitter orientiert sich an zwei Grundfunktionen. Während mit der horizontalen Achse die Orientierung an der Sache bzw. Aufgabe dargestellt wird, zeigt die vertikale Achse den Grad des Interesses an den Personen bzw. Beziehung an. Dazu geben die jeweiligen neun Punkte die Stärke der Orientierung an. So wird die höchste Orientierung mit neun Punkten und die niedrigste mit einem Punkt angezeigt. Damit werden innerhalb dieses Führungsgitters fünf Führungsstile benannt:

9.1 Der autokratische Aufgabenstil

Die Werte 9.1 markieren den autokratischen Aufgabenstil. Er besagt mit neun Punkten eine hohe Orientierung an der Leistung und mit nur einem Punkt eine geringe Orientierung an den Mitarbeiterinnen und Mitarbeitern. Ziel dieses Aufgabenstils ist es eine möglichst hohe Leistung zu erbringen, ohne jedoch dabei auf die zwischenmenschliche Beziehung sonderlich Rücksicht zu nehmen. Bei diesem Führungsstil erwartet die Leitung, daß ihre Entscheidungen möglichst unwidersprochen akzeptiert werden. Auftretende Konflikte werden möglichst im Sinne der Leitung entschieden oder bereits im Ansatz unterdrückt. Das Führungsverhalten basiert auf dem einfachen Grundschema von "Befehl und Gehorsam". Die Ein-Weg-Kommunikation des Vorgesetzten dominiert das Geschehen, das Vertrauen zueinander ist meist sehr gering.

1.9 Der Beziehungsstil

Die Werte 1.9 besagen, daß dieser Stil sich vor allen an den Mitgliedern der Gruppe orientiert und der Leistung eine geringe Bedeutung beimißt. Dieser Stil ist darauf bedacht, daß bei den Entscheidungen in der Gruppe die Harmonie gewahrt bleibt, was allerdings meist zu Lasten der Leistung und des Erfolges geht. Die Leitung macht sich eher die Meinung anderer zu eigen, als sich für die eigene Position stark zu machen. Es handelt sich hierbei um einen typischen Glacé-Handschuh-Stil des Friedenmachers. Sollten dennoch Konflikte entstehen, dann bemüht sich die Leitung vor allem darum, die Gemüter zu beruhigen.

1.1 Der Laissez-faire-Stil

Bei diesem Stil besteht eine geringe Orientierung sowohl an der Leistung als auch an der Beziehung. Die Leitung verhält sich ganz passiv, tut nur das aller Notwendigste, nimmt die Entscheidungen anderer gleichgültig hin und hält sich auch bei Konflikten möglichst raus. Das Führungsverhalten ist auf ein Minimum reduziert und nimmt im Vergleich zu den anderen Führungsstilen den geringsten Einfluß auf die Arbeitsleitung und auf die Menschen. Der Laissez-fair-Stil korrespondiert mit einem schlechten Gruppenklima, die Arbeitsleistung ist gering.

5.5 Der Kompromiß-Stil

Der Kompromiß- bzw. Anpassungsstil des "Schrittmachers" befindet sich in der Mitte des Gitters und kennzeichnet damit die Position dieses Führungsstil, der zwischen 9,1 und 1,9 hin und her wechselt und so ständig bemüht ist "halbherzig" zwischen der zu erbringenden Leistung und dem Gruppenklima auszubalancieren. Bei unterschiedlichen Positionen geht es darum, möglichst allen entgegen zu kommen, um so einen Kompromiß zu finden. Es ist häufig nur ein Durchwursteln ("muddling through") ohne klare Leitlinien, dabei werden wertvolle Energien der Mitarbeiterinnen und Mitarbeiter vergeudet.

9.9 Der partizipative Führungsstil

Die Orientierung an der Sache wie auch an der Beziehung ist bei diesem Führungsstil gleichermaßen hoch. Die Mitarbeiterinnen und Mitarbeiter werden in die Arbeits- und Entscheidungsprozesse mit einbezogen, indem in Sachfragen ein Gruppenkonsens angestrebt wird. Dieser Führungsstil fördert kreative Ideen ebenso wie ein konstruktiv kritisches Denken. Dabei kommt es darauf an, bei den Entscheidungen möglichst das Einverständnis aller herbeizuführen. Das gegenseitige Vertrauen ist deshalb hoch und es besteht ein großes Interesse an der Arbeitsleistung der Gruppe. Typisch für diesen Führungsstil ist eine dialo-

gische Grundhaltung (Zwei-Wege-Kommunikation). Mit diesem partizipativen Führungsstil führt die Leiterin bzw. der Leiter die Gruppe zu einer echten Kooperation. Bei allen Beteiligten besteht die innere Bereitschaft, sich in das Geschehen mit einzubinden, auch dann, wenn die Führungsperson nicht anwesend ist; die Motivation der einzelnen zur Mitarbeit ist hoch.
Dort, wo der 9.9-Führungsstil flexibel angewandt wird, handelt es sich nach K. Frielingsdorf um ein optimales Führungsverhalten, das sich sowohl im hohen Maße an den Aufgaben als auch an der Beziehung zu den Mitarbeiterinnen und Mitarbeitern orientiert. Bei allen Führungsstilen besteht zwischen der Führung und den Geführten ein wechselseitiger Aktions-Reaktions-Mechanismus. In diesem Prozeß entwickelt sich eine Dynamik, die dazu beiträgt, die jeweils gewählte Führungsform zu verfestigen. So werden diejenigen, die führen, quasi selbst zu Gefangenen ihres eigenen Führungsstils. Angesichts dieser gegenseitigen Abhängigkeit existieren günstige und weniger günstige Voraussetzungen und Bedingungen für die jeweiligen Führungsstile. So fördert beispielsweise die Notwendigkeit einer raschen Entscheidung oder ein starkes Bildungsgefälle zwischen Führung und Geführten den autokratischen Arbeitsstil.[11]
Was hier ausdrücklich auf den Führungsstil hin zur Sprache kam, kann allerdings grundsätzlich auch für den persönlichen Verhaltensstil eines jeden Gruppenmitgliedes herangezogen werden. Denn grundsätzlich liegen dem menschlichen Verhalten zwei unterschiedliche Interessen zugrunde: Das Interesse an Menschen und das Interesse an der Sache. Diese beiden Komponenten sind bei jedem Menschen - und wohl auch je nach der Situation - unterschiedlich ausgeprägt. Von daher bestehen in der Gruppe ganz unterschiedliche Verhaltensstile, die wiederum den Führungsstil beeinflussen.
Mit diesem Beitrag zur partnerschaftlichen Führung in der Kirche wird ersichtlich, daß allein eine theologische Begründung, daß derjenige, der Gemeindeleitung innehabe, diese "in persona Christi capitis" aus, nicht ausreicht: "Wem Gott ein Amt gibt, dem gibt er auch die Gnad." Der theologische Anspruch auf den Dienst an der "Einheit der Kirche"[12], hat sich auch im sozialen Miteinander in der Gemeinde zu bewähren. Dies gilt um so mehr angesichts des Anspruches der deutschen Bischöfe, daß dieser Dienst an der Einheit der Charismen auch von den Gemeindegliedern unter Leitung des Pfarrers mitgetragen werden soll[13]. Dazu zeigt K. Frielingsdorf einen Weg für die Kirchen-Gemeinde-Leitung auf, der die Herausforderung beinhaltet, sich in der institutionell zugesprochenen Leiterrolle nicht nur an den Aufgaben, sondern in gleich hohem Maße an den Personen und Gruppen zu orientieren.
Wie das Konzept dieser Führungskurse von Karl Frielingsdorf belegt, gelingt es mit diesem Ansatz, Priester und Laien, die eine Leitungsposition in der Kirche

[11] Dazu Bornemann, E., Sozialpsychologische Probleme der Führung, in: KZfSS 14 (1962) 105-123. Weiterhin Bornemann, E., Der Führungsaufbau eines Betriebes und die Stilformen der Organisationsleitung, in: Stoll, F. (Hg.), Die Psychologie des 20. Jahrhunderts, Bd. XIII, Zürich 1981, 779-801.
[12] Die deutschen Bischöfe, Der pastorale Dienst in der Pfarrgemeinde, Bonn 1995, 18.
[13] Vgl. ebd.

haben, durch ein entsprechendes Führungstraining dazu anzuleiten, auf der interaktionalen Ebene Verhaltensmodifikationen hin zu einem partnerschaftlichen Führungsstil einzuüben.
Der partizipative Führungsstil ist nicht dem statischen Führungskonzept zuzuordnen. Denn das statische Führungsverständnis geht einseitig im Sinne der "Big-man-Theorie" von der Person des Führers aus, indem es dabei in Anlehnung an die Individualpsychologie um den Aufweis von führungsrelevanten Persönlichkeitsmerkmalen geht. Das funktionale Führungsverständnis überwindet nun die "individualistische Engführung des statischen Konzeptes"[14], indem es das Gruppenphänomen zur Sprache bringt und damit das situationsbedingte Interaktionsgeschehen zwischen Führung und Gruppe thematisiert. Im hier skizzierten Führungskonzept von Frielingsdorf kommt allerdings der in seinen späteren Schriften dezidiert vertretene Ansatz für Prozesse der Selbstentwicklung noch nicht so deutlich zur Sprache. Aus der Erfahrung mit der ignatianischen Tradition der Geistlichen Übungen und durch den professionellen Umgang mit psychotherapeutischen Methoden brachte K. Frielingsdorf mit seiner Schlüsselmethode im Bereich der religiösen Persönlichkeitsentwicklung einen Ansatz hervor, der Menschen im Prozeß ihrer Selbstentwicklung "Vom Überleben zum Leben"[15] fördert. Was dies für die Ausgestaltung von Leitung und Führung beinhalten kann, stellt der folgende Abschnitt vor.

2. Leitung als Führung zur Selbstführung

Die gesellschaftlichen Herausforderungen der Individualisierung als Sozialform, die krisenhaften innerkirchlichen Entwicklungen, die mit einer drastischen Überforderung des Personals einhergehen, aber nicht zu letzt ein vom Konzil her verändertes Selbstverständnis von Kirche als Volk Gottes,[16] sollten eines besseren belehren. Denn danach müßte ein Leitungsverständnis im Sinne von "einer leitet und alle anderen gehorchen" der Vergangenheit angehören. Ein lineares Führungsmodell erweist sich im Kontext von komplexen, pluriformen und sich ständig wechselnden sozialen Systemen als dysfunktional. Von daher plädiert Ernst Leuninger für ein kybernetisches Leitungsmodell, daß weniger ein *Handeln an*, als vielmehr ein *Handeln mit* den Beteiligten zum Ziel hat.[17] Erst so dient das kirchliche Amt dem Aufbau mündiger Gemeinden. Somit erhält ein Führungsstil basale Bedeutung, der unter dem Imperativ einer "Ermöglichungspastoral" (E. Leuninger) steht. Für sein Leitungskonzept greift Leuninger den pädagogischen Ansatz von Rolf Arnold[18] auf.

[14] Frielingsdorf, K. Wege, 152.
[15] Frielingsdorf, K., Vom Überleben zum Leben. Wege zur Identitäts- und Glaubensfindung, Mainz 1989.
[16] Siehe Leuninger, E., Wir sind das Volk Gottes! Demokratisierung der Kirche, Frankfurt am Main 1992.
[17] Siehe Leuninger, E., Die Entwicklung der Gemeindeleitung, St. Ottilien 1996, 287-326.
[18] Arnold, R., Betriebliche Weiterbildung, Hohengehren [2] 1995.

Rolf Arnold, Professor für Berufs- und Erwachsenenpädagogik an der Universität in Kaiserslautern, postuliert eine Trendwende von der "Erzeugungsdidaktik" (Thomas Heinze) hin zur "Ermöglichungsdidaktik" (Rolf Arnold). Die "Erzeugungsdidaktik" beruht auf dem Konzept der Lernerzeugung. Dem entsprechend gilt *Lehren* im Sinne der althergebrachten Unterrichtstheorie als "Lernenmachen"[19]. Die vielerorts noch übliche Planungsfixiertheit gilt es nach Arnold durch eine "Realisierungsfixiertheit der Didaktik"[20] zu ergänzen.
Dieser Ansatz überwindet eine verengte Betrachtungsweise, die sich auf das einzelne Individuum und seine Bildungssituation konzentriert, und weitet somit den Blick dafür, den einzelnen in die Prozesse der Entwicklung der Organisation einzubinden. Damit gewinnt neben dem traditionellen Verständnis von Bildung als "dyadisches Lehr-Lern-Verhältnis"[21] eine ganzheitliche Sicht an Bedeutung, die nunmehr Lernen vom Gesamtkontext eines organisatorischen Wandlungsprozesses her versteht. Lernen bezieht sich danach als ein prozeßhaftes Geschehen, das - im Gegensatz zur individualpädagogischen Bildungstheorie - über das Individuum hinaus geht, auf die gesamte Organisation, die ihrerseits herausgefordert ist, sich als "Lern-Subjekt"[22] zu begreifen, um sich so den anstehenden Problemen zu stellen.
Vor dem Hintergrund dieses konzeptionellen Denkrahmens entwickelt Arnold seinen Ansatz der Ermöglichungsdidaktik. Dabei besteht eine grundlegende Anforderung dieses Konzeptes darin, die einzelne Person im Lernprozeß als mündiges Subjekt anzuerkennen. Die Autonomie der Subjekte kann eben nicht durch ein Mündigkeitspostulat im Sinne von "sei mündig!" didaktisch "erzeugt", sondern lediglich in der Anerkennung der Selbständigkeit der Subjekte "ermöglicht" werden. Dies erfordert eine Förderung der Kompetenz zur Selbstorganisation von Lernen. Von diesem Ansatz her vollzieht sich ein Wandel im pädagogischen Denken, das statt der Gestaltbarkeit und Machbarkeit nunmehr die Eigenentwicklung und die Ressourcen des jeweiligen Menschen als grundlegend erachtet. In diesem Lernprozeß handeln Lehrende weniger planungsfixiert, wie dies in der Erzeugungsdidaktik geschieht, sondern vielmehr begleiten sie die Lernenden "subjektsensibel und situationsoffen"[23]. Die Ermöglichungsdidaktik geht nicht von einem festgelegten Curriculum aus. Im Mittelpunkt des pädagogischen Interesses stehen nicht die Kunstfertigkeiten der Lehrenden, zu deren Objekt dann die Lernenden werden. Vielmehr gilt für den Lernprozeß, daß sich jeder Einzelne selbst als handelnde Person, als "selbstwirkendes Subjekt"[24] begreift. Die Professionalität derer, die lehren, zeigt sich gerade darin,

---

[19] Heinze, T., Praxisforschung, München 1981, 13.
[20] Arnold, R., Betriebliche Weiterbildung, 53.
[21] Ebd. 25.
[22] Ebd. 26.
[23] Ebd. 54.
[24] Ebd. 55.

daß sie "loslassen können"[25] und so zulassen, daß die Lernenden ihre je eigenen Lern-Erfahrungen sammeln und sich so ihr Wissen aneignen.
Dieser konzeptionelle Denkrahmen eröffnet, wie Arnold in späteren Beiträgen aufzeigt, gleichermaßen einen neuen Zugang für das Verständnis von Führung und Personalentwicklung[26]. Führung ist demnach "Führung zur Selbstführung"[27]. Führung zur Selbstführung betrachtet Arnold als ein neues weit verändertes Anforderungsprofil einer stellvertretenden Führung. "Diese stellvertretende Führung folgt dem Subsidiaritätsprinzip mit der Maßgabe, nur in den Bereichen tätig zu werden, in denen die Eigenkräfte der Teams nicht ausreichen. Gleichwohl ist stellvertretende Führung nicht mit Nicht-Führung zu verwechseln. Sie ist vielmehr die systemisch intelligentere Form von Führung, weiß sie doch, das Zielerreichung nur unter Nutzung der bereits vorhandenen Kräfte und am besten nur im Einklang mit diesen Kräften möglich ist."[28] Stellvertretende Führung setzt hohe Ansprüche an die Führungskraft, die sich zunächst von der Vorstellung befreit, alles *im Griff haben* zu wollen und statt dessen die Mitarbeiterinnen und Mitarbeiter in ihren Entwicklungsvorhaben subjektsensibel begleitet und dabei deren Sachkompetenz und Problemlösungspotential optimal bündelt. Führung zur Selbstführung versteht sich als Personalentwicklung, die sich vor dem Hintergrund einer Ermöglichungsorientierung und einer Potentialorientierung ereignet.
Mit einer Ermöglichungsorientierung gelingt es, die Vorstellung eines mechanistischen Input-Output-Erzeugungskonzeptes zu überwinden, wonach Führung sich auf die Leistung einer Person oder Führungsriege reduziert, die, wenn sie es nur geschickt genug angestellt, die Leute dazu bringt, daß sie das tun, was sie will. Statt der Frage nach zu gehen, wie ein System zu steuern ist, plädiert der ermöglichungsorientierte Führungsansatz dafür, zu schauen, wie ein soziales System sich selbst steuert. Von daher entwickelt dieses Konzept auch keine Strategien zur Motivation der Mitarbeiterinnen und Mitarbeiter, sondern entdeckt statt dessen, was den Einzelnen und das Team von innen her bewegt (motiviert). Mehr noch als das Setzen von Zielen, kommt es auf das Klären von Zielen und die gemeinsame Zielvereinbarung an. Statt mit Anweisungen zu arbeiten, setzt die Ermöglichungsorientierung auf gemeinsame Vereinbarungen. Ganz im Sinne dieses Wortes lautet die Grundregel "Wir vereinbaren uns" und nicht "Ich vereinbare dich!". Entsprechend einer Potentialorientierung geht der gemeinsamen Vereinbarung ein kommunikativer Suchprozeß für die Zielsetzung voraus, bei dem die unterschiedlichen Sichtweisen, Sachargumente und Erfahrungen der Mitarbeiterinnen und Mitarbeiter ernsthaft angefragt sind und nicht als wirkungslose Marginalien nur Alibifunktion haben. In diesem Entscheidungsprozeß sorgt die stellvertretende Führung für Transparenz beim Ab-

[25] Auf dem Hintergrund einer konstruktivistischen Erwachsenenbildungstheorie ist damit auch die Fähigkeit "zum ‚Zulassen' anderer Wirklichkeitskonstruktionen" gemeint. Ebd. 52.
[26] Siehe Arnold, R., Das Santiago Prinzip. Führung und Personalentwicklung im lernenden Unternehmen, Köln 2000.
[27] Ebd. 17.
[28] Ebd. 19.

wägen von Pro und Kontra Argumenten wie auch bei dem Durchdenken der verschiedenen Szenarien. Dieser Austausch endet nicht mit der gemeinsamen Vereinbarung, denn über die getroffene Entscheidung hinaus besteht nach diesem Führungskonzept eine Feed-back-Kultur. Die Rückmeldungen der Mitarbeiterinnen und Mitarbeiter fließen wie in einem kybernetischen Kreislauf mit in den Steuerungsprozeß ein. Die Feed-back-Kultur gedeiht mit der Einsicht, daß die Potentiale der Mitarbeiterinnen und Mitarbeiter maßgeblich zur Entwicklung des Unternehmens beitragen.
Dieses Konzept aus dem Bereich der Pädagogik zieht Ernst Leuninger für seinen Ansatz von Gemeindeleitung im Rahmen einer Ermöglichungspastoral heran. Die grundlegende Frage dazu, ob ein Transfer von didaktischen Elementen in den Bereich der Pastoral möglich ist, beantwortet Leuninger damit, daß, insofern Didaktik als Antizipation eines Lernprozesses verstanden werden kann, entsprechend dazu auch das Konzept einer Pastoral im Sinne der geistigen Vorwegnahme pastoraler Handlungsvollzüge eine Vergleichbarkeit von Bildung und Pastoral erlaubt.
Wie Ernst Leuninger aufzeigt, basiert eine Ermöglichungspastoral in Anlehnung an Karl Rahner auf dem "Grundparadigma"[29], daß die Gnade Gottes unserem Handeln stets zuvorkommt[30]. Danach ereignet sich Gottes Heilshandeln in der Welt eben nicht punktuell mal hier mal dort, sondern die ganze Welt steht grundsätzlich und unwiderruflich unter der Heilsdynamik Gottes. Im Sinne dieser allgemeinen Heilszuversicht können wir darauf vertrauen, daß Gott schon längst zuvor am Menschen heilsam wirkt, bevor die amtliche Seelsorge handelt[31]. Das zentrale Anliegen der Kirche muß darin bestehen, Menschen in jenes Geheimnis behutsam einzuführen, was im Grunde genommen das Leben immer schon selbst beinhaltet, nämlich daß Gott diese Welt nicht nur aus dem Nichts (ex nihilo), sondern auch aus Liebe (ex amore) geschaffen hat. Für die Seelsorge erwächst daraus die Aufgabe, den Menschen in das Geheimnis dieser Liebesgeschichte Gottes mit uns Menschen einzuführen, die sich uns in Jesus als dem Christus offenbart, indem sie grundsätzlich von dieser "apriorischen Begnadetheit des Menschen ausgeht, sie anruft, sie den Menschen zu sich selber vermittelt"[32] und gerade so als Kirche die Heilsgeschichte Gottes mit uns Menschen vorantreibt. Subjekt dieser Seelsorge sind nicht länger nur die Amtlichen, sondern das Volk Gottes und mit ihm alle, die sich auf diesen mystagogischen Prozeß der "Hinführung zum Geheimnis der gnadenhaften Selbstmitteilung

---

[29] Leuninger, E., Die Entwicklung der Gemeindeleitung, St. Ottilien 1996, 317.
[30] Vgl. Zulehner, P. M., "Denn du kommst unserem Tun mit deiner Gnade zuvor..." Zur Theologie der Seelsorge heute. Paul M. Zulehner im Gespräch mit Karl Rahner, Düsseldorf[2] 1984.
[31] Vgl. ebd. 63f. Mit diesem mystagogischen Ansatz überwindet Karl Rahner eine alte traditionelle Auffassung, wonach die Priester die Gnadenmittel "verwalten". Somit vollzieht sich die Gnade Gottes nicht erst durch den priesterlichen Dienst, wie auch die Begegnung zwischen Gott und den Menschen nicht erst durch die Kirche konstituiert wird.
[32] Ebd. 52.

Gottes"[33] einlassen. In Anlehnung an den Rahnerschen Mystagogiegedanken entwickelt P. M. Zulehner im Gegensatz zur herkömmlichen Versorgungspraxis kirchlicher Seelsorge ein "Mystagogiemodell"[34]. Danach bedarf es eines neuen Verständnisses der so genannten "Laien"; diese gelten nicht länger als bloß passive Glieder der Kirche, die von der Kirche mit Sakramenten versorgt werden, sondern vielmehr als aktive, lebendige Mitarbeiterinnen und Mitarbeiter der Gemeinde.
Von diesem mystagogischen Ansatz her postuliert Ernst Leuninger folgende grundlegende Imperative für eine Ermöglichungspastoral:
Die Wertschätzung jedes Menschen als Subjekt seines Glaubens muß zur Grundhaltung in der Seelsorge gehören. Alle sind demnach Fachleute, die in der heilsamen Begegnung mit anderen ihre eigenen Geist-Begabungen wahrnehmen und ihre eigenen Glaubenserfahrungen einbringen. Ermöglichungspastoral versteht sich nicht primär als ein ‚Handeln an', sondern vielmehr als ein ‚Handeln mit' den Beteiligten. Dazu gehört es, die menschlichen Eigenarten anzuerkennen. Die Erfahrung von Freiheit und Solidarität ist dabei nicht nur förderlich, sondern auch notwendig. Die Wertschätzung gegenüber einem Menschen drückt sich gerade darin aus, daß die Zuwendung frei von funktionalen Interessen ist. Das Anliegen der Begegnung ist im Sinne der gnadenhaften Zuwendung Gottes immer der Mensch selbst und nicht irgendeine personenfremde Zweckbestimmung wie beispielsweise der Nachweis für eine Teilnahmestatistik.
Eine Ermöglichungspastoral ist darum bemüht, das Anliegen der jeweiligen Person, ihr wirkliches Befinden und Erleben zu erfahren und ernstzunehmen. In diesem Prozeß werden die Hauptamtlichen zu "Wegbegleitern der Seelsorgerinnen und Seelsorger"[35], in dem sich die Menschen in dieser Begegnung als selbstkompetent erfahren, ihr Leben in der Hinführung zum Geheimnis der zuvorkommenden Güte Gottes neu zu sehen und anzunehmen. Von diesem Ansatz einer Ermöglichungspastoral her gilt es das Profil einer Gemeindeleitung neu im Sinne einer synodalen Prozesses zu bestimmen.

3. Eine synodale Gemeindeleitung

Die theologische Grundlegung einer Gemeindeleitung als synodaler Prozeß basiert auf der Option, "die ganze Gemeinde der Gläubigen wieder als Träger kirchlichen Handelns zu entdecken"[36]. Diese Option beruht auf dem Leitgedanken des Zweiten Vatikanischen Konzils, wonach die Communio die Existenz-

---

[33] Haslinger, H., Was ist Mystagogie?, in: Knobloch, S. (Hg.), Mystagogische Seelsorge, Mainz 1991, 15-75, 29. Wie H. Haslinger darin aufzeigt, hat K. Rahner kurz nach dem Zweiten Vatikanischen Konzil unter dem Eindruck einer weltlich gewordenen Welt ein neues Verständnis von Mystagogie geprägt.
[34] Zulehner, P. M., Von der Versorgung zur Mystagogie, in: Lebendige Seelsorge 33 (1982) 179.
[35] Leuninger, Ernst, Die Entwicklung der Gemeindeleitung, 318.
[36] Schreiben der deutschen Bischöfe über den priesterlichen Dienst, 16.

grundlage und das Strukturprinzip für die Beziehung der Glieder des Gottesvolkes untereinander ist. Für die Wesensbestimmung der Kirche wird demgemäß eben nicht die Unterscheidung zwischen Klerikern und Laien als Ausgangspunkt gesetzt, sondern Ausgangspunkt für diese Ekklesiologie ist die fundamentale Gleichheit aller Getauften. Danach ist es Aufgabe aller auf ihre Weise (suo modo) und zu ihrem Teil (pro parte sua) am gemeinsamen Aufbau des Gottesvolkes mitzuwirken (LG 31). Dieses "Fundamentalprinzip"[37] (Heribert Schmitz), das die Gleichheit aller Getauften postuliert, positioniert damit die Hierarchie nicht länger über die Gläubigen, sondern integriert die Kleriker in das Volk. Mit dieser Weichenstellung des Zweiten Vatikanischen Konzils geht die Institutionalisierung von Räten auf allen Ebenen der Kirche einher. Strukturell konstituiert sich in den Bischofssynoden, Diözesansynoden, Priesterräten, Pastoralräten, Diözesan-Katholikenräten bis hin zu den Pfarrgemeinderäten das synodale Element der Kirche.[38] Es "geht kein Weg daran vorbei, die synodalen Neuansätze allen Enttäuschungen und allen Widerständen (von unten wie von oben) zum Trotz, entschieden weiterzuentwickeln, wenn die Kirche nicht ihren biblischen Ursprüngen ... und ihrer konziliaren Grundrichtung untreu werden und - in Konsequenz davon - ganz den Anschluss an die gegenwärtige Kultur-, Rechts- und Sozialgeschichte verlieren will."[39]

Mit dieser Ausrichtung legt das Konzil fernerhin den Grundstein für ein neues, synodales[40] Leitungsverständnis in der Kirche. Wenn gleich die Teilhabe der Ordinierten an dem dreifachen Amt Christi eine Teilhabe qua Ordination ist, so annulliert dies eben nicht die Teilhabe aller Getauften am priesterlichen, prophetischen und königlichen Amt Christi. Das Zweite Vatikanische Konzil gibt mit der Lehre von der Kirche als Volk Gottes unmißverständlich zu verstehen, daß "alle Glieder des neuen Gottesvolkes, je in ihrer Weise, aber stets in der Einheit des Gottesvolkes, die Sendung des Herrn mittragen"[41]. Dies bedeutet

---

[37] "Im Sinne eines Fundamentalprinzipes handelt es sich bei der Lehre von der Kirche als Volk Gottes nicht einfach um eine Zielvorstellung, die man möglicherweise erreicht oder auch nicht, sondern um eine Grundsatzentscheidung, mit der eindeutig das Konzil die Position der Kirche bestimmt, hinter die sie nicht zurück kann. Von daher ist die Lehre des Zweiten Vatikanischen Konzils von der Kirche als Volk Gottes der Ausgangspunkt für eine Gemeindeweiterentwicklung als synodales Geschehen. Im synodalen Prozeß kommt zum Ausdruck, daß die Sache der Kirche die Sache des *ganzen* Gottesvolkes ist." Eckart, J., Pfarrgemeinderat und Kooperative Pastoral, St. Ottilien 1996, 317. Siehe dazu Schmitz, H., Auf der Suche nach einem neuen Kirchenrecht, Freiburg 1979, 17.

[38] "Daß nach fast einem Jahrtausend rein »hierarchisch« verlaufener Entscheidungsprozesse diese Ansätze noch weithin in den Kinderschuhen stecken und an vielen Kinderkrankheiten leiden, ist nicht verwunderlich." ,in: Kehl, M., Die Kirche, Würzburg [3] 1994, 107.

[39] Ebd. 108.

[40] Etymologisch betrachtet entstammt das lateinische Lehnwort "synodus" dem griechischen "syn-ódos", was wörtlich übersetzt "Zusammen-Weg" heißt und bedeutet, sich miteinander auf dem Weg machen. Entsprechend dem Fundamentalprinzip "Kirche als Volk Gottes" vollzieht sich Gemeindeleitung in einem synodalen Prozeß. Siehe dazu auch Hennersperger, A., Synodale Gemeindeleitung, Wien 1999.

[41] Mörsdorf, Kl., Das eine Volk Gottes und die Teilhabe der Laien an der Sendung der Kirche, in: Siepen, K. u.a.: (Hg.), Ecclesia et Ius, Paderborn 1968,105f.

ganz konkret, daß nicht nur der Amtsträger das Evangelium verkündigt, die Liturgie feiert und Leitungsaufgaben wahrnimmt. Gleichwohl besteht eine Letztverantwortung des ordinierten Dienstes darin, daß in der Gemeinde das Wort verkündet, die Liturgie gefeiert, der solidarisch-diakonische Dienst gelebt und dies alles zum Aufbau einer lebendigen Gemeinde beiträgt. So dekretiert im Anschluß an das Konzil die Gemeinsame Synode der Bistümer (mit Fettdruck!) im Beschluß "Pastoralstrukturen": "Der Pfarrer ... nimmt die Leitungsaufgaben im Zusammenwirken mit dem Pfarrgemeinderat wahr."[42] Hierin wird deutlich, daß die Sache der Kirche, die Sache des ganzen Volkes Gottes ist. Strukturell verankert ist dies in der Rahmenordnung für die Strukturen der Mitverantwortung. In der Präambel ist zu lesen: "Der Pfarrgemeinderat dient dem Aufbau einer lebendigen Gemeinde."[43] Interessanterweise definiert der französische Theologe Hervé Legrand den priesterlichen Dienst "vom Aufbau der Kirche her, der sich durch die Sendung, das Zeugnis, das Wort, den Hirtendienst, die Sakramente und vor allem die Eucharistie verwirklicht".[44] Dieses Verständnis erlaubt es, den Ordinierten in der Rolle des Vorsitzenden zu sehen, dem in der Verantwortung für die Einheit der christlichen Gemeinde und ihre Ausrichtung auf Christus hin etliche Mitarbeiterinnen und Mitarbeiter zur Seite stehen. Dieses Verständnis vom priesterlichen Dienst befreit den Ordinierten von dem Zwang, alles selber tun zu müssen. Dabei erweist sich der Pfarrgemeinderat als ein notwendiges strukturelles Element, um diese synodale Ausrichtung in der Pfarrgemeinde zu verorten. Einen unverzichtbaren Dienst leistet der Ordinierte gerade darin, daß er ein wachsames Auge für das "Aufblühen und Zusammenwirken" der unterschiedlichsten Gnadengaben in der Gemeinde hat, was ihm "am Herzen liegen muß"[45]. Mit dem Amt des Priesters als Vorsitzender geht es also nicht um eine Administration mit entsprechenden Aufgaben und Funktionen, sondern um das Leben der ganzen kirchlichen Gemeinschaft.

Ganz im Sinne dieses Grundgedankens spricht Heinrich Mussinghoff, Bischof von Aachen, von "Gemeindeleitung in Gemeinschaft". Dabei ist ihm bewußt: "Gängiges Modell der Gemeindeleitung war und ist vielfach noch ein monarchisches, in dem das priesterliche Amt letztlich alle Entscheidungen in Frage des Gemeindelebens trifft und verantwortet. Dieses Modell wird aber den heutigen Verhältnissen nicht mehr gerecht"[46]: Zum einen kann eine einzelne Person die erforderlichen Kompetenzen und Tätigkeiten allein nicht mehr erbringen. Zum anderen wollen die Menschen, die engagiert am Gemeindeaufbau mitwirken, auch bei Entscheidungsprozessen miteinbezogen werden. Bisweilen muß die Einsicht noch heranreifen, daß "eine monarchische Gemeindeleitung theologisch nicht haltbar und zu überwinden ist, da sie dem Selbstverständnis der

---

[42] Gemeinsame Synode der Bistümer, Freiburg i. Br. 1976, 695.
[43] Ebd. 659.
[44] Legrand, H., Die Gestalt der Kirche, in: Eicher, P. (Hg.), Neue Summe Theologie, Bd. 3: Der Dienst der Gemeinde, Freiburg i. Br. 1989, 87-181, hier 134.
[45] Ebd.
[46] Bistum Aachen, Generalvikar, Gemeindeleitung in Gemeinschaft. Dokumentation der Gemeinsamen Tagung der Räte, Aachen 1999, 15f.

christlichen Gemeinde und ihrer Dienste sowie des ordinierten Dienstes widerspricht"[47]. Vielerorts entsteht eine veränderte Praxis, in der mit dem Priester beispielsweise Diakone, Pastoral- wie auch Gemeindereferentinnen und -referenten Aufgaben der Gemeindeleitung ausüben. Dabei partizipieren verstärkt ehrenamtlich tätige Gemeindeglieder wie beispielsweise in den Pfarrgemeinderäten und Verwaltungsräten an der Gemeindeleitung. Denn: "Der Pfarrgemeinderat ist das synodale Gremium der Verantwortung aller Gemeindeglieder und somit ein Organ der Gemeindeleitung."[48]

Aus diesem neuen Selbstverständnis der Amtsträger heraus nimmt der Pfarrer den Dienst der Leitung im Zusammenwirken mit der Gemeinde wahr. Von daher, so die deutschen Bischöfe in ihrem Schreiben "Der pastorale Dienst in der Pfarrgemeinde", "können die notwendigen Leitungsaufgaben je nach Befähigung und Sendung aufgeteilt und wahrgenommen werden"[49]. Dies gilt auch für die Bereiche, für die der Pfarrer in der Gemeinde die Gesamtverantwortung behält, wie Liturgie oder Verkündigung, auch hier kann und sollte er auch die Verantwortung für einzelne Leitungsaufgaben an Mitarbeiterinnen und Mitarbeiter übertragen.

Gemeindeleitung als synodaler Prozeß erwächst aus der Einsicht, daß wir alle als Volk Gottes zum Aufbau der Gemeinde berufen sind. Erinnern wir uns daran: "Seit mehr als 5000 Jahren wird das Amt des Königs mit dem des Hirten in Verbindung gebracht. Die Metapher vom Hirtengott und vom messianischen Hirten Jesus ist eine Nachfolge-Aufforderung an alle Christinnen und Christen. Vom allgemeinen Priestertum ist seit dem II. Vatikanischen Konzil viel die Rede, vom allgemeinen Hirtentum so gut wie nie. Aber es gibt diese gemeinsame hirtliche Kompetenz, die allen Ämtern vorausliegt. ... Alle ... haben einen Hirtenauftrag, den es mit der Gnade Gottes und entsprechend dem Maß der eigenen Kräfte zugunsten der Gemeinde und der Kirche und zugunsten des Reiches Gottes zu aktualisieren gilt."[50]

---

[47] Ebd. 17.

[48] Ebd.

[49] Die deutschen Bischöfe, Der pastorale Dienst in der Pfarrgemeinde, 17.

[50] Stenger, H. M., Sind wir nicht alle Hirtinnen und Hirten?, in: Garhammer, E. (Hg.), Gemeindeleitung heute - und morgen, Paderborn 1998, 115-116, hier: 116.

Bernhard Plois

Kirchliche Beratungsarbeit als pastoralpsychologische Praxis

1. Beratung ist eine Wachstumsdomäne in der Kirche.

1.1 Der allgemeine Beratungsbedarf und die Nachfrage in kirchlichen Beratungsstellen wachsen. Beides hat seinen Grund.

„Die Anmeldezahlen des vergangenen Jahres sind bistumsweit, verglichen mit den Anmeldezahlen des Vorjahres, erneut gestiegen." So oder ähnlich lauten die sich seit vielen Jahren wiederholenden jährlichen Mitteilungen der Verantwortlichen für die psychologische Beratungsarbeit in den bundesdeutschen Bistümern. Oder eine Zeitungsüberschrift der letzten Wochen lautet: „Scheidung nach der Silberhochzeit. Lebensberatung verzeichnet immer mehr späte Trennungen".[1] Oder die Bundeskonferenz für Erziehungsberatung teilt mit, daß sie in den nächsten acht Jahren trotz sinkender Kinderzahl mit einem Anstieg der Klientenzahlen in Erziehungsberatungsstellen um 50 % rechnet und warnt eindringlich davor, „wegen angespannter Haushaltslagen der Kommunen und Gemeinden den Bedarf wegzudefinieren"[2]. Die Scheidungsraten liegen zur Zeit je nach Art der Erhebung bei 30%, bei jungen Ehen in Großstädten bei 50%, Tendenz steigend. Ihnen steht in geradezu paradox anmutender Weise die weit verbreitete archaische Sehnsucht der Menschen nach guten, verläßlichen Beziehungen und Partnerschaften in geschützten Vertrauensverhältnissen entgegen, wie neue Erhebungen wiederholt belegen. Fragt man sich, wie die kontinuierlich steigenden Anmeldezahlen - und das trotz inzwischen verbesserter psychotherapeutischer Versorgungslage - zustande kommen, so ist unter einer Vielzahl von Antworten auch folgende möglich.

Die große Nachfrage hat zunächst einmal wachsenden Beratungsbedarf zur Voraussetzung. Dieser ist gesellschaftlich zu verstehen. Daß sich gerade auch kirchlich institutionelle Beratungsangebote besonderer Beliebtheit erfreuen, wo doch die Nachfrage nach Kirche im Allgemeinen eher rückläufig ist, bedarf einer weiteren Begründung, die vermutlich in der besonderen Qualität kirchlicher Beratung gegeben ist.

Der steigende Bedarf an Beratung dürfte Ausdruck eines Verlangens der Menschen nach umfassender Hilfe in einer Zeit rasant zunehmender emotionaler Verunsicherungen sein. Man weiß nicht mehr, was noch gilt. Die täglich erlebte Brüchigkeit in familiären Beziehungen macht Angst und geht einher mit mate-

[1] Neue Osnabrücker Zeitung im Dezember 2001 nach einem epd Bericht über Beratungsnachfrage in evangelischen Beratungsstellen.

[2] KNA/NW-3513- vom 21.12.2001, Funk voraus am 17.12.2001.

riellen und politisch-gesellschaftlichen Unsicherheiten[3]. Eltern erleben, daß sie und ihre Kinder die an sie gerichteten Erwartungen, oftmals selbst gesetzt, nicht erfüllen können. Die Versuchungen sich überfordern zu lassen sind allgegenwärtig. Erfolg, Genuß, Durchsetzungsfähigkeit, demonstrierte Einzigartigkeit mit Tendenzen zur Egozentrik dominieren über von Solidarität geprägte Werte. In dieser Gefühlslage fangen Menschen an, sich über Symptome Zugang zu Sinnnischen zu verschaffen, in denen sie Frieden mit sich und den wichtigsten Bezugspersonen suchen. Der Kälte der Welt draußen wird die Vertrautheit in der Beratungssituation entgegengesetzt. Man wagt sich aus den inneren Gefängnissen heraus, um so ein Gespür wiederzugewinnen oder zu behalten, daß es Wichtigeres im Leben gibt als permanente Anpassung, Leistungsbereitschaft und Funktionsfähigkeit. Es ist die schwindende Ressource Sinn, die wiederzufinden man sich gerade in Beratungsstellen erhofft, die als ein kirchlicher Dienst weltoffener und weltzugewandter Art wahrgenommen werden. Auch wenn die religiöse Frage in den meisten Beratungsprozessen explizit keine oder nur eine untergeordnete Rolle spielt, so darf doch vermutet werden, daß hinter vielen Beratungsanlässen - nach C. G. Jung gibt es bekanntlich keine Neurose, die nicht einen religiösen Kern enthielte - auch die Sinnfrage gegeben ist. In einer Gesellschaft mit wachsender Religionsabwesenheit fällt es leichter, die latent religiösen Institutionen, wie es Beratungsstellen sind, aufzusuchen als diejenigen mit zugeschriebenem offensiv-missionarischen Charakter. Nachdem sie Vertrauen gefaßt haben oder auch erst am Ende eines längeren Beratungsprozesses fragen Klienten den Berater gelegentlich, aus welcher Art von Gründen er überhaupt diese Arbeit mache und ob das Wort „Diözese“ auf dem Schild am Hauseingang nicht eine kirchliche Bedeutung habe. Beide Fragen weisen geradezu verstohlen auf eine implizite Sinnanfrage hin. Die psychoanalytische Interpretation dieser szenischen Information legt eine solche Annahme gewiß nahe. Die zahlreichen Beratungsnachfragen im Bereich der Kinder-, Jugend-, Partnerschafts- und Familienberatung verweisen also auf die von der kühlen Vernunft in der Welt draußen vergessene Seelensehnsucht nach umfassenderen Sinnerfahrungen. Sie zeigen, daß es einen spezifischen Beratungsbedarf gibt, der in medizinischen, in psychotherapeutischen und in schulischen Domänen offenbar nicht abgedeckt wird. Rat Suchende wollen sich nicht nur „behandelt“ wissen, wollen nicht nur „umlernen“, sondern in ihren sozialen, lebensgeschichtlichen und sinnstiftenden Beziehungen gesehen und verstanden werden. Sie wollen eine Hilfe, die sie nicht fragmentiert, sondern in umfassenden Lebensdimensionen würdigt. Rat Suchende sehen Beratung als Sinnoasen, in denen die Zeitmuster moderner Lebensführung, nämlich Beschleunigung und Entrhythmisierung des Lebensalltages, bewußt unterbrochen werden. Sie sind in Beratung nicht Objekt einer Geldwirtschaft und müssen sich nicht einem Maschinentakt unterwerfen. Hoffentlich kann das auch künftig so bleiben, wenn die der produzierenden Wirtschaft entlehnten Qualitätssicherungs- und Steuerungsmechanismen greifen werden, deren Einsatz allerorten als Mittel zur bes-

[3] Vgl. Foitzik, A., Nicht mehr sicher, in: Herder-Korrespondenz 55 (2001) 595-597.

seren Handhabung des Beratungsbedarfes angepriesen und von den öffentlichen Sponsoren gefordert wird.
Gesellschaftliche Wirklichkeit heute ist so konstruiert, daß „wir zu Orientierungswaisen und Nomaden der Zeit“ (Geisler) werden. Deshalb bedarf es Inseln der Seßhaftigkeit und der Ruhe. Allein „die Anstrengung verdoppeln, sobald das Ziel aus den Augen verloren geht“ (Mark Twain) bringt keine wirkliche Lösung der Symptome und Probleme. Als „Nomaden der Zeit“ wissen wir, daß am Ende doch der Tod den Wettlauf gegen die Zeit gewinnen wird. „Es kommen härtere Tage, die auf Widerruf gestundete Zeit wird sichtbar am Horizont“, sagt die Dichterin Ingeborg Bachmann. Es ist nur konsequent, daß inzwischen die „Sehnsucht nach der Pausentaste“ auf alle Generationen übergreift.
Diese skizzierte gesellschaftliche Wirklichkeit mag einer der Gründe sein, weshalb Beratungsnachfrage gerade auch in kirchlichen Stellen immer noch steigt. Kirchliche Stellen dürften einen Vertrauensvorschuß haben, was die Kompetenz in Sachen Sinn betrifft. Als kirchliche Stellen stehen sie in einer langen Tradition uneigennütziger Diakonie, die der staatlichen Zugriffe relativ unverdächtig ist. Ihr Dienst ist nicht mit amtlichen Kontrollfunktionen oder mit monetären Interessen assoziiert, wie das leicht bei staatlichen Stellen oder Freiberuflern der Fall ist.
Die meisten Rat Suchenden kommen durch persönliche Empfehlungen früherer Klienten oder anderer Multiplikatoren in die Beratungsstellen und nicht aufgrund unpersönlicher Werbung, wie sie in der Wirtschaft üblich ist. Deshalb ist davon auszugehen, daß sie Vertrauen haben in die Qualität dessen, was sie erwartet: professionelle psychologische Hilfe, die auf Anonymität und Freiwilligkeit basiert, die keine „Krankenkassen-Öffentlichkeit“ mit entsprechender Etikettierung erfordert und die bemüht ist, nicht nur Symptome oberflächlich zu beseitigen, sondern grundlegend zu bearbeiten und die darüber hinaus von Menschen geleistet wird, die ihre Arbeit bewußt für einen kirchlichen Träger verrichten.

1.2 Das kirchliche Beratungsangebot ist angemessen und unangemessen zugleich.

Das kirchliche Beratungsangebot ist angemessen, weil es eine Antwort auf die beschriebene Lebenswirklichkeit der Menschen gibt, und zwar aus einer christlichen Perspektive. Das kirchliche Beratungsangebot bleibt auch deshalb angemessen, weil es sich als pastoralpsychologisch und nicht als „nur psychotherapeutisch“ definiert mit entsprechend ausgebildeten Mitarbeitern. Das kirchliche Beratungsangebot ist gleichzeitig unangemessen, weil es dem Bedarf, wie er sich in den hohen Anmeldezahlen zeigt, nicht gerecht wird. Es kommt zu Situationen, in denen Klienten anklopfen, ihnen aber leider nicht mehr aufgetan wird, weil die personellen und materiellen Ressourcen nicht gegeben sind. Das kirchliche Beratungsangebot würde für den Bedarf unangemessener werden, würde die Schulung der Mitarbeiter künftig nur eine (bezuschußte) Therapeu-

tenausbildung für den Psychotherapiemarkt beinhalten. Das kirchliche Beratungsangebot ist also inhaltlich angemessen, wiewohl materiell unangemessen ausgestaltet. Dabei lautet die Forderung im Beschluß Ehe und Familie der Gemeinsamen Synode der Bistümer der Bundesrepublik Deutschland 1976 lapidar: „Zu den notwendigen Hilfen für gefährdete Ehen gehört ein ausreichendes Angebot an Eheberatungsstellen mit qualifizierten Mitarbeitern".[4]
Was qualifiziert Mitarbeiter kirchlicher Beratungsarbeit in spezifischer Weise? Generelle Reduktion von Beratung auf Symptombehandlung, obwohl sie das sinnvollerweise oftmals nur sein kann und dann auch bleiben sollte, ist nicht ihr genuines Proprium, sondern heilende Begegnung im umfassenden Sinn, die den Rat Suchenden als eine leiblich-emotional-geistig-seelische Einheit ansieht. Dem hat der Jubilar Pater Karl Frielingsdorf SJ im Einklang mit den Verantwortlichen für die katholische Beratungsarbeit auf Bundesebene immer Rechnung getragen. Er hat zahlreiche Ausbildungskurse für Ehe-, Partnerschafts-, Familien- und Lebensberater, vor allem die vom Bistum Osnabrück durchgeführten Kurse der vergangenen 30 Jahre, entscheidend mitgeprägt. Er übernahm Ausbildungsanteile zur Spiritualität und half den Ausbildungskandidaten, ihre unbewußten und bewußten Gottesbilder und ihr Verständnis vom Lebenssinn in der Selbsterfahrung zu bearbeiten. Wer sind nun die Beraterpersönlichkeiten für das inhaltlich angemessene kirchliche Beratungsangebot? Sie sind Visionäre in dem Sinne, daß es für sie keine hoffnungslosen Fälle gibt, denn sie wissen Gott als „Cheftherapeuten" hinter und über sich. Sie sind Künstler in der Reflexion und Gestaltung von Beziehungen, seien es diejenigen, in die sie professionell involviert sind oder diejenigen unter Klienten, auf die sie mit Abstand schauen. Sie sind psychologisch und psychotherapeutisch geschult, leben ihre Spiritualität, fragen neugierig und unkonventionell. Sie „bürsten gegen den Strich" auf professionelle Art.

2 Theologische Begründung für kirchliches Engagement in der Beratung

2.1 Eine biblische Begründung

Die Bibel berichtet in vielen Geschichten von Jesus, dem Heiler, der Menschen ganzheitlich begegnet, sie in ihren körperlichen, seelischen, geistigen und gläubigen Lebensdimensionen annimmt.[5] Jesus heilt immer wieder in konfrontierenden Begegnungen, in denen das Unerwartete, das Überraschende, das Verblüffende geschieht. Die Betroffenen werden aus ihren eingeschliffenen Verhaltens- und Denkschemata herausgerissen. Jesus fordert sie auf häufig unkonventionelle Weise heraus, er konfrontiert, nimmt bedingungslos an, hält den entlar-

---

[4] Gemeinsame Synode der Bistümer der Bundesrepublik Deutschland, Beschlüsse der Vollversammlung, Freiburg i. Br. 1976, hier: Beschluß Christlich gelebte Ehe und Familie, 448.
[5] Vgl. z. B. Dane, G., Wie Menschen heil werden. Begegnungen mit Jesus dem Seelsorger, München 1995.

venden Spiegel vor, ermutigt, und er vertraut in seinem Tun auf Gott, von dem er glaubt, daß er der Urgrund aller Befreiung ist und mit Vollmacht ausstattet. Das ist kompatibel mit dem heutigen Selbstverständnis eines christlichen Beraters.

Lediglich ein Logion soll hier näher betrachtet werden: „Wenn ich mit dem Finger (Lk 11,20) Gottes/im Geiste (Mt 12,28) Gottes die Dämonen austreibe, dann bricht die Herrschaft Gottes mitten unter Euch an".[6] Bei Vernachlässigung der exegetisch schwierigen Detailfragen der Komposition der gesamten Beelzebulperikope, der das Logion entstammt, seien hier nur folgende Anmerkungen gemacht: Als Heiler handelt Jesus, weil er sich dazu durch Gott gerüstet fühlt. Es ist der Geist Gottes, also eine Einstellung, der gemäß er handelt oder es ist der Finger Gottes, der durch ihn handelt. Dämonen, also irrationale Annahmen und neurotische Verhaltensweisen, gilt es zu bekämpfen. Die erfolgreiche Austreibung der Dämonen setzt Jesus gleich mit dem Beginn der Gottesherrschaft, die anzukündigen und zu verwirklichen sein Programm war. Das Nachfolgegebot beauftragt auch uns, den modernen „Dämonen" den Kampf anzusagen und zeichenhaft für das Hereinbrechen des Reiches Gottes zu arbeiten. Das geschieht in Beratung z. B. dann, wenn lebenshemmende Muster bewußt gemacht und überwunden werden, wenn neue befreiende Perspektiven im Leben miteinander gewonnen werden oder wenn neuer Lebenssinn und Lebensmut gefasst werden kann.

2.2 Eine lehramtliche Begründung

Papst Johannes Paul II fordert, daß Ehen und Familien „Laboratorien der Humanisierung und der wahren Solidarität"[7] sein sollen. Kinder sollen mütterlich und väterlich angenommen und umsorgt werden; Ehe und Familie sollen ihre Mitglieder beziehungs- und gemeinschaftsfähig machen bzw. diese Fähigkeiten fördern. Für die nicht immer leichte Umsetzung dieses Auftrages bedarf es professioneller Hilfestellung und Anleitung, die auch durch Beratung geschieht[8]. Aus entwicklungspsychologischer Sicht kann nur bestätigt werden, daß Beratung von Eltern in Fragen ihrer Partnerschaft eines der besten Mittel zur Förderung der psychischen Integrität der nachwachsenden Generation ist. Das Zweite Vatikanische Konzil bezeichnet in seiner Pastoralkonstitution die Familie als eine Beziehungsgemeinschaft zwischen Eltern und Kindern oder auch als "Schule reich entfalteter Humanität". Eine "Schule reich entfalteter Humanität" bedarf als Schule natürlich der Lehrer, die in diesem Falle die Berater sind. Sie arbeiten psychoedukativ. Sie würden ihren Auftrag verfehlen, würden sie nur Appelle und Postulate gegen moralischen Niedergang formulieren. Einfühlsam und gleichzeitig kritisch sind sie der Lösung von Problemen verpflichtet. In un-

---

6 Das Logion ist eine sogenannte Gegenwartsstelle bezogen auf die Ankündigung der Herrschaft Gottes.

7 Papst Johannes Paul II am Fest der Familie im Oktober 2000.

8 Vgl. oben zitierten Synodenbeschluß.

serer modernen konsum-, profit- und erlebnisorientierten Gesellschaft ist das eine Aufgabe, die den vorherrschenden ökonomischen Maximen nur mittelbar dient.

„Das unzweifelhaft Andere, das Proprium“ kirchlicher Beratungsarbeit beschreibt der Magdeburger Bischof Nowak auf dem Kongreß der Katholischen Bundesarbeitsgemeinschaft für Beratung „Leben sinnvoll meistern“ im Jahr 2000 in Trier. In der Begründung der Tätigkeit zitiert er das Konzilsdokument Gaudium et Spes (1): „Freude und Hoffnung, Trauer und Angst der Menschen von heute, besonders der Armen und Bedrängten aller Art, sind auch Freude und Hoffnung, Trauer und Angst der Jünger Christi“ und fährt weiter fort: „Die Not von Menschen geht Christen unmittelbar etwas an. Die Diakonie, der Dienst am Mitmenschen ist unverzichtbarer Ausdruck unseres Glaubens und unserer Gottesbeziehung.“ Beratung werde zum Glaubenszeugnis, auch wenn das Wort Gott nicht im Munde geführt werde. Und Beratung, sei sie noch so gut, stehe unter eschatologischem Vorbehalt, könne „kein Ersatz für den Glauben an Gott“ sein. Gott sei schließlich der implizite Grund unseres beraterischen Handelns. Beratung sei das Ohr der Kirche, um die sich ändernden Nöte der Menschen wahrzunehmen und auf sie zu reagieren.[9] Das „unzweifelhaft Andere“ kirchlicher Beratungsarbeit ist also in ihrer Legitimation gegeben.

2.3 Eine pastorale Begründung

Beratung ist neben anderen eine Form der Ehe-, Partnerschafts- und Familienbegleitung der Kirche, die Weiterführung einer früher ausschließlich an Eheschließung orientierten Pastoral. Sie trägt der modernen Pflegebedürftigkeit und Brüchigkeit von partnerschaftlichen und familiären Beziehungen Rechnung. In Gottesdiensten zur Eheschließung geht es immer weniger um ein Sichtrauen in eine neue Partnerschaft hinein als vielmehr um Ermutigung und Bekräftigung für eine bereits gelebte Partnerschaft. Paar- und Familienberatung ist die Prolongation der kirchlichen Trauungsassistenz in Krisenzeiten mit säkularpsychologischen Mitteln. Wenn, was Gott zusammengeführt hat, der Mensch nicht trennen soll, ist es nur konsequent, die Eheschließungspastoral um eine Eheführungspastoral zu ergänzen. So heißt es denn auch im Beratungsverständnis der Katholischen Bundesarbeitsgemeinschaft für Beratung e.V.: „Sie (die Beratung) ist eine sinnvolle Ergänzung bewährter Formen der Seelsorge und stellt eine heute notwendige Antwort auf das Bestreben der Menschen dar, nicht Objekt fremder Entscheidungen, sondern Subjekt des eigenen Lebens zu sein ..... Mit den Beratungsdiensten leistet die Kirche einen entscheidenden Beitrag zur sozialen und humanen Ökologie, zur sozialen Stabilität und damit zum sozialen Frieden in unserer Gesellschaft.“[10] Beratung ist ein pastoraler, diakona-

---

[9] Nowak, L., „Um des Menschen willen“ - wozu Kirche da ist. Pastoraltheologische Überlegungen zur Beratung im kirchlichen Raum, in: „Leben sinnvoll meistern - Profile kirchlicher Beratungsarbeit“. Informationsdienst kath. Bundesarbeitsgemeinschaft Nr. 56 Bonn 2001, 5-9.

[10] Katholische Bundesarbeitsgemeinschaft, Beratungsverständnis, 1995.

ler, ein den Menschen zugewandter Dienst und richtet sich an Menschen mit individuellen, partnerschaftlichen, familiären und/oder Erziehungsproblemen ohne Ansehen von Standes-, Religions-, Alters- und ethnischer Zugehörigkeit. Sinn Suchende, von (drohendem) Beziehungsinfarkt Betroffene, von Familienkatastrophen Heimgesuchte holen sich Hilfe in psychologischen Beratungsstellen. Beratungsarbeit ist Mitwirkung am Erlösungsgeschehen, am „Laboratorium possibilis salutis".[11]

Pastoralsoziologisch begründet der Freiburger Soziologe Ebertz indirekt kirchliches Engagement in der Beratung. Er findet es beängstigend, daß die Familie einem gefährlichen Erosionsprozeß unterworfen sei, weil Werte - so auch kirchliche, religiöse und politische - nur noch selten kommuniziert würden, quasi zu einer persönlichen, mehr noch intimen Angelegenheit degenerierten und damit an Selbständigkeit verlören. Mit der Erosion familialer Strukturen gehe häufig auch das Fehlen einer religiösen Konsensformel einher: nicht mehr gesellschaftlich verbindliche Sinnstiftung, sondern eine autozentrische Sinnstiftung oder Do-it-yourself-Sinnstiftung halte Einzug in die Köpfe der jungen Generation und beeinflusse damit in entscheidender Weise künftige gesellschaftliche Spielregeln.[12] Auch deshalb ist Beratung notwendig, denn sie wirkt der Individualisierung und der gesellschaftlichen Unübersichtlichkeit insofern entgegen, als sie Zufluchtsort ist, an dem Orientierung und Entlastung gefunden und der „Erosion familialer Strukturen" entgegengewirkt wird.

2.4 Eine anthropologische Begründung

Was ist der Mensch? Eine der kürzesten Antworten auf diese Frage lautet im Sinne des heiligen Benedikt: „Der Mensch ist Gottsucher." Sein Seelenheil findet er nur in Gott. Demgegenüber ist die heutige religionsarme Zeit vor allem dadurch gekennzeichnet, daß wir in ihr lebenden Menschen maßloses Glück in zu kurz bemessener Zeit verwirklichen wollen und uns dazu der Domänen von Arbeit, Amüsement und Liebe bedienen. Maßlos werde unser Arbeiten als Streben nach immer mehr Selbstverwirklichung in der Produktion bleibender Selbstzeugnisse. Maßlos werde unser Amüsieren als süchtiges Konsumieren von immer neuen happenings, events, thrills und lifestyles als den Betäubungsmitteln sich still regender Zweifel an der Sinnhaftigkeit eines öden Lebens. Maßlos werde unser Lieben, wenn dem Partner oder dem Kind die erdrückende Liebe gelte und sie Gefahr laufen, als idealisierte und damit überforderte Pro-

[11] Jacob, H., Erlösend einander begegnen, in: Frielingsdorf, K. (Hg.), Hier will ich sein, Frankfurt 2001, 119f.

[12] Ebertz, M., Pluralisierung; Relativierung und Desorientierung – Funktion von Beratung in der modernen Gesellschaft. Vortrag abgedruckt in „Leben sinnvoll meistern – Profile kirchlicher Beratungsarbeit", Informationsdienst Kath. Bundesarbeitsgemeinschaft Nr. 56, Bonn 2000, 11-37.

jektionsfläche zum Gott werden zu müssen[13] aber nur Götze sein können mit der Konsequenz, daß sie dann zu leicht austauschbaren Abschnittspartnern werden.[14] Wenn nur „das Leben als letzte Gelegenheit“ bleibt, dann ignorieren wir die Gottesbeziehungsfähigkeit des Menschen, seine Transzendenzsehnsucht als ein anthropologisches Konstitutivum. Hoffnung und Gnade finden dann ihre engen Grenzen im Hier und Jetzt. Das Hier und Jetzt ist in vielen modernen humanistischen Psychotherapien der (einzige) fokussierte Betrachtungs- und Handlungsraum. Das Hier und Jetzt in Verbindung mit dem Dort und Damals ist die Perspektive analytischer Therapieansätze. Zukunft braucht Vergangenheit. Das Hier und Jetzt in Verbindung mit dem Dort und Damals und in Verbindung mit dem Irgendwo und Dann ist die Basis für eine umfassende pastoralpsychologische Sicht auf den sich seiner selbst angesichts der Verunsicherung in der Welt neu orientierenden Menschen, dessen Menschsein wesentlich durch seine Bezogenheit auf Gott und durch seine Gottesebenbildlichkeit geprägt ist. „Allein vor Gott wird der Mensch was er ist, frei und gebunden zugleich, ein Antwortender“.[15] Um des ganzen Menschen willen sollte dem Rat Suchenden Gott - und bleibe er in der therapeutischen Begegnung verbal auch gänzlich unausgesprochen und sei er nur zwischen den Zeilen oder in der nonverbal kommunizierten Haltung des Beraters verborgen anwesend - nicht vorenthalten werden. Kirchlich ausgebildete und bestellte Berater scheinen diese Grundhaltung zu verbürgen. Deshalb muß Kirche sich weiterhin in der Beratungsarbeit engagieren, in diesem Sinne Pastoral bei und mit Randständigen oder Außenstehenden betreiben. Eine so verstandene Beratung ist Ort möglicher Gottesbegegnung und eine zeitgemäße Form spiritueller Lebensführung.

Der jüdische Philosoph Emmanuel Levinas sagt, ähnlich wie Martin Buber, daß erst der Blick des anderen, wenn er uns trifft, unser Selbstbewußtsein konstituiere. Heilung geschieht durch Begegnung, die mehr ist als nur die Applikation therapeutischer Techniken. Sie vollzieht sich in der Gestaltung der Beziehung, wenn der Glanz in den Augen des Gegenübers zum Spiegel wird. Individuation ist Beziehungsgeschehen, und im christlichen Verständnis des Menschen nimmt sich Gott die Chance, via Begegnung Einzug zu halten. Beratung ist Begegnung intensiver, persönlicher, intimer Art und deshalb potentiell ein Ort der Gotteserfahrung. Auch deshalb bleibt Beratung den Christen geboten als eine den jeweiligen Zeitumständen entsprechend ausgestaltete Form diakonalen Handelns. In seiner reflektierten, analysierten Grundhaltung verkörpert der Berater die anthropologische Annahme, daß der Mensch Gottsucher ist, zumindest sein könnte. Damit ist er nur in Ausnahmefällen bereit, seine Tätigkeit auf psychologisches Persönlichkeitsdesigning zu reduzieren. Beratung ist Hilfe zur Selbsthilfe in Situationen, in denen sich der Rat Suchende existentiell betroffen oder als defizi-

[13] Der wohl bekannteste Paartherapeut im deutschsprachigen Raum, Jürg Willi, sieht als den wichtigsten Grund für das zunehmende Zerbrechen von Paarbeziehungen die geradezu religiöse Züge annehmende fortschreitende Überforderung der Partner.
[14] Diese Ausführungen frei nach Beck, Gronemeyer, Willi, Zulehner.
[15] Frei nach Bonhoeffer.

tär erlebt. Der Berater bleibt in jedem Falle minimal mystisch, weil es seine Anthropologie verlangt.

3. Kirche und Beratung

3.1 Beratung bereichert Kirche

Beratung bietet Gewähr für kirchliche Nähe auch zu kirchenfernen Menschen. Sie langweile den Menschen nicht mit abstraktem „Theolügengezänk", wie es neulich eine Rat Suchende ausdrückte, sondern sorge für die „Erdung Gottes". Insofern ist Beratung eine zeitgemäße Form diakonalen und seelsorglichen Engagements. Sie erreicht Menschen, die durch das oft weitmaschige Netz säkularer psychosozialer Absicherung fallen würden.[16] Sie erreicht aber auch Menschen, die den Zugang zur Kirche verloren haben oder ihn nie hatten. Insofern hat Beratung sogar missionarische Implikationen, auch wenn diese nicht intendiert sind. Berater sind für nicht wenige Rat Suchende so etwas wie lebende, erfahrbare Dokumente dessen, was Zuwendung Gottes zu den Menschen meint. Beratung ist primär wirksam durch das personale Angebot, das die Berater darstellen. Die Würzburger Synode hatte in den 70er Jahren - allerdings auf die Jugendarbeit bezogen - beschlossen, daß dem personalen Angebot als Agens der Verkündigung gegenüber dem Sachangebot Priorität beigemessen werden sollte.[17] Die Beratungsarbeit setzt diesen Beschluß um, als sei er für sie gefaßt.
Beratung als Dienst am Individuum, an der Familie, an der Gesellschaft hat sozialpräventiven Charakter und trägt zum Ansehen und zur Akzeptanz der Kirche im nichtkirchlichen Milieu bei. Sie vernetzt einen kirchlichen Dienst mit den staatlichen Domänen der Jugendhilfe, der Bildung und der Medizin/Psychiatrie/Psychotherapie.

3.2 Kirche bereichert Beratung

Aus vielen empirischen Befunden der Mental Health Forschung ist inzwischen bekannt, daß religiöse Orientierung und Praktiken keinesfalls pauschal einem Neurosen fördernden Verdacht ausgesetzt bleiben dürfen. Die sogenannte „ekklesiogene Neurose" als eine psychische Erkrankung einzig religiöser oder kirchlicher Verursachung gibt es als nosologische Einheit nicht. Hingegen belegen viele neuere empirische Studien einen positiven Zusammenhang zwischen Lebensqualität, auch Lebenserwartung, und intrinsischer positiver Religiosi-

---

[16] Einer Erhebung bei 495 zufällig ausgewählten Rat Suchenden aus Eheberatungsstellen zu Folge waren ca. 45 % der Frauen und ca. 30 % der Männer klinisch depressiv und klagten über erhebliche körperliche Beschwerden. (Klann & Hahlweg, 1995, 73).

[17] Gemeinsame Synode der Bistümer der Bundesrepublik Deutschland, Beschlüsse der Vollversammlung, Freiburg i. Br. 1976, hier: Beschluß Ziele und Aufgaben kirchlicher Jugendarbeit, 298ff.

tät.[18] In der Mental Health Bewegung versucht man konsequenterweise positive religiöse Einstellungen z. B. im Sinne erfolgreichen Bewältigungsverhaltens therapeutisch zu nutzen. Man könnte sagen: In der psychologischen Beratung gewinnt die religionssoziologische Auffassung an Bedeutung, daß der Mensch als spirituelles Wesen geboren wird und daß er ein Leben lang auf der Suche nach dem Transzendenten bleibt.[19] Es stehe außer Frage, daß positive Formen von Religiosität in Bezug auf die seelische Gesundheit präventiv wirken können, der „Glaube eine Anleitung zum Glücklichsein" sein könne[20]. Insofern Kirche der institutionalisierte Garant von Religiosität ist, bereichert sie Beratung, indem sie verkürzten anthropologischen Grundannahmen entgegenwirkt, die potentiell die Gefahr nach sich ziehen, Rat Suchende „nur" psychotechnisch zu manipulieren statt sie in ihrer Berufung zur Freiheit ernst zu nehmen und sie darin zu fördern.

3.3 Beratung ist Seelsorge

Psychotherapie heißt wörtlich übersetzt Seelsorge.[21] Erstaunlich ist aber, daß im nichtkirchlich geprägten gesellschaftlichen Bewusstsein Psychotherapie und Seelsorge nur wenig miteinander assoziiert werden. Psychotherapie gilt als wissenschaftlich fundiert, modern und positiv, Seelsorge eher als märchenhaft, obsolet und negativ. Wie Fakt einerseits und Fiktion andererseits werden sie wahrgenommen. Aus den Wahrnehmungsgesetzen der alten Gestaltpsychologie (nicht Gestalttherapie) ist bekannt, daß Unterschiede dann besonders akzentuiert werden, je näher sich die wahrgenommenen Objekte sind. Dann werden Unterscheidungsmerkmale betont, Gemeinsamkeiten übersehen. Sinnvoll wäre aber, daß die humanistisch orientierten Psychotherapeuten ihre Anthropologie ergänzten und die Seelsorger ihre Verstehens- und Beziehungskompetenz aufwerteten. Bezogen auf die Objekte Psychotherapie und Seelsorge gilt bezüglich gegenseitiger Wertschätzung und Achtung der Vertreter beider Professionen folgendes: Mit wachsender Berufserfahrung, nämlich dann, wenn die erworbene professionelle Identität sich dem Stadium der Integrität[22] nähert und Toleranz eines der dominanten Persönlichkeitsmerkmale wird, gestattet man sich, die Gemeinsamkeiten in der Sorge um den Menschen und in den Wirkfaktoren zu sehen. Die Pastoralpsychologie ist die Disziplin der Wiedervereinigung bei-

---

[18] Vgl. den Überblicksartikel von Grom, B., Religiosität: Neurose oder Therapie? Der Glaube auf dem Prüfstand von Psychologie und Lebensqualitätsforschung, in: Stimmen der Zeit 219 (2001) 30-42 (zit. Grom, B., Religiosität).

[19] So der Religionssoziologe Thomas Luckmann, zitiert in Die Zeit, 19.12.2001, 12.

[20] Grom, B., Religiosität, 37, 40.

[21] Die von Lütz vehement vorgetragene strikte Abgrenzung beider Bereiche, der Seelsorge und der Psychotherapie, halte ich nur für bedingt praktikabel. Sie ist m. E. nur für die Seelsorgebereiche akzeptabel, die keinen Beratungsanspruch haben, also z. B. Predigt und Sakramente. Vgl. Lütz, M., Der blockierte Riese, München 2001.

[22] Vgl. Skovholt, Th. M./ Ronnestad, M. H., The Evolving of Professional Self. Stages ane Themes in Therapist and Counselor Development, Chichester 1992.

der Modi der Hilfe für Menschen in existentiellen Notlagen. Als ein gelungenes Beispiel kann das von Günther Stöcklin und Karl Frielingsdorf initiierte und seit über 25 Jahren durchgeführte Projekt pastoralpsychologischer Gruppenarbeit in Positano (Süditalien) angesehen werden.[23]
Bereits im 4. Jahrhundert schreibt der Kirchenvater Gregor von Nazianz: "Wir hätten die Ehre Gottes dann aufgerichtet, wenn einer zu uns käme, uns um den Hals fiele und dankte, daß wir ihm nachgegangen waren, daß wir bei ihm geblieben sind, daß wir seiner Sünden Menge im Namen Jesu bedecken, daß wir sein Seelsorger waren und mit ihm das Gespräch aufnahmen."[24] Damit liefert er ein Seelsorge- und Beratungskonzept, das dem heutigen pastoralpsychologischen Beratungsverständnis nahe kommt: Nachgehen, dabei bleiben, der Sünden Menge bedecken, das Gespräch aufnehmen heißen im psychosozialen Fachjargon „Aufsuchende Gehstruktur", „containing" (sensu Winnicott), „bedingungslose Annahme" und „Gesprächstherapie".
Pastoralpsychologische Beratung ist ein Ort, an dem Menschen beginnen, sich im Umfeld des Evangeliums zu vernetzen. Und da entsteht, da wird bekanntlicherweise Kirche als die Versammlung derer in seinem Namen. In der Beratungsarbeit wendet sich die Kirche pastoral den Menschen zu.[25] Die Tugenden von Glaube, Hoffnung und Liebe heißen in die Sprache von Beratung übersetzt: Zuversicht, Zutrauen und Zuwendung. Der Berater glaubt, er ist zuversichtlich, daß kein Rat Suchender wegen seiner Gottesebenbildlichkeit zum hoffnungslosen Fall mutiert. Er hofft darauf, er traut dem Rat Suchenden zu, trotz aller lebensgeschichtlich und aktuell gegebenen widerwärtigen Bedingungen ein besseres Leben führen zu können. Und er liebt den Rat Suchenden so, er wendet sich ihm so zu, daß der sein Leben zu ändern und zur Selbsthilfe zu greifen in der Lage und bereit sein wird.[26]

3.4 Beratung ist „minimal mystisch"

Schon immer suchten Menschen sich selbst und Gott in Wüstenerfahrungen. Die Wüste ist ein spiritueller Ort, wo der Mensch leer wird vom Alltagsgeschehen um ihn herum und wo er mit sich so allein ist, daß ihm nur die heilende Konfrontation mit sich selbst, seinen Stärken und Schwächen, und gegebenenfalls mit Gott bleibt. Die Erfahrungen, die ein Rat Suchender im Beratungsprozeß macht, sind der Qualität nach oft Wüstenerfahrungen. Allerdings wird er in dem Prozeß zur Selbsterforschung durch die Anwesenheit einer zweiten Person begleitet. Diese versucht „in einem korrespondierenden Zustand zu verstehen,

[23] Vgl. Frielingsdorf 2001, Frielingsdorf und Stöcklin 1983, Plois 2001.
[24] Zitiert in Czell, G., Beratung und Seelsorge. Vortrag bei der Tagung der Deutschen Gesellschaft für Pastoralpsychologie in Bensheim 2000.
[25] Das pastorale Schwerpunktthema im Bistum Osnabrück in den vergangenen Jahren lautete: „Den Menschen zugewandt"; vgl. Jacob 1997.
[26] Nach M. Koschorke, Evangelisches Zentralinstitut Berlin.

wie die Dinge sinnvoll zusammenhängen"[27], um den Rat Suchenden dann wieder in die Eigenverantwortung für sein Leben zu entlassen. Der Weg ist Alleinsein-Lernen in Gegenwart eines anderen. Genau das ist häufig auch Weg und Ziel christlicher Spiritualität: „Alleinsein-Können in der - geglaubten und gehofften - Gegenwart eines ... ganz Anderen, welcher dennoch keine Illusion ist, dessen Gegenwart erst einen produktiven Prozeß des Heilens und der Versöhnung ermöglicht."[28] Im Zeitalter der „Respiritualisierungen"[29] kann kirchliche Beratungsarbeit als Minimalmystik für menschen- und oft auch gottverlassene Zeitgenossen verstanden werden. Da kann Beratung sehr hilfreich sein, wenn der Rat Suchende sich in einer Berater-Klient-Konstellation wiederfindet, in der die (impliziten) Menschen- und Gottesbilder heilend - und nicht nur Projektionen früherer Erfahrungen - sind und helfen, um es mit Karl Frielingsdorf zu sagen, vom Überleben zum Leben zu führen.

4. Ausblick: Beratung - eine Aufgabe für die Zukunft

Steht Beratungsarbeit heute gelegentlich noch in Verdacht, primär werbewirksamer Bestandteil der kirchlichen Visitenkarte zu sein und deshalb gefördert zu werden, so mehren sich doch die Stimmen jener zeitgenössischen Geistes-, Gesellschafts- und Gesundheitswissenschaftler, die in Beratung eine angemessene Antwort auf erlebte Sinn-, Orientierungs- und emotionale Sicherheitsdefizite sehen. Sie müßte erfunden werden, gäbe es sie nicht schon. Je kälter die Welt, desto virulenter die Sehnsucht nach dem Konstitutivum humanum: Begegnung und Beziehung. Diese Fähigkeiten wollen erlernt, verbessert oder wiedergefunden werden. Damit ist pastoralpsychologische Beratung befaßt. Sie übernimmt die Rolle einer Hoffnungsagentur, indem sie das individuelle Werden aus der Vergangenheit heraus in die Gegenwart hinein als Erinnerung an die Zukunft gestaltet. Sie bleibt notwendiger denn je, ermutigt sie doch die Menschen, nicht an den existentiellen Fragen zu verzweifeln, sondern „die Fragen selbst liebzuhaben" und „die Antworten in die Fragen hinein zu leben"[30]

---

[27] Arno Green, zitiert in CiG 35 (2001) 294.

[28] CiG 35 (2001) 294.

[29] Zulehner, P. M., 2001 Respiritualisierung fordert uns heraus. Vortrag anläßlich der Zehn-Jahresfeier des Instituts für Pastoralpsychologie und Spiritualität in St. Georgen am 11. Mai 2001.

[30] Vgl. Rilke, R. M., Briefe, 1903. Nachdruck als Insel-Taschenbuch, Frankfurt am Main 1987.

Agnes Lanfermann MMS

Wenn Gott im Körper erfahrbar wird...

Dieses Thema entspringt der gemeinsamen Arbeit mit Karl Frielingsdorf SJ in den pastoralpsychologischen Grund- und Aufbaukursen „Geistlich wachsen – leiten und begleiten" und in Exerzitienkursen. Frielingsdorf bezieht in seiner pastoraltherapeutischen Arbeit den Körper mit ein, der in seinen Gesten und Körperhaltungen eine Unmittelbarkeit des Erlebens ausdrückt, die mit Worten nicht oder nur schwer vermittelbar ist. Ebenso kann das Wahrnehmen im Körper Schichten des Unbewußten erreichen, die wichtige Informationen zum Verstehen von Leben, Verhalten oder gar Glauben der einzelnen in ihrer Tiefe enthalten.

Werden die Teilnehmerinnen und Teilnehmer am Ende eines Kurses gefragt, was für sie die wichtigste Erfahrung war, so sagen die meisten: „Die Körperübungen, die Erfahrung im Körper bringen mich mehr ‚zu mir selbst', ‚zu meiner Mitte', bringen mich mehr ‚in Beziehung zu anderen, in Beziehung mit Gott'. In der Körperübung habe ich Gott erfahren!" Daß es Gotteserfahrung gibt, bestreitet niemand. Aber wo wird Gottes erfahren? Welche Rolle spielen Körper und Leib genau?

In seiner Arbeit und in seinen Schriften geht Frielingsdorf nicht näher auf die Bedeutung von „Körper" und „Leib" als Orte von Gotteserfahrung ein. Auch gebraucht er - wie im allgemeinen Sprachgebrauch üblich - die beiden Begriffe synonym. So gehen wir in einem ersten Schritt diesen Begriffen nach.

1. Einen Körper haben – Leib sein

1.1 Einen Körper haben

Das Verständnis von „Körper" und „Leib" ist kulturell geprägt und wandelbar. Heutzutage, in der sogenannten westlichen Welt, wird der „Körper" meist abgespalten vom „Leib" verstanden und eher verdinglicht. Der Körper wird weniger als Schicksal gesehen, sondern als ein Ergebnis von Handlungen, als ein Projekt, das auf perfektes Körper-Design zielt. Dies wird nicht nur von der Medien-, Fitness- und Schönheits-Industrie, sondern auch in der Forschungs- und Gesundheitsindustrie - z.B. in der Biomedizin, der Gentechnologie - angestrebt, um Leiden zu verringern, Altern zu vermeiden und Jugendlichkeit zu fördern. „Wenn wir nicht Gott spielen, wer dann? Ich habe es noch nicht erlebt, daß Gott in das Leben irgendeines Menschen eingegriffen hat. Menschen beten zu Gott, damit er Tragödien verhindere. Aber jetzt haben Wissenschaftler die Möglich-

keit, im Falle vorliegender persönlicher genetischer Tragödien das Ergebnis zu beeinflussen."[1]
In diesem Verständnis wird der Körper auf seine bloße Materialität reduziert. Jede Verbindung zur Leiblichkeit, der ‚nicht-instrumentellen Beziehung zum eigenen Körper' wird in diesen boomenden Wissenschaftszweigen von vornherein unterbunden.[2] Doch damit wird der Körper zum Machtinstrument, mit dem gehandelt wird. Für die einen bleibt die Gestaltung des Körpers zentral, für andere steht seine Verletzbarkeit im Mittelpunkt.[3] Die Idee „Gott im Körper" hat in diesem Kontext keinen Platz.

1.2 Leib sein

Gabriel Marcel bringt das Verhältnis Körper - Leib auf die knappe Formel: „Der Körper, den ich habe, der Leib, der ich bin"[4]. Diese beiden Aspekte, das Leib-Sein und ‚einen Körper haben' gehören zu jedem Menschen. Mein Leib ist nicht allem und jedem zugänglich. Er ist der einzige ‚Gegenstand' in der Welt, der von meinem Bewußtsein unmittelbar gesteuert werden kann und durch den ich einen unmittelbaren, wenn auch nur meinen eigenen perspektivischen Zugang zur Welt habe[5].
Dieses Empfindungsvermögen verleiht dem Leib seine unverwechselbare Subjektivität. Er braucht kein von außen herangezogenes Werkzeug oder Instrument, um andere wahrzunehmen oder in Beziehung mit ihnen zu treten. Leibliche Ausdrucksweisen (z.B. eine Bewegung, eine Gestalt, ein Blick) sind das, was sie sind. Sie sind in sich selbst bedeutsam. Der Leib ist nicht objektiv, da er mit jeder Erfahrung im Körper eine emotionale Qualität verbindet. Neben dem konkreten Sein, gebunden an eine konkrete Zeitgestalt, repräsentiert der Leib eine konkrete Geschichte, die für die Vergangenheit transparent und auf die Zukunft hin geöffnet ist. Damit ist er immer auch eine soziale und geschichtliche Gestalt.
Mein Leib ist grundsätzlich unverfügbar gegenüber jeder Instrumentalisierung und Verdinglichung. Während der Körper zum Objekt gemacht und verletzbar werden kann, bleibt der Leib unverletzlich und unverwundbar. So kann bei einer Erkrankung mein Körper betroffen sein, während ich in meiner emotional-empathischen und sozial-orientierten Dimension des Leibes andere lebensför-

---

[1] Watson, J., zit. n. Peterson, A., Biofantasies: genetics and medicine in the print news media, in: Social Science and Medicine 52 (2001) 1255-1268,1255.
[2] Vgl. Barkhaus, A., Körper und Identität. Vorüberlegungen zu einer Phänomenologie des eigensinnigen Körpers, in: Karoß, S./ Welzin, L., Tanz, Politik, Identität, Hamburg 2001, 27 - 51.
[3] Vgl. Ammicht Quinn, R./Tamez, E., Körper und Religion, in: Concilium, Internationale Zeitschrift für Theologie, Heft 2: Körper und Religion, 38. Jg. 2002, 113f.
[4] Marcel, G., Werkauswahl, Bd.2, Metaphysisches Tagebuch: 1915 - 1943, hrsg. von Grotzer, P./ Foelz. S., Paderborn, München, Wien, Zürich 1992.
[5] Vgl. Wiegerling, K., Der überflüssige Leib. Utopien der Informations- und Kommunikationsgesellschaft, in: Ammicht Quinn,R./Tamez, E.: Körper und Religion, a.a.O., 124 – 143.

dernde Ressourcen aktivieren kann. Dann entsteht ein kreativer Freiraum zwischen dem objektivierten Körper (krank) und dem phänomenonalen Leib (andere Ressourcen mobilisieren), in dem Neues entstehen kann.[6]

1.3 In Beziehung treten

Die Empfindungen des Leibes im Hier und Jetzt überwinden das Getrenntsein verschiedener Objektwelten, indem der Leib emotional Anteil erlangt. Empfindungen und Gefühle ermöglichen zwei Subjekten den Austausch miteinander und die Aufmerksamkeit füreinander. Doch erst in emotionaler Beteiligung und durch Mitleiden erwächst dem Leib verbundene Erkenntnis.[7] Der handelnde und formende, der in Interaktionen behandelte und geformte, der sich entwickelnde und verstehende, der verfallende und sterbende Leib ist in seinen Gesten und Blicken, durch seine Bewegungen und Berührungen Gegenstand einer „intersubjektiven Hermeneutik des Sichtbaren“ [8].
„Wer wir sind, wie wir fühlen, was wir ablehnen, was uns anzieht, uns ‚kränkt‘ und beglückt, niederdrückt oder aufatmen läßt - unser Leib sagt es.“ [9] Gerade in Situationen am Anfang des Lebens, in Krisen, Krankheit und Sterben, spielen die Kommunikationsformen über den Leib (schauen, tasten, spüren, einfühlen, ergreifen, weinen etc.) eine wichtige Rolle in der Begegnung und für die Beziehung. Nicht zu verhehlen ist, daß gerade in Krankheit und Sterben der Übergang von der Sprache zur Sprachlosigkeit schmerzhaft erfahren wird[10]. Wenn wir Neugeborene, Kranke oder Sterbende berühren und unsere Empfindungen zulassen, rücken uns Leben, Krankheit, Sterben und Tod unmittelbar auf den Leib. Wir begreifen dann mit allen Sinnen und durch körperlichen Kontakt einen Teil des uns fremden und eigenen Lebens und Leidens. Im Leib sind sich Menschen nahe, weil sie in ihm sich ähnlich sind. Durch die Wahrnehmung eines anderen Menschen in meinem eigenen Leib treffen sich die Erfahrungen am jeweils ‚eigenen Leib‘, Erfahrungen von Leben und Wachstum, Liebe, Verletzung, Kränkung, Beschneidung, Hinderung, Heilung. Selbst Erfahrungen von Ohnmacht und Macht, eigenen Möglichkeiten und Grenzen, Entscheidungen in Richtung „Leben“ oder „Tod“ treffen aufeinander und bilden den gemeinsamen Boden ‚menschlicher Wirklichkeit‘.
‚Ganz bei mir‘ sein und ‚ganz beim anderen‘ sein werden somit als eine Bewegung weg von Besitz und Begierde, hin zu Freiheit und emotionaler Verbun-

[6] Vgl. Keßler, H., Bibliodrama und Leiblichkeit. Leibhafte Textauslegung im theologischen und therapeutischen Diskurs, Stuttgart, Berlin, Köln 1996, 19.
[7] Vgl. Keßler, H., Bibliodrama und Leiblichkeit, a.a.O., 80.
[8] Petzold, H.G., Integrative Therapie als intersubjektive Hermeneutik bewusster und unbewusster Lebenswirklichkeit. Überarbeiteter Beitrag des Fritz Perls Instituts, Düsseldorf 1992, 185.
[9] Lückel, K., Begegnung mit Sterbenden: „Gestaltseelsorge“ in der Begleitung sterbender Menschen, München 1990, 35.
[10] Vgl. Keßler, H., Bibliodrama und Leiblichkeit. a.a.O., 105.

denheit mit einem „Du“ spürbar. In dieser Erfahrung entsteht eine Sphäre des „Zwischen“, „Mitsein“ und der „Intersubjektivität“. „Ganz bei mir“ und „gleichzeitig ganz bei Dir“ sein, ist eine leibliche Kommunikation, die dem Wesen der Liebe nahe kommt. Darüber hinaus kann mich mein Leib mit dem verbinden, was ich nicht bin mit Gott.

1.4 Anmerkungen aus der Integrativen Therapie

Hilarion Petzold - einer der Hauptvertreter der Integrativen Therapie in Theorie und Praxis - beschreibt den Leib in seinen grundlegenden Dimensionen mitten im Leben. Im Leib orientiert sich der Mensch im Raum und in der Zeit. Als *sozialer Leib* und *Sprachleib* kommuniziert er mit der sozial-ökologischen Umwelt. Ohne Wahrnehmung im *perzeptiven Leib* und das Aufnehmen von Eindrücken im *informierten Leib*, ohne die Öffnung zur und die Partizipation an der Umwelt ist Leben unmöglich. Erst der *tote Körper* hat jede Aufnahmefähigkeit verloren. Alles Aufgenommene hinterläßt Gedächtnis-spuren und kann vom *memorativen Leib* erinnert werden. Wenn Menschen in Schwierigkeiten geraten und sich in emotionale Abgründe verstricken, bedarf es sensibler und therapeutischer Begleitung, damit sie sich aus der Fähigkeit ihres *reflexiven Leibes* heraus emotional differenzieren, so daß bisher unabgeschlossene Fragen und Probleme verstanden und abgeschlossen werden können.[11]
Petzold sieht den frühen Körperdialog des Kindes mit den Primärpersonen als grundlegend für die nachfolgende Beziehungs- und Kommunikationsfähigkeit, für basale Gefühlsqualitäten und für das Vertrauen in den eigenen Leib. Erst wenn der Mensch sich in der individuellen Leiblichkeit sicher und würdig erlebt, gelingt ihm die Hinwendung zur Umwelt und zum sozialen und ökologischen Leib-Kontext über den intrasubjektiven Raum hinaus. Die Integrative Therapie nimmt in therapeutischen Prozessen auch die kreativen und expressiven *Leibpotentiale* als Wegweiser für die eigene Lebensgestaltung. Die Entwicklung und Ausdrucksweise dieser Potentiale in Bewegung, Tanz, Stimme und Kreativität bereitet Lust und Freude, sensibilisiert den *ästhetischen Leib* und regt den *Traumleib* an.[12] Die Integrative Therapie geht naturgemäß weder auf die Fragestellung der Erfahrbarkeit Gottes im Körper ein, noch gebraucht sie die Vorstellung vom Leib als ‚Tempel Gottes‘. Dennoch aus pastoralpsychologischem Blickwinkel betrachtet, könnte der Gedanke des *spirituellen Leibes* in Dialog mit der Integrativen Therapie durchaus weiter verfolgt werden.

---

[11] Vgl. Keßler, H., Bibliodrama und Leiblichkeit. a.a.O., 88.
[12] Vgl. Keßler, H., Bibliodrama und Leiblichkeit, a.a.O., 93.

1.5 Offene Fragen

Auf dem hier aufgeführten Hintergrund ist der ‚Leib' in seiner Vieldimensionalität als Erfahrungsraum Gottes durchaus denkbar. Läßt sich hieraus schon eine Erfahrung von Gott im Körper ableiten?
Allgemein wird heute angenommen, daß Körpermuster, cerebral verankerte Muster der Muskulatur und emotionale Muster im Gegenüber zu den ersten Bezugspersonen gebildet werden und in größere Schemata der biographischen Erfahrungen eingeordnet werden können. Emotionale Strukturen und lebensgeschichtliche Ereignisse werden über somatomotorische Prozesse mobilisiert.[13] So kommt es zu einer kongruenten Vertretung motorischer, emotionaler, imaginativer und memorativer Einzelaspekte im Leib, die beispielsweise beim Bewußtwerden der Atmung, beim Sprechen oder der Erregung in der Stimme deutlich werden.[14] „Wenn eine Einheit zwischen Bewußtheit und Ausdruck besteht, dann tritt gewöhnlich ein tiefes Empfinden von Gegenwart und Ganzheit der Persönlichkeit, Klarheit und der Wahrnehmung und Lebendigkeit der inneren Erfahrung auf."[15]
Anders deutet Vollrath diesen Zusammenhang. Er sieht die Seele als Träger dieser Komplexität, die durch Bedeutungszuweisung und -kopplung Kontakt zwischen den leiblichen, emotionalen, kognitiven und kulturellen Phänomenen herstellt.[16]
Beide Antwortversuche legen Spuren. Gemeinsam ist ihnen, daß sie keine Hinweise geben, wie die Dimension der Gotteserfahrung im Körper verstanden oder gar der Leib als Tempel Gottes gesehen werden könnte. Hier wollen wir die Glaubenstradition jüdisch-christlicher Prägung befragen.

2. Gott und Körper – eine lange Geschichte

Der Leib ist nicht nur ein physiologisches, sondern letztlich „ein kulturell geformtes und formbares Gebilde, zu dem wir kein neutrales Verhältnis eingehen können"[17]. Neben neueren eher ganzheitlich orientierten Einflüssen, z.B. aus dem Bereich der humanistischen Psychologie des letzten Jahrhunderts sind immer noch Jahrhunderte alte Verständnisweisen von Körper und Leib lebendig und wirksam. Zuweilen liefern sie bis heute die Grundlagen zur Kriterienbildung in Bewertungsprozessen von Fragestellungen im Umgang mit Körper-Leib-Erfahrungen. Einige Entwicklungen im Laufe der Geschichte von Philosophie und Theologie finden es noch immer schwer, Gott und Mensch, ge-

---

[13] Vgl. Polster, E.&M, Gestalttherapie, Theorie und Praxis der integrativen Gestalttherapie, Frankfurt 1985, 199f.
[14] Vgl. Keßler, H., Bibliodrama und Leiblichkeit.,a.a.O., 115.
[15] Polster, E.&M., Gestalttherapie, a.a.O., 200.
[16] Vgl. Vollrath, P., Das Leib-Seele-Problem - Zum Selbstverständnis einer modernen Psychosomatik, in: WzM 34 (1982) 432 – 439; 437.
[17] Wiegerling, K., Der überflüssige Leib, a.a.O., 125.

schweige denn Gott und Körper zusammen zu denken. Manche sprechen von einer christlichen Fluchtgeschichte vom Körper in den Geist.
Das Interesse gerade auch der Theologie an dem Körper-, dem Leibverständnis war in den 70er Jahren des letzten Jahrhunderts besonders groß. In dieser Zeit wurde das Körper-Leibthema vor allem unter exegetischen Interessen verhandelt. In den 80- und 90er Jahren machten dann feministische Theorien und Theologien das Körper-Leib-Thema zu einem Kernthema[18], wo der von Geist bzw. Seele gespaltene und sterblich abgewertete Leib in seiner Diesseitigkeit, Endlichkeit und Begrenztheit bejaht wird.[19]

2.1 Sehhilfen aus dem Alten Testament

Das hebräische Denken im Alten Testament kennt keine strenge Trennung von Leib/Körper, Seele und Geist. Vielmehr stehen alle Teile des Leibes stellvertretend für und bezogen auf die Ganzheit des Menschen. Gegensätze oder die Zweiheit von Leib und Seele sind dem altestamentlichen Menschenverständnis fremd.
Im Leib wird die Beziehung zu Gott gelebt. Im Leib und in der Seele erfährt der Mensch wie Gott ist und antwortet: „Mein Leib und meine Seele jauchzen ihm zu, ihm dem lebendigen Gott“ (Ps 84,2)[20]. Der ‚Leib‘ - im Sinne des Körpers - ist damit ein Erfahrungsraum für Gott und gleichzeitig Ort der Beziehungsgestaltung zu diesem Gott: der Leib wird zum ‚Tempel‘.
Ein anderes Beispiel, wo im Körper das segnende und strafende Handeln Jahwes erfahren wird, ist der Mutterleib. Diese Überzeugung findet sich in vielen Geschichten, so in Gen 29,31 und Gen 30,22; in 1 Sam 1.5f. und Gen 20,17f. bei Sara und den Frauen an Abimelechs Hof. Jedes Mal greift Jahwe ein, um im Mutterleib Leben zu formen (Jer 1,5). Die Fruchtbarkeit des Leibes ist ein sichtbares Zeichen der Gnade und Zuwendung Gottes. So erinnern die Erfahrungen der Frauen von Empfängnis und Geburt immer wieder an Gottes Zuwendung.[21] Auch die Erfahrung, daß Frauen kinderlos bleiben, wird in den Schriften mit Gottes Wirken verbunden, mit der Gegenwart des fernen und unbegreiflichen Gottes. Ob der Leib nun verschlossen ist oder fruchtbar, das ist und bleibt ein Geheimnis Gottes.
Im Mutterleib erscheint die Ähnlichkeit und Nähe von Menschlichem und Göttlichem. In verschiedenen Texten wird das Gebären, das Wehen-haben, das Empfangen, das Nähren und das Trösten von menschlicher Seite als Tun Jahwes vorgestellt, der als Hebamme und Mutter auftritt (Num 11,11f.; Jes 66,7-16; Hos 11,1-4).

---

[18] Vgl. Keßler, Bibliodrama und Leiblichkeit, a.a.O.,129.
[19] Ausführlich hierzu : Moltmann-Wendel, E., Wenn Gott und Körper sich begegnen. Feministische Perspektiven zur Leiblichkeit, Gütersloh 1984.
[20] Alle Bibelzitate aus: Die Bibel. Altes und Neues Testament. Einheitsübersetzung, Freiburg 1980.
[21] Vgl. Moltmann-Wendel, E., Wenn Gott und Körper sich begegnen, a.a.O., 119ff.

Doch infolge verschiedener Strömungen in der Theologie wurde das Thema ‚Körper' im Anschluß an die „Sündenfallgeschichte" über Jahrhunderte als Problem ‚Sexualität' verhandelt. Genau an diesem Punkt wurde ‚Frau' mit ‚Sexualität' gleichgestellt und die Entfremdung zwischen Gott und Mensch angesetzt. Hintergrund war die Auslegung des jahwistischen Schöpfungsberichtes in Gen 2,21-24.
Aus dem geschlechtlich undifferenzierten Menschen werden mit der Erschaffung der Frau zwei geschlechtlich differenzierte und unterschiedliche Wesen, nicht zuletzt in ihrer Körpergestalt, die sich aneinander binden. Beide waren nackt, aber sie schämten sich nicht voreinander (Gen 2,25). Die Sexualität ist noch unabhängig von Scham, Sünde oder gar Schuldbewußtsein. Erst nachdem das erste Menschenpaar (Gen 3,6.7) sich die köstliche Frucht geteilt hatte, erzählt das Buch Genesis, „wurden sie gewahr, daß sie nackt waren". Es folgt die Scham. Die einst scham- und furchtlose Nacktheit des ‚einen Fleisches' (Gen 2,24f.) muß fortan bedeckt werden. Damit einher zieht die Leugnung: ‚Nicht ich, sondern die war's'. Alles, was wirklich war an Erfahrung, Frage, Zweifel, Lust und Übermut wird verschwiegen. Später folgt das Vergessen und letztlich das Nicht-mehr Wissen. Die kooperative Gleichheit der Geschlechter ‚Bein von meinem Bein und Fleisch von meinem Fleisch' (Gen 2,23) findet in der Hierarchie des Mannes über die Frau (Gen 3,16) und im Tod (Gen 3,19) ihr Ende.
Die Verquickung der Paradiesgeschichte mit der späteren Dogmatisierung ihrer Aussagen über den Ursprung menschlicher Schuld trübt den Blick auf den Körper und die damit verbundenen Erfahrungen und Gefühle. Sie läßt letztlich den Blick abwenden vom Körper und vom Leib des Menschen als Erfahrungsraum Gottes.

2.2 Wertungen aus der Antike

Unterstützt wird die körper- und leibfeindliche Sichtweise durch die Idee des Körper-Geist- und Leib-Seele-Dualismus im griechisch-hellenistischen Denken, die verstärkt Einfluß auf neutestamentliche Denkweisen und auf Hauptstränge theologischer Traditionen nahm. So betont Plato, daß der sichtbare und sterbliche Körper nur Gehäuse und Schale einer präexistenten und göttlichen Seele ist. Von diesem Leib kann sich die noetische Seele durch Philosophieren, Kontemplation und Askese im irdischen Leben lösen, um nach dem Tod in ihr ursprüngliches körperloses Reich zurückzukehren. Gleichzeitig wird der Körper als geschlechtsindifferente Bürde erfahren. Von dieser Bürde kann sich die Seele durch Übungen des Absterbens und der Enthaltsamkeit allmählich trennen, und so schon in der Lebenszeit die endgültige Trennung im Tod vorwegnehmen.[22] Eindeutig stehen Seele und Geist in der Wertung höher als Körper und Leib. Aristoteles stimmt mit Plato darin überein, daß diese Höherwertung der hierarchischen Stellung des Mannes über die Frau entspricht. Die Frau wird als

[22] Vgl. Keßler, H., Bibliodrama und Leiblichkeit., a.a.O., 120.

bloße Materie verstanden, die ihrer Beseelung harrt. Die männliche Seele, der Geist sind gekennzeichnet durch unveränderliche Vollkommenheit und durch ein gepanzertes Ich, das für Einflüsse der Welt und des eigenen Körpers undurchlässig ist. Folglich sind Körpererfahrungen nicht in Verbindung mit „Göttlichem" zu bringen. Und da der Frau die Sphäre des fleischlichen und minderwertigen, des schwächeren Körpers, der feuchten und fließenden Natur zugeordnet ist, kann Göttliches nicht in ihr Wohnung nehmen.[23] In der Bewegung der Gnosis wird dann der Körper zum widergöttlichen Prinzip schlechthin.

2.3 Verständnishorizonte im Neuen Testament

2.3.1 in den Evangelien

Manche Ideen aus der griechischen Philosophie haben – neben anderen Einflüssen - Eingang gefunden in der Niederlegung und Interpretation des Neuen Testamentes und im Körper-Leib-Verständnis. Insgesamt betrachtet gibt es keine einheitliche Sichtweise. Allerdings tritt der selbstverständliche Ausdruck menschlicher Körper- und Leiblichkeit in den Hintergrund und der Gedanke der Erlösung wird stärker betont. Mit der seufzenden Kreatur hofft der Leib auf Erlösung und wartet und schweigt.[24]
Wesentlich ist die ‚Fleischwerdung des Wortes' (Joh 1,14) in Jesus, in dem sich das Göttliche ‚personal' in die Menschheitsgeschichte inkarniert. [25] In der Ganzheit von Leib, Geist und Seele der Person Jesu erscheint Gottes Gegenwart.[26] Damit ist Jesu Menschheitsgeschichte „im Fleische" Gotteserzählung.
Die Evangelien berichten von Jesus als „ganzen Menschen", wo die Frage des Körpers und Leibes eine wichtige Rolle spielt vom Anfang seines Lebens - der vorgeburtlichen Zeit - an bis zu seinem Sterben am Kreuz und darüber hinaus in seiner Auferstehung und Himmelfahrt. Sie stellen Jesus als Mensch vor, der Gottes Handeln an und in seinem eigenen Körper und Leib erfährt. Jesus antwortete auf alles, was ihm begegnet von innen und außen, ganzheitlich in Schmerz und Wohlsein, Einsamkeit und Traurigkeit, Angst und großer Freude. Jesus hatte ebenso einen starken wie zerbrechlichen Körper, er litt und starb. Gleichzeitig erfuhren die Menschen in seinem „auferstandenen Leib" die ungeheure Kraft des lebendigen Gottes, die selbst dem Tod widersteht und sie erfahren ließ: Jesus lebt. Jesus gab Gottes Heilshandeln sehr konkret und im Körper

[23] Vgl. ebd., 121.
[24] Vgl. ebd., 11.
[25] Interessant ist in diesem Zusammenhang, daß das Joh 1,14 den gleichen Begriff sarx' für Fleisch benutzt, wie er in den Paulusbriefen vorkommt. Im Joh-Ev wird Gott ‚im Fleische' Mensch, während in den Paulusbriefen ein Leben nach dem ‚Fleische' Feindschaft gegen Gott ist. „Es unterwirft sich nicht dem Gesetz Gottes und kann es auch nicht." (vgl. Röm 8,5.7); vgl. auch 2.3.2 und Anm. 31.
[26] Vgl. Weder, H., Leiblichkeit im Neuen Testament, in: Krieg/ Weder, H., Leiblichkeit, Zürich 1983, 31 f.

erfahrbar weiter. Er ließ es durch seinen Körper hindurch wirken: Er schaute, berührte, sprach. Mehr noch, seine Gegenwart bewirkte Heilung, Rettung, versprach Leben: „Wärst Du hier gewesen, wäre mein Bruder nicht gestorben" (Joh 11,21). So eröffnete Jesu „Dasein und Sosein" - mit Leib, Geist und Seele - für Martha in ihrem Schmerz über den Tod ihres Bruders eine neue Weise, Jesus in seiner konkreten Körper- und Leibgestalt zu erkennen als „Sohn Gottes", der in die Welt gekommen ist. Diese Erfahrung ließ Martha öffentlich bekennen: „Ich glaube..." (Joh 11,27).
Die Evangelien laden weiterhin ein, Jesus auf dem Weg „von Gott in Gott" nachzufolgen und genauso offen zu sein für das Heilsgeschehen Gottes im und am eigenen Leib, wie Jesus es war. Sie laden ein zur Fortsetzung der Sendung Jesu, die Gegenwart Gottes der gesamten Schöpfung zu verkünden und leibhaftig erfahrbar werden zu lassen (Mk 16,15-18), so daß sich auch weiterhin die körperliche Erfahrung als Ort der Gottesbegegnung erweist.
In der neueren Exegese von Theologinnen wurden u.a. die Körpererfahrungen von Frauen im Neuen Testament untersucht. Dabei wird deutlich, daß Frauen sowohl in den typischen Erfahrungen von Geburt und Mutterschaft, als auch jenseits von Berührungstabus und Sexualangst ihre Befreiung von Schmerz und Krankheit feiern und dabei Freude, Lust und Erotik neu in ihr Leben integrieren können (z.B. Mk 5,21–43; Lk 7,36–50). Gerade im Markusevangelium rücken Frauen durch ihre Körpererfahrungen in die (emotionale) Nähe zu Jesus. Auffallend ist, daß der Ausdruck ‚leiden' (= paschein) sowohl bei Jesus als auch bei der blutflüssigen Frau verwendet wird (z.B. in Mk 5,26; 8,31; 9,12). Bei beiden geht es um Erfahrung des Abgeschnittenseins vom Leben, von Beziehungen und Gemeinschaft im Glauben an ihren Gott. Die Frau erlebt es in der Körpererfahrung des Blutflusses und Jesus sieht diese Erfahrung voraus auf seinem Weg, der ihn durch und Sterben führt. Erschüttert sein, zutiefst verstört, erschreckt sein (= ekthambeistai) findet sich für Jesus in Gethsemane und für die Frauen am leeren Grab (Mk 14,33; 16,5). In der Schmerz-, Schock- und Angsterfahrung Jesu und der Frauen ist etwas Gleiches.[27] In beiden Situationen geht es um die Erfahrung, daß Gott sich anders zeigt als sie es sich vorgestellt haben. Diese (Körper)Erfahrungen von Frauen um Jesus und die (Körper)Erfahrungen von Jesus in seiner Passions- und Auferstehungsgeschichte haben aufgrund der gleichen Begrifflichkeit auch theologische Bedeutung. Als ‚leibhaftige' Zeuginnen von Tod und Auferstehung Jesu konnten sie in ihren eigenen Erfahrungen von Leiden und Heilung auch Jesu Leben, Tod und Auferstehung deuten und verkünden. Umgekehrt spiegelte sich in ihrem Leben die Geschichte Jesu wider. Diese Interpretation steht nahezu im Gegensatz zu den Wertungen aus der Antike, wo der Körper als minderwertig angesehen wurde, geschweige denn als Erfahrungsraum göttlichen Wirkens. Später dann weichen die subjektiven existentiellen Aussagen der Frauen über eine Gleichförmigkeit ihrer und Jesu

[27] Vgl. Moltmann-Wendel, E., Wenn Gott und Körper sich begegnen, a.a.O., 19.

Körpererfahrungen den objektiven und geistig nachvollziehbaren, sich dogmatisierenden Aussagen über Tod und Auferstehung Jesu. [28]

2.3.2 in den Paulusbriefen

Neben der Auferstehung des Fleisches[29] gibt es vor allem in den Paulusbriefen lange Ausführungen über die unterschiedliche Bedeutung der Begriffe *‚sarx'* für ‚Fleisch' und *‚soma'* für ‚Leib'. Mit ‚sarx' ist die Sphäre des Irdischen, Weltlichen und Natürlichen, eine den Leib beanspruchende und bestimmende Macht gemeint. ‚Soma' steht für den Menschen selbst. Das Leben ‚nach dem Fleisch' ist ein Leben aus der eigenen Kraft des Fleisches, das letztlich zum Tode führt. „Es ist Feindschaft gegen Gott; es unterwirft sich nicht dem Gesetz Gottes und kann es auch nicht." (Röm 8,5.7). Das sich selbst alles zutrauende Fleisch meint, Leben allein in der Reichweite der natürlichen Möglichkeiten herstellen zu können.[30] Dem gegenüber steht das Leben ‚nach dem Geist' (=pneuma). Es relativiert die menschliche Eigenmächtigkeit und rechnet mit der Gegenwart Gottes. Das Trachten des Geistes führt zu Leben und Frieden und überwindet den Tod. Der von der ‚sarkischen Macht' durchdrungene und bedrohte Leib harrt im Leben ‚nach dem Geist' auf Erlösung (vgl. Röm 8,23f.). Der Leib ist für Paulus der Raum für die menschliche und göttliche Begegnung „im Geiste".[31]
Nach Susanne Heine[32] bilden die kontrastierenden Begriffe ‚sarx' und ‚pneuma' zwei grundlegend verschiedene Orientierungen, Leben zu gestalten. Sie sind in die Freiheit des Menschen gestellt, entweder ein Leben ‚nach dem Fleisch' oder ‚nach dem Geist' zu führen. Beide Überzeugungen gestalten als Motive von Handeln, Verhalten etc. die leibliche Wirklichkeit des Menschen. Für Paulus bedeutet ein Leben ‚nach dem Geist', Gott zu dienen im Glauben an Jesus Christus: „immer tragen wir das Todesleiden Christi an unserem Leib, damit auch das Leben Jesu an unserem Leib sichtbar wird" (2 Kor 4,10). Für Paulus ist der Leib der Ort der Verwirklichung des Jesus-Christus-Glaubens.

---

[28] Vgl. Moltmann-Wendel, E.; Beziehung – die vergessene Dimension der Christologie. Neutestamentliche Ansatzpunkte feministischer Christologie,in: Strahm, D., Strobel, R., (Hg.), Vom Verlangen nach Heilwerden. Christologie in feministisch-theologischer Sicht, Fribourg, Luzern 1991, 100 – 111;106f.

[29] Vgl. Nadeu, J.-G., Einheit oder Dichotomie von Leib und Seele. Die Ursachen der ambivalenten Haltung des Christentums gegenüber der Leiblichkeit, in: Concilium, Körper und Religion, a.a.O.,160 - 168, 162.

[30] Vgl. Keßler, H., Bibliodrama und Leiblichkeit, a.a.O.,127.

[31] Siehe hierzu auch Anm. 25: Was bedeutet dann die Menschwerdung Gottes ‚im Fleische'? Anders gefragt: Wie gehen das Verständnis in Joh 1,14 und Röm 8,5ff. zusammen?

[32] Vgl. Heine, S., Leibhaftiger Glaube. Ein Beitrag zum Verständnis der theologischen Konzeption des Paulus, Wien, Freiburg, Basel 1976.

3. Der Leib als Tempel Gottes

3.1 ... heiliger Boden

Auf dem Hintergrund dieser ausgewählten Beispiele zur Beleuchtung des sehr unterschiedlich verstandenen Körper-Leib-Themas wird deutlich, daß Karl Frielingsdorf sich mit seiner pastoraltherapeutischen Arbeit, vor allem mit dem Körper und Leib des Menschen, auf ein spannungsreiches Terrain begeben hat. Einerseits befindet er sich damit auf uraltem Boden jüdisch-christlicher Tradition und Spiritualität, die bezeugt, daß Gott im Körper erfahrbar ist, andererseits wagt er sich auf ein eher unsicheres, lange unbegangenes und vielfach abgewertetes - ja mit Sünde belegtes - Gelände, vor allem im Rahmen von Theologie und theologischer Ausbildung.
Sein Mut dazu wurzelt im Aufbruchsgeist des Zweiten Vatikanums. Hier sieht Frielingsdorf sein theologisches und pastoralpsychologisches Wirken verankert. Er ist tief davon überzeugt, daß es zwischen der irdischen Realität und der Wirklichkeit des Glaubens letztlich keine echten Konflikte geben kann, weil "die Wirklichkeiten des profanen Bereiches und die des Glaubens in demselben Gott ihren Ursprung haben"[33]. So sind für ihn die religiösen Erfahrungen und die Glaubensgeschichte des Menschen zutiefst in den natürlichen, alltäglichen Wirklichkeiten des menschlichen Lebens verwurzelt und damit im Leib der Menschen eingeschrieben. Die 'natürlichen' physischen, psychischen und sozialen Schlüsselerfahrungen, die sich vom Beginn des Lebens an auf die religiöse Persönlichkeitsentfaltung auswirken, z.B. bei der Entwicklung der Grundeinstellungen zum Leben, der Werte und der Gottesbilder [34] sind der Boden für die Persönlichkeitsentwicklung und das sogenannte „geistliche Wachstum“[35] einer jeden einzelnen Person. Sie sind fester Bestandteil der Leibdimension eines Menschen und Ankerplatz der „Gnade“, basierend auf dem Grundsatz von Thomas von Aquin: "Die Gnade baut auf der Natur auf und vollendet sie.“
Die Körperübungen, die Frielingsdorf für die acht Aus- und Fortbildungskurse „Geistlich wachsen - leiten und begleiten“[36] und für die beiden Exerzitienkurse „Wenn Gott und Mensch sich berühren....“ und „Nachfolge in der Liebe“ entwickelt hat, gründen in dem theologischen Leitgedanken der Inkarnation, der Menschwerdung - Fleischwerdung Gottes, die in einer menschlich konkreten Geschichte in „Fleisch und Blut“ die Gegenwart Gottes in unserer Wirklichkeit beschreibt. Entsprechend eines Leitmotivs seines Institutes für Pastoralpsychologie und Spiritualität: „Der *Mensch* ist eine Sprache, in die Gott übersetzt und aus der Gott herausgelesen werden kann“[37] lassen die Übungen erfahren: „Der *Leib* ist eine Sprache, in die Gott übersetzt und aus der Gott herausgelesen wer-

[33] Rahner, Kleines Konzilskompendium, Freiburg 1966, 482.
[34] Vgl. Frielingsdorf, K. Vom Überleben zum Leben, Mainz 1996, 55- 98.
[35] Vgl. ‚Leben nach dem Geiste‘ in den Paulusbriefen.
[36] Vgl. Programm für die pastoralpsychologische Fortbildung des Institutes für Pastoralpsychologie und Spiritualität.
[37] frei übersetzt nach Romano Guardini.

den kann“. Letztlich bedeutet das auch, wenn ich mir „im Geiste“ meines Leibes bewußt bin, bin ich mir Gottes bewußt. Dann ist der Leib ‚heiliger Boden‘. „*Stellen Sie das einmal mit ihrem Körper dar*“, so lautet die ständige Einladung im Rahmen seiner Arbeit. Es gibt nichts, was nicht mit dem Körper ausgedrückt und dargestellt werden kann, und worin Gott nicht zu finden ist.[38] Viele erfuhren Gott im Körper in einer der folgenden Übungen in den Aus- und Fortbildungskursen:

Kurs 1: *Meine persönliche Lebensgeschichte*: im Darstellen der negativen Schlüsselposition (negatives emotionales Grundgefühl) und des positiven Schlüsselwortes (z.B. von wertlos - wertvoll; Muster ohne Wert - einmalig; verflucht - gesegnet*).*
Kurs 2: *Mein Leben in Beziehung*: im Darstellen von Beziehungen (in Nähe und Distanz); Standort auf dem Weg der Selbstwerdung (vom negativen zum positiven Schlüsselwort).
Kurs 3: *Mein Leben in Bindung und Freiheit*: im Darstellen meiner Antwort mit den Händen: Gott steht mir mit offenen Armen gegenüber: Wie reagiere ich?
Kurs 4: *Meine Gottesbeziehung*: im Darstellen der aktuellen Gottesbeziehung; des negativen/lebenshindernden und des positiven/lebensfördernden Gottesbildes; der Jesusbeziehung[39].
Kurs 5: *Meine Berufung*: im Darstellen des Standortes auf dem Nachfolgeweg Jesu mit den Stationen der Nachfolge, Begleitung, Verinnerlichung, Sendung und Verkündigung.
Kurs 6: *Exerzitien*: Gottes Menschwerdung in mir
Kurs 7: *Ich als geistliche(r) Begleiter(in)*: im Darstellen meines (geistlichen) Wachstumsprozesses; des Weges der Hingabe und des Fruchtbringens; der Grundhaltungen wie Hochmut - Demut etc.
Kurs 8: *Geistliche Begleitung und Leitung*: im Darstellen der Real- und Idealbeziehung in geistlicher Begleitung.

3.2 ... unauslotbarer Raum in Weite, Höhe und Tiefe

„*Spüren Sie nach bis es für Sie im Körper stimmig ist.*“ In der Arbeit mit dem Körper ist die „Stimmigkeit“ des Körperausdrucks das Kriterium, damit jede Person möglichst ihrer „subjektiven Wahrheit“ nahe kommt. Deshalb können gleichlautende Worte sehr verschieden gestaltet werden und eine unterschiedliche Bedeutung haben. Dies gilt für die Gestaltung des negativen Schlüsselwortes „wertlos“ und des korrelativen positiven Schlüsselwortes „wertvoll“ genauso wie für die Gestaltung z.B. meiner Beziehung zu Jesus als Wegbegleiter, Freund, Bruder etc. Wenn ich mich an die rechte Seite ‚Jesu‘ stelle spüre ich

[38] Vgl: „Gott in allen Dingen finden“ (Ignatius von Loyola).
[39] Vgl. Frielingsdorf, K., Nachfolge Jesu in Wort und Gestalt, in: Geist und Leben, Heft 2, 75. Jg. 2002, 86-97.

anderes als wenn ich mich an seine linke Seite stelle. Wenn ich den Kopf ihm zuneige, ist es anders, als wenn ich geradeaus schaue. Nähe und Distanz spielen eine Rolle, Berührung, Hand- und Kopfhaltung, Fußstellung etc. Darum gilt es, jede Gestalt differenziert zu betrachten.

„Werden Sie ganz diese Körpergestalt. Lassen Sie dann den Körper, die einzelnen Teile Ihres Körpers sprechen": Was sagt die Gestalt? Was sagt die rechte Hand, die linke Hand, der rechte Fuß, der linke Fuß? Was sagen die Augen? etc. Nur die betreffende Person kann in ihrem Körper den Grad der Stimmigkeit bestimmen. Außenstehende können Hinweise geben auf dem Hintergrund ähnlicher Erfahrungen, und doch bleibt abzuwarten, ob ihre Erfahrung das Erleben der anderen Person trifft. In der Gestalt können auch bisher nicht wahrgenommene, verdrängte, vermiedene oder abgespaltene Erfahrungen, Emotionen und Erinnerungen, Bilder und Phantasien z.B. von Schwäche, Ablehnung, Haß, Zuneigung oder Liebe auftauchen. Selbst wenn sie „auf dem ersten Blick" noch „keinen Sinn" , machen oder zusammenhanglos erscheinen, so lohnt es sich doch bei dieser Körpererfahrung zu bleiben, ihr nachzugehen in Höhe und Tiefe, Weite und Breite.

„Nehmen Sie wahr, spüren Sie nach, was im Körper geschieht, welche Gefühle aufkommen, welche Phantasien, Erinnerungen auftauchen!" Frielingsdorf geht davon aus, daß sich alles das, was sich im Körperdialog des Kindes mit der Mutter schon im Mutterleib ereignet, konstitutiv auswirkt auf das Selbstbild, die Beziehungs- und Kommunikationsweise eines Menschen und darüber hinaus auf die Beziehung zu Gott und den Bildern von Gott, die z.B. im jüdisch-christlichen Glaubenskontext vorgestellt werden. Hier können z.B. die erste Reaktion der Mutter auf die Nachricht der Schwangerschaft, Unfälle, Erkrankungen, sowie körperliche und psychische Belastungen der Mutter während der Schwangerschaft eine wichtige Rolle spielen.[40] Oft kommen diese tiefen Schichten gerade erst in der Körpergestalt, im verstärkten Nachspüren und „Sprechen lassen der Gestalt" zum Vorschein. So ist eine häufige Übung: „Stellen Sie sich die Situation Ihrer Mutter vor, als sie zum erstenmal erfährt, daß sie mit Ihnen schwanger ist. Wie reagiert sie? Stellen Sie die erste spontane Reaktion der Mutter mit ihren Händen dar und geben Sie dann jeder Hand eine kurze Überschrift. So sagt zuweilen die rechte Hand: „Ich schaffe es" und die linke: „Das wollte ich nicht"; oder die rechte sagt: „Gott sei Dank" und die linke Hand: „Ich habe Angst"; die rechte: „Für Dich habe ich es getan" und die linke Hand: "Du bist mir zuviel"; die rechte Hand: „Ich freue mich" und die linke: „Ich weiß nicht so recht"; die rechte Hand: „Mein Traum von einem Kind geht in Erfüllung" und die linke: „Um Himmels willen" etc. Wenn in all den Körpererfahrungen wirklich auch Mensch wird, dann wird der Leib zu einem unauslotbarem Raum des göttlichen Geheimnisses in Nähe und Ferne, Höhe und Tiefe.

---

[40] Vgl. Frielingsdorf, K., Vom Überleben zum Leben, a.a.O., 55ff.

„*Wiederholen Sie täglich diese Übung*". Eine einmalige Erfahrung kann in der Regel erst zur „Alltäglichkeit" werden und sich entsprechend auf die Alltagsentscheidungen auswirken, wenn wiederholt wird. Durch wiederholtes Üben des selben Bewegungsablaufes wird durch das Leibgedächtnis bereits Erlebtes erinnert und aktualisiert. Dabei kann es erneut gelingen, die emotionale Kraft in der Körpergestaltung im gesamten Leib wieder lebendig werden zu lassen. Wiederholtes Üben hilft, ungewohnte Bewegungsabläufe mit mehr Beweglichkeit und Lebensfreude authentischer zu gestalten. Aus der zunehmenden Sicherheit in dieser Übung entwickeln sich Spontaneität und Phantasie für Neues und wächst der Mut, oftmals selbst auferlegte Begrenzungen im Körper und damit verbundene Geisteshaltungen zurückzulassen[41].

Ein Beispiel dafür ist die „*Auferstehungsübung*". Sie ist entstanden als positive und zum Leben befreiende Übung in der Auseinandersetzung mit dem lebenshindernden Schlüsselwort und dem dazu korrespondierenden negativen Gottesbild. Die Auferstehungsübung beginnt im Stehen: Ich nehme meinen Körper, meine Lebensenergie, meinen Atem wahr, spüre dem Selbststand und Standpunkt im Leben nach - von den Füßen bis zum Scheitel. Ich spüre meinem Atem nach und mache mir bewußt, daß in diesem Atem Gottes „Ruach", seine lebendigmachende Kraft lebt, die mich zu meiner vollen Größe erwachsen läßt und mir Würde verleiht. Dann folgt der jeweils persönlich unterschiedlich gestaltete Teil der Auferstehungsübung entsprechend dem negativen und positiven Schlüsselwort.
Nehmen wir als Beispiel für diesen zweiten Teil die Übung von Peter mit seinen Schlüsselworten ‚klein gemacht' und ‚zur vollen Größe erwachsen'. Peter kennt die Bewegungsabfolge von seiner emotionalen Schlüsselposition ‚klein gemacht' am Boden kauernd hin in den Stand ‚zu meiner vollen Größe erwachsen'. Nach dem Stehen nimmt Peter seine Gestalt des ‚klein gemacht' am Boden ein, spürt in sie hinein und überläßt sich dann mit jedem Atemzug dem Boden, so daß er spürt, daß dieser Boden ihn in seinem Klein-gemacht-Sein trägt und hält. Für Peter ist dieser Boden ein fester Grund: Gott. Peter spürt nach, wie durch diesen Boden hindurch Gott ihn - so wie er ist - trägt und hält. Er bringt sein ‚Klein gemacht- sein' mit Gott in Berührung. Dann konzentriert sich Peter auf sein positives Schlüsselwort ‚zur vollen Größe erwachsen'. Wenn er in seinem Körper den Impuls spürt, den ersten Schritt zu tun, setzt er diesen Impuls um und bewegt sich dann Schritt für Schritt in Richtung seines positiven Schlüsselwortes. Damit setzt Peter langsam aber sicher sein Aufstehen gegen die emotionale Kraft, die ihn oft gefühlsmäßig ‚klein macht'. Er achtet sorgsam auf jeden Körperimpuls in der Bewegungsabfolge und läßt so seinen Leib langsam in die Gestalt ‚zu meiner vollen Größe erwachsen'. Dann spürt er dieser

[41] Vgl. Keßler, H., Bibliodrama und Leiblichkeit, a.a.O., 49.

Gestalt nach und verkostet ‚seine volle Größe', um sie so mit in seinen Tag zu nehmen.
Diese Übung wiederholen viele täglich, die in Kursen ihre persönliche "Auferstehungsübung“ entwickelten. Sie berichten, daß ihnen dieses hilft, ihren Alltag in Richtung ‚mehr' Leben, authentischer und erfüllter zu leben, ‚Auferstehung mitten im Tag' zu erfahren. [42]

Auch die *„Jesusübung“* wird häufig wiederholt. Anne hat diese Übung in einem Kurs kennengelernt. Ihre emotionale Grundposition ‚übersehen' stellt sie in der Mitte des Raumes am Boden liegend dar. Wenn sie die für sie stimmige Gestalt eingenommen hat, spürt sie sich ein und vergewissert sich dann zunächst, daß der Boden sie und ihre Schlüsselposition trägt. Birgit hat die Aufgabe, die Haltung Jesu einzunehmen: „Versetzen Sie sich in die Rolle Jesu hinein, fühlen Sie sich ein und gestalten Sie nach Ihrem Empfinden mit Ihrem Körper die Begegnung Jesu mit der übersehenen Person. Wie wäre Jesus Anne begegnet?“[43] Wenn Birgit sich genügend darauf eingestellt hat, legt sie sich als ‚Jesus' in gleicher Position wie Anne neben sie und spürt sich in dieser Position in die Rolle Jesu ein. Dann konzentriert sich Birgit darauf, mit Anne in eine Beziehung zu kommen, zunächst ohne jede Berührung. Erst wenn Birgit in ihrem Körper den Impuls spürt, Kontakt aufzunehmen, setzt sie diesen Impuls um, sei es in einem Augen-Blick, einer zarten Berührung am Finger, später vielleicht mit einem Wort, einem Zuspruch: „Ich sehe Dich“. „Du bist kostbar in meinen Augen.“ Wichtig ist, daß es stimmig ist für Birgit im Kontakt mit Anne. Und Anne kann entsprechend ihrer Stimmigkeit darauf antworten. Später wird deutlich, was Anne in der Tiefe getroffen hat, die Berührung, ein Wort, vielleicht aber auch nur das Hinspüren von Birgit oder der Blick, der dem positiven Schlüsselwort ‚angesehen' Gewicht und Verankerung im Leibgedächtnis verleiht. Auch Birgit sagt, was sie berührt hat im Kontakt mit Anne. Zuhause kann Anne diese Szene erinnern, sei es, daß sie sich in die Gestalt der Schlüsselposition legt und die Begegnung mit Jesus neben ihr erinnert, sei es, daß Anne die gesamte Übung und ihr Erleben in einer Vorstellungsübung wiederholt neu durchlebt. [44]

Ebenso kann die *„Beziehungsübung zu Jesus“* wiederholt werden. Wenn in einem Kurs als Ausgangspunkt z.B. die Beziehung zu Jesus als Weggefährte so dargestellt wurde, daß Claus auf gleicher Höhe rechts neben Jesus steht, beide sich nicht berühren und ihr Blick geradeaus in die gleiche Richtung schaut, dann kann es sein, daß bei einer wiederholten Erinnerungsübung die von Claus eingenommene Position nicht mehr stimmig ist. Dann versucht Claus die Gestalt zu finden, die für ihn jetzt stimmig ist. Vielleicht ist in ihm, daß Jesus seinen Kopf ein wenig zu Claus wendet und ihn von der Seite her anschaut. Claus

---

[42] Vgl. Frielingsdorf, K., Aggression stiftet Beziehung. Wie aus destruktiven Kräften lebensfördernde werden können, Mainz 1999, 172 ff.
[43] Vgl. ebd., 167 f.
[44] Vgl. Frielingsdorf, K., Nachfolge Jesu in Wort und Gestalt, a.a.O., 86-97.

spürt nach, ob und wie er auf diese Zuwendung des Seitenblicks antworten will und kann. Er spürt im Körper nach und probiert aus, bis er seine stimmige Antwort findet. Es kann sein, daß Claus den Blick geradeaus behält und einen kleinen Schritt nach rechts näher auf Jesus rückt, ohne ihn jedoch zu berühren oder Claus wendet seinen Kopf nach rechts, ohne den Blick zu erwidern oder Claus wendet den Kopf und erwidert den Blick Jesu oder Claus bleibt stehen, schaut weiter gerade aus und nimmt den rechten Arm stärker nach rechts, so daß dieser die Ausstrahlung Jesu spürt. Alle Möglichkeiten beinhalten einen anderen Aspekt von Weggefährtenschaft. Es ist hilfreich, nach einer jeden Übung, in die Zwiesprache zu gehen und sich die wesentlichen Punkte später aufzuschreiben. Wird die Übung über einen längeren Zeitraum wiederholt, wird die Entwicklung dieser Jesusbeziehung sichtbar.

Wenn die Körpererfahrungen kongruent werden und stimmig sind, dann wirken sie meist befreiend und eröffnen eine Dimension zum Verständnis des eigenen Lebens und der eigenen Ganzheit. Genau in diesen Momenten scheint dann manchmal eine Ahnung auf, daß der Boden der „nackten Wirklichkeit im Körpererleben" trägt und erfüllt ist von Gott. Alfred Delp sagt: „... die Welt ist Gottes so voll. Aus allen Poren quillt er gleichsam uns entgegen. Wir aber sind oft blind. Wir bleiben in den schönen und bösen Stunden hängen und erleben sie nicht durch bis an den Brunnenpunkt, an dem sie aus Gott herausströmen. Das gilt für das Schöne und auch für das Elend. In allem will Gott Begegnung feiern ..."[45]

3.4 Wenn Gott im Körper erfahrbar wird...

In diesen von Frielingsdorf entwickelten Übungen wird Gott im Körper, den wir haben, erfahrbar. Und der Leib, der wir sind, wird zum Ort der „Begegnung mit dem Heiligen"[46], der Begegnung von Gott und Mensch, zum Tempel Gottes. Die rhetorische Frage: „Wißt ihr nicht, daß ihr der Tempel Gottes seid und der Geist Gottes in euch wohnt?" erhält die leibhaftige Antwort: „Wir sind doch der Tempel des lebendigen Gottes" (2 Kor 6,16). Hier wird Gottes Heilshandeln tief im Körper (z.B. in der Auferstehungsübung) erfahrbar, das Todesleiden Jesu (z.B. in der Gestalt der negativen Schlüsselposition: wertlos) sichtbar und hier ereignet sich Auferstehung (z.B. im Darstellen des positiven Schlüsselwortes: wertlos). In diesen Momenten löst sich jede abstrakte Rede über Gott in unmittelbares Erleben. „Ganz bei mir in der Stimmigkeit" und „gleichzeitig ganz bei Gott in der Tiefe dieser Erfahrung" sein, ist eine leibliche Kommunikation, die dem Wesen der Liebe nahe kommt.

---

[45] Delp, A., Brief vom 17.11.1944, in: Delp, A., Kämpfer-Beter-Zeuge, Herder Bücherei Nr. 131.

[46] Josuttis, M., Der Weg in das Leben: eine Einführung in den Gottesdienst auf verhaltenswissenschaftlicher Grundlage, München 1991, 101.

Wenn Gott im Körper erfahrbar wird... sind diese Erfahrungen, die damit verbundenen Gestalten, Bewegungen und Bilder niemals identisch mit der Wirklichkeit Gottes. Unser Körper, unser Leib, unsere Gestalten, unsere Bewegungen sprechen immer eine Sprache des ‚als-ob'. Doch wir können Gott nur mit etwas vergleichen, das wir kennen.

Wenn Gott im Körper erfahrbar wird... kann eine erneute Rede von Gott auch bei den Erfahrungen der Menschen ansetzen, die auf der Suche nach dem Göttlichen sind. „Will man von Gott erzählen, muß man offenbar von sich selbst reden".[47] Dabei spielen die Körpererfahrungen eine wichtige Rolle, da sie eine ‚Wahrheit am eigenen Leib' beinhalten, die einen eigenen Stellenwert hat. Hier liegt eine Herausforderung für die Theologie und Pastoral der Zukunft, bei der Rede von Gott auch konkrete Erfahrungen im Körper und mit dem Leib zum Ausgangspunkt und Maßstab theologischen Denkens, Fragens und pastoralen Handelns zu machen. Dabei können neue theologische Fragestellungen entdeckt werden und der Körper als Erfahrungsraum Gottes, der zugleich zum Befreiungsraum für Menschen wird.[48]

Wenn Gott im Körper erfahrbar wird... werden im Erinnern und Erzählen von Erfahrungen ‚am eigenen Leib' die Höhen und Tiefen bereits erzählter Erfahrungen (z.B. in der Bibel) ausgelotet und neue miteinander geteilt. Eine solche Erzählgemeinschaft und bleibt stets auch auf der Suche, wo und wie sich Gott immer wieder neu finden lassen will.

Wenn Gott im Körper erfahrbar wird... werden wir auf Erfahrungen stoßen, die uns vertraut sind und solche, die uns fremd sind. Wir werden Erfahrungen miteinander teilen, bei denen wir von Anfang an nicht sicher sein können, ob wir dem Dämonischen oder dem Göttlichen begegnen. Hier gilt es auszuhalten und immer wieder neu nachzuspüren bis ‚ein Geschmack von Leben' aufkommt und Unterscheidung gelingen kann.

Wenn Gott im Körper erfahrbar wird... ist der Leib eine Sprache, in die Gott übersetzt und aus der Gott herausgelesen werden kann: eine neue alte Rede über Gott, von Gott und in Gott.

Wenn Gott im Körper erfahrbar wird... wird mein Leib - unser Leib zum Tempel Gottes.

---

[47] Meyer-Wilmes, H., zwischen lila und lavendel. Schritte feministischer Theologie, Regensburg 1996, 95.
[48] Vgl. dazu auch die Erfahrungen im angewandten Bibliodrama.

Michael Schneider SJ

Zur Reifungsgeschichte des Glaubens aus dogmatischer Sicht

Karl Rahner[1] geht in seiner Studie über den Prozeß des Glaubenswegs von der Erfahrungstatsache aus, daß religiöse Übungen und Vollzüge in engem Zusammenhang mit den einzelnen Lebensphasen stehen. Im Leben läßt sich nicht alles durchgängig praktizieren: „Bestimmte religiöse Vollzüge haben in einer bestimmten Lebensphase ihren eigentlichen und richtigen Platz und in einer anderen nicht. Nicht alles Religiöse ist in jeder Lebensphase fällig, nicht alles kann in jeder Phase echt und ursprünglich vollzogen werden.“ Dies soll keinem Subjektivimus das Wort reden, wohl aber darauf hinweisen, daß der Glaube immer vom Lebensvollzug her erreichbar bleiben muß, sonst kommt es zu Ritualismus und äußerem Formalismus.
In der herkömmlichen Glaubensvermittlung und -praxis spielt das Alter des Menschen meistens kaum eine Rolle. „Dort, wo die Kinder im engeren Sinn aufhören, Kinder zu sein, fängt für das große Ganze der kirchlichen Menschenführung der Mensch und Christ an, immer als derselbe betrachtet zu werden.“[2] Wohl gibt es am Anfang des Glaubenswegs eine hinführende Begleitung und eine stufenweise Integration und Ausübung der einzelnen Glaubensvollzüge, ist aber die Zeit der Taufe oder Erstkommunion (und Firmung) erreicht, scheint es nicht anders möglich zu sein als daß der Christ - als Mann oder als Frau, als Jugendlicher oder als Erwachsener - einfach ‚alles' praktiziert, ohne Differenzierung und ohne weiteres Eingehen auf seine Bedürfnisse und seinen Lebensabschnitt mit den ihm gemäßen und möglichen Ausdrucksformen des Glaubens. So ist nach der Bedeutung der verschiedenen Lebensalter für den Glaubensweg des einzelnen zu fragen. Um hierauf eine Antwort zu finden, ist eigens die Bedeutung der Zeit (besonders auch der Lebenszeit) für den Weg und die geistliche Reifung des Menschen im Glauben genauer zu bedenken.

I. Sakrament Zeit

Die geglückte und menschlich erfüllende Zeit heißt in der Sprache der Heiligen Schrift die ‚Fülle der Zeit' (Gal 4,4), die ‚Heils-Zeit', die mit Jesus gekommen ist. Mitten in der Zeit offenbart sich die Fülle der Zeit, in der endgültig sichtbar wird: Der ewige Gott hat Zeit für uns. Christus ist die Zeit, die sich Gott für uns

---

[1] Rahner, K., Meßopfer und Jugendaszese, in: ders., Sendung und Gnade. Beiträge zur Pastoraltheologie, Innsbruck-Wien-München 1959, 162-183. - Bei männlichen Pronomina etc. sind Frauen mitgemeint.
[2] Ebd., 164.

Menschen nimmt. Er ruft die Gnadenzeit Gottes aus, die ‚Gnadenfrist' für den Menschen, und bezeugt Gottes Geduld: „Daß Gott Geduld hat, daß er sich Zeit für sein Geschöpf nimmt und diesem damit Raum und Zeit gewährt, das offenbart sich unüberbietbar in der Tatsache, daß in der Person des Menschen Jesus er, Gott selbst, erduldet und erlitten hat, was zu erdulden und zu erleiden nicht seine, sondern unsere Bestimmung [...] ist: den Tod."[3] Durch seine Auferstehung und den Sieg über den Tod offenbart sich Jesus als der Herr der Zeit.

Gottes Zeit verläuft nicht neben unserem Alltag, sondern wird in Christus zum Inhalt unseres Lebens. Leben im Glauben an Christus heißt: Ewigkeit in der Zeit und als Zeit, absolute (göttliche) Ewigkeit in relativer (menschlicher) Zeit. So verläuft die Zeit zwischen ‚chronos' (Zeitablauf und Zeitdauer), ‚aion' (Zeit- und Weltalter) und ‚kairos' (das Heute). Der kairos ist die Zeit im rechten Maß, das selber überzeitlich ist, aber im innerzeitlichen Maß der jeweiligen Zeitumstände einzubringen ist.

Um die in Christus neu eröffnete Zeit geht es dem Neuen Testament, wenn es an die Kostbarkeit der Zeit erinnert und dazu auffordert, im Leben wach zu bleiben und die Zeit auszukaufen. Zeit haben ist für die Heilige Schrift keine bloße Zeitfrage, sondern vor allem und vorrangig eine Glaubenssache. Die verrinnende Zeit gilt dem Glaubenden nicht als etwas, das ihn verbraucht und zerstört, sondern als etwas, das ihn vollendet. Aufgrund der neuen Zeit, die sich in Christus auftut, darf gesagt werden: „Der Mensch ist nach seiner ursprünglichen Natur nicht ein von der Zeit bedrängtes, sondern von ihr beschenktes Wesen."[4]

Im christlichen Glauben kann vom Sakrament der Zeit gesprochen werden. Die gleichsam sakramentale Bedeutung der Zeit kommt gerade in der Feier der Eucharistie und des Herrenjahrs zum Ausdruck: In der Mitfeier des Herrenjahres schreitet der Christ von Fest zu Fest, von Jahrestag zu Jahrestag, von Auferstehung zu Auferstehung. In der Feier des Herrenjahres mit seinen Festen kommt das in den Himmel aufgefahrene Wort zu den Menschen, das Ewige tritt in die Zeit ein, wie auch die Zeit dem Ewigen entgegenschreitet. Gewiß, die Geschichte hat den Charakter der Einmaligkeit, sie wiederholt sich nicht: Die Erlösung hat stattgefunden, als Jesus „gelitten unter Pontius Pilatus, abgestiegen zu der Hölle, am dritten Tag aber wieder von den Toten auferstanden" ist. Aber wie die Sakramente das enthalten und verwirklichen, was sie bedeuten, so ist auch das christliche Jahr das immer wiederkehrende Abbild und die Offenbarung des Erlösers im Leben des Menschen. Der Jahreskreis des Herrenjahrs mit der täglichen Feier der Eucharistie ist kein äußerer Zyklus, sondern ein Sakrament im weitesten Sinn des Wortes, er enthält und verwirklicht all das, was er bedeutet.

---

[3] Jüngel, E./ Rahner, K., Über die Geduld, Freiburg 1983, 31.

[4] Wagenführ, H., Vom Wesen der Zeit, Tübingen 1968, 113.

Vom Sakrament der Zeit zu sprechen, ist nur möglich aufgrund des alles überformenden Geheimnisses, daß der „Mensch als Geschichte" den Sinn seines Lebens im menschgewordenen „Gott als Geschichte" erhalten hat[5], in dem die Ewigkeit Zeit geworden ist. „Der überzeitliche Ort als Ort Christi liegt nicht nur 'über', 'vor' und 'nach' der Zeit, er ist ihr dergestalt überlegen, daß er sie zugleich in sich faßt. Er faßt sie aber nicht so in sich, wie Gottes Transzendenz allen Geschöpfen immanent ist, sondern so, daß er sie durch das Ereignis seiner Menschwerdung, seines Sterbens und Auferstehens so, wie sie ist, als Zeit, in sich einbezogen, für sich in Beschlag genommen hat."[6] Der Abstieg des Sohns auf die Erde und sein Aufstieg zum Himmel sind das neue Maß der Zeit, der horizontalen wie auch der vertikalen, so daß alles Gewesene nun in eine ewige Vergangenheit rückt.

Mit der Heimkehr des Menschensohns zum Vater wird der unüberbrückbare Gegensatz zwischen Zeit und Ewigkeit aufgehoben. Dieser Prozeß beginnt bei der Menschwerdung des Gottessohns; in ihr wird die Zeit für immer zu einer Dimension Gottes: „Durch Gottes Kommen auf die Erde hat die mit der Schöpfung begonnene menschliche Zeit ihre Fülle erreicht. Denn die Fülle der Zeit ist nur die Ewigkeit - ja der Ewige, das heißt Gott."[7] Die Fülle der Zeit (Mk 1,15; Eph 1,10; Gal 4,4) setzt unüberholbar Endgültiges[8], indem sie fortan die Modalität der Zeit bestimmt. Gott schafft nicht nur die Zeit, sondern nimmt sie zu eigen an und macht seine Ewigkeit zum wahren Inhalt der Zeit. Dies ist möglich, „weil die Differenz zwischen der Zeit der Kreatur und der Ewigkeit Gottes die Zeit von der Ewigkeit, nicht aber eigentlich die Ewigkeit von der Zeit absetzt. Denn wenn Gott selbst die Differenz setzt, setzt er das Gesetzte von sich ab, nicht aber sich vom Gesetzten ... Und darum kann er sie als seine eigene Zeit annehmend setzen und setzend annehmen."[9] So läßt sich festhalten: „Es gibt nicht nur eine Auferstehung des Fleisches, sondern eine Auferstehung der Zeit in Ewigkeit."[10]

Die Geschehnisse unmittelbar nach der Auferstehung sagen nicht nur etwas über den zu seinem Vater heimgekehrten Herrn im Himmel, sondern auch über sein neues Verhältnis zur Welt. Die vierzig Tage nach Ostern mit ihren Ereignissen bedeuten die abschließende Vergöttlichung seiner Sendung und enthalten ihr Hinüber in die Ewigkeit des Vaters. Ohne die Himmelfahrt wäre das Leben Jesu den historischen Gesetzmäßigkeiten unterworfen geblieben, als gäbe es für immer wirklich ein ‚heiliges Land' mit heiligen Stätten, nicht zuletzt blieben

---

5 Thomas v. Aquin, de pot q. 9,a.3 corp.

6 Balthasar von, H.U., Das Ganze im Fragment. Aspekte der Geschichtstheologie, Einsiedeln ²1990, 52.

7 Zizioulas, J.D., Die Welt in eucharistischer Schau und der Mensch von heute, in: US 25 (1970) 342-349, hier 345.

8 Rahner, K., Theologische Bemerkungen zum Zeitbegriff, in: ders., Schriften zur Theologie IX, Zürich ²1972, 302-322, hier 317.

9 Rahner, K, Theologische Bemerkungen zum Zeitbegriff, in: ders., Schriften zur Theologie IX, Zürich ²1972, 302-322, hier 321f.

10 Rahner, K., Trost der Zeit, in: ders., Schriften zur Theologie III, Zürich ⁷1967, 169-188, hier 187.

die Zeitgenossen Jesu gegenüber den Späteren bevorzugt. Aber in der Feier des Herrenjahrs und der Eucharistie wie auch in der Verkündigung der Heiligen Schrift kommt das zum Himmel gefahrene Wort erneut zu den Menschen und ist unter ihnen gegenwärtig.

Im christlichen Zeitverständnis gibt es nichts, was Vergangenes desavouiert. Auch flieht der Glaube aus keiner angeblich unerfüllten Zeit in eine erfülltere Zukunft oder in einen ewigen Augenblick, „denn er verlöre mit der fahrengelassenen, geringgeschätzten Gegenwart auch die ihr einwohnende Ewigkeit ... nur im Hodie fallen Zeit und Ewigkeit zusammen“[11].

Die Ewigkeit ist weder vor noch nach der Zeit, sondern die Dimension, auf die sich die Zeit in der Gegenwart (‚hodie') öffnen kann: Das wahre Finale ist nicht das Ende der Zeit, sondern das Pleroma der Zeit.[12] Somit schwebt das Heute der vertikalen Heilszeit im horizontalen Jetzt des Augenblicks. Gottes Zukunft ereignet sich nicht erst als das große Abschlußfinale, das in die Zeit hereinbricht, sondern wird im Kairos als Heute ergriffen (Hebr 3,7-4,7). Alles im Leben des Glaubenden ist somit auf den Anruf der Zeit im jeweiligen Augenblick gerichtet. Es bedarf einer besonderen Gegenwärtigkeit und immer neu einzuübenden Aufmerksamkeit, um in jedem Augenblick Gottes Gegenwart und die Fülle seiner Zeit in allen Dingen erkennen zu können.[13]

Alles im Leben des Menschen hat sich durch die Menschwerdung des Gottessohnes geändert. Mit dem Erscheinen des letzten Adams bricht das letzte Zeitalter an, denn er offenbart sich als das Omega der Geschichte wie auch als das immerwährende Alpha. So wird mit seinem Kommen offenkundig, daß es nur um seinetwillen eine horizontale Geschichte gibt. Seine neue, in der Himmelfahrt geschenkte Zeit erfüllt die vergangene bzw. verlorene Zeit von innen her. Die Gestalt der Welt vergeht, doch sie wächst zu jeder Stunde der Geschichte ihrer endgültigen Verwandlung und ihrer ewigen Vollendung entgegen. Deshalb läßt sich sagen, daß die Geheime Offenbarung die letztgültige Grundaussage über alle Zeit und jedes menschliche Leben enthält. Sie spricht nicht vom Ende, das erst kommen wird, sondern von dem Ende, das bereits begonnen hat.[14] Dadurch erhält der Ablauf menschlichen Lebens eine neue Tiefenschicht: Es ist zunächst die leicht erkennbare, historische Schicht, sodann die etwas tiefer liegende, nach welcher die Moral fragt, aber die allertiefste Schicht einer jeden Zeit ist die apokalyptische, nämlich die zunehmende Hineinnahme der Schöpfung und Geschichte in das Leben des Menschensohns. Die apokalyptische Dimension der Zeit bestimmt den ganzen Verlauf der Geschichte und des menschlichen Lebens. Die Zukunft ist die Quelle, „aus der Zeit und Welt her-

---

[11] Balthasar von, H.U. , Das Ganze im Fragment, 355.

[12] Evdokimov, P., Das Gebet der Ostkirche, Graz-Wien-Köln 1986, 45.

[13] Das neue Zeitverständnis, das mit Christus gegeben ist, veranlaßt Bonaventura, den quantitativen Zeitbegriff durch ein qualitatives Offenbarungsverständnis zu ersetzen: non tantum dicit mensuram durationis, sed etiam egressionis (2 Sent d 2 p 1 a 2 q 3c).

[14] Dies gibt dem letzten Buch des Neuen Testaments im Ablauf der Zeit und all ihren Ausmaßen und Schichten eine zentrale Bedeutung. Der Seher von Patmos beschreibt die ‚letzten Dinge' (‚Eschata') so, daß sie den Eschatos als den hier und heute in allem Gegenwärtigen bezeugen.

vorgehen und sich erneuern. Die Zeit entrollt sich von der Zukunft in die Gegenwart“[15], was zugleich eine letzte ‚Relativierung' aller Zeit bedeutet: „Die Zukunft ist die Ursprungsdimension der Kontingenz jedes neuen Ereignisses, aber auch die Sphäre, von der wir das Ganzwerden des im Prozeß der Zeit Unabgeschlossenen und Unvollendeten erhoffen.“[16]
Der geschichtliche Fortschritt in der Bewährungszeit des Glaubens vollzieht sich gesamtmenschlich, ist aber aufs engste mit der persönlichen Lebensgeschichte des einzelnen verbunden. Wann immer einer in die Angleichung an den Herrn eintritt, wird sich dies in den zeitlichen Dimensionen in der Kirche auswirken und seinen entsprechenden Ausdruck finden.[17] Hier gilt das patristische Theologumenon der unmittelbaren Entsprechung von Weltgeschichte und Einzelgeschichte.[18] Das Reich kommt nicht von außen in diese Welt, um sehbar und berechenbar angenommen zu werden, sondern ist schon „innen in euch“ (Lk 17,21), und zwar eben in der konkreten Lebensgeschichte des Christen. Indem der einzelne in der Unmittelbarkeit mit Christus lebt, trägt er wesentlich zur fortschreitenden Wirkmächtigkeit des Evangeliums in der Zeit bei, eine Wirksamkeit, die sich über den Tod des einzelnen hinaus fortsetzt.
Es bedarf heute einer Art geistlicher Lebenspädagogik, die den einzelnen dazu anleitet, auf seinem Lebensweg in den verschiedenen Lebensaltern seinem Glauben gemäß in der Fülle der Zeit zu leben. Grundvoraussetzung einer solchen geistlichen Pädagogik ist, daß der einzelne auf die innere Stimme seines Herzens hört, denn keiner wird ihn von außen her belehren können, wie und was er zu leben hat; dies wird er nur in der Treue zu dem vor Gott Erkannten finden, indem er es im Vollzug des Glaubens und in der Begegnung mit der Heiligen Schrift immer wieder vertieft. Augustinus nennt diese innere Stimme, die den einzelnen nach Art einer geistlichen Lebenspädagogik lehrt, den ‚inwendigen Lehrer'.

II. Formgesetz Zeit

Gott tritt nicht von außen in die Lebenszeit des Menschen. Augustinus spricht vielmehr davon, daß Gott den Menschen auf seinem geistlichen Weg wie ein ‚Lehrer' von innen her leitet und führt: „So sollen wir nicht nur glauben, sondern auch zu verstehen beginnen, mit wieviel Recht uns die göttliche Autorität verboten hat, irgend jemand auf Erden unseren Lehrer zu nennen, da es doch nur einen einzigen Lehrer unter allen gibt, der im Himmel ist. Er selbst ist es,

---

[15] Link, C., „Im Anfang...“. Aufgabe und Ansatz einer Schöpfungslehre heute, in: Grab, W., (Hg.), Urknall oder Schöpfung? Zum Dialog von Naturwissenschaft und Theologie, Gütersloh 1995, 153-175, hier 165.
[16] Pannenberg, W., Das Wirken Gottes und die Dynamik des Naturgeschehens, in: Grab, W., (Hg.), Urknall oder Schöpfung?, 139-152, hier 152.
[17] Schneider, M., „Christus ist unsere Logik!“ Zur Verhältnisbestimmung von Theologie und Nachfolge bei Bonaventura, Köln 1999.
[18] Vgl. Ratzinger, J., Volk und Haus Gottes in Augustins Lehre von der Kirche, München 1954, 197-218.

der uns belehrt, er, der uns durch die Menschen mit Hilfe äußerer Zeichen unterweist, damit wir, nach ihnen zu ihm zurückgekehrt, uns seine Lehren zu eigen machen."[19] Dies heißt für unsere Frage nach einer geistlichen Lebenspädagogik: Was der einzelne mit seinem Leben zu tun hat, welchen Weg er einzuschlagen und wie er in der Zeit zu leben hat, ist ihm ins Herz geschrieben, und dort hat er es zu suchen und zu entziffern.

Im Hören auf den ‚inwendigen Lehrer' lernt der einzelne, sein Leben dem Geist Jesu anzugleichen. Hierzu schreibt Romano Guardini: „In jedem Christen lebt Christus gleichsam sein Leben neu: er ist zuerst Kind und reift dann heran, bis er das volle Alter des mündigen Christen erreicht. Darin aber wächst er, daß der Glaube wächst, die Liebe erstarkt, der Christ sich immer klarer seines Christseins bewußt wird und mit immer größerer Tiefe und Verantwortung sein christliches Dasein lebt."[20] Mit Bezug auf Eph 4,13 heißt es über das Heranreifen der Glaubenden zum Vollalter Christi: „Unerhörter Gedanke! Erträglich nur im Glauben, daß Christus wirklich der Inbegriff ist; und in der Liebe, die mit ihm eins werden will. Oder wäre der Gedanke, mit einem zusammengefügt zu sein - nicht nur verbunden im Leben und im Tun, sondern in eins gewachsen in Sein und Selbst zu ertragen, falls er nicht als Jener geliebt würde, durch den ich mein eigentliches Ich finde, das des Kindes Gottes und mein eigentliches Du, nämlich den Vater?"[21] Der ‚alte Mensch' wird vom ‚neuen Menschen', der ‚aus Christus gebildet' ist, überwunden, denn Christus wohnt der Lebenszeit eines jeden ein.

Die Stimme des Menschensohnes nimmt im Lauf der Zeit unterschiedliche Tönungen an. „Gut sollten wir", mahnt Augustinus, „diese Stimme kennenlernen, diese glücklich singende, diese stöhnende, diese in Hoffnung aufjubelnde, in ihrem gegenwärtigen Zustand aber seufzende Stimme, gut sollten wir sie kennenlernen und sie zuinnerst vernehmen, um sie uns zu eigen zu machen."[22] Hugo Rahner führt hierzu weiter aus: „Das in uns geborene Kind ist Jesus, der in denen, die ihn aufnehmen, auf unterschiedliche Weise heranwächst an Weisheit, Alter und Gnade. Denn er ist nicht in jedem der Gleiche. Nach dem Gnadenmaß dessen, in dem er Gestalt annimmt und nach der Fähigkeit des ihn Aufnehmenden erscheint er einmal als Kind, dann als Heranwachsender und schließlich als Vollendeter."[23]

Das Formgesetz des menschlichen Lebens ist also das Leben Jesu. In Eph 3,14-17 heißt es hierzu, auf „daß Christus durch den Glauben in euren Herzen wohne und daß ihr in der Liebe fest verwurzelt und gegründet seid". Das hier ausgesprochene Formgesetz des Glaubens bringt dem Leben und der mit ihm gegebenen Zeit eine ungeahnte Innerlichkeit: „Jetzt erforschen wir nicht mehr die Himmelskreise oder messen die Zwischenräume der Sterne aus, noch

---

[19] Augustinus, De magistro, c.14,46.

[20] Guardini, R., Der Herr. Über Leben und Person Jesu Christi, Paderborn 1980, 542.

[21] Guardini, R., Der Herr, 542f.

[22] Augustinus, Enarrationes in Ps 42,1.

[23] Rahner, H. Die Gottesgeburt. Die Lehre der Kirchenväter von der Geburt Christi im Herzen der Gläubigen, in: ZkTh 59 (1935) 333-418.

bestimmen wir das Gewicht der Erde. Ich bin es vielmehr, der über sich nachdenkt, ich, der Menschengeist."[24] An anderer Stelle heißt es: „Während ich in schweigender Betrachtung verharre, antwortest du mir, Herr, in meinem Innersten, indem du sagst: Sei dein eigen, dann bin auch ich dein eigen."[25] Nur wenn der Mensch ‚sein eigen' ist und in der Treue zu sich selber lebt, entdeckt er seinen Lebensweg als zunehmende Angleichung an den jeweiligen Ruf Gottes, der in den verschiedenen Lebensaltern je anders an ihn ergeht.

Der Menschensohn gibt den Lebenszeiten des Menschen, in die er während seines irdischen Daseins selber eingetreten ist, eine besondere, ja neue Bedeutung, denn sie werden nicht nur zu einem Ausdruck göttlicher Offenbarung, sondern auch göttlicher Angleichung im eigenen Leben.[26] „Wenn Gott Mensch wird, so wird der Mensch als solcher Ausdruck, gültige und authentische Übersetzung des göttlichen Mysteriums. Gewiß braucht der Mensch den übernatürlichen Glauben, um zu fassen, was der souverän freie Gott ihm in einer spontanen Selbstoffenbarung kundtun will. Andererseits aber bleibt dieser göttliche Sinn dem Menschen, der ja gewählt ist, ihn auszudrücken, nicht äußerlich und fremd."[27] Weil die Gottesoffenbarung nicht als etwas Äußerliches in das Leben des Menschen eintritt, kann sie von seinem Leben auch nicht mehr als rein abstrakte Lehre getrennt und ausgesondert werden.

III. Lebensprojekt Reifung

Mit dem dargelegten Verständnis des christlichen Lebens in der Zeit hängt aufs engste die spezielle Bedeutung der Lebensalter für den Reifungsweg im Glauben zusammen. In allen außerchristlichen Kulturen hat das Kind nur eine beiläufige Bedeutung, es wird als Vorlauf auf den reifen Menschen gesehen, wie auch das Alter nicht unmittelbar mit der Lehre ihres Meisters zu tun hat: Buddha stirbt mit achtzig Jahren, Sokrates mit etwa siebzig, Plato mit ungefähr vierundsiebzig, aber ihr Alter hat keine weitere Bedeutung für das, was sie lehren. Hingegen, selbst wenn Jesus als relativ junger Mensch gestorben ist, gibt schon die frühe Kirche den Hinweis, daß er in seinem Leben alle Lebensalter menschlichen Daseins mit sich erfüllt und damit den verschiedenen Lebensabschnitten von sich her einen neuen Sinn gegeben hat.

Denn mit dem Kommen des Menschensohnes, den Jahren seines verborgenen und öffentlichen Lebens und mit seinem Kreuzestod ist Gott für immer in die Geschichte des Menschen eingegangen, und mit der Auferstehung ist unsere Alltäglichkeit in die ewige Geschichte des dreifaltigen Lebens aufgenommen. „Aber wenn der Mensch auch Sprache Gottes ist, Gott ist er doch niemals. Um Gott zu erkennen, muß er sich selbst zugleich verwirklichen und verleugnen. Er

---

[24] Augustinus, Conf. X, 16,25.

[25] Cusanus, De visione Dei, c.7,25.

[26] Vgl. zum Folgenden auch Balthasar von, H.U.., Das Ganze im Fragment, 268ff.

27 Balthasar von, H.U., Gott redet als Mensch, in: ders., Verbum caro. Skizzen zur Theologie I, Einsiedeln 1960, 73-99, hier 74.

ist das, was Gott sagt; er ist nie derjenige, der es sagt. Um Gott zu enthüllen, muß er selbst sich verhüllen, vergessen, auslöschen. Das wird ihm nur gelingen, wenn er alle seine Erfahrungen und Situationen, alle seine Potenzen und Kombinationen hingibt, damit Gott sich ihrer bediene, wie der Setzer des vor ihm liegenden Alphabetes."[28] Seit der Menschwerdung des Gottessohns ist alles im Leben des Menschen „ewigkeitsfähig, weil immer schon ewigkeitshaltig"[29].
Aus der dargelegten inneren Verbindung von Offenbarung und Lebenszeit des Menschen stellt sich auf neue und drängende Weise die Frage nach der Reifungsgeschichte des Glaubens in den einzelnen Lebensaltern und Reifungsphasen, wie nun zu zeigen ist.

1. Grundbedingung: Jugendlichkeit

Es gilt, im eigenen Reifungsprozeß die Vision der frühen Jahre des eigenen Lebens nicht zu verlieren. „Niemals wird die Reife der Mannesjahre jene Vision der Welt ersetzen oder auch nur in sich tragen, die sich dem frischen Kinderblick erschloß: die Welt war wesenhaft neu, sie war unschuldig, paradiesisch, voll natürlich-übernatürlicher Wunder, alles war möglich, alles war nah bei Gott."[30] Nur wer im Glaubensleben ‚jung' bleibt, behält den unmittelbaren Kontakt und die Treue zu sich und dem Auftrag des eigenen Lebens, wie er in der Berufung jedes Menschen durch Gott zum Ausdruck kommt. Vor Gott gibt es im letzten kein ‚Älterwerden', wohl aber ein immer tieferes Eindringen in das Geschenk der Taufe: „Wenn ihr nicht werdet wie die Kinder...". Augustinus wünscht in einer Predigt den Katechumenen sogar die Weisheit und Tugenden aller Lebensalter zugleich: „Durch diese Lebensalter hindurch entwickelst du dich nicht, sondern bleibst du, dich immerfort erneuernd, der gleiche. Während die Lebensstufen einander folgen, bleiben sie in der christlichen Seele gleichzeitig und eindeutig bestehen."[31]
So hat sich der gläubige Mensch, wie Augustinus sagt, die Unschuld des Säuglings, die Ehrfurcht des Kindes, die Geduld des Jugendlichen, die ‚virtus' des jungen Mannes und die Einsicht des gereiften Menschen zu bewahren. „Nicht so wollen wir vorankommen, daß wir aus Neuen Alte werden, die Neuheit soll selber wachsen."[32]
Die ‚Jugendlichkeit', zu der der Mensch im Reifungsprozeß des eigenen Glaubenslebens verpflichtet ist, hat ihre Quelle in der Jugendlichkeit der Kirche, denn für alle Zeiten bleibt sie den ihr eigenen Ursprüngen verpflichtet. Bei Irenäus von Lyon heißt es: „Von der Kirche haben wir den Glauben erhalten und hüten ihn sorgfältig, denn immerfort wird er vom Heiligen Geist wie in einem kostbaren Gefäß Hinterlegtes verjugendlicht und er läßt auch das Gefäß, das ihn

28 Balthasar von, H.U., Gott redet als Mensch, 91.
29 Balthasar von, H.U. ,Das Ganze im Fragment, 273.
30 Balthasar von, H.U., Gott redet als Mensch, 76.
31 Augustinus, Sermo 216,8 (PL 38,1081).
32 Augustinus, In Ps 131,1 (PL 37,1710).

enthält, sich mitverjugendlichen."[33] Die Jugendlichkeit der Kirche hängt damit zusammen, daß sie ein ,Geschöpf des Heiligen Geistes' ist und sich täglich von ihm her neu empfängt. Nie ,hat' sie den Glauben und ,nie' ist sie mit der Aneignung des Glaubens an ein Ende gekommen, sondern sie bedarf Tag für Tag der Flexibilität und der Offenheit, um immer neu in das schon Verstandene und Verkündete einzudringen und es tiefer und innerlicher zu erfassen.

2. Grundgefahr: Akedia

Die Akedia gehört zu den acht Lastern, die von den frühen Mönchsvätern im sogenannten Lasterkatalog aufgezählt werden. Dieser Katalog der acht bzw. sieben Laster stammt aus der Tradition von Mönchen und Eremiten, aber jeder geistlich lebende Mensch kann diese Krisenerfahrung der Akedia auf seinem Weg des Glaubens durchmachen.

Die Krise der Akedia ist eine der wichtigsten geistlichen Erfahrungen im Leben des Glaubens. Sie ist von so umfassender und grundsätzlicher Natur, daß sie nicht nur vorübergehende Zeiten, auch nicht nur bestimmte Stunden des Tages (,Mittagsdämon') betrifft, sie kann sogar zu einer lebenslangen Erfahrung werden. Die Gefährlichkeit der Akedia liegt darin, daß sich in ihr alle Niederlagen eines Lebens und ungelösten Fragen eines Menschen verdichten können[34], indem sie lebensbedrohende Dimensionen annehmen, so daß er in Panik flieht oder in geistlicher Hinsicht unempfindlich wird, im Glauben verbürgerlicht und auf der bisher erreichten Stufe geistlichen Lebens stehen bleibt bzw. einfach retardiert.

In der abendländischen Spiritualität und Aszetik kam es zu einer wesentlichen Akzentverschiebung, denn der Begriff der Akedia wurde, wie schon angedeutet, nur noch mit ,Trägheit' wiedergegeben[35], und zwar als Trägheit und Nachlassen in den geistlichen Übungen. Aber das Laster der Akedia meint kein vorübergehendes Stimmungstief, sondern bedeutet eine so umfassende Erfahrung, daß sie auch Wesentliches über den Glauben des betreffenden Menschen aussagt. Ihre Gefährlichkeit liegt darin, daß der Mensch keine Hoffnung mehr in die Beziehung zu Gott setzt und so in der Gefahr der Verbürgerlichung im Glauben steht. Der von der Akedia befallene und bedrängte Mensch bleibt hinter der Anforderung seines Lebens und Glaubens wie auch seiner Verantwortung vor Gott zurück. Aufgrund dieser Tragweite wird die Akedia in der geistlichen und theologischen Tradition den Todsünden zugeordnet und sogar als die größte aller Hauptsünden bezeichnet, da sie die ,Ur-Abwendung des Geistes von Gott' darstellt. Der Akedia haftet der Vorgeschmack der ,Hölle' an: Sie treibt den Menschen so weit, daß er glaubt, den Kopf und das Leben zu verlie-

---

33 Irenäus von Lyon, Adv.Haer. III 24,1.

34 Evagrios Pontikos, De malignis cogitationibus 18 (PG 79, 1221 A).

35 Vgl. Tanquerey, A., Grundriß der aszetischen und mystischen Theologie, Paris-Tournai-Rom 1935, 625; Thils, G., Christliche Heiligkeit, München 1961, 10 (Anm. 10); Wulf, F., Art. ,Trägheit', in: LThK X (1965) 302f.; Zimmermann, O., Lehrbuch der Aszetik, Freiburg ^{2}1932, 191.

ren; darüber kann es zum Zusammenbruch der Persönlichkeit kommen, bis zur Geisteskrankheit.
Die Termini „acedia, accidia, accedia, acidia"[36] sind lateinische Fassungen des griechischen Wortes. Ihre Grundbedeutung beschreibt zunächst jenen Menschen, der sich nicht kümmern will, sei es aus Indifferenz gegenüber den Dingen und Ereignissen oder aus Trägheit und mangelnder Bereitschaft zu sittlichen Entscheidungen.[37]
Die Krise der Akedia[38] wird von den frühen Mönchsvätern an einer ganzen Reihe von Symptomen beschrieben: Langeweile, Lustlosigkeit, Müßigkeit, Schläfrigkeit, Rücksichtslosigkeit, Unruhe, Umherschweifen, körperliche und geistige Unstetigkeit, Schwatzhaftigkeit und Neugier, Sehnsucht nach einem anderen Lebensstil. Der Mangel an Entschiedenheit verhindert das Voranschreiten auf dem geistlichen Weg: Wer die Dinge des geistlichen Lebens nur mit halber Intensität ausführt, bleibt halbherzig und wird schließlich auf dem Weg zu Gott erlahmen.
Das Pendant zur Lauheit ist die übermäßige Willensanstrengung, welche die höchste Form von Lauheit darstellt. Wie ein Bogen durch zu große Spannung ausleiert, wird der Mensch durch ständige Überspannung im Tun untauglich. Hieraus erklärt sich, warum auf extreme Überanstrengungen Zeiten der Lauheit folgen.
Da die Akedia nicht an der Oberfläche des Menschen sitzt, läßt sie sich durch keine Anstrengung beheben, sie muß einfach ausgehalten und durchlitten werden. Die Akedia kann nicht ausgerottet, sondern nur umgewandelt werden[39], und zwar nicht von außen (durch eine Veränderung oder einen Ausstieg aus der Situation und Lebenslage), sondern von innen (durch geduldiges Bleiben). Ohne eine solche Umwandlung führt die Akedia in den geistlichen Tod, der das Ende des geistlichen Lebens bedeutet. Die Mönche versichern aus ihrer eigenen Erfahrung, daß schon das geduldige Ertragen der Akedia ihre ‚Aufhebung' ist, denn das Ausharren verlangt eine tiefe Gläubigkeit und die Überzeugung, von Gott allein die notwendige Gelassenheit erhalten zu haben.

---

[36] Die Christen betonten das Wort auf der letzten Silbe. Zur Wortbedeutung: Ernout, A., Art. ‚Accidia', in: Mélanges Desrousseaux, Paris 1937, 161ff.; Art. 'Acedia', in: DSAM I (1937), 99-104; 166-169; Vögtle, A., Art. 'Acedia', in: RAC I (1950) 62f.; Wenzel, S., The Sin of Sloth. Acedia in Medieval Thought and Literature, Chapel Hill [2]1967; ders., The Seven Deadly Sins. Some Problems of Research, in: Speculum 43 (1968) 1-22; Jehl, R., Die Geschichte des Lasterschemas und seiner Funktion von der Väterzeit bis zur karolingischen Erneuerung, in: Franzisk. Studien 64 (1982) 261-359; Bunge, G., Akedia. Die geistliche Lehre des Evagrios Pontikos vom Überdruß, Köln 1983; Jehl, R., Melancholie und Acedia. Ein Beitrag zu Anthropologie und Ethik Bonaventuras, Paderborn 1984; Augst, R., Acedia - religiöse Gleichgültigkeit als Problem der Spiritualität bei Evagrius Ponticus (Saarbrücker theologische Forschungen, Bd. 3), Frankfurt/M. 1990, 1 (Anm. 7); Schneider, M., Akedia. Lebenskrisen in der Deutung des Glaubens, Köln 2000; ders., Aus den Quellen der Wüste, Köln [3]2002, 89.145f (Anm. 369).
[37] Zum Folgenden Augst, R., Acedia, 143.
[38] Lot-Borodine, M., L'Aridité ou siccitas dans l'antiquité chrétienne, in: Et. Carm 22 (1937) 191-205; Truc, G., Les états mystiques négatifs, in: Revue philosophique 73 (1912) 610-628.
[39] Non evadimus, sed mutamus (Johannes Cassianus, Inst. IX, 7 [CSEL 17, 169]).

Die Akedia ist keine Detailerfahrung im Reifungsprozeß des Glaubenslebens, die sich auf einzelne Lebensbereiche seines Daseins beschränkt; sie stellt eine Anfechtung dar, die das ganze menschliche Dasein betrifft und dabei als solche nur schwer mit Worten und Begriffen zu umfassen ist.[40] Doch eines läßt sich grundsätzlich sagen: Wenn der ‚akediöse' Mensch müde und geschwächt bleibt und sich der Herausforderung der Akedia nicht stellt, wird sie schließlich das letzte Wort behalten und den Menschen für immer vom Weg des Glaubens und der Nachfolge abbringen.

Die Gefährlichkeit der Akedia liegt darin, daß sie schließlich in die Hoffnungslosigkeit führen kann, und zwar als Verzweiflung oder als „praesumptio".[41] Während die Praesumptio, meist mit »Vermessenheit« übersetzt, die ‚Vorwegnahme' der Nicht-Erfüllung meint, geht es bei der Verzweiflung um eine noch radikalere Form der Hoffnungslosigkeit: Der Verzweifelte kann sich nicht mehr zur wahren Hoffnung aufschwingen, ihm „fehlt der Fuß, auszuschreiten auf dem Weg, welcher Christus ist"[42], so daß er lieber hinter sich zurückfällt und nicht mehr er selber sein will.

Hier wandelt sich die Akedia-Erfahrung in eine Lebenshaltung: Die „Verzweiflung der Schwachheit« läßt den Menschen »verzweifelt nicht er selbst sein".[43] Aufgrund von Werdescheu und Werdeangst lehnt der Mensch den Reifungsprozeß seines Lebens ab, betritt nicht mehr den Raum seiner Freiheit und läßt es an Hochgemutheit fehlen: „Der in der Akedia befangene Mensch hat weder den Mut noch den Willen, so groß zu sein, wie er wirklich ist. Er möchte lieber weniger groß sein, um sich so der Verpflichtung der Größe zu entziehen. Die Akedia ist eine pervertierte Demut; sie will die übernatürlichen Güter nicht annehmen, weil sie ihrem Wesen nach verbunden sind mit einem Anspruch an den Empfänger."[44]

Als Weigerung, Mensch zu werden[45], zeigt sich die Akedia überall dort, wo der Mensch die Grenzen seines Daseins nicht akzeptiert und die positiven Gegebenheiten seines Lebens nicht mehr aufgreift, also in psychischer Regression lebt.[46] Die Versuchung, nicht zu werden, der er ist[47], führt den Menschen in träge Bequemlichkeit und läßt ihn „seine eigene Größe in tausend Nebensächlichkeiten, Selbstentschuldigungen und Ausflüchten"[48] verpassen. Es handelt sich

---

[40] Vgl. hierzu die Studien von Wrzol, L., Die Psychologie des Johannes Cassianus, in: DTh 5 (1918) 181-213.425-456; 7 (1920) 70-96; 9 (1922) 269-294.

[41] Pieper, J., Über die Hoffnung, München ²1938 , 49ff.

[42] Paschasius R., De Fide, spe et caritate 2,4.

[43] Kierkegaard, S., Die Krankheit zum Tode. Übers. von H. Gottsched und Chr. Schrempf, Jena 1938, 44ff.

[44] Pieper, J., Über die Hoffnung, 60.

[45] Ausführlich Illhardt, F.J., Trauer, Düsseldorf 1982, 316f.

[46] Stoeckle, B., Handeln aus dem Glauben. Moraltheologie konkret, Freiburg-Basel-Wien 1977, 170; Illhardt, F. J., Trauer, 316.

[47] H. Cox interpretiert die erste Sünde im Paradies als die verlockende ‚Ursünde', „weniger als ein Mensch zu sein", (Cox, H., Stirb nicht im Warteraum der Zukunft, Stuttgart ³1970, 13).

[48] Illhardt, F.J., Trauer, 315f.

hier um die Ursünde[49], wie es auch in jeder Sünde Spuren der Akedia gibt: Der Mensch bleibt hinter dem Maß Gottes und hinter sich selbst zurück.
Gerade gegenüber der Akedia, die das Leben des Menschen matt werden läßt, weist das Mühen um die beiden Kardinaltugenden des Maßes und der Tapferkeit in eine neue Richtung. Es gibt nach Thomas von Aquin keine Tapferkeit ohne die Erfahrung der Verwundbarkeit (und umgekehrt). Immer wieder wird der Mensch auf seinem Lebensweg ‚verwundet' werden, und keiner kommt an der Versuchung zur Traurigkeit vorbei. Diese Erfahrung kann den Menschen in „eine abgründige Traurigkeit" führen, die „so unüberwindlich ist, daß sie dem Menschen durch keine natürliche Kraft der Einsicht und des Willens abgenommen werden kann"[50]. Verbindet sich die Tapferkeit aber mit der Tugend der Geduld, schützt sie den Menschen vor dem Abgleiten in Resignation oder Ersatzhandlungen. Von dieser wahrhaft demütigen Traurigkeit sprechen die Seligpreisungen der Bergpredigt.[51]
Die Gefahr, die mit der Akedia als Werdeangst und Werdescheu verbunden ist, liegt darin, daß der Mensch die Gegenwart Gottes in allen Dingen kaum noch erkennt und die Erfahrungen seines Lebens nicht mehr durcherlebt bis zu dem Punkt, wo er sie als von Gott kommend entgegennimmt. Statt dessen gibt der akediöse Mensch lieber sich und das eigene Leben aus den Händen und läßt alles nur noch laufen. Dem entgegenzuwirken durch ein neues Ja zum Leben, darin besteht der unterscheidend christliche Umgang mit der Akedia. Wer in Tapferkeit und Geduld sein Leben bejaht, sieht sich im Glauben und in der Liebe zu Christus - fern von allen utopischen Traumphantasien - zur „Bekümmernis für die Welt" aufgefordert, und zwar „Bekümmernis im doppelten Sinn von Trauer und Engagement"[52]. Dies erfordert Tapferkeit und Geduld, die beide zu einem gläubigen Umgang mit der eigenen Reifung im Glauben gehören.

IV. Mögliche Konkretisierung

K. Frielingsdorf gab mit seinem Lebenswerk eine eigene Antwort auf Frage nach den Grundbedingungen für die Reifungsgeschichte im Glauben, indem er viele Menschen auf dem Weg der geistlichen Begleitung ausbildete. Ein Aspekt der geistlichen Begleitung, der unmittelbar mit der Reifungsgeschichte des Glaubens zusammenhängt, sei abschließend noch eigens bedacht.
J.W. Fowler zeigt an den großen Gestalten der Religionsgeschichte wie M. Gandhi, M.L. King, D. Bonhoeffer, Mutter Teresa, daß sie alle am Ende ihres Lebens das eigene Selbst als letzten Bezugspunkt ihres Daseins aufgegeben

---

[49] Von hier wird es einsichtig, in welchem Ausmaß die Akedia eine Wurzelsünde ist und wie sehr sie die Grundeinstellungen für die kommenden Handlungen bestimmt. Zum Begriff der Wurzelsünde: Kramer, H., Die sittliche Vorentscheidung. Ihre Funktion und ihre Bedeutung in der Moraltheologie, Diss. Würzburg 1970, 13f.; Illhardt, F.J., Trauer, 316.
[50] Pieper, J., Das Viergespann: Klugheit, Gerechtigkeit, Tapferkeit, Maß, München 1964, 170.
[51] Vgl. ebd., 170; Illhardt, F.J., Trauer, 322.
[52] Illhardt, F.J., Trauer, 327.

hatten und sich fortan als Teil einer umfassenden Gemeinschaft fühlten, der sie ihre eigenen Interessen unterordneten. Sie hatten die Paradoxien, Widersprüchlichkeiten und Relativitäten, denen sie in ihrem Alltagsleben auf Schritt und Tritt begegnet waren, überwunden und waren bereit, ihr Selbst für die Verwandlung der gegenwärtigen Wirklichkeit in Richtung auf eine umfassende Gemeinschaft der Gerechtigkeit und Liebe aufzuopfern. Aufgrund dieser opferbereiten Liebe „erfahren wir sie als revolutionär im Hinblick auf ihre Perspektiven und ihre Zuwendung zu anderen. Umfassende Visionen, die Unterordnung von tiefsitzenden, eigenen Interessen unter die Erfüllung des Seins ermöglichen es ihnen, unsere beschränkten Idole zu demaskieren und uns zur Gerechtigkeit und zu einem weiteren, weniger selbst- oder gruppenzentrierten Glauben aufzurufen, indem sie uns lehren oder ein stilles Beispiel sind“[53].

Eine ähnliche Erfahrung hat der bekannte geistliche Autor Henri J.M. Nouwen gemacht. In der Begegnung mit dem Bild vom Verlorenen Sohn, das Rembrandt als ein Bild seines eigenen Lebens aufgezeichnet hat, entdeckt er seine Berufung, „wie der Vater zu werden“. Er erhält dazu in einem Gespräch den Rat: „Dein ganzes Leben lang suchst du nach Freunden; seit ich dich kenne, sehnst du dich nach Zuwendung; du hast dich für tausenderlei Dinge interessiert; du hast nach allen Seiten um Aufmerksamkeit, Anerkennung und Bestätigung gebettelt. Jetzt ist die Zeit gekommen, deine wahre Berufung anzutreten, wie ein Vater zu sein, der seine Kinder zu Hause empfängt, ohne ihnen Fragen zu stellen oder von ihnen Gegenleistungen zu verlangen.“[54] Nun hat es ihm nicht mehr darum zu gehen, für die ihm Anvertrauten ein guter Freund oder liebenswürdiger Bruder zu sein, sondern ihr ‚Vater‘, der ‚Vater aller‘ im Glauben zu werden.

Das geistliche Amt der universalen geistlichen Vaterschaft wurde bei den frühen Mönchsvätern zu großer Vollendung gebracht und wird als solches bis heute noch in den Kirchen des Ostens ausgeübt. Die geistliche Vaterschaft leitet sich her von dem Wort des Apostels Paulus: „Hättet ihr auch ungezählte Erzieher in Christus, so doch nicht viele Väter. Denn in Christus Jesus bin ich durch das Evangelium euer Vater geworden. Darum ermahne ich euch: Haltet euch an mein Vorbild“ (1 Kor 4,14-16). Geistlicher Vater ist demnach jener, der einen anderen für das geistliche Leben im Glauben gezeugt hat.

Durch diesen einzigartigen Dienst kommt der geistlichen Vaterschaft im Leben des Glaubens eine hervorragende Bedeutung zu. Die Führung durch den geistlichen Vater dauert kein Leben lang. Die Beziehung zum geistlichen Vater bleibt sogar derart ausschließlich, daß man im Leben nur einen einzigen derartigen geistlichen Vater haben kann. Ist er nicht mehr da oder erreichbar, muß man in Treue zu der Tiefe des eigenen Herzens leben, zu welcher der Vater einem verholfen hat. Andrè Louf schreibt über die geistliche Vaterschaft: „Eine solche Beziehung ist ihrem Wesen nach einzigartig und schließt jede andere ähnlicher

[53] Fowler, J. W., Stufen des Glaubens. Die Psychologie der menschlichen Entwicklung und die Suche nach Sinn, Gütersloh 1991, 227.

[54] Nouwen, H. J. M., Nimm sein Bild in dein Herz. Geistliche Deutung eines Gemäldes von Rembrandt, Freiburg Basel Wien 1991, 36.

Qualität aus. Man kann im Leben nur einen Vater haben. Daran kann man geradezu erkennen, ob diese Beziehung echt war. Sie ist weder dazu bestimmt, ewig zu dauern, noch sich in gleicher Weise zu wiederholen. Es wäre auch ganz überflüssig, wenn diese Beziehung wahrhaft zu einer spirituellen Geburt geführt hat, zu dem entscheidenden Hinüberwechseln in das Leben mit Gott. Kommt der Tag, an dem dieser 'Vater' aus dem Blickfeld verschwindet, braucht man keinen anderen mehr zu suchen. Dann gilt es, Trauerarbeit zu leisten, wie jedes Kind, das seinen Vater verliert, und einen neuen Anfang machen: aus der Erinnerung und einer heimlichen Liebe heraus weiterzuleben, aus dem Geist heraus, zu dessen Entdeckung in der Tiefe des eigenen Herzens einem dieser 'Vater' verholfen hat. Von nun an 'lehrt alles' (1 Joh 2,27) der Geist, und der genügt."[55]
Jeder ist auf einen ganz bestimmten geistlichen Vater hin angelegt. Was immer der geistliche Vater sagt, kommt letztlich aus dem Herzen des Begleiteten selbst, denn er hat es bei seinem »Vater« aufkommen lassen. Was er also beim Vater sucht, trägt er unbewußt schon in sich.
Die geistliche Vaterschaft ist ein seltenes und unnachahmliches Charisma. Sie beruht auf keinen Fertigkeiten und Berufserfahrungen, sondern darf als ein Geschenk Gottes betrachtet werden. Bei der geistlichen Vaterschaft handelt es sich um eine aus Freiheit und Liebe akzeptierte Autorität. Man kann sich nicht selber zu einem geistlichen ‚Vater' ernennen, auch darf man sich nicht selbst vorschnell als einen solchen ausgeben. Es bedarf dazu eben eines inneren Reifungsweges im Glauben, der für viele meist erst gerade am Ende ihres Lebens zum Ziel kommt. Die angeführten Beispiele zeigen, daß es am Ende des Reifungsprozesses des Glaubens in den Lebensaltern zu einer neuen, bisher nicht gekannten ‚Universalisierung' des eigenen Lebens mit seinem Beziehungsgeflecht kommt. Der einzelne erfährt, wie er sich immer weniger selber gehört und zunehmend in den Dienst einer universalen ‚Vaterschaft' bzw. ‚Mutterschaft' genommen wird und darin auch sein eigener Reifungsweg im Glauben zur Vollendung gelangt ist.

55 Louf, A., Die Gnade kann mehr. Geistliche Begleitung, Münsterschwarzach 1995, 48.

Christoph Kentrup SJ

Ignatius als Dramaturg

Wie kann ein Text, der über 2000 Jahre alt ist, wieder seine Kraft und Wahrheit entfalten? So fragen nicht wenige Christen heute. Und wenn wir unvoreingenommen auf die Geschichte des Theaters und der bildenden Kunst schauen, hatten die Worte der Bibel immer eine ungemein produktive Dynamik. Ob das nur aus katechetischem Interesse inszeniert wurde, oder weil eine Quelle sprudelte, die von sich aus anregend, schöpferisch und sprach- und kunstbildend war - das ist eine andere Frage.
Für mich selbst wurden die Dramatisierungen des Exerzitienbuches des heiligen Ignatius von Loyola (1491-1556) eine Antwort auf beide Fragen. Ignatius gibt in seinem Text Hinweise zu einer inneren Inszenierung eines Dramas an, die zumindest für die Pädagogik und das Jesuitentheater[1] ein entscheidender Impuls wurden. Der äußerlich spröde wirkende Text ist dazu bis heute eine Anleitung, wie Menschen ihr Leben ordnen und Gott in allen Dingen suchen und finden können.
Ist es überhaupt möglich, den literarischen Begriff des Dramas auf die Bibel und die Betrachtung in den Exerzitien anzuwenden? Ich möchte in diesem Artikel mit Hilfe der Deutungsweise des Dramas auf einige Aspekte aufmerksam machen, die zu einem lebendigen Verständnis der Exerzitien und der Hl. Schrift führen und eine erstaunliche Dynamik auslösen können.[2] Es sind in erster Linie Suchhinweise, mit denen das Innenliegende neu entdeckt werden kann.

1. Was unterscheidet das Drama von anderen literarischen Gattungen?

"Lessing stellte die berühmte Frage: 'Wozu die saure Arbeit der dramatischen Form? Wozu ein Theater erbauet, Männer und Weiber verkleidet, Gedächtnisse gemartert, die ganze Stadt auf einen Platz geladen? Wenn ich mit meinem Werke, und mit der Aufführung desselben, weiter nichts hervorbringen will, als einige Regungen, die eine gute Erzählung, von jedem zu Hause in seinem Winkel gelesen, ungefähr auch hervorbringen würde?'"[3] Es muß also etwas Spezifisches inne liegen, das das Drama erst auf die Bühne bringt: "Wo die Welt dramatisch wird, da hört jene ruhige Betrachtung, jenes weite Abstandnehmen, je-

[1] Vgl. Batllori, M., Der Beitrag der Ratio studiorum für die Bildung des modernen katholischen Bewußtseins, In: Ignatianisch, (Hg.) Sievernich, M./Switek,G., Freiburg 1990, 314-322. Zum Jesuitentheater besonders Anmerkung 16.
[2] Einen ersten Anstoß erhielt ich von Garcia Mateo, R. SJ, Ignatius von Loyola - Mystik und Dramatik, in: StdZ 116 (1991) 345-356. Auch verweise ich auf den großen Entwurf von: Balthasar von, H.U., Theodramatik, 5 Bde, Einsiedeln 1973-1983.
[3] Kayser, W., Das sprachliche Kunstwerk. Eine Einführung in die Literaturwissenschaft, Bern ^{16}1973, 367.

ne Liebe zu jedem einzelnen Punkte in der Fülle des Daseins auf, die für die epische Einstellung kennzeichnend waren. Da ist der letzte Sinn des Sprechens nicht Kundgabe einer Verschmolzenheit oder Darstellung eines anderen Seienden, sondern da löst die Sprache aus, da pro-voziert das Wort etwas, was bisher nicht da war, da empfindet sich das Ich dauernd angesprochen, aufgefordert, angegriffen, da spannt sich alles auf das Kommende. Eben weil die so geartete Welt unmittelbar als solche erlebt werden soll, strebt das Dramatische zum Drama, in dem es nun kein Präteritum und keinen vermittelnden Erzähler mehr gibt"[4].
Zuschauer und handelnde Personen werden zu Entscheidungen gedrängt; eine Aktion ruft die andere hervor; Spannung wird erlebt, weil auch der Raum nicht mehr nur neutraler Schauplatz ist, sondern selber auch Teil des Dramas wird.
Ein Drama ist also auf *Figuren, dem Geschehen und dem Raum* aufgebaut; sie entsprechen den drei möglichen dramatischen Gattungen: Figurendrama, Geschehnisdrama, Raumdrama.

Im *Figurendrama* liegt "die Einheit nicht in der Handlung, sondern in der Figur. Anfang, Mitte und Ende müssen aus ihrem Wesen gewonnen werden"[5]. Eine besondere Rolle spielt hier auch die besondere Zeitordnung, in der sich die dramatische Welt aufbaut. Prozesse, die ein Leben lang dauern können, werden in der Dramatisierung verkürzt.
Das *Raumdrama* ist besonders als historisches Drama realisiert worden. Eine Vielzahl von Schauplätzen, Figuren, Geschehen in historischen Zusammenhängen, Dialogen und Monologen sind kennzeichnend. "Im echten Raumdrama schließt es daneben- und dahinterliegende Welt auf, da haben die Phasen des Geschehens eine Tendenz, selbstherrlich zu werden, da sprossen überall neue Geschehnisreihen aus dem Boden"[6].
Im *Geschehnisdrama*[7] wird das Geschehen zum Träger der Struktur, die zeitliche Gespanntheit schafft, die ganze dramatische Welt ordnet sich zu und wird zur Handlung. Aristoteles sagt: Das Drama sei eine sittlich ernste, in sich abgeschlossene, umfangreiche Handlung; die Handlung sei den Charakteren übergeordnet, sie erwecke Mitleid und Furcht. In ihm findet sich oft eine Einheit von Handlung, Raum und Zeit wieder.

Ein wesentlicher Inhalt ist die Tragödie. Das Tragische wird in ihr der Einheitspunkt, d.h. Untergang, der nicht sein sollte, Sinnlosigkeit und Absurdität am Ende, Verborgenheit des Sinnes im Sinnlosen. Mächte und Gegenkräfte bestimmen den Menschen in seinen Handlungen; höhere Gewalten, das Schicksal, Götter und mächtig - ohnmächtige Menschen bestimmen den Lauf der Ereignisse.

---

[4] ebd. 367.
[5] ebd. 369.
[6] ebd., 370.
[7] Vgl. ebd., 370 ff.

In der Tragödie werden ausweglose Konflikte ausgetragen, die innerhalb des eigenen Ich, zwischen Ich und Welt, zwischen Ich und Gott, zwischen zwei Mächten liegen können[8].

Die Geschichte des Dramas ist insofern aufschlußreich, weil sich in ihr die klassischen Fragestellungen finden lassen, mit denen wir auch heute die Bibel befragen. So werden z.B. die menschlichen Urkonflikte im "Sturm und Drang" dramatisiert und soziale Fragen gestellt. In Goethes Dramen finden wir seine eigenen Lebenserfahrungen, Hoffnungen und Wünsche, Enttäuschungen und Weisheiten. Schiller bringt in Zeit - und Geschichtsdramen den Konflikt von Idee und Wirklichkeit, den Kampf des Einzelnen mit der Allgemeinheit auf die Bühne des Dramas.
Außerdem geht das Drama noch auf folgende Fragestellungen[9] ein:

- Welche Personen handeln? Welcher Konflikt besteht? Welche Gegenkräfte zeigen sich? Welcher Spannungsbogen besteht?
- Wie *sind* die Verhältnisse und Zustände darzustellen, denen der Konflikt entspringt? Welche Steigerung und welcher Höhepunkt wird deutlich , welche Lösung zeichnet sich im Scheitern ab oder welche Wendung zum Guten? Welche Sprachformen herrschen vor - Prolog, Monolog, Dialog oder Erzählung? Welche inneren Zustände spiegeln sich in den Personen, welche Leidenschaften? Was ist das äußere Geschehen?

2. Und welche Hinweise gibt uns nun Ignatius als Dramaturg? Wie inszeniert er das Heilsdrama Gottes mit den Menschen für diejenigen, die die Exerzitien machen?

Immer wo Ignatius Hinweise zur Dramatisierung gibt, begegnen wir zentralen Schritten des Exerzitienprozesses. Zum ersten Mal finden wir den Begriff "Zusammenstellung, indem man den Raum sieht"[10] zu Beginn der Sündenbetrachtung in der "Ersten Woche", dort wo der Exerzitant sich seiner Sündhaftigkeit vor Gott bewußt werden soll. Ignatius verwendet den Begriff "composicion viendo el lugar", H.U. von Balthasar übersetzt ihn mit "Zurichtung des Schauplatzes"[11], H. Rahner[12] mit "anschauliche Vorstellung des Ortes", A. Haas mit "Aufbau des Schauplatzes"[13]. Das Sprachlexikon spricht von "Lokaltermin" im juristischen Sinne.

---

[8] Vgl. Prang, H., Formgeschichte der Dichtkunst, in: Sprache und Literatur 45, Stuttgart, 113.
[9] Vgl. Wilpert von G., Sachwörterbuch der Literatur, Stuttgart ^{5}1969, 183-190; Schüler Duden: Die Literatur. Mannheim 1989, 111-113.
[10] Ignatius von Loyola, Exerzitienbuch, Übersetzung von Knauer, P., Leipzig 1983, neu erschienen in Würzburg 1999. Im Text abgekürzt mit EB und der entsprechenden Nummer.
[11] Balthasar von, H.U., Exerzitien, Einsiedeln 1954.
[12] Rahner, H., Ignatius als Mensch und Theologe, Freiburg 1964, 436.
[13] Haas, A., Die Exerzitien des Hl. Ignatius, Freiburg 1967.

Die handelnden Personen sollen in den Blick kommen, immer in einem Zeit-Raum Geschehen eingebunden, regelrecht verortet. Auch wo es um unsichtbare Vorgänge geht, rät Ignatius" mit der Sicht der Vorstellungskraft zu sehen und zu erwägen, daß meine Seele in diesem verderblichen Leib eingekerkert ist" (EB 47).

Der Schauplatz für diese Betrachtung ist nicht nur ein inneres seelisches Geschehen, sondern zuerst der Raum und das Haus, wo jemand gelebt hat. Zum Schauplatz gehören weiter die Menschen, mit denen derjenige in Beziehung gestanden hat und die Frage danach, welches Amt er innehatte. Eine solche Erforschung geschieht nochmals in einem größeren "Raum" und "Horizont" hinein, nämlich vor Gott (EB 59) und seiner Schöpfung, vor den Engeln und Heiligen, Himmel und Erde, Sonne, Mond und Sternen, vor Vögeln und Fischen (EB 60).

Die dann folgenden Wiederholungsübungen mit dem dreifachen Gespräch mit Maria, die auf den Sohn verweist, und der Sohn wieder auf den Vater (EB 62-64) wirken wie ein inne haltendes Moment in dem Spannungsbogen bis zu ihrem Höhepunkt, der Höllenbetrachtung.
Der übende Mensch soll sich derjenigen versichern, die ihm erst ermöglichen, die Gefährdung, das Unheil und den Abgrund wirklich mit allen Sinnen zu erfassen. Das Verborgene soll offenbar und der Mensch mit dem Bösen konfrontiert werden, indem er alles, was ihn in seiner Existenz bedroht mit der Sicht der Vorstellungskraft sieht, mit den Ohren hört, mit dem Geruch riecht, mit dem Geschmack schmeckt, mit dem Tastsinn berührt (EB 65-71).

Die folgenden zehn Zusätze (EB 73-90) sind nochmals Übungen für den Betrachtenden selbst, wie er ganz konzentriert mit Leib und Seele dieses unbegreifliche Drama tiefer erfassen kann. Um nur dieses zu sehen und zu spüren, soll er z.B. keinen Platz lassen für andere Gedanken. Letzte Ausflüchte oder Distanzierungsversuche sollen nicht mehr möglich sein.
Daß es um ein Drama im oben beschriebenen Sinne geht, wird besonders deutlich, wenn der Übende sich selbst in der vorgestellten Szene einfinden, das "Geschaute" auf sich anwenden oder daraus "Nutzen" ziehen soll. Dann wird er provoziert, angesprochen, aufgefordert, angegriffen, auf das Kommende gespannt[14] Ignatius gibt die "Regieanweisung":

ERSTER PUNKT: Die Personen sehen, nämlich unsere Herrin sehen und Josef und die Magd und das Kind Jesus, nachdem es geboren ist;
[2] ich mache mich dabei zu einem kleinen armen und unwürdigen Knechtlein, indem ich sie anschaue, sie betrachte und ihnen in ihren Nöten diene, wie wenn ich mich gegenwärtig fände, mit aller nur möglichen Ehrerbietung und Ehrfurcht.
[3] Und danach mich auf mich selbst zurückbesinnen, um irgendeinen Nutzen zu ziehen.

---

[14] Vgl. Kayser, W., Das sprachliche Kunstwerk, a.a.O., 114 u.ö.; vgl. auch EB 47 ff, 114.

ZWEITER PUNKT: Schauen, beachten und betrachten, was sie sagen. Und, indem ich mich auf mich selbst zurückbesinne, irgendeinen Nutzen ziehen (EB 114 und 115).

Der Beginn der "*Zweiten Woche*" der Exerzitien ist ein Höhepunkt der ignatianischen Dramaturgie, in der das "Größte und das Kleinste" auf die Bühne der Welt und der Seelen gebracht werden. Hier wird wirklich ein "Welttheater" inszeniert: die ganze Welt - aus dem Blick Gottes - und "die Zimmer unserer Herrin, in der Stadt Nazareth in der Provinz Galiläa" (EB 103).
Die Akteure sind die Personen auf der Erde, die drei göttlichen Personen, Maria und "der Engel, der sie grüßt". Hier geht es um das Geschehen, das in die Weltgeschichte eingreift, um die Menschwerdung des Sohnes Gottes.
Wieder ist der Gebrauch aller Sinne nötig, dieses Drama zu betrachten: die einen und anderen zu sehen, zu hören, was sie sprechen und zu schauen, was sie tun.
Ein besonderes Motiv wird in EB 112 vor das innere Auge gebracht, nämlich der Weg von Nazareth nach Bethlehem. Es ist ein Pilgerweg, den die Menschen gehen sollen, um von der Verheißung zur Erfüllung zu gelangen.
Die ganze Inszenierung treibt seinem Höhepunkt zu, wo die Gegenspieler der Weltgeschichte offenbart werden: auf der einen Seite Christus, und auf der anderen Seite "Luzifer, dem Todfeind unserer menschlichen Natur" (EB 136).
Wenn wir die literarischen Begriffe verwenden wollen, finden wir hier die klassischen Elemente der Tragödie: der Mensch steht vor dem Untergang oder vor der Rettung. Er ist Mächten und Gewalten ausgeliefert - und die Frage drängt sich auf: Gibt es überhaupt eine Rettung?
Mit wenigen Worten stellt Ignatius dem Exerzitanten die Situation vor Augen, in der sich alles entscheidet. Der Mensch muß jetzt begreifen, welchen Weg er weitergehen, welcher Macht er folgen will. Ignatius gibt wieder eine „Zusammenstellung, indem man den Raum sieht. Hier wird dies sein: Ein großes Feldlager sehen, bestehend aus jener ganzen Gegend von Jerusalem, wo der Generaloberste Hauptmann der Guten Christus unser Herr, ist; ein anderes Feldlager in der Gegend von Babylon, wo der Anführer der Feinde Luzifer ist" (EB 138).
Die Personen und der Raum sind wieder auf engste miteinander verknüpft, das eine erhellt das andere. Raum und Personen stehen symbolisch für den Ausgang des Dramas: Jerusalem auf der einen Seite bedeutet Freiheit, Rettung und Erlösung, wenn auch durch das Kreuz; auf der anderen Seite steht Babylon für Gefangenschaft, den Verlust Gottes und für den Tod.
Es wird deutlich, daß es bei den Exerzitien nicht mehr nur um innere seelische Vorgänge geht, mit denen sich nur besonders privilegierte oder begabte Menschen befassen können. Es geht vielmehr auch um die Aufdeckung der beherrschenden Kräfte in der Welt und im Innern des Menschen. Für den Menschen und seine Welt steht alles auf dem Spiel: „Leben und Tod lege ich dir vor, Se-

gen und Fluch. Wähle also das Leben, damit du lebst, du und deine Nachkommen" (Dtn 30, 19)[15].
Der Übende vermag dies alles nicht aus sich selbst zu erfassen. Er braucht Zeugen und Helfer, die er wieder im dreifachen Gespräch mit der Herrin, dem Sohn und dem Vater finden kann (EB 147).

Am Eingangstor zur "*Dritten Woche*" der Exerzitien finden wir wieder eine "Zusammenstellung, in dem man den Raum sieht". Hier wird dies sein: Den Weg von Betanien nach Jerusalem erwägen... ebenso den Raum des Abendmahles (EB 192). Weg und Raum verbinden die bisherigen "Szenen". Im Neuen Testament ist der Weg Jesu von Betanien nach Jerusalem (Joh 12,1-11; Mt 26, 6-13; Mk 14,3-9) als ein Weg vom Tod zur Auferstehung gedeutet. Dort in Betanien, wo Jesus den toten Lazarus zum Leben erweckte, will er für sein Begräbnis gesalbt werden. Und den demütigen Dienst der Salbung von Maria in Betanien vollzieht Jesus selbst in der Fußwaschung an seinen Jüngern im Abendmahlssaal in Jerusalem. So symbolisieren der Weg und der Ort wieder die zentralen Ereignisse.

Zu Beginn der "*Vierten Woche*" soll der Übende das Grab Jesu betrachten und das Haus unserer Herrin. Ignatius übernimmt diese Betrachtung aus dem Leben Jesu des Ludolf von Sachsen[16].
In dieser Motivwahl verknüpft Ignatius die Betrachtung von der Menschwerdung (EB 103) mit der Erscheinung des auferstandenen Herrn bei seiner Mutter Maria und will damit deutlich machen: Der dreifaltige Gott wollte die Menschheit aus dem Tode retten und offenbaren, daß Gottes Leben stärker ist als der Tod. Darum wurde Jesus Mensch.
Wichtig in der vierten Woche ist für Ignatius das Motiv der Freundschaft. Um die Höhe und Tiefe der Freundschaft auszuloten, spannt er einen Bogen von der Ersten zur Vierten Woche: In der Sündenbetrachtung der Ersten Woche legt Ignatius das Gespräch mit dem Gekreuzigten vor: "Das Gespräch wird gehalten, indem man eigentlich spricht so wie ein Freund zu einem anderen spricht..."(EB 54). Und in der Auferstehungsbetrachtung der "Vierten Woche" wird der Beter eingeladen: "Das Amt zu trösten anschauen, das Christus unser Herr bringt, und dabei vergleichen, wie Freunde einander zu trösten pflegen" (EB 224).
Das große Heilsdrama findet sein Ende nicht in einer siegreichen Entscheidungsschlacht, wo viele auf dem Schlachtfeld bleiben, sondern in einer neuen Beziehung unter Freunden, in dem der eine dem anderen gibt, wessen er bedarf.

Ein erstaunlich ruhiges Bild soll sich der Betrachtende zum Schluß einprägen. Es bestätigt die Verheißung zu Beginn des großen Kampfes: "Erwägen, wie sich Christus unser Herr in einem großen Feldlager jener Gegend von Jerusalem an

---

[15] Zitiert nach: Die Bibel. Einheitsübersetzung. Altes und Neues Testament, (herausgegeben im Auftrag der Bischöfe Deutschlands, Österreichs, der Schweiz...), Stuttgart 1980.
[16] LXX, 6; deutsch in: Greiner, S./ Gisi, M., (Hg.), Das Leben Jesu Christi, Freiburg 1994, 196 f.

einen demütigen, schönen und freundlichen Ort stellt" (EB 144).

3. Die Quellen des Ignatius

Nach eigenen Angaben hat Ignatius wesentliche Anregungen aus den Heiligenlegenden des Jakobus de Voraigne, der sogenannten Legenda aurea, und dem Leben Jesu des Ludolf von Sachsen erhalten. Viele Forschungen haben hier enge Bezüge zum Exerzitienbuch nachgewiesen. Ludolf von Sachsen lebte als Karthäuser in Straßburg, Koblenz und Mainz, dann wieder in Straßburg, wo er 1377 oder 1378 starb. Sein "Leben Jesu Christi" wurde das meist gelesene Erbauungsbuch des Spätmittelalters. Mit seiner Hilfe fand Ignatius eine neue Ausrichtung seines Lebens und eine lebendige Beziehung zu Jesus Christus. Dies wurde lebenswendend für Ignatius. Er will fortan auf den Spuren Jesu gehen, eine Wallfahrt nach Jerusalem unternehmen und Buße tun. Seine bisherigen Lebensziele treten gleichzeitig in den Hintergrund. "Doch alles, was er zu tun verlangte, war, sobald er gesund würde, die Reise nach Jerusalem, mit so vielen Geißelungen und solchen Enthaltungen, wie sie ein großzügiger, von Gott entzündeter Sinn auszuführen zu verlangen pflegt"[17].

Karl Rahner läßt Ignatius sprechen: "Mein Verlangen nach dem Heiligen Land war die Sehnsucht nach Jesus, dem konkreten, der keine abstrakte Idee ist... Gott hat gewollt, daß viele, unsagbar viele, ihn finden, da sie Jesus nur suchen... Diesen Jesus dachte ich, diesen Jesus liebte ich, diesem Jesus suchte ich nachzufolgen".[18]
Im Vorwort zum Leben Jesu finden wir den Weg zur Betrachtung gewiesen, den Ignatius dann weiter entfaltet hat: "Wenn du hingegen aus den Betrachtungen Frucht schöpfen möchtest, sollst du mit der ganzen Hingabe deines Herzens aufmerksam, zum Verkosten bereit, ohne dich um anderes zu sorgen oder zu kümmern, dich dem, was durch den Herrn Jesus gesagt oder getan wurde und was darüber erzählt wird, so zuwenden, als wärest du gegenwärtig, als würdest du es mit eigenen Ohren hören und mit deinen Augen sehen. Das ist für den, der mit Sehnsucht daran denkt, und noch mehr für den, der zu verkosten weiß, überaus angenehm. Wenngleich viel davon als Geschehen der Vergangenheit erzählt wird, sollst du alles doch so betrachten, als geschehe es in der Gegenwart, weil du dadurch zweifellos ein größeres Maß an Süßigkeit zu spüren bekommst. Lies also das, was geschehen ist, so, als würde es jetzt geschehen. Stell dir die vergangenen Ereignisse als gegenwärtig vor Augen, so wirst du mehr Schmackhaftes und Angenehmes verspüren"[19].

---

[17] Ignatius, Bericht des Pilgers, Nr. 9.
[18] Rahner, K. , Rede des Ignatius an einen Jesuiten von heute, Freiburg 1978, 19.
[19] Ludolf von Sachsen, Das Vorwort zum "Leben Jesu Christi", (eingeleitet und übersetzt von Falkner, A.), Frankfurt 1988 (Geistliche Texte SJ, Nr. 14), 23f.

4. "Das Geschehen hat seinen Ort"

Ludolf von Sachsen widmet einen ganzen Abschnitt in seinem Vorwort zum Leben Jesu der Bedeutung, den Orte haben. Dies entspricht einerseits sicherlich der mittelalterlichen Frömmigkeit, und hat doch darüber hinaus noch eine tiefere theologische Bedeutung. Die genannten Orte sind keine heiligen abgegrenzten Orte, sondern alle genannten Orte hat Jesus bei seiner Wanderung durch das Land berührt und dadurch geheiligt.
Die Menschwerdung Jesu bedeutet ein Ereignis in Raum und Zeit. Im Lebensraum der Welt begegnete Jesus Menschen. Und darin sind sie in den Lebensraum des menschgewordenen Gottes hineingenommen. Dieser Raum ist angefüllt mit dem Tun und dem Wort Gottes wie die Luft zum Atmen. Weil das Heilsgeschehen seinen Ort in der Welt und in den Menschen hat, setzt es den ganzen Menschen in Bewegung und provoziert. Es wird Geist und Leib, spricht das Innen und Außen an und wird so dem Menschen hörbar, fühlbar, verständlich. Damit wir Menschen überhaupt „anderes" als wir selbst wahrnehmen und davon einen Gedanken fassen können, sind wir auf raum-zeitliches Geschehen angewiesen. Da Gott sich in der Weise der Menschwerdung äußert, wird er vernehmbar. Der Raum der Welt ist also nicht nur Kulisse oder Bühne eines Dramas, sondern selbst Geschehen und Heilsereignis. Dem Raum der Welt gilt die Heils- und Rettungsbotschaft gleich wie dem Menschen. Das wird besonders deutlich in der Feier der Liturgie, in der das Wort Gottes hörbar und sichtbar wird[20].

Ludolf von Sachsen schreibt in dem genannten Vorwort:

"Bemerkungen über die Örtlichkeiten bringen bisweilen Vorteile. Deshalb habe ich dann und wann die Orte geschildert, an denen dies und das sich ereignet hat; denn es bedeutet manchem, wenn er das Evangelium lesen hört und erfährt, daß das jeweilige Geschehen seinen Ort hat, viel, wenn er auch den Ort kennt, mit dem das Geschehen in Verbindung zu bringen ist. Es ist schön, sich nach dem Heiligen Land zu sehnen, dem sich die Kirchen Christi auf dem ganzen Erdenrund Tag und Nacht unaufhörlich verbunden wissen, jenem Land, in dem der gute Jesus gewohnt hat, das er durch sein Wort und seine Lehre erhellt und schließlich durch sein kostbares Blut geheiligt hat. Noch schöner ist es, dieses Land mit den Augen des Leibes zu sehen und dann mit dem Blick des Geistes zu erwägen, wie Jesus an den einzelnen Orten dieses Landes unser Heil gewirkt hat. Wer vermag aufzuzählen, wieviel Andächtige die Orte durchwandern, bewegten Herzens die Erde küssen und Stellen berühren, an denen dem Vernehmen nach der süße Jesus gestanden oder etwas getan hat? Jetzt schlagen sie an die Brust, jetzt vergießen sie Tränen, jetzt sind deren Stöhnen und Seufzen zu

---

[20] Vgl. den Artikel "Ort" in: Praktisches Lexikon der Spiritualität, Freiburg 1988, 960-962. Eine kosmische Bedeutung des Heilsgeschehens finden wir z.B. im Kolosser-Brief. In der Neuzeit bei Chardin de, Teilhard, Der göttliche Bereich (1923), Olten 1962.

hören. So zeigen sie nach außen hin sichtbar in körperlichen Gesten ihre Andacht, die sie ohne Zweifel in ihrem Inneren haben, und rühren oft sogar die Sarazenen zu Tränen. Was soll ich von den Patriarchen Jakob, Josef und dessen Brüdern sagen, die dieses Land als Begräbnisstätte wählten, weil sie zu Lebzeiten dort nicht leben konnten? Was soll ich noch mehr sagen? Die Trägheit der Christen unserer Zeit ist zu bedauern, die trotz der vielen Beispiele so säumig sind, jenes Land der Händen der Feinde zu entreißen, das Jesus Christus mit seinem eigenen Blut geheiligt hat"[21].

5. "Mit dem Gaumen des Herzens"

Zum Schluß möchte ich noch einmal mein Plädoyer für eine solche Dramatisierung der Schrift unterstreichen. Einen überraschenden Anstoß und eine Art Weiterführung erhielt ich durch das einleitende Essay von Ulla Hahn in ihrer Gedichtsammlung "Gedichte fürs Gedächtnis - zum Inwendig-Lernen und Auswendig-Sagen"[22]. Sie drängt beim Lernen von Gedichten auf die Aneignung und Wertschätzung der Worte: "ein nicht inwendig erlebtes Gedicht ist keines." Genau das gilt mindestens genauso für die Worte der Bibel.
Zur Kunst, sich etwas einzuprägen, gehört nach klassischer Lehre seit Cicero die planmäßige Anordnung von Bildern, die Verbindung von loci (=Orte) und imagines (=Bildern). Auf unser Thema angewendet: Wenn ein Wort der Schrift bildhaft erinnert wird, hat es eine tiefere Wirkung, vor allem, wenn dieses erinnerte „Bild“ mit Orten in Verbindung gebracht wird, die für einen Menschen „zum Heil“ wurden. Der Ort erinnert an das, was dem Menschen widerfahren ist, z.B. Abraham richtete dort einen Altar auf, wo ihm Gott begegnet war (Gen 12,8).
Neben der Visualsierung ist das Hör-Gedächtnis wesentlich, wenn Sinn und Klang zusammenwirken und wir wie Augustinus sagt: "mit dem Gaumen des Herzens" ein Wort lesen[23].
Goethe behielt seine Vorliebe für das laute Lesen aller Literatur ein Leben lang bei. "Das Epische sollte rezitiert werden, das Lyrische gesungen und getanzt und das Dramatische persönlich mimisch vorgetragen werden."
Ich bin überzeugt: viel Leben könnte aus dem Wort der Heiligen Schrift überspringen, wenn wir uns an den Rat der Dichterin Ulli Hahn hielten:

---

[21] Ludolf von Sachsen, Das Vorwort zum "Leben Jesu Christi", eingeleitet und übersetzt von Falkner, A., Frankfurt 1988 (Geistliche Texte SJ, Nr. 14), 23f.

[22] Hahn, U. , Gedichte fürs Gedächtnis - zum Inwendig-Lernen und Auswendig-Sagen. Stuttgart 1999, 21-31. Dazu auch:. Metz, J.B., Artikel "Erinnerung" in: Ders., Glaube in Geschichte und Gesellschaft, Mainz 1977, 161-180; Zerfaß, R., Grundkurs Predigt, 2 Bde., Düsseldorf 1987 und 1992. Fischer / G., Lohfink, N., "Diese Worte sollst du summen", in: TheoPhil (1987) 59-72.

[23] Vgl. Ignatius in den Exerzitien: "Denn nicht das viele Wissen sättigt und befriedigt die Seele, sondern das Innerlich-die-Dinge-Verspüren-und- Schmecken (EB 3).

"Das Wichtigste beim Inwendiglernen ist also die Hörfähigkeit weit offen zu halten, nicht so sehr auf die Worte zu sehen, sondern auf sie zu hören, so weit, so tief und scharf wie möglich - und Sie werden feststellen, wieviel weiter, tiefer, schärfer Sie mit einiger Übung hören werden. Prüfen Sie jeden Hauch in der Luft und im Echoraum des Körpers. Der ganze Körper kann beteiligt sein beim Lesen eines Gedichts"[24].
Wie eine praktische Anleitung zur Meditation könnten wir ihre Hinweise zum Lesen verstehen, wenn wir anstelle von "Gedicht" „Worte aus der Bibel" einsetzen würden: "Wählen Sie ein Gedicht aus, das Ihnen das Liebste ist. Ziehen Sie sich mit ihm zurück, und dann lesen Sie es. Laut und leise. Mit den Augen, mit dem Mund und den Ohren. Inwendig und auswendig. Wörter sind Laute, sinnliche Gebilde, sie wollen nicht nur begriffen werden, sondern ergriffen sein, mit Zunge, Zähnen, Lippen und Zäpfchen, mit der Luft aus dem Raum in die Lunge und wieder hinaus. Im Anfang war das Wort. Nicht die Schrift. Wörter wollen gehört sein. Wenn wir wieder begreifen wollen, was ein Gedicht in seinem Kern ausmacht, müssen wir es wieder in den Mund nehmen. Jedes Wort hat einen Körper, einen Klangkörper. Ein Gedicht ist eine Komposition eine Partitur, die jeder nachspielen, nachsprechen kann"[25].
Genau das geht auch mit Worten und Texten der Heiligen Schrift. In der Praxis habe ich mit unterschiedlichen Gruppen immer wieder erlebt, wie eine solche dramatische Betrachtungsweise alle Teilnehmer bewegen kann, tiefer in das Wort der Heiligen Schrift einzudringen, wenn sie ihre Phantasie für die Erstellung des Schauplatzes mit allen Sinnen und das raum-zeitliche Geschehen gebrauchen. Wer ist erwähnt? Was geschieht? An welchem Ort? Zu welcher Zeit? Erst ausreichend Zeit und genügend Raum zum Verweilen ermöglichen in die Tiefe der Dramaturgie des Heilsgeschehens Gottes in Mensch und Welt vorzudringen. Und immer dann, wenn vorschnelle theologische Ergebnisse oder Botschaften auftauchen, gilt erneut die Einladung „zurück zum Wort in Raum und Zeit" bis sie selber sich in der Szene einfinden und im Verweilen und persönlichen Beten in das Heilsgeschehen eintreten.
Diese Art der Schriftlesung ‚nach der Art des Ignatius als Dramaturg' bereitete immer allen viel Freude.

---

[24] Hahn, U., a.a.O., 27.
[25] ebd., 25.

Eckhard Frick SJ

Das klassische Psychodrama im Rahmen der spirituellen Übungen nach Ignatius von Loyola

0. Einleitung

Bibliodrama ist (noch) modern, scheint unserem Bedürfnis entgegen zu kommen, die historisch-kritischen Zugänge zur Bibel durch existenziell-leibhafte zu ergänzen. „Insofern ist Bibliodrama, mit seiner Kontemplation prämoderner biblischer und mythischer Texte, ein post- oder andersmodernes Unternehmen."[1] In diesem Beitrag soll der praktische Einsatz des von J.L. Moreno begründeten Klassischen Psychodramas[2] (siehe Tabelle1) im Rahmen der auf Ignatius von Loyola zurück gehenden „Geistlichen Übungen" untersucht werden.

Tabelle 1: *Phasen einer psychodramatischen Sitzung*

- Anwärmphase (warming-up): spezifisch oder unspezifisch; Wahl des Protagonisten
- Spielphase
- Auswertungsphase. Sharing und Rollenfeedback; ggf. tiefenpsychologisch orientierte Fortführung

Der vielschichtige Prozeß von Rezeption und Entwicklung des ursprünglichen Ignatianischen Charismas[3] soll hier nicht dargestellt werden. Auch kann nicht auf die Fülle der gerade im Raum der evangelischen Kirchen erprobten bibliodramatischen Ansätze eingegangen werden. Unter ‚Bibliodrama' soll im folgenden „ein offener Interaktionsprozeß zwischen einem biblischen Text und einer Gruppe" verstanden werden, „in dem versucht wird, Bibelauslegung und Selbsterfahrung zu integrieren. *Ziel* ist, daß die Teilnehmer über die Identifikation mit biblischen Gestalten und Situationen ein lebendiges Bibelverständnis erhalten und neue religiöse Erfahrungen machen.... *Die* Methode des B. gibt es nicht."[4] Bibliodrama wird in diesem Beitrag als spezifische Anwendungsform

---

[1] Teichert, W., Wenn die Zwischenräume tanzen. Theologie des Bibliodramas, Stuttgart 2001,126.
[2] Leutz, G. A., Das klassische Psychodrama nach J.L. Moreno, Berlin Heidelberg New York 1974; Moreno, J.L., Psychodrama, New York 1969; Zuretti, M., El hombre en los grupos. Sociopsicodrama, Buenos Aires 1995.
[3] Vgl. Kiechle, S., Ignatius von Loyola. Meister der Spiritualität, Freiburg Basel Wien 2001.
[4] Frielingsdorf, K., Art. "Bibliodrama", in:LThK 1994.

eine inhaltliche Fokussierung auf biblische Inhalte ergibt. Andererseits behält die Gruppe die Freiheit, Inhalte zu wählen, die auf den ersten Blick weder ‚fromm' noch ‚biblisch' klingen. Freilich zeigt sich immer wieder, daß sich biblische und biografische Inhalte, die sich im Gruppenprozeß abwechseln, gegenseitig beleuchten und interpretieren.

So luden wir zu Beginn einer Psychodrama-Einheit die Teilnehmer eines Exerzitienkurses dazu ein, probeweise Haltungen und Gebärden einzunehmen, diese dann wie ein Denkmal einzufrieren und mit Hilfe anderer Teilnehmer auszugestalten. Aus verschiedenen Vorschlägen griff die Gruppe eine nach A. Rodins gestaltete Skulptur ‚Die Bürger von Calais' heraus. Schwerpunkt war der Gestus des Sich-Ergebens, der Hingabe im Augenblick der Schlüssel-Übergabe an die Feinde. Alle Teilnehmerinnen und Teilnehmer erhielten die Gelegenheit, verschiedene Rollen innerhalb der Skulptur einzunehmen und das Gesamt-Denkmal von außen (d.h. aus der psychodramatischen Spiegel-Position) zu betrachten. Nach dieser Phase der ausgestaltenden Skulpturarbeit fragten wir die Gruppe, welche biblische Perikope sich daraus (aus dem leiblichen Ausdruck, d.h. aus den erfahrenen psycho-somatischen Rollen) ergeben. Die Gruppe wählte die Perikope Genesis 22 (Abraham bringt seinen Sohn Isaak auf den Berg Morija hinauf). Mehrere Varianten dieses erschütternden biblischen Berichtes wurden in Form aufeinander folgender Vignetten gespielt, wobei erhebliche Unterschiede im Gottesbild, in der Vater-Sohn-Beziehung und auch in männlichen und weiblichen Interpretationen dieses Geschehens deutlich wurden. Zwischen dem in Methodenvielfalt praktizierten Bibliodrama einerseits und dem ebenfalls keineswegs monolithisch dastehenden Psychodrama gibt es gewiß praktische Schnittmengen, insbesondere in den angewandten Gruppen-Techniken. Um der Klarheit willen werde ich mich hier auf den morenianischen Ansatz beschränken. Dies bedeutet, daß psychodramatisches Arbeiten in ignatianischen Einzel-Exerzitien nicht in jedem Fall von biblischen Texten ausgeht. Vielmehr wird der ‚offene Interaktionsprozeß zwischen einem biblischen Text und einer Gruppe' ausdrücklich auch in Gruppen-Einheiten gesucht, die keinen biblischen Text, sondern den Gruppenprozess selbst oder biografisches Material eines Teilnehmers, z.B. einen Nachttraum[5], zum Gegenstand haben. Im folgenden wird nach kurzen methodischen Skizzen zum Psychodrama und zu den Exerzitien zunächst exemplarisch ein Exerzitienkurs mit psychodramatischen Elementen vorgestellt und dann mit Hilfe der Literatur diskutiert.

[5] Frick, E., Das Theater des Traumes im Prozeß des Psychodramas. Gruppentherapie und Gruppendynamik 38 (2002), 174-190; Scategni, W., Psychodrama, group processes and dreams. Archetypal images of individuation, East Sussex 1996/2002.

1. Methodische Skizze: Zwei Erfahrungswege und eine gemeinsame Welt

1.1 Psychodrama nach Jakob Levy Moreno

Moreno faßte den Menschen als von Anfang an bezogenes, interaktives Wesen auf: „Role playing is prior to the emergence of the self. Roles do not emerge from the self, but the self may emerge from roles".[6] Mit dem Begriff der Rolle sind alle unsere Erlebens- und Verhaltensmöglichkeiten gemeint, nicht nur die bewußt übernommenen, sondern auch die durch Krankheit oder Behinderung mehr erlittenen als gewählten ‚psychosomatischen' Rollen. Einzelne psychodramatische Techniken (z.B. Rollentausch und Rollenwechsel, Imagination, Doppel, Spiegel, Skulptur, Konkretisierung/Maximierung eines Gefühls, Zur-Seite-Sprechen helfen beim Verstehen der eigenen Rolle, bei deren Ausarbeitung, aber auch bei deren Erschöpfung. Die altbekannte und doch neu gespürte Rolle kann dann aufgegeben, durch eine neue aus dem eigenen Rollenrepertoire (*Rollenwechsel*) oder durch eine fremde (*Rollentausch*) ersetzt werden. Im Vordergrund von Psychodrama als ‚Einladung zu einer Begegnung' stehen nicht diagnostische, psychopathologische Kategorien, sondern die Erschließung gesunder Persönlichkeitsanteile durch Förderung der zwischenmenschlichen Kommunikation. Die *Imagination*, z.B. in Form des ‚leeren Stuhles', auf dem der Übende eine (vorgestellte) Person Platz nehmen lassen kann, dient dem Aufsteigen-Lassen innerer Bilder, die dann als äußere, psychodramatische Bilder inszeniert werden können, falls die betreffende Person dies wünscht.[7]

Das *Doppeln* oder der Doppelgänger interpretiert nicht, sondern spricht in der ersten Person aus der Identifikation mit dem Protagonisten heraus. Hilfreich ist es, wenn das Doppel dieselbe Körperhaltung einnimmt wie der Protagonist. Trotzdem muß er stets bereit sein, die eigene Einfühlung durch den Protagonisten korrigieren zu lassen. Der *Spiegel* ermöglicht es dem Protagonisten, die Szene von außen zu betrachten und aus einer reflektierenden Distanz heraus mit dem Leiter zu kommentieren. Die *Konkretisierung* eines Gefühls ebenso wie die *Maximierung* (Übertreibung, um einen Gestus oder eine kurze Handlung überdeutlich, ‚theatralisch' zu zeigen) vermitteln neue Souveränität gegenüber einer bisher ‚selbstverständlichen' Rolle. Das ‚*Zur-Seite-Sprechen*' ermöglicht es, Dinge zu sagen, die in der gewohnten Konstruktion einer Szene tabu oder angstbesetzt sind. Die einladende Erlaubnis des Leiters, gerade das zu tun, was ‚normalerweise' verpönt ist, fördert Kreativität und Spontaneität des Spielers.

[6] Moreno, J.L., zit. in: Leutz, G.A., Das klassische Psychodrama, a.a.O., 40.
[7] Leutz, G.A., Imagination und Psychodrama, in: Gruppendynamik (6) 1977, 97 – 104.

1.2 Exerzitien nach Ignatius von Loyola

Die Geistlichen Übungen (Exerzitien) sind der von Ignatius von Loyola begründete spirituelle Weg der ,Weitergabe von Erfahrung'[8], eine Erfahrung, die je neu gemacht und erfunden werden muß. Im folgenden beziehe ich mich auf die seit den 70er Jahren des vorigen Jahrhunderts im deutschsprachigen Raum verbreitete Methode persönlich begleiteter Einzel-Exerzitien. Ich greife (ohne Anspruch auf Vollständigkeit) einige Grundzüge heraus, die in Tabelle 2 zusammen gestellt sind.

Tabelle 2: *Einige Charakteristika ignatianischer Exerzitien*

- Ausrichtung auf das Begehen
- Christozentrik
- Schriftbezug
- Persönliche Begleitung
- „Sein Leben ordnen"
- „Unterscheidung der Geister"
- Individuations-Weg

Grundlegend für die Exerzitien ist die *Ausrichtung auf das Begehren* (deseo) des Exerzitanten, das entweder vorausgesetzt oder eingeübt werden soll. Vor aller Wertung oder Überlegung soll und darf er oder sie sich als Wesen der Sehnsucht erfahren. Die durchgängige *Christozentrik* der Exerzitien hatte für Ignatius eine gewisse Selbstverständlichkeit. Die Betrachtung der Geheimnisse des Lebens Jesu, die Übung vom „Ruf des Königs" in der zweiten Exerzitienwoche verdeutlichen die Christozentrik als das neue Ziel, das er auf dem Boden höfischer und ritterlicher Phantasien seinem Leben geben will. In der aktuellen, von religiöser Pluralität geprägten Zeit, ist diese radikale Christozentrik keineswegs mehr selbstverständlich. Ähnliches gilt für den *Schriftbezug*, der ein objektives Pendant zur Subjektivität des Begehrens darstellt und das Meditieren des Einzelnen auf kollektive Inhalte bezieht, die ihm vertraut oder fremd, angenehm oder unangenehm, akzeptabel oder unannehmbar sein können. Auch die *persönliche Begleitung* dient der Erdung und Eichung des Exerzitien-Prozesses, keineswegs jedoch der Manipulation des Exerzitanten, wie Ignatius in der Nr. 15 des *Exerzitienbüchleins* ausdrücklich sagt: „Der die Übungen gibt, soll sich also weder zu der einen Seite wenden oder hinneigen noch zu der anderen, sondern in der Mitte stehend wie eine Waage *unmittelbar* den Schöpfer mit dem Geschöpf wirken lassen und das Geschöpf mit seinem Schöpfer und Herrn". „*Sein Leben zu ordnen*, ohne sich durch irgendeine Anhänglichkeit bestimmen zu lassen, die ungeordnet wäre," (Nr. 21) so umschreibt Ignatius das Ziel der Exerzitien. Welche ,Anhänglichkeiten' nun ,ungeordnet' sind, ist nicht von vornherein klar, auch nicht dem Begleiter. Dazu bedarf es der ,Unterscheidung

[8] Beinaert, L., Weitergabe von Erfahrung? Psychoanalytische Überlegungen, in Geist und Leben (62) 1989, 246 – 260.

der Geister', einer differenzierten Methodik des Wahrnehmens unterschiedlicher Stimmungen und Gedanken, die nicht vorschnell, sondern im Prozeß des Betens bewertet werden. Anthropologisch könnte man diesen paulinischen und dann in der Mönchstradition verwendeten Begriff mit der Wertprüfung bzw. Fühlfunktion nach C.G. Jung umschreiben.[9] Derselbe C.G. Jung charakterisiert die Exerzitien als Individuations-Weg des westlichen Menschen, als Pendant zum indischen Yoga.[10]

Tabelle 3 zählt Elemente auf, die mir im Hinblick auf die Thematisierung im Zusammenhang mit Psychodrama wichtig erscheinen, wiederum ohne Anspruch auf Vollständigkeit:

Tabelle 3: *Ignatianische Exerzitien: methodische Elemente*

- Schweigen
- Rhythmus, Gebetszeiten
- Imaginative Dramatik
- Auswertung
- Mit Leib und Seele üben
- Sein Leben und die Bibel zur Sprache bringen
- Persönliche Begleitung
- „Unterscheidung der Geister"

Das *Schweigen* während des Kurses wird nur zu den Einzelgesprächen und für die täglich angebotene psychodramatische Einheit unterbrochen, zu beiden steht es in einer fruchtbaren, sammelnden Spannung. Es ist Teil des für Exerzitien charakteristischen *Lebens-Rhythmus*, der insbesondere durch die persönlichen *Gebetszeiten* markiert wird. Jeder Gebetszeit eignet eine (tagtraumähnliche) *imaginative Dramatik*, die den wesentlichen Vergleichs- und Übergangsbereich zum Psychodrama anbietet.[11] Die *Auswertung* nach jeder Übung wie auch im Halbtages- und Tagesrückblick ist für Ignatius sehr wichtig. Sie vertieft, korrigiert, hilft wahrnehmen. Exerzitien sind leibhaft-geistliche Übungen, ein *Üben mit Leib und Seele.*

Aus dem Schrift- und dem existentiellen Bezug ergibt sich, daß das eigene Leben *und* die Bibel zur Sprache gebracht werden. Schließlich dient die regelmä-

---

[9] Frick, E., Bewusstwerden des typologischen Umschwungs in den „Exerzitien" des Ignatius von Loyola, in: Analytische Psychologie (27) 1996,89–118.

[10] Becker, K.L., Unlikely companions. Carl Gustav Jung and the Spiritual Exercises of Ignatius of Loyola, Ledminster/New Malden 2001; Jung, C.G., The process of individuation. Exercitia spiritualia of St. Ignatius of Loyola. Notes on lectures given at the Eidgenössische Technische Hochschule Zürich, June 1939; March 1940 (Vervielfältigtes Typoskript) 1940; Kügler, H., Exerzitien als Individuations-prozeß. Die Deutung der Geistlichen Übungen des hl. Ignatius durch C. G. Jung, in: Theologie und Philosophie (64) 1989, 334-363.

[11] Frick, E./Fühles, M., Imagination in den Exerzitien. Beobachtungen aus der psychotherapeutischen Praxis, in: Imhof, P., (Hg)., Gottesnähe. FS für Josef Sudbrack, Würzburg 1990, 129 -153.

ßige *persönliche Begleitung* der Unterstützung bei der *,Unterscheidung der Geister'*.

2. Zur Praxis von ignatianischen Exerzitien mit psychodramatischen Elementen

2.0 Vorbemerkung

Die in diesem Beitrag behandelte Methode besteht darin, innere Bilder, die im Verlauf von Exerzitien entstehen, aufzugreifen und mit Hilfe der Gruppe in äußere, szenische Bilder zu verwandeln. Das Spektrum reicht von sparsamen Gebärden und Skulpturen bis zu sorgsam ausgearbeiteten Szenen. Bisweilen kann es sinnvoll sein, daß die Leiter einen Inhalt vorgeben, z.B. eine Jesusgeschichte, die zu der Phase des Exerzitienkurses zu passen scheint, in der sich gerade die meisten befinden. In der Regel ist es jedoch aus psychodramatischen *und* ignatianisch-exerzitientheologischen Gründen besser, die Gruppe *wählen* zu lassen. Die Leiter haben kein ,Wissen' davon, was richtig ist, und ihre Aufgabe ist es nicht, vordefinierte Inhalte zu vermitteln. Vielmehr sind sie Teil des Prozesses und orientieren sich im Netz der Beziehungen und geistlichen Bewegungen, wobei sie das morenianische Instrumentarium als wertvolle Hilfe an der Hand haben. Bereits die Annäherung an das wirkliche Thema der Gruppe (das vom ,offiziellen', konventionellen Thema sehr verschieden sein kann) ist eine gemeinsame Unterscheidung der Geister.
Was kann gespielt werden? Alles, was zum Leben gehört. Aus dem Reichtum der Bibel werden meistens erzählende Perikopen gewählt, die eine handelnde Beschäftigung der Gruppe mit dem Text hervorrufen. Auch wenn am ,Urgestein' der Exerzitien gearbeitet wird (die Hölle, der Ruf des Königs, die Menschwerdung, die Zwei Banner usw.), werden meist fiktionale Texte[12] bevorzugt, in denen eine dramatische Struktur bereits angelegt ist.

Psychodrama innerhalb von Exerzitien muß jedoch nicht immer ausdrücklich spirituelle Themen ,behandeln'. Oft ist es nahe liegender (und damit *im Grunde* spiritueller!), die Alltagswirklichkeit und die Realität der Gruppe auf die Bühne zu bringen, und damit, ignatianisch gesprochen, ,Gott in allen Dingen zu finden'.

2.1 Der Zauberladen

Es ist der vierte Tag eines zehntägigen ignatianischen Exerzitienkurses mit Einzelbegleitung. Wie an jedem Nachmittag versammelt sich die Gruppe zu einer zweistündigen Bibliodrama-Einheit. Heute stehen die Leiter hinter der ,Theke'

---

[12] Iser, W., Der Akt des Lesens: Theorie ästhetischer Wirkung, München 1990.

eines imaginierten Geschäftes, in dem alle Herzenswünsche erfüllt werden können. Bezahlt wird hier nicht mit Euro oder Schweizer Franken, sondern mit etwas Wichtigem (oder auch Überflüssigem, wovon ich mich schon längst trennen wollte). Eine Teilnehmerin macht den Anfang. Sie will ihre Angst vor großen Gruppen hergeben und dafür Freude am Sich-Mitteilen eintauschen. Nichts leichter als das! Ein anderer will Gelassenheit in der beruflichen Auseinandersetzung. Er ist bereit, im Gegenzug einige „Lieblingsideen" herzugeben. Und eine dritte möchte Mut zu ihren eigenen Plänen. Als Bezahlung singt sie ein Lied, in das alle einstimmen.
Allmählich ist die Gruppe, die durch die „Glasscheibe" in das psychodramatisch inszenierte Geschäft hinein schaut, für das Spiel angewärmt. Die Wünsche werden jetzt persönlicher. Vor allem aber spüren die ‚Kunden', daß sie nur dann etwas profitieren, wenn sie zuvor etwas eingesetzt haben. Dieser einfache Grundsatz gilt sowohl im Psychodrama als auch in den Exerzitien als auch im Psychodrama. Die ‚Währung', um die es in beiden letztlich geht, ist das Begehren, der Wunsch nach einem reichen Leben, wie er sich im Spielwunsch äußert, der in der Anwärmphase reift oder sich im Prozeß der Exerzitien heraus schält, in der geduldigen Unterscheidung der Geister.

2.2 Jona im Bauch des Fisches

Vor diesem Bibliodrama hatte sich die Gruppe durch Bewegungen im Raum angewärmt. Seitens der Leiter wurde vorgeschlagen, unterschiedliche ‚Etagen' der motorischen Aktivität und Entwicklung zu erproben, d.h. sich bald kriechend oder robbend, bald hinkend, bald rennend, bald rückwärtslaufend usw. fort zu bewegen. Es wird bald deutlich, daß es zwei protagonistische Spielwünsche gibt, die sich beide auf biblische Inhalte beziehen. Dies bedeutet, daß zwei Teilnehmerinnen aus ihrer Sicht einen biblischen Text inszenieren möchten: Karin wünscht sich, ‚fünf Minuten in die Rolle des Petrus zu schlüpfen', um ‚Jesus etwas zu fragen'. Irmgard hingegen möchte Jona sein, der ins Wasser geworfen wird.
In der gegebenen Gruppenkonstellation erscheint es möglich, die von Karin angebotene zeitliche Begrenzung aufzugreifen und beide Wünsche zu realisieren. In der sich unmittelbar anschließenden Vignette sucht sich Karin einen Teilnehmer (Anton), der die Rolle Jesu übernehmen soll: abgewandt, meist ohne Blickkontakt, ohne oder mit wenig Begegnung. Die Protagonistin selbst beschwert sich, daß Jesus sich der salbenden Frau zuwendet und seine Jünger kaum mehr beachtet. Im Rollentausch mit ihrem Mitspieler (d.h. nunmehr in der Rolle Jesu) sagt Karin: Das sei tatsächlich so, aber er habe noch Großes mit den Jüngern vor. Nachdem auch Anton sein Rollenfeedback gegeben hat, sprechen wir in der Gruppe über das Thema der Rivalität im Jüngerkreis (und darüber, was sie innerhalb des Kurses bedeutet). Offensichtlich handelt es sich um einen Rest des vergangenen Tages, den Karin noch einmal zur Sprache und auf die Bühne bringen wollte. Nachdem dies nun für sie und für die Gruppe

insgesamt vorläufig erledigt ist, können wir uns Irmgards Spielwunsch zuwenden.
Der Bühnenaufbau (ignatianisch: ‚Zusammenstellung des Schauplatzes'/ composición del lugar) hat Anwärm-Charakter, hilft der Protagonistin, der Leiterin und der Gruppe, sich auf das neue Spiel einzulassen. Die Gruppe richtet sorgsam den Kai ein, von dem das Schiff ablegen wird (mit Stühlen). Das Schiff ist in der Imagination der Protagonistin riesig. Umso wichtiger ist es, dessen Grenzen abzustecken (mit Hilfe von Meditationsbänkchen). Die von Irmgard gewählten Matrosen (Sophia, Astrid, Hildegard, Anton) halten als ‚Segel' bunte Tücher fest. Irmgard wählt Emmerich als Steuermann und Josef als Kapitän. Im informativen Rollentausch teilt sie beiden mit, wie sie deren Rolle versteht, und macht sich gleichzeitig mit den Antagonisten vertraut.
Auch 'unbelebte' Gegenstände können im Psychodrama mit Personen besetzt, d.h. mit Leben erfüllt werden. So wählt Irmgard Karin aus. Sie soll eine (volle) Rotweinflasche spielen, die von der Protagonistin eigentlich zum Auslosen des Schuldigen gedacht ist, aber nicht zum Zuge kommt, d.h. sie wird während des Spiels ‚vergessen'. Schließlich bekommen Klara und Monika die Rolle des brausenden Sturmes.
Der Abschluß der Phase des ‚Eindoppelns' (die Protagonistin tritt hinter ihre Hilfs-Iche und gibt aus der Doppelposition Informationen zu den Rollen in der Ich-Form) und der Beginn der Spielphase (Kapitän führt Jona zu seiner Kabine, wo er sich zum Schlafen legt, gibt Befehle fürs Ablegen), geschieht in vordergründig heiterer Stimmung, wie bei einem Satyrspiel.
Als Sturm aufkommt, wird es Sophia schlecht, Wasser wird hinausgeschöpft, hinausgepumpt, der Kapitän gibt Befehle. Anton nimmt die Rolle dessen an, der ruft: Der Fremde sei schuld, später: Der Fremde müsse über Bord geworfen werden.
Der Kapitän holt ihn (d.h. die Protagonistin), es entspinnt sich ein längerer Dialog mit dem Kapitän, mit mehrfachen Rollentauschen zwischen Protagonistin und Josef, der den Kapitän verkörpert.
Irmgard: „Ich möchte nicht selber springen, sondern geworfen werden!"
Die Protagonistin dreht unablässig ein Wollfädchen, das in ihrer Handfläche eine Herzform annimmt. Der Rollentausch mit Fädchen bringt Angst und Verzweiflung, aber auch Überlebenshoffnung zum Ausdruck.
Im Rollentausch mit Josef wird die Szene des Hinauswerfens ein erstes Mal gespielt:
Irmgard (als Kapitän) verbindet Josef die Augen. Gemeinsam mit Anton und Astrid trägt sie ihn zur Reling und wirft / legt ihn sehr behutsam ins Meer.
Danach: Alle rufen: *Er* ist weg, aber die Sorge um das Schiff bleibt. Der Sturm beruhigt sich sofort (der aber schon zuvor nicht mehr sehr aktiv gewesen war), und die Mannschaft ruft: „Was für ein großer Gott ist der Gott Jonas...!"
Die ‚Rausschmiß'-Szene wird erneut in der ursprünglichen Rollenverteilung gespielt.
Irmgard hat beim ‚Landen' im Meer einen befreiten Gesichtsausdruck. Sie bleibt dann eine Weile zusammengekauert liegen, ihr Lebensfädchen drehend.

„Ich werde jetzt in einen tiefen Schlaf fallen oder in ein Koma. Der Fisch soll kommen. Aber irgendwie geht's dann hinterher weiter..."
Der Abschluß der Spielphase geschieht in der Spiegelposition, d.h.: Irmgard betrachtet von außen die Szene, sie sieht sich (vertreten durch ein Hilfsich) „...auf meinen eigenen Beinen an Land gehen...".
Die Auswertungsphase dieses Spieles ist durch ein reiches Sharing gekennzeichnet, in dem mehrere Teilnehmer eigene Angst-Situationen berichten. Irmgard selbst kann den Bezug zu ihrer eigenen, von Krankheit und Todesbedrohtheit, gekennzeichneten Kindheit herstellen, aber auch zu der verwandelnden Auswirkung der durchlittenen Angst und des langen Krankenlagers.

2.3 Nachgefragt: wird Psychodrama von Exerzitanten als hilfreich empfunden?

Eine Möglichkeit, die förderlichen oder hilfreichen Auswirkungen psychodramatischer Elemente im Kurs zu erfassen, besteht darin, die Teilnehmer direkt zu fragen. Dies soll hier anhand eines im Oktober 2001 in Freiburg/Schweiz durchgeführten Kurses geschehen. Aus Platzgründen ist es nicht möglich, an dieser Stelle ausführlich aus den schriftlichen Voten zu zitieren. Die Tabellen 4 und 5 geben die Äußerungen stichwortartig wieder. Einschränkend ist zu sagen, daß es sich nicht um eine standardisierte Befragung handelte und daß eine metrische Auswertung der Voten ebenso wenig erfolgte wie eine Inhaltsanalyse durch unabhängige Auswerter. Betrachtet man die von einzelnen als ‚hinderlich' wahrgenommenen Aspekte, so fällt auf, daß der Neuheitscharakter von anderen als förderlich-anregend gewertet wurde. Wiederholt wurde, auch während des Kurses, die mangelnde Differenzierung zwischen Bibliodrama und Psychodrama in der Ausschreibung kritisiert. Daran hatten offenbar auch die eingehenden Vorgespräche nichts ändern können, in denen diese Methodenfrage thematisiert wurde. In diesem Zusammenhang wünschte ein Teil der Antwortenden ausschließlich biblische Inhalte ohne biografischen Bezug; das protagonistische Arbeiten wurde von diesen Personen als irritierend erlebt, allerdings (wie zu lesen war) nicht in allen Fällen. Ein Teil der Teilnehmer erlebte das Aufeinanderbezogensein der psychodramatischen und der Exerzitien-Dynamik als Nebeneinander und teilweise als gegenseitige Störung (siehe Tabelle 4).

Tabelle 4: *Gründe, derentwegen psychodramatische Elemente als* ***hinderlich*** *für den Prozeß ignatianischer Exerzitien erlebt werden: Äußerungen von Kursteilnehmer(innen*

- Kleine klare Unterscheidung von Psychodrama und Bibliodrama in der Ausschreibung
- Wunsch nach rein biblischen, nicht jedoch persönlich-biographischen Themen im gemeinsamen Spiel

- Irritation über Protagonistenspiele anderer Teilnehmer
- Gruppen und persönlicher Prozeß laufen „nebeneinander" her
- Rückkehr in das Schweigen ist nach intensivem Kontakt in der Gruppenarbeit schwierig.

Auch dieser Aspekt wurde von anderen (teilweise auch von den selben Teilnehmern) eher als anregend empfunden (siehe Tabelle 5).

Tabelle 5: *Gründe, deretwegen psychodramatische Elemente (PD) als* ***förderlich*** *für den Prozeß ignatianischer Exerzitien (EE) erlebt werden: Äußerungen von Kursteilnehmer(innen)*

- PD fördert eigenen geistlichen Prozeß
- Mehr Leichtigkeit als in anderen EE
- Anwärmübungen sind wichtig, um den Schritt vom Alleinsein in die Gruppe zu tun
- Innere Welt wird greifbarer; weniger „Abheben"
- Intensivierung des Erlebens durch unmittelbare, spielerisch-konkrete Erfahrung
- Angewandte Methoden sind neu und anregend
- PD und EE sind innerlich verwandt
- „Entlarvung" des eigenen Verhaltens durch biblische Details (z.B. schlafender Petrus)
- Auswertung hilft, eigene Bewegungen als Protagonist(in) oder als Hilfs-Ich wahrzunehmen
- Methode wurde von den Leitern klar vorgeschlagen, es war gut, diese als Spielleiter *und* als EE-Begleiter zu erleben
- Vertrauen in den Augenblick und in das Leben wächst, EE bekommen Kontakt zum Jetzt des Lebens und der Gruppe
- Durch Distanz und Rollentausch die eigene Problematik deutlicher spüren
- Fokussieren auf Wichtiges, Eigenes
- Sehnsüchte, Hindernisse, nächsten Schritt spüren
- Der innere Prozeß wird durch processing in der Gruppe deutlich

Zusammengefaßt läßt sich sagen, daß psychodramatische Elemente in Exerzitien-Kursen im Vorfeld klar deklariert werden müssen. Auch wenn es hieran möglicherweise fehlte (trotz klarer Thematisierung in den Einzelgesprächen, die einige Wochen vor Kursbeginn stattfanden), beteiligten sich alle Teilnehmenden aktiv an den angebotenen Psychodrama-Einheiten, teilweise trotz geäußerter Vorbehalte in der Protagonistenrolle. In den Einzelgesprächen ebenso wie im Processing im Rahmen der Gruppe wurden die Konvergenzen und Divergenzen zwischen Exerzitien und Psychodrama ausführlich erörtert.

3. Diskussion: Morenianisches Bibliodrama in ignatianischen Exerzitien oder: War Moreno Jesuit?

Unter dem Titel ‚Ignatianische Exerzitien und Bibliodrama. Ein hermeneutischer Strukturvergleich' hat H. Radeck eine gründliche und sowohl in theologischer als praktischer Hinsicht umsichtige Studie vorgelegt. Sie stützt sich darin auf W. Isers Theorie fiktionaler Texte[13] und auf G.M. Martin[14], den führenden bibliodramatischen Autor im Raum der deutschsprachigen evangelischen Kirchen.

Iser zufolge bilden fiktionale (literarische) Texte die Wirklichkeit nicht ab, sondern sie sind Mitteilungen über die Wirklichkeit, die durch die Texte umcodiert wird. Demgegenüber hält eine biblizistische Lektüre die Evangelien und andere biblische Texte für einfache Denotationen einer außertextlichen Gegebenheit. Der Text selbst weist Leerstellen auf, die erst durch die im Leseprozeß angeregten inneren Bilder zu einer Ganzheit werden:

„Damit erfüllt die Sequenz der Textschemata eine doppelte Funktion. Als die Aspekte einer Ganzheit sind sie Anweisung, sich diese vorzustellen; gleichzeitig fixieren sie einen perspektivischen Ort, von dem aus diese Vorstellung zu erfolgen hat. Die Ganzheit realisiert sich in dem Maße, in dem der Leser die ihm vorgezeichnete Einstellung bezieht und so über die Aspekthaftigkeit des Textes dessen Sinn in seiner Vorstellung zur Erscheinung bringt.

Dieser Sinn ist von eigentümlicher Qualität: Er muß erzeugt werden, obwohl er doch von den Sprachzeichen des Textes strukturiert ist. Nun sind Zeichen immer Verweis auf das, was sie bezeichnen. Im umgangssprachlichen Gebrauch sind Zeichen und Zeichenbedeutung durch ihre denotierende Funktion geregelt. Anders verhält es sich in fiktionalen Texten, in denen die Zeichen nicht in der Bezeichnung eines Gegebenen aufgehen, sondern sich auf etwas anderes hin zu öffnen beginnen."[15] Radeck sieht sowohl Exerzitien als auch Bibliodrama als Rezeptionsverfahren für (fast ausschließlich fiktionale, d.h. nicht vorwiegend beschreibende oder lehrhafte) Texte[16]:

„Auf diesem Hintergrund lassen sich die ignatianische und die bibliodramatische Rezeptionsanleitung als eine Inszenierung von Leerstellen verstehen. So ermutigen die *contemplaciones* zu einer Übersetzung der biblischen Szenen in die der übenden Person je eigene Bildwelt, indem sie die Handlungsabsicht der biblischen Figuren [...] als eine Leerstelle des Texte den Übenden zur Inszenierung auf der inneren Bühne aufgeben. Vermutlich lassen sich auch die übrigen Imaginationsmodi weniger im Sinne einer notwendigen Komplettierung szenischer Details, die im Text nicht vorkommen, sondern eher als Antrieb zur Sinnkonstitution verstehen."[17]

---

[13] Vgl. ebd.

[14] Martin, G. M., Sachbuch Bibliodrama. Praxis und Theorie, Stuttgart 1995.

[15] Iser, a.a.O., 230.

[16] Radeck, H., Ignatianische Exerzitien und Bibliodrama. Ein hermeneutischer Strukturvergleich, Stuttgart Berlin Köln 1998, 137.

[17] ebd., 139.

Vom protestantischen *sola scriptura*-Prinzip geleitet, grenzt Radeck das von ihr vertretene Bibliodrama Martinscher Prägung zum einen gegen das morenianische Bibliodrama und zum anderen gegen die ignatianischen Exerzitien ab.

Das Psychodrama, auch wenn es sich religiös-biblischen Inhalten zuwende, sei biografisch orientiert, der Text diene nur mehr „als Sprungbrett in die Biographie". Demgegenüber gehe es im Bibliodrama um das „Wechselspiel zwischen dem Text und den subjektiven Erfahrungen der Teilnehmer und Teilnehmerinnen."[18] „Die von Martin betonte Rücklenkung der bibliodramatischen Gesamtbewegung zum Text nach den Aspekten von Selbsterfahrung" gelte inzwischen, so Radeck, als ein „allgemein akzeptiertes Unterscheidungsmerkmal bibliodramatischer und psychodramatischer Arbeit". [19]

Dieselbe reformatorische Besorgtheit um den biblischen Text kennzeichnet auch Radecks Sicht der ignatianischen Exerzitien. Gelegentlich greift sie dabei zu kontroverstheologischen Klischees, die aber immer strukturell-hermeneutisch[20]), ökumenisch und dialogbereit verwendet werden, so daß die Unterschiede oft mehr in der sprachlichen Form zu liegen scheinen als in der Sache. In Abgrenzung von einem rein begrifflichen, erfahrungslosen Textzugang hatten wir geschrieben:

„Es geht Ignatius vielmehr um einen "ikonischen" Text, der auf das Ganze zielt und dem Übenden gewissermaßen auf den Leib geschrieben wird. Die in der Imagination sich strukturierende Sinnlichkeit ist selbst getextete Wirklichkeit, Imagination ist das dem biblischen Text angemessene Lesen, da sich die Schrift selbst der Imagination verdankt."[21].

Radeck fürchtet nun angesichts unserer Einschätzung um den ‚Eigenwert' des Textes, der in den Exerzitien nur in sofern gegeben sei, als er die übende Person existentiell zu betreffen vermag.

„Im Bibliodrama wird der Text nicht in vergleichbarer Weise ‚verbraucht' oder anders gesagt, auf individuelle Lebensentwürfe reduziert. [....] Gerhard Marcel Martin stellt einen ‚Inszenierungstyp' vor, der kein die Interaktion zwischen dem biblischen Text und den Teilnehmenden überschreitendes Interesse verfolgt."[22]

Doch gemach! So leicht wird der biblische Text weder in Exerzitien noch im klassischen Psychodrama ‚verbraucht'. Sein ‚Eigenwert' resultiert (wie sich schon aus dem Begriff ergibt!) auch nicht daraus, daß bestimmte Methoden angewandt und andere vermieden werden. Das Ziel der ‚Interaktion zwischen dem biblischen Text und den Teilnehmenden', wie es von Radecks Doktorvater Martin beschworen wird, ist konsensfähig und wird von der in diesem Beitrag vorgestellten Methode durchaus beansprucht.

Bleibt also noch die Verständigung über den Verdacht des ‚überschreitenden Interesses'. An dieser Stelle flammt kurz reformatorisches Pathos auf:

---

[18] ebd., 97.

[19] ebd., 100.

[20] ebd., 11.

[21] Frick, E./ Fühles, M., Imagination in den Exerzitien, a.a.O.,152.

[22] Radeck, a.a.O., 149f.

„Mindestens zweierlei erscheint daran für moderne ProtestantInnen anstößig. Einmal die Tatsache, daß Ignatius Frömmigkeit hier offensichtlich operationalisiert, lehr- und lernbar gemacht, in Schritte gegliedert, in Methoden gefaßt [Dietzfelbinger] hat. Zum anderen wirkt die starke Normierung der existentiellen Entscheidung durch das katholische Lehramt wenig ansprechend."[23]
Das Klischee der Exerzitien als Macht- und Indoktrinationsinstrument (zu dem freilich der Jesuitenorden das seine beigetragen hat...), von der Autorin vorsichtig, aber doch pointiert eingeführt, erschwert die inhaltliche Diskussion. Es läßt sich am ehesten darin aufgreifen, daß jegliche bibliodramatische Arbeit, gleich welcher Provenienz und konfessioneller Couleur, unter einem gewissen Ideologieverdacht steht. Dagegen hilft am besten eine saubere Methodenkritik und ein sorgfältiges Processing.

Wie passen Stille, d.h. kontemplativer Prozeß in den Exerzitien, und psychodramatische Aktion zusammen? Zu dieser Frage gibt Radeck am Schluß ihres Buches einige nützliche Hinweise. Im einzelnen führt sie die folgenden ‚exerzitianischen', spirituellen Elemente auf, die geeignet sind, das bibliodramatische Arbeiten zu bereichern: Der ‚Fokuswechsel' der Ersten Exerzitienwoche (Umkehrphase) könne die bibliodramatische Körperarbeit bereichern, „um etwa über die spontanen Bewegungsimpulse des eigenen Körpers einen Zugang zu der je vorfindlichen Grunddynamik zu bekommen."[24] Das ignatianische Gebet des Begehrens könne die Vitalität des Übenden aktivieren. Schließlich sei das Begleitungsgespräch hilfreich, um den Prozeß der Unterscheidung der Geister zu fördern.

4. Ausblick

Zum Schluß sollen zwei Momente herausgegriffen werden, die nicht nur für Morenos Methodik, sondern auch für seine Anthropologie des schöpferischen, spirituellen Menschen von Bedeutung sind: Das Protagonistenspiel als Königsweg des Klassischen Psychodramas und der Rollentausch als geniale Einladung zu einer Begegnung. Im Protagonistenspiel während ignatianischer Exerzitien kommt der oder die Übende in Kontakt zu seinen unbewußten Ressourcen und kann so in vertiefter Form den Text lesen und in die Gruppe hinein auslegen. Seine inneren Bilder sind es, die im Kontakt mit den Leerstellen des Textes diesen zur Ganzheit des Augenblickes führen, auf die Objektivität der Gruppe treffen und (mit G.M. Martin gesagt) wieder zum Text zurück führen. Nicht pädagogische Absicht der Leiter, nicht kluge theologische Konstruktion führen den Protagonisten, sondern seine / ihre für die Transzendenz offene Kreativität und Spontaneität.

---

[23] ebd., 154.
[24] ebd.,160.

Morenos Rollentausch ist nicht nur Technik, sondern auch ‚christliche Grundformel'[25], Verleiblichung des Mysteriums eines inkarnierten Gottes, der im heilbringenden Tausch ‚wie ein Sklave wurde' (Philipper 2,7). „Das Bibliodrama hat mit dem Mittel des Rollentausches versucht, der Forderung gerecht zu werden, an die 'Stelle des Nächsten' zu gelangen."[26]
Insofern morenianisches Bibliodrama Mystagogie ist[27], gehört es an die Seite des spirituellen Weges der Exerzitien. Heißt dies, daß alle Exerzitienbegleiter(innen) psychodramatische Elemente anbieten müssen? Nein.

***Danksagen** möchte ich Margret Fühles. Ohne ihre Mitarbeit und Mitsuche wären diese Überlegungen nicht zustande gekommen. Außerdem danke ich allen Frauen und Männern, die in den letzten Jahren bei uns Exerzitien gemacht haben.*

Weiterbildungs-Möglichkeiten für jene, die sich interessieren:
Meister Eckehart Haus, Odenthaler Str. 401, 51069 Köln, Tel. 0221-9604120, Fax -121 www. meister-eckehart-haus.de
MORENO INSTITUT, Uhlandstr. 8, 88662 Überlingen, Fax 07551/60833; Fon 62816; http://www. morenoinstitut-ueberlingen.de

---

[25] Vgl. Stangier, K.W., JETZT. Bibliodrama im Spannungsfeld von Psychodrama und Liturgie, Köln 1997.
[26] Teichert, a.a.O., 106.
[27] Vgl. Stangier, a.a.O.

Erhard Kunz SJ

Essen vom Baum des Lebens

Hinführung zur Eucharistie

Der Eucharistie kommt im Glaubensbewußtsein der Kirche eine zentrale Bedeutung zu. Sie ist - wie das Zweite Vatikanische Konzil betont hat - "Quelle und Höhepunkt des ganzen christlichen Lebens" (Dogmatische Konstitution über die Kirche, Nr. 11). In ihr vor allem "vollzieht sich das Werk unserer Erlösung" (Konstitution über die heilige Liturgie, Nr. 2). Die Erlösung und Versöhnung, die Gott in Jesus Christus erwirkt hat, wird in der Eucharistiefeier durch den heiligen Geist vergegenwärtigt und den Glaubenden mitgeteilt. Die Eucharistie - Quelle des Lebens, Vollzug von Erlösung und Versöhnung: Läßt sich die Berechtigung dieses Anspruchs aufweisen? Dazu sei im folgenden ein Gedankengang angedeutet, der in seinem Grundanliegen auch durch viele Gespräche mit meinem Mitbruder Karl Frielingsdorf S.J. und durch seine Veröffentlichungen angeregt ist. Ihm sei daher an dieser Stelle sehr herzlich gedankt.

1. Der Sündenfall und die Erlösungsbedürftigkeit des Menschen: Verlust des Vertrauens

Die Erneuerungsbedürftigkeit der Welt ist offenkundig; aber wo ist die Wurzel des Übels und wo muß folglich die Erneuerung ansetzen? Über diese Frage wird in der Heiligen Schrift sehr viel nachgedacht, zum Beispiel in den ersten Kapiteln des Buches Genesis: Wenn Gott durch den Geist eine gute, ja sehr gute Welt geschaffen hat, woher kommt das Böse? Wie bricht in die friedvolle, harmonische Welt des Paradieses die Zwietracht ein, die Lüge und die Verstellung, die Rivalität und Gewalt? Woher kommen Ausbeutung, Unterdrückung, Mord und Totschlag?

Eine Antwort wird in der Sündenfallgeschichte gegeben. Zunächst ist das Paradies anzuschauen, ein fruchtbarer herrlicher Garten. Ein Fluß mit lebensspendendem frischem Wasser entspringt in ihm und teilt sich nach allen vier Richtungen. Bäume mit köstlichen Früchten wachsen im Garten. Die Menschen hüten und bebauen den Garten und genießen von den Früchten. Es ist das Bild einer Welt, wie sie heute von ökologisch eingestellten Menschen nicht schöner erträumt werden könnte. In der Mitte des Gartens steht ein Baum, von dessen Früchten der Mensch allerdings nicht essen soll, der Baum der Erkenntnis von Gut und Böse und - wie im Text später deutlich wird - der Baum des Lebens. Was bedeutet es, daß von diesem Baum in der Mitte nicht gegessen werden darf? Die Mitte ist das, wovon alles ausgeht und worauf alles hingeordnet ist, was alles zusammenhält; wenn die Mitte fehlt, z.B. in einer Gemeinschaft, zerfällt alles, löst sich alles auf. Die Mitte, das Herz, ist Ursprung des Lebens. Wenn die Mitte vergiftet ist, ist alles vergiftet. Die Harmonie des Paradieses,

d.h. die Welt, wie sie von Gott gedacht ist, bleibt nur erhalten, wenn die Mitte vom Menschen nicht angetastet wird. Der Mensch kann und soll die Welt bebauen und über ihre Früchte verfügen; er kann sie gebrauchen und in Besitz nehmen; er kann die Welt durch Arbeit gestalten. Aber die Mitte, der Quell und Ursprung von allem, ist unverfügbar; denn Gott selbst, nicht der Mensch, ist Quelle und Ursprung. Die Mitte, also das, was alles bestimmt und in Harmonie zusammenhält, darf nicht vom Menschen gebraucht und beherrscht werden. Die Mitte ist menschlichem Zugriff, menschlichem Machen und Herstellen entzogen. Sie kann nur anerkannt, verehrt, angebetet werden. Solange der unverfügbare Ursprung anerkannt, verehrt, angebetet wird, solange er unangetastet bleibt und solange auf absolute Machbarkeit verzichtet wird, nur solange besteht die Harmonie des Paradieses. Der Mensch ist nur solange ein guter und freier Herr über die Welt, als er anerkennt, daß er gegenüber dem Ursprung von allem nicht Herr ist, sondern Empfangender, Beschenkter. Die offenen Hände sind Voraussetzung guten Lebens.
Warum aber greift der Mensch nach der Mitte und versucht, sich ihrer zu bemächtigen und sie sich anzueignen? Die Wurzel dieser Haltung ist Angst und Mißtrauen, die Sorge, zu kurz zu kommen und sich angesichts der Bedrohungen des Todes sichern zu müssen. Die Mitte, der Ursprung von Harmonie, Ordnung und Leben, letztlich Gott selbst, erscheint in der Erzählung vom Sündenfall für Adam und Eva in einer gewissen Ambivalenz und Zweideutigkeit. Einerseits erschafft und beschenkt Gott den Menschen; er setzt ihn in den köstlichen Garten und läßt ihn seine Früchte genießen; er erscheint also als liebender Schöpfer. Andererseits aber hält er sich doch eigenartig zurück; so jedenfalls wird es durch die Schlange insinuiert. Er will nicht - durchaus zum Wohl der Menschen - daß diese über den Baum in der Mitte verfügen; er scheint aber auch von sich aus diese unverfügbare Mitte nicht zu öffnen und zu schenken. Im Gegenteil: er wacht gleichsam eifersüchtig, daß der Baum in der Mitte nicht angetastet wird, und zwar, wie am Ende der Sündenfallgeschichte gesagt wird, damit der Mensch nicht ewig lebe (Gen 3, 23). Gott, wie es hier geschildert wird, will dem Menschen offenbar nicht alles geben; er will anscheinend nicht, daß der Mensch zu voller Freiheit und zum Leben in Fülle gelangt. Gottes Liebe scheint also Vorbehalte zu haben; sie erscheint dem Menschen hier nicht als unbegrenzt, bedingungslos, sondern Gott grenzt sich auch ab und erweckt den Eindruck, durch Verbote das Wertvollste, nämlich sich selbst vorzuenthalten. Er erscheint doppelgesichtig, nicht eindeutig: dem Menschen zugewandt und ihn doch von hohen Werten (Selbstbestimmung, ewiges Leben) fernhaltend.[1] Es scheint wie mit Eltern zu sein, die ihr Kind zwar lieben, aber nicht bedingungslos, sondern es auch ihren eigenen Interessen dienstbar machen; die ihr Kind an sich ziehen und es zugleich auch abweisen und von sich fern halten. Eine solche bedingte Liebe erfährt das Kind vor allem als fordernd und gebzw. verbietend: das Kind muß die Bedingungen der Eltern erfüllen, um deren

[1] Vgl. dazu viele Texte von Karl Frielingsdorf, vor allem: Dämonische Gottesbilder. Ihre Entstehung, Entlarvung und Überwindung, Mainz 1992

Zuwendung zu verdienen und zu erhalten. Aus der Psychologie wissen wir, daß eine solche bedingte Liebe der Eltern beim Kind vor allem Angst erzeugt, eine abgründige Angst, die sich in Minderwertigkeitsgefühlen und in maßlosen Ansprüchen an sich selbst äußert. Weil das Kind sich nicht bedingungslos angenommen weiß, versucht es sich und seine Anerkennung durch Leistung (die sehr verschiedenartig sein kann) zu sichern; Sicherungsstreben wird beherrschend; es versucht, alles selbst in der Hand zu haben. Es entwickelt sich bei ihm eine Art Gottähnlichkeitsstreben.[2] Zugleich findet das Kind keinen Frieden mit sich selbst; es spaltet bestimmte Seiten (nämlich die vermeintlich von den Eltern nicht akzeptierten) ab; so entsteht der seelische Schatten, das seelische Ausland, jene Räume der Seele, die in der Persönlichkeit nicht angenommen und integriert sind. Drei Reaktionen sind also zu beobachten: Begründung des eigenen Wertes in der **Leistung; Sicherungsstreben,** das alles in der Hand halten will; **Abspaltung,** innere Unversöhntheit, ein Ausweichen vor sich selbst.

Eva und Adam reagieren in der Sündenfallgeschichte wie ein Kind, das sich von seinen Eltern nicht unbedingt angenommen weiß. Weil sie dem Ursprung des Lebens, Gott, gegenüber kein unbegrenztes Vertrauen haben - dieses Mißtrauen wird gerade von der Schlange geweckt und genährt -, versuchen sie, alles in ihre Verfügung zu bekommen; deshalb greifen sie nach dem Baum in der Mitte. Sie haben den Eindruck, daß Gott ihnen Entscheidendes vorenthält; daß sie zu kurz kommen. Deshalb wollen sie selbst wie Gott sein und alles bestimmen und in der Hand haben. Die Folge dieses aus Mißtrauen geborenen Versuches, über alles zu verfügen, ist zunächst der Verlust der inneren Harmonie. Wer über alles verfügen, alles in der Hand haben will, muß im Blick auf sich selbst in Angst geraten, weil er sich auch als schwach, verletzlich, ohnmächtig erfährt, als unfähig, alles zu beherrschen und zu sichern. So kann er nicht mehr versöhnt und friedvoll mit sich selbst sein, sondern muß seine schwachen Stellen verbergen und verdrängen, vor sich und vor anderen: Adam und Eva entdecken, daß sie nackt sind. Sie bemerken ihre Ungeschütztheit und Blöße. Deshalb verstecken sie sich, auch voreinander. Der Verlust des inneren Friedens steigert noch einmal die Angst, auch Gott gegenüber. Wegen ihres Mißtrauens Gott gegenüber und wegen des entsprechenden Mißachtens der göttlichen Forderung fühlen sie sich schuldig. Zugleich können sie kein Vertrauen zu Gott haben, sich ihm nicht anvertrauen und öffnen. Sie müssen sich verstecken und verstellen; sie versuchen, die Schuld von sich abzuwälzen. Die Lüge tritt in ihr Leben ein und wird von da an mächtig. Weil sie nicht mit sich selbst und nicht mit Gott versöhnt sind, können sie schließlich auch miteinander nicht mehr versöhnt leben. Adam und Eva machen sich gegenseitig Vorwürfe. Das Mißtrauen beginnt, auch die menschliche Gemeinschaft zu zerstören.
Die folgenden Kapitel des Buches Genesis schildern, wie das aufgebrochene Mißtrauen und die Angst weiter wirksam werden und zur Gewalt führen.

[2] Vgl. Richter, H.E., Der Gotteskomplex. Die Geburt und die Krise des Glaubens an die Allmacht des Menschen, ETB 1997

Typisch für den Ursprung von Rivalität und Gewalt ist die Geschichte von Kain und Abel: das Verhältnis Kains zu Gott und folglich zur Welt ist durch Mißtrauen gekennzeichnet. Kain glaubt, das Wohlwollen Gottes durch Opfer verdienen zu müssen. Er ist sich der Liebe Gottes nicht von vornherein gewiß; er muß sie durch eine Leistung noch erringen. Das Opfer soll Gott gnädig stimmen. Weil Kain meint, daß das Opfer Abels Gott wohlgefälliger sei, daß Gott also Abel bevorzuge, fühlt er sich bedroht und ermordet seinen Bruder Abel. In einer Welt des Mißtrauens erscheint der größere Erfolg eines anderen als Angriff auf die eigene Existenz, als Infragestellung des eigenen Wertes. Gegen einen solchen Angriff muß man sich schützen, indem man den erfolgreichen Rivalen ausschaltet.

Die Gewalt, aus der Angst geboren, hat die Tendenz, sich immer mehr zu steigern. Lamech, einer der späteren Nachkommen Kains, formuliert gegenüber seinen Frauen (die Verbindung von Sexualität und Gewalt wird hier schon sichtbar) das Prinzip der Gewaltsteigerung, das in der Geschichte immer wieder Anwendung gefunden hat: *"Ihr Frauen Lamechs, lauscht meiner Rede! Ja, einen Mann erschlage ich für eine Wunde und einen Knaben für eine Strieme. Wird Kain siebenfach gerächt, dann Lamech siebenundsiebzigfach" (Gen 4, 23f)*.

Die Menschen versuchen ihre Einheit und damit ihre Existenz ganz von sich aus durch eigene Anstrengung und eigenes Tun allein zu sichern (Gen 11, 1-9). Sie tun es, indem sie eine Stadt bauen. Die Stadt ist Symbol der Sicherheit: Eine Stadt bietet Schutz gegen alles bedrohlich Fremde. Der Turm der Stadt soll bis zum Himmel reichen. Durch das eigene Werk will man sich also auch der Kräfte des Himmels vergewissern. Der Versuch scheitert. Die Einheit, die man sichern wollte, wird nicht erreicht. Statt dessen tritt die große Sprachverwirrung ein. Wer sich durch eigenes Tun allein sichern will, erreicht das Gegenteil von dem, was er anstrebt. Gemeinsamkeit geht gerade verloren, wenn man meint, man müsse selbst alles herstellen. Denn dann muß man alles Andersartige als Bedrohung empfinden. Der Andere erscheint als Rivale, als potentieller Feind, gegen den man sich schützen muß. Beachtenswert ist, daß auch in dieser Erzählung Gott wieder in eigenartigem Zwielicht erscheint: er fürchtet die Einheit und die damit gegebene Stärke der Menschen:

„Gott sprach. Seht nur, ein Volk sind sie, und eine Sprache haben sie alle. Und das ist erst der Anfang ihres Tuns. Jetzt wird ihnen nichts mehr unerreichbar sein, was sie sich auch vornehmen. Auf, steigen wir hinab, und verwirren wir dort ihre Sprache, so daß keiner mehr die Sprache der anderen versteht" (Gen 11, 6f.).

Gott selbst scheint Angst vor der Größe des Menschen zu haben. Gott wird als Konkurrent des Menschen erfahren.

Wie also geht das Paradies verloren, wo liegt die Wurzel des Übels? Nach den besprochenen Texten, in denen sich menschliche Erfahrung verdichtet, entsteht die Verwirrung dadurch, daß der Mensch nach der unverfügbaren Mitte greift, daß er alles in die Hand zu bekommen und sich auch des Ursprungs zu bemäch-

tigen sucht. Dieser Griff nach dem Unverfügbaren entspringt einem Mißtrauen. Der Ursprung des Lebens, Gott, erscheint auch als abweisend, als nur bedingt den Menschen liebend. Dadurch entsteht im Menschen die Angst, daß ihm Lebenswichtiges vorenthalten wird. Aus dieser Angst heraus versucht er, alles in die Hand und in die Gewalt zu bekommen. Das führt zu einer Welt, in der die Gewalt herrscht. Denn wenn jeder alles in die Hand bekommen möchte, ist jeder des anderen Rivale und Konkurrent. Die Gemeinsamkeit ist zerstört.
Trifft das, was in den alten Texten der Bibel über den Grund des Übels erzählt wird, noch unsere Erfahrung? Erleben nicht auch wir das Leben und damit den Ursprung des Lebens oft als sehr zwiespältig und ambivalent? Das Leben schenkt viel Schönes und Gutes. Köstliche Früchte gibt es zu genießen. Aber sehr oft ist es grausam, unbarmherzig, abweisend.[3] Können wir dem so schillernden Leben und seinem geheimnisvollen Ursprung vertrauen? Ist der Grund von allem bedingungslose Liebe, so daß auch wir auf Liebe setzen dürfen? Oder ist es nicht realistischer, sich zu sichern und zu schützen; sich in einer Stadt mit dicken Mauern und hohen und immer höheren Türmen einzurichten und sein Verteidigungspotential zu steigern. Ist nicht Mißtrauen die der Lebenserfahrung entsprechende Grundhaltung? Das sind Grundfragen des persönlichen, aber auch des gesellschaftlichen Lebens. Eine Grundfrage auch der Kirche!

2. Erlösung durch Jesus Christus
Offenbarwerden der unbedingten Vertrauenswürdigkeit Gottes

Wie geschieht Erlösung? Wie wird die Wurzel des Übels überwunden?
In der Verkündigung und im Leben Jesu geht es zentral um Gott, um die alles ermöglichende und tragende Wirklichkeit: Wer ist Gott für die Menschen? Die Antwort Jesu ist eindeutig: Gott kommt als bedingungslose Liebe auf die Menschen zu! Gott ist nicht zwiespältig und doppelgesichtig; er ist primär auch nicht der fordernde oder verbietende Gesetzgeber; sondern er ist bedingungslose Liebe und Zuwendung, ist *Gnade und Wahrheit* (Joh 1, 14). Schon im Alten Testament ist dies die tiefste Aussage über Gott: *„Gott ist reich an Huld und Treue*“ (z.B. Ex 34, 6). Er wendet sich liebend und erbarmend den Menschen zu und ist in dieser Zuwendung zuverlässig. Er ist wie ein Vater, der sich seiner Kinder erbarmt (vgl. Ps 103). Dieses Motiv des vorbehaltlos liebenden und vergebungsbereiten Gottes, der sich den Menschen heilend zuwendet, greift Jesus auf. Es ist die Mitte seiner Verkündigung. Er will das Volk und alle Menschen in dieser Liebe Gottes sammeln. Jesus bringt eine uneingeschränkt gute, frohe Botschaft von Gott: *„Der Geist des Herrn ruht auf mir, denn der Herr hat mich gesalbt. Er hat mich gesandt, damit ich den Armen eine gute Nachricht bringe* ... “ (Lk 4, 18). Im Verhalten Jesu, der gerne bei den Menschen ist, kommt Gott

[3] Vgl. die Erfahrungen, die geschildert werden bei: Stier, F., Vielleicht ist irgendwo Tag, Freiburg-Heidelberg 1991; Schneider, R., Winter in Wien, Aus meinen Notizbüchern 1957/58, Freiburg 1958

zur Geltung und wird er offenbar. Diese Freude, bei den Menschen zu sein, zeigt sich vor allem im gemeinsamen Mahl mit den Menschen. Das Mahl hat eine hohe Bedeutung im Leben Jesu. Die tiefsten Gleichnisse Jesu über Gottes Verhalten werden erzählt, um sein "Essen mit den Zöllnern und Sündern" zu erklären und zu rechtfertigen (Lk 15). Gott ist der, der gerne mit den Menschen Mahl hält, der sich über sie freut. Sich über andere zu freuen, das ist Liebe. Deshalb sind Angst und Mißtrauen Gott gegenüber unangebracht. Man muß Gott nicht erst durch Bitten oder irgendwelche Leistungen gewogen machen: *„euer Vater weiß, was ihr braucht, noch ehe ihr ihn darum bittet"* (Mt 6, 8). Das Verhältnis zu Gott darf wie das Verhältnis zu Eltern sein, deren Liebe sich das Kind von vornherein gewiß ist:
„Oder ist einer unter euch, der seinem Sohn einen Stein gibt, wenn er um Brot bittet, oder eine Schlange, wenn er um einen Fisch bittet? Wenn nun schon ihr, die ihr böse seid, euren Kindern gebt, was gut ist, wieviel mehr wird euer Vater im Himmel denen Gutes geben, die ihn darum bitten?" (Mt 7, 9-11)

Das erfüllendste und tiefste menschliche Verhalten, nämlich die Liebe zueinander (Eltern-Kinder; Freunde; Ehepartner) ist Gleichnis des Verhaltens Gottes. Von solchem guten menschlichen Verhalten her bestimmt Jesus, wer Gott ist; denn dieses menschliche Verhalten - Liebe - ist nur möglich, wenn man es sich schenken läßt; es ist nicht herstellbar. Es kann nur mit gelösten, offenen Händen empfangen werden. Selbstlose Liebe, Freude am anderen können wir nicht von uns aus produzieren; sie entstehen nur, wenn wir es gerade nicht selbst "machen" wollen. Hassen, andere ablehnen, ihnen mißtrauen, sie zerstören - das können wir mit verkrampften, geballten, geschlossenen Händen, nicht aber lieben, mit-freuen und aufrichtig mit-leiden. Deshalb verweist selbstlose Liebe über sich selbst hinaus auf einen anderen ermöglichenden Ursprung, auf Gott. In der menschlichen Liebe offenbart sich Gott. Das haben die Menschen bei Jesus erfahren: In seiner bedingungslosen Liebe ging ihnen auf, wer Gott ist: bedingungslose Liebe Daher wird nun aber die Liebe Jesu bis zur Vollendung, seine Hingabe für die Vielen im Sterben, zu der letzten, unüberbietbaren, vollendeten Offenbarung Gottes. Wer Gott ist, das wird aufgrund der Ostererfahrung von Jesu Todeshingabe her bestimmt. In der **Kreuzeshingabe Jesu erscheint, wer Gott definitiv für die Menschen ist.** Er erscheint als derjenige, der nichts zurückbehält und den Menschen nichts vorenthält, sondern der sich ganz gibt und der alles gibt. *„Was ergibt sich, wenn wir das alles bedenken?"*, fragt Paulus im Römerbrief: *„Ist Gott für uns, wer ist dann gegen uns? Er hat seinen eigenen Sohn nicht verschont, sondern ihn für uns alle hingegeben - wie sollte er uns mit ihm nicht alles schenken?"* (Röm 8, 31f.) Gott schenkt alles; d.h. vor allem auch: er schenkt den Schuldigen Verzeihung. Auch die Sünder, selbst diejenigen, die Jesus ans Kreuz gebracht haben, erhalten Vergebung: *„Gott hat seine Liebe zu uns darin erwiesen, daß Christus für uns gestorben ist, als wir noch Sünder waren"* (Röm 5, 8). *„Als wir noch Feinde waren"* (Röm 5, 10), hat Gott uns mit sich versöhnt. Solche Liebe ist nicht zu überbieten. Gott gibt sich ganz. Das kommt im Johannesevangelium darin zum Aus-

druck, daß **die Seite Jesu geöffnet** wird. Ein Ereignis, über das die Kirchenväter und Beter immer wieder nachgedacht haben: Aus der Seitenwunde Jesu entspringen die Grundsakramente der Kirche, Taufe und Eucharistie. Die Öffnung der Seite Jesu zeigt: Gottes Herz steht offen. Es gibt nichts mehr, was zurückgehalten würde. Gott hat keine Hintergedanken. Gott ist ganz in der Hingabe des Gekreuzigten; er ist ganz diese Hingabe für die Vielen ... Der Gekreuzigte übergibt den Geist, das **Innerste Gottes - und zwar unbegrenzt** (Joh 19, 30.34; 7, 39). Der geheimnisvoll verborgene Gott ist der im gekreuzigten Jesus offenbare Gott; und umgekehrt. Diese unbegrenzte Offenheit Gottes für uns wird sehr eindrucksvoll ausgesagt in Joh 15:
„Es gibt keine größere Liebe, als wenn einer sein Leben für seine Freunde hingibt. ... Ich nenne euch nicht mehr Knechte; denn der Knecht weiß nicht, was sein Herr tut. Vielmehr habe ich euch Freunde genannt, denn ich habe euch alles mitgeteilt, was ich von meinem Vater gehört habe". (Joh 15, 13 ff.)

3. Mitteilung der Erlösungsgabe durch den Heiligen Geist: Gabe unbedingten Vertrauens

Alles ist uns von Gott mitgeteilt. Gott schenkt uns vorbehaltlos seine Gemeinschaft; und dies geschieht durch den Geist:
„Wir verkünden, was kein Auge gesehen und kein Ohr gehört hat, was keinem Menschen in den Sinn gekommen ist, das Große, das Gott denen bereitet hat, die ihn lieben. ***Denn uns hat es Gott enthüllt durch den Geist Der Geist ergründet nämlich alles, auch die Tiefen Gottes.*** *Wer von den Menschen kennt den Menschen, wenn nicht der Geist des Menschen, der in ihm ist? So erkennt auch keiner Gott - nur der Geist Gottes. Wir aber haben nicht den Geist der Welt empfangen, sondern den Geist, der aus Gott stammt, damit wir das erkennen, was uns von Gott geschenkt ist."* (1 Kor 2, 9 ff.)
Die Tiefen Gottes, sein unauslotbares Geheimnis, sind uns also in Jesus durch den Geist erschlossen: Gott ist in Jesus dem Gekreuzigten für uns eindeutig geworden. Mag er im Blick auf die allgemeine menschliche Erfahrung zweigesichtig erscheinen: als sich zuwendend und abweisend zugleich und deshalb als bedrohlich und angsterzeugend, so ist in Jesus dem Gekreuzigten diese Ambivalenz überwunden:
„Gott ist treu, er bürgt dafür, daß unser Wort euch gegenüber nicht Ja und Nein zugleich ist. Denn Gottes Sohn Jesus Christus, der euch durch uns verkündigt wurde ..., ist ***nicht als Ja und Nein zugleich gekommen; in ihm ist das Ja verwirklicht*** *Er ist das Ja zu allem, was Gott verheißen hat. Darum rufen wir durch ihn zu Gottes Lobpreis auch das Amen. Gott aber, der uns und euch in der Treue zu Christus festigt und der uns alle gesalbt hat, er ist es auch, der uns sein Siegel aufgedrückt und als ersten Anteil (am verheißenen Heil) den Geist in unser Herz gegeben hat."* (2 Kor 1, 18ff.)
Gottes eindeutiges Ja ruft nach unserem Ja und Amen, das im Lobpreis der Kirche, in der Eulogie und Eucharistie der Kirche, gesprochen wird. Dazu bedürfen

wir der inneren Festigung und "Salbung", der göttlichen Wandlung unseres mißtrauischen, verschlossenen Herzens. Diese innere Wandlung wirkt Gottes Geist in uns. Das Ja, das Gott in Jesus zu uns gesprochen hat, wird in uns durch das innere Wirken des Geistes erschlossen. Der Geist schenkt uns Vertrauen:
„Denn alle, die sich vom Geist Gottes leiten lassen, sind Söhne Gottes. Denn ihr habt nicht einen Geist empfangen, der euch zu Sklaven macht, ***sodaß ihr euch immer noch fürchten müßtet,*** *sondern ihr habt den Geist empfangen, der euch zu Söhnen macht, den Geist, in dem wir rufen: Abba, Vater! So bezeugt der Geist selber unserem Geist, daß wir Kinder Gottes sind. Sind wir aber Kinder, dann auch Erben; wir sind Erben Gottes und Miterben Christi, wenn wir mit ihm leiden, um mit ihm auch verherrlicht zu werden.“* (Röm 8, 14)
Der Geist schenkt Zutrauen, Freimut und die Freiheit von Söhnen und Töchtern Gottes; wir brauchen nicht zu verstummen vor Gott (und erst recht nicht vor Menschen!). *„Gott ist die Liebe, und wer in der Liebe bleibt, bleibt in Gott und Gott bleibt in ihm. Darin ist unter uns die Liebe vollendet, daß wir am Tag des Gerichts Zuversicht haben. Denn wie er, so sind auch wir in dieser Welt. Furcht gibt es in der Liebe nicht, sondern die vollkommene Liebe vertreibt die Furcht. Denn die Furcht rechnet mit Strafe, und wer sich fürchtet, dessen Liebe ist nicht vollendet.“* (1 Joh 4, 16b-18).
Indem der Geist - auch im Leiden - Vertrauen schenkt und so das Grundmißtrauen überwindet, gibt er Kraft, Mut und Freiheit zur Liebe. Nur wer Grundvertrauen hat, kann sich öffnen und selbstlos lieben. Dazu befähigt der Geist:
„Die ***Frucht des Geistes*** *aber ist Liebe, Freude, Friede, Langmut, Freundlichkeit, Güte, Treue, Sanftmut und Selbstbeherrschung ... Alle, die zu Christus Jesus gehören, haben das Fleisch und damit ihre Leidenschaften und Begierden gekreuzigt. Wenn wir aus dem Geist leben, dann wollen wir dem Geist auch folgen. Wir wollen nicht prahlen, nicht miteinander streiten und einander nichts nachtragen.“* (Gal 5, 22 ff.)
Durch das innere Wirken des Geistes wird also das Prahlen und Streiten, das heißt das Rivalitätsprinzip, aus dem die Gewalt entsteht, überwunden.
Wie überwindet der Heilige Geist die Wurzel des Übels und wie erneuert er die Welt? Er offenbart in Jesus Christus, dem auferweckten Gekreuzigten, Gott als bedingungslose Liebe, als eindeutiges Ja. Entsprechend wirkt er im Inneren der Menschen Vertrauen, Liebe, Hoffnung und überwindet damit die Wurzeln der zerstörerischen Gewalt. Zusammenfassend läßt sich sagen: der Heilige Geist ermöglicht eine vertrauensvolle Offenheit, ein Leben mit geöffneten Händen und geöffneten Herzen.

4. Eucharistische Gemeinschaft der Kirche: gemeinsames Leben aus geschenktem Vertrauen

Während in der Sündenfallgeschichte die Menschen vom Baum in der Mitte nicht essen dürfen (und dadurch der verfügende Zugriff des Menschen zur Mitte provoziert wird), lädt der eigentliche Lebensbaum, das Kreuz, durch das Wirken des Geistes, zu sich ein. In der Offenbarung, die in Jesus, dem Gekreuzigten und Auferweckten, ihre Vollendung findet, hat Gott mitgeteilt, daß er nichts vorenthält, sondern sich ganz und vorbehaltlos schenkt. Er schließt die Menschen nicht vom ewigen Leben aus und treibt sie deshalb nicht vom Baum des Lebens weg (vgl. Gen 3, 22f); sondern er will ewiges Leben schenken. Deshalb hat er Jesus als Brot des Lebens, also als Nahrung zum Essen gesandt: *„Denn das Brot, das Gott gibt, kommt vom Himmel herab und gibt der Welt das Leben. Ich bin das lebendige Brot, das vom Himmel herabgekommen ist. Wer von diesem Brot ißt, wird in Ewigkeit leben. Das Brot, das ich gebe, ist mein Fleisch, für das Leben der Welt.“* (Joh 6, 33.51).

In diesem johanneischen Text wird ein Zusammenhang zwischen der Gabe ewigen Lebens durch Gott, der Hingabe Jesu für das Leben der Welt und dem eucharistischen Mahl ausgesagt. Im eucharistischen Mahl empfangen wir die Gabe ewigen Lebens. Der Zugang zum ewigen Leben, der uns nach Gen 3, 22f. versagt ist, ist uns in der Eucharistie erschlossen. Das Bild vom Baum des Lebens wird ausdrücklich am Ende der Heiligen Schrift: in der Offenbarung des Johannes aufgegriffen: *„Wer siegt, dem werde ich zu essen geben vom Baum des Lebens, der im Paradies Gottes steht.“* (Offb 2, 7). Im neuen Jerusalem werden sogar viele "Bäume des Lebens" stehen: *„Zwölfmal tragen sie Früchte, jeden Monat einmal, - und die Blätter der Bäume dienen zur Heilung der Völker. Es wird nichts mehr geben, was der Fluch Gottes trifft. ... Selig, wer sein Gewand wäscht: Er hat Anteil am Baum des Lebens."* (Offb 22, 2f.14) Die Paradies- und Sündenfallgeschichte wird also am Ende (der Bibel und der Geschichte) neu "aufgerollt". Auf dem Baum des Lebens liegt jetzt kein Fluch mehr, sondern Gott selbst gewährt Teil am Baum des Lebens.[4] Die eschatologische Gabe des Lebens wird denen zuteil, die ihr Gewand waschen im Blut des Lammes[5]; also denen, die sich die Liebe Jesu bis zur Vollendung schenken lassen und an seiner Hingabe teilnehmen. Dies geschieht im Lebenszeugnis, im Martyrium und sakramental in der Eucharistie, in der man Anteil am Blute Christi erhält (vgl. 1 Kor 10, 16).

Daß in Jesus und seiner Kreuzeshingabe die Sündenfallgeschichte mit ihrem Ausschluß vom Baum des Lebens umgekehrt wird, wird von Kirchenvätern und späteren Theologen und Theologinnen bedacht und teilweise auch mit Anspielungen an die Eucharistie ausgesagt :

Ambrosius von Mailand (339 – 397):

Niemand ist gut außer Gott. Was gut ist, das ist göttlich; und was göttlich ist, das ist gut .Darum heißt es: ‚Öffnest du deine Hand, werden sie satt an Gutem.‘

[4] Nur wer etwas wegnimmt von den prophetischen Worten dieses Buches, dem wird Gott seinen Anteil am Baum des Lebens ...wegnehmen. (Offb 22.19).

[5] Vgl. Offb 7,14: Es (die große Schar aus allen Nationen) sind die, die aus der großen Bedrängnis kommen; sie haben ihre Gewänder gewaschen und im Blut des Lammes weiß gemacht.

Durch das Gutsein Gottes werden uns alle Güter zuteil und kein Übel ist ihnen beigemischt. Die Heilige Schrift verspricht den Glaubenden diese Güter mit den Worten: Alle Güter der Erde sollen euch zur Nahrung dienen (Gen 1, 29f). [6]

Theodor von Studion (759 – 826):

0 kostbares Geschenk des Kreuzes! Welche Schönheit zum Anschauen! Am Baum des Kreuzes gibt es keine Mischung von Gut und Bös wie am Baum des Paradieses, sondern er ist durch und durch blühend frisch, und seine Frucht ist schön zum Anschauen und gut zum Genießen. Er ist ein Baum, der das Leben schenkt, nicht den Tod, der Licht spendet, nicht Finsternis, nach Eden hineinführt, nicht daraus vertreibt. ... Einst brachte uns das Holz den Tod, jetzt haben wir durch das Holz das Leben. Einst wurden wir durch das Holz getäuscht, jetzt haben wir mit dem Holz die listige Schlange abgewehrt. Welch wunderbarer Wandel: statt Tod nun Leben, statt Vergänglichkeit nun Unvergänglichkeit, statt Schande Ehre! ... Seit Anfang der Welt sind die Vorbilder des Kreuzes deutliche Hinweise auf diese wunderbare Wirklichkeit. Entkam nicht - nach dem Ratschluß Gottes Noach mit seinen Söhnen und deren Frauen und mit Lebewesen aller Art dem Verderben der Flut auf dem Holz der Arche? Und der Stab des Mose : war er nicht ein Bild des Kreuzes? ... Es war ein Zeichen, das auf das Kreuz hindeutete, als Abraham seinen Sohn Isaak band und auf das Holz legte. Durch das Kreuz wurde der Tod getötet und ***Adam dem Leben wiedergeschenkt.*** *Alle Apostel rühmen sich des Kreuzes. Das Kreuz ist die Krone der Märtyrer und die Heiligung aller Heiligen.*[7]

Andreas von Kreta (660 –749):

Gäbe es das Kreuz nicht, dann wäre das Leben nicht ans Kreuz geheftet worden. Wäre das Leben nicht ans Kreuz geheftet worden, dann hätten die Quellen der Unsterblichkeit nicht aus der Seite des Gekreuzigten Blut und Wasser fliessen lassen, durch welche die Welt gereinigt wird. Der Schuldschein der Sünde wäre nicht zerrissen worden, wir hätten die Freiheit nicht erhalten, wir hätten nicht vom Baum des Lebens gekostet, und das Paradies wäre nicht geöffnet worden... [8]

Hildegard von Bingen (1098 – 1179):

Daher gibt mir Gott die Möglichkeit, vom Baum des Lebens zu essen, damit es im Menschen niemals an guten Taten fehle, so sehr ihn auch die Anfechtungen des Satans bedrängen.[9]

---

[6] Tractatus de fuga saeculi 6: CSEL 32/2, 192
[7] Oratio in adorationem pretiosae et vivificae Crucis): PG 99, 691 - 699
[8] Oratio (in Exaltationem sanctae crucis) 10: PG 97, 1019f.
[9] Liber vitae mertorum 3,11: Der Mensch in Verantwortung, (hrsg. von Heinrich Schipperges, Salzburg 1972, 137f.

Weil im Gekreuzigten Gott definitiv als eindeutig gut, ohne Mischung von Gut und Böse, offenbar geworden ist und weil in der Eucharistie das Gedächtnis der Hingabe Jesu gefeiert wird, deshalb ist die Eucharistie auch das Geschehen, in dem uns unbedingtes Vertrauen in Gott ermöglicht wird. Aus diesem Vertrauen kann eine Gemeinschaft wachsen, in der das auf Mißtrauen beruhende Rivalitäts- und Gewaltprinzip überwunden wird. So kann - wie Vatikanum II es sagt - die Eucharistie zur Wurzel und zum Angelpunkt der christlichen Gemeinde werden (vgl. Dekret über Dienst und Leben der Priester, Nr. 6). Im gemeinsamen Brotbrechen kann sich eine Gemeinschaft bilden, die *ein Herz und eine Seele* ist (vgl. Apg 2, 44-47; 4, 32). Diese Gemeinschaft findet ihre Einheit nicht in dem, was sie selbst herstellt (in dem Turm, den sie selbst baut; vgl. Gen 11, 1-9), sondern in dem, was ihr geschenkt ist: in Gottes vorbehaltloser Liebe.[10]

[10] Vgl. dazu: Kunz, E., Eucharistie – Ursprung von Kommunikation und Gemeinschaft, in: ThPh 58 (1983), 321 – 345.

Bibliographie Karl Frielingsdorf

unter Mitarbeit von Clemens Brodkorb

1. Monographische Schriften

1. 1. Selbständige monographische Schriften

Auf dem Weg zu einem neuen Gottesverständnis: die Gotteslehre des J. B. Hirscher als Antwort auf das säkularisierte Denken der Aufklärungszeit. (Frankfurter theologische Studien 6), Frankfurt a. M. 1970.

Lernen in Gruppen: Gruppendynamische Aspekte der Religionspädagogik und des Theologiestudiums. (Religionspädagogik - Theorie und Praxis 22), Zürich [u. a.] 1973.

Therapeutische Seelsorge. Als Manuskript gedruckt.

Vom Überleben zum Leben: Wege zur Identitäts- und Glaubensfindung, Mainz 1989; 6. Aufl. Mainz 2001. *Italienische Übersetzung*: Vivere non sopravivere : salute psicologica e fede, Roma 1993 und 1996.

Dämonische Gottesbilder: ihre Entstehung, Entlarvung und Überwindung, Mainz 1992; 3. Aufl. (Topos-Taschenbücher 375), Mainz 2001. *Italienische Übersetzung*: Ma Dio non è così: Ricerca di psicoterapia pastorale sulle immagini demoniache di Dio, Roma 1995. *Tschechische Übersetzung:* Falesné predstavy o Bohu: jejich vznik, odhalení a prekonání. - Kostelní Vydrí, 1995. *Polnische Übersetzung:* Demoniczne obrazy Boga: nieprawdziwe wyobrazenia Boga, ich powstawanie, rozpoznawanie i przezwyciezanie, Krakow1997.

Glück im Unglück. Anstiftung zum Leben, (Topos-Taschenbücher; 240), Mainz 1994. *Italienische Übersetzung:* Il segreto della felicità: come imparare a volere ciò che si ha, Milano ²1999. *Polnische Übersetzung:* Szczescie w nieszczesciu: zacheta, Kraków 1999.

Der wahre Gott ist anders: von krankmachenden zu heilenden Gottesbildern, (Topos-Taschenbücher 266), Mainz 1997.

Aggression stiftet Beziehung: wie aus destruktiven Kräften lebensfördernde werden können, Mainz 1999

1. 2. Gemeinsam mit anderen verfaßte monographische Schriften

Seelsorge als Sorge um Menschen: Pastoralpsychologische Modelle für die Fortbildung von Theologen und Mitarbeitern im kirchlichen Bereich, Karl Frielingsdorf; Günther Stöcklin, (Grünewald-Praxis 1), Mainz 1976.

Zur Situation der Pastoralpsychologie in der Bundesrepublik Deutschland: Eine Stellungnahme der Deutschen Gesellschaft für Pastoralpsychologie (DGfP), Karl Frielingsdorf, Werner Kühnholz, Dr. Richard Riess, Traugott Ulrich Schall, Eva Renate Schmidt, Tübingen 1978.

Befreiende Erfahrungen in Positano: Ein Modell therapeutischer Seelsorge, Karl Frielingsdorf ; Günther Stöcklin, (Grünewald-Praxis 8), Mainz 1983.

1.3. Aufsätze und Beiträge in Sammelwerken

Das Gottesverständnis in den katechetischen Schriften der Aufklärung, in: Theologie und Philosophie 4 (1969), 554-561.

Des Supérieur pour aujourd'hui, in: Christus 1 (1970), 72-87.

Grundlegende Reformen am Katechetischen Institut in Paris, in: Katechetische Blätter 4 (1970), 242-249.

Psychosoziale Aspekte der Religionspädagogik, in: Katechetische Blätter 6 (1971), 321-335.

Gruppenpädagogik und Gruppendynamik in der Theologenausbildung, in: Katechetische Blätter 7 (1971), 385 - 397.

Berufsbezogene Gruppendynamik in der Priesterfortbildung, 6 (1971), 381-396.

Die Bedeutung der empirischen Wissenschaften für den Religionsunterricht, in: Theologisch-praktische Quartalschrift 4 (1972), 307-317.

Gruppendynamische Lernziele und Lernverfahren als Aufgabe für die Religionspädagogik, in: Katechetische Blätter 11 (1972), 641-651.

Die Entwicklungsphasen der Gruppe in ihrer Bedeutung für den Religionsunterricht, in: Katechetische Blätter 12 (1972), 712-724.

Vorbereitung auf das seelsorgliche Gespräch, in: Diakonia 11 (1974), 665-675.

Gruppendynamische Arbeit mit Theologiestudenten, in: Dahm K.W,. (Hg.), Gruppendynamik in der Kirche, Mainz 1974, 51-68.

An der Heilsgeschichte orientieren, in: ibw-Journal 5 (1975), 71-75.

Bemerkungen zur anthropozentrischen Grundstruktur der hessischen Rahmenrichtlinien für katholische Religion, in: Schule und Kirche 2 (1975), 1-3.

Seelsorgliche Praxisberatung, in: Diakonia 4 (1975), 274-281.

Wege zur partnerschaftlichen Führung in der Kirche, in: Diakonia 1 (1976), 6-20.

Ich glaube an die Kirche, in: Theologisch-praktische Quartalschrift 3 (1977), 271-282.

Aktuelle Führungsprobleme in religiösen Gemeinschaften, in: Ordenskorrespondenz 2 (1977), 167-185.

Religiöse Persönlichkeitsbildung im Noviziat, in: Ordenskorrespondenz 3 (1981), 304-314.

Seelsorgliche Beratung, in: Diakonia 1 (1982), 48-55.

Des supérieurs pour aujourd'hui, in: Christus 65, Paris 1982, 72-86

Ausbildung zum seelsorglichen Berater, in: Bruners, W., Das Lernen des Seelsorgers, Mainz 1982, 100-110.

Die Lehre vom dreieinigen Gott in den katechetischen Schriften der Aufklärungszeit, in: Böhnke, M., (Hg.) Im Gespräch mit dem dreieinen Gott: Elemente einer trinitarischen Theologie, Düsseldorf 1985, 513-525.

Zehn Jahre Positano, in: Stimmen der Zeit, 6 (1986), 417-425.

Moderne Psychologie und christlicher Glaube, in: Erwachsenenbildung 1 (1988), 14-20.

Ganzheitliche Therapie in Positano, in: Wege zum Menschen 4 (1991), 247-253.

Therapie als ganzheitlicher Heilsdienst, in: Jahrbuch der therapeutischen Beratungsdienste, Osnabrück 1988.

Pastoralpsychologie in der Seelsorgeausbildung, in: Lebendige Seelsorge 2 (1992), 141-147.

Dämonische Gottesbilder. Zu ihrer Genese und Symptomatik, in: Geist und Leben 65 (1992), 187-199.

Gottesbeziehungen: Kriterien und Übungen zur Bestimmung der aktuellen Gottesbeziehung, in: Geist und Leben 65 (1992), 269-280.

Glücklich leben, was heißt das? in: Geist und Leben 5 (1993), 321-329.

Der Leistungsgott, in: Katechetische Blätter 9 (1994), 616-624.

Gottesbilder, in: Lebendige Katechese 2 (1994), 77-84.

Wenn Nächstenliebe zum Verhängnis wird, in: Geist und Leben 2 (1996), 122-137.

Grundlagen einer religiösen Persönlichkeitsentfaltung, in: Entfaltung der Persönlichkeit im Glauben, (s.o.), 15-32.

Gottesbilder in der religiösen Persönlichkeitsentfaltung. in: Entfaltung der Persönlichkeit im Glauben, (s.o.), 56-66.

Aggression stiftet Beziehung, in: Geist und Leben 5 (1997), 345-356.

Liebe deinen Nächsten wie dich selbst, in: 3. Beratersymposion in Osnabrück 1997, 38-50.

Pastoralpsychologie in Sankt Georgen, in: Canisius 2 (1997), 15-20.

Der pastoraltherapeutische Beitrag der Schlüsselmethode für die Seelsorge heute, in: Hainz, J. u.a., Den Armen eine frohe Botschaft, Frankfurt 1997, 349-365.

Dem Dämon des Todes widersagen, in: Erneuerung in Kirche und Gesellschaft 78 (1999), 8-13.

Gott oder Dämon. Die Geister unterscheiden, in: Engagiert 1 (1999).

Nachfolge Jesu in Wort und Gestalt, in: Geist und Leben 2 (2002), 86-98.

Aggression stiftet Beziehung, in: Männernetzwerk, 1 (2002), 24-34.

2. Herausgeberschaft

2. 1. Herausgeberschaft monographischer Schriften/Sammelwerke

Entscheidung aus dem Glauben: Modelle für religiöse Entscheidungen und eine christliche Lebensorientierung, Karl Frielingsdorf, (Hg.), (Grünewald-Praxis; 4) Mainz 1978.

Ganz und heil: Unterschiedliche Wege zur „Selbstverwirklichung, Zusammen mit: Medard Kehl (Hrsg.), Würzburg 1990.

Mein Leben annehmen: Der pastoraltherapeutische Impuls der Schlüsselmethode, Mainz 1993.

Entfaltung der Persönlichkeit im Glauben, Mainz 1996.

Hier will ich sein: 25 Jahre pastoraltherapeuthische Arbeit in Positano, Mainz 2001.

2. 2. Herausgeberschaft von Reihen

Pastoralpsychologie und Spiritualität, bisher 4 Bde., Frankfurt/M. u. a., 1999-2001.

Verzeichnis der Autoren

Brodkorb, Clemens, geb. 1966, Dr. theol., verheiratet. Leiter des Archivs der Norddeutschen Provinz der Jesuiten in München.

Busch, Helmut, geb. 1933, Prof. em. Dr. med., verheiratet, 3 Kinder. ehemals Leiter der Abteilung für Psychiatrische Krisenintervention und Abhängigkeiten am Zentrum für Psychiatrie an der Justus-Liebig-Universtät Gießen.

Eckart, Angelika, geb. 1956, Prof. Dr. theol., verheiratet, drei Kinder. Honorarprofessorin für Pastoraltheologie und Pastoralpsychologie an der Philosophisch-Theologischen Hochschule Vallendar, Koordinatorin der Ehe-, Familien- und Lebensberatungsstelle in Speyer.

Eckart, Joachim, geb. 1955, Prof. Dr. theol., verheiratet, drei Kinder. Honorarprofessor für Pastoraltheologie an der Philosophisch-Theologischen Hochschule Vallendar. Zusammen mit seiner Frau entwickelte er im Sinne des ästhetischen Imperativs „Lerne zu handeln, damit du erkennst!" (Heinz von Foerster) auf dem Hintergrund der systemischen Beratung ein Kurskonzept der Praxisbegleitung für Haupt- und Ehrenamtliche in der Pfarrseelsorge.

Ferel, Martin, geb. 1937, Prof. Dr. theol., verheiratet, ein Sohn, Pfarrer i.R., Honorarprofessor an der Johann-Wolfgang-Goethe-Universität Frankfurt am Main, Fachbereich Evangelische Theologie, Arbeitsschwerpunkt: Pastoralpsychologie, insbesondere systemisch orientierte Seelsorge; Lehrsupervisor (DGfP), Familientherapeut.

Frick, Eckhard, geb. 1955, Dr. med. Dozent an der Hochschule für Philosophie, Leiter der Projektgruppe Psychoonkologie in der Abt. für Psychotherapie und Psychosomatik an der Universität München, Mitglied des Jesuitenordens, Psychoanalytiker.

Hecker, Margarete, geb. 1932, Prof. Dr. i.R., Weiterbildnerin und Mitglied im wissenschaftlichen Beirat des Instituts für Systemische Beratung.

Kentrup, Christoph, geb. 1947, Lic. theol., Mitglied des Jesuitenordens. Pastoralpsychologe, Leiter des Exerzitienhauses Hohen Eichen in Dresden

Kügler, Hermann, geb. 1952, Lic. theol., Mitglied des Jesuitenordens. Pastoralpsychologe, Tätigkeitsbereiche: Therapeutische Beratung, Seelsorge, Supervision, Fort- und Weiterbildung.

Kunz, Erhard, geb. 1934, Prof. em., Dr. theol., Mitglied des Jesuitenordens. Ehemals Professor für Dogmatik an Philosophisch-Theologische Hochschule St. Georgen/Frankfurt.

Lanfermann, Agnes geb. 1955, Lic. theol., Mitglied der Missionsärztlichen Schwestern. Pastoralpsychologin, Mitarbeiterin am Institut für Pastoralpsychologie und Spiritualität an der Philosophisch-Theologische Hochschule St. Georgen/Frankfurt und am Institut für Missionarische Spiritualität/Mannheim.

Langendörfer, Hans, geb. 1951, Dr. theol., Mitglied des Jesuitenordens. Sekretär der deutschen Bischofskonferenz, Bonn.

Langer, Jürgen, geb. 1963, Dr. theol., Mitglied des Redemptoristenordens. Pastoralpsychologe, Schulseelsorger am Collegium Josephinum in Bonn.

Lörsch, Martin, geb. 1951, Dr. theol., Pfarrer in Bad Kreuznach. Pastoralpsychologe, Arbeitsschwerpunkt: Gemeindeentwicklung/kirchliche Organisationsentwicklung, Leiter des Referats „Pastorale Grundsatzfragen" im bischöflichen Generalvikariat Trier.

Mennekes, Friedhelm, geb. 1940, Prof. Dr. phil., Lic. theol., Mitglied des Jesuitenordens. Lehrt Pastoraltheologie, Homiletik und Religionssoziologie an der Philosophisch-Theologischen Hochschule St. Georgen; Honorarprofessor an der Hochschule für Bildende Kunst Braunschweig, Honorarprofessor an der Johannes-Gutenberg-Universität Mainz; Leiter der Kunststation St. Peter, Pfarrer der Gemeinde St. Peter in Köln.

Müller, Wunibald, geb. 1950, Dr. theol., Dipl. Psych., verheiratet, zwei Kinder. Psychologischer Psychotherapeut, Leiter des Recollectio Hauses der Abtei Münsterschwarzach.

Niemann, Ulrich J., geb. 1935, Dr. med., Lic. phil. et theol., Mitglied des Jesuitenordens. Nervenarzt und Psychoanalytiker, Dozent für Psychosomatische Anthropologie, Pastoralmedizin, Medizinsiche Ethik an der Philosophisch-Theologischen Hochschule St. Georgen.

Plois, Bernhard, geb. 1954, Dipl. psych., Dipl. theol., verheiratet, 3 Kinder. Leiter des Referats für Ehe-, Familien-, Lebens- und Erziehungsberatung Bistum Osnabrück.

Pompey, Heinrich, geb. 1936, Prof. Dr. theol., Dipl. psych., verheiratet, 3 Kinder. Inhaber des Lehrstuhls für Caritaswissenschaften und Christliche Sozialarbeit an der Albert-Ludwigs-Universität Freiburg.

Schaupp, Klemens, geb. 1952, Dr. theol., Lic. psych., Pastoraltheologe, Psychologe und Organisationsberater, arbeitet derzeit im Bereich der Rehabilitation psychisch Kranker in Ulm.

Schneider, Michael, geb. 1949, Prof. Dr. theol., Mitglied des Jesuitenordens. Professor für Dogmatik und Liturgiewissenschaft an der Philosophisch-Theologischen Hochschule St. Georgen/ Frankfurt.

Danksagung

Unser Dank gilt besonders allen Autorinnen und Autoren der Festschrift, der Projektgruppe „Festschrift“ mit Frau Prof. Dr. Angelika Eckart aus Speyer, Hermann Kügler SJ aus Berlin, Dr. Martin Lörsch aus Bad Kreuznach und Agnes Lanfermann MMS aus Frankfurt, der Kunststation St. Peter in Köln für die Bereitstellung des Titelbildes, all denjenigen, die das Projekt finanziell unterstützt haben, insbesondere dem Verband der Diözesen Deutschlands und anderen Spendern, die namentlich nicht genannt werden wollen.

Die Herausgeber